可持续发展与竞争法治

韩伟　主编

法律出版社
LAW PRESS · CHINA
北京

图书在版编目（CIP）数据

可持续发展与竞争法治 / 韩伟主编. -- 北京：法律出版社，2021

ISBN 978-7-5197-5931-5

Ⅰ. ①可… Ⅱ. ①韩… Ⅲ. ①反不正当竞争—经济法—研究 Ⅳ. ①D912.294.04

中国版本图书馆 CIP 数据核字（2021）第 191453 号

可持续发展与竞争法治

KECHIXU FAZHAN YU JINGZHENG FAZHI

韩 伟 主编

策划编辑 似 玉
责任编辑 似 玉
装帧设计 李 瞻

出版发行 法律出版社
编辑统筹 法律应用出版分社
责任校对 朱海波
责任印制 吕亚莉
经　　销 新华书店

开本 710 毫米×1000 毫米 1/16
印张 22.75 **字数** 359 千
版本 2021 年 11 月第 1 版
印次 2021 年 11 月第 1 次印刷
印刷 北京建宏印刷有限公司

地址：北京市丰台区莲花池西里 7 号（100073）
网址：www.lawpress.com.cn
投稿邮箱：info@lawpress.com.cn
举报盗版邮箱：jbwq@lawpress.com.cn
销售电话：010-83938349
客服电话：010-83938350
咨询电话：010-63939796

书号：ISBN 978-7-5197-5931-5　　**定价**：95.00 元

凡购买本社图书，如有印装错误，我社负责退换。电话：010-83938349

前言

非常态情形下的反垄断法适用，是一个容易被人忽视但又非常重要的问题，实际上它一直贯穿各国竞争法的实施过程。2010 年 4 月我在华盛顿参加美国律协第 58 届反垄断法春季大会，2008 年国际金融危机后的竞争法律与政策走向便是贯穿此次会议各论坛的中心主题。当时冰岛火山正在大爆发，欧洲 500 多名预期参会人员因航班受影响最终未能抵达华盛顿，部分国家针对火山爆发的影响还适当调整了反垄断规则的适用。

新冠肺炎疫情暴发后，2020 年国际竞争理论与实务界召开了系列聚焦疫情期间反垄断法实施的在线会议[1]，部分国际著名竞争法期刊也设置专题进行研讨（比如，英国的 *Journal of Antitrust Enforcement*[2]以及美国的 *Antitrust Magazine*[3]）。新冠肺炎疫情让大家对可持续发展的意义有了更深的认识，竞争政策在可持续发展中的角色也成为当前国际竞争理论与实务界的关注热点，比如欧洲"包容性竞争论坛"（Inclusive Competition Forum）展开的系列研究。

本书对疫情下全球主要国家与地区的反垄断法实施情况进行了介绍，并分析了部分国家与国际机构近年发布的可持续发展相关竞争政策调研报告。考虑

---

〔1〕 2020 年 4 月 25 日，我和黄晋博士策划，由中国社会科学院国际法所竞争法中心承办的"疫情、公平竞争与法治保障"研讨会在线上召开，这是国内第一个疫情相关反垄断研讨会，也是国内最早的反垄断线上研讨会之一，参见《"疫情、公平竞争与法治保障"网络视频会议成功举办》，载中国法学网 2020 年 4 月 27 日，http://iolaw.cssn.cn/xshy/202004/t20200427_5119130.shtml。

〔2〕 *Competition law in times of crisis—tackling the COVID-19 challenge*, Journal of Antitrust Enforcement, Vol. 8:2, p. 239-318 (2020).

〔3〕 *The Perfect Storm: Antitrust in a Time of Crisis*, Antitrust, Vol. 34:3, p. 3-85 (2020).

到医药行业对疫情恢复以及可持续发展的重要性，本书还涉及药品分销与价格等方面的内容。

我对可持续发展思想较为系统的了解，可以追溯至近20年前西南政法大学的“环境资源法”[1]课堂上，曹明德教授讲授的生态法理念、“非人类中心主义”以及推荐阅读的《寂静的春天》。反垄断法与可持续发展的关联源自反垄断法对社会公共利益的关切，2002年我在西南政法大学研究生学报《法论》上发表的一篇小文(《浅探反垄断法的社会本位》)已有初步讨论。本书的编写算是初步实现了我对可持续发展问题进行研究的愿望。

我国经济已由高速增长阶段转向高质量发展阶段，经济高质量发展离不开可持续发展战略的推进。中国已承诺力争于2030年前达到二氧化碳排放峰值，努力争取2060年前实现碳中和。可以预见，社会各界对可持续发展问题的重视程度会不断提升。希望本书的出版能够推进我国竞争法理论在这方面的发展，催生更多的研究成果。

2020年4月我开始筹划本书的编写并挑选国际研究资料，2020年8月确定写作团队与分工。结合国际最新发展，后期又增加了部分研究材料。李子恒同学协助我进行了本书最终的部分统稿工作。感谢参与本书编写的各位作者，以及法律出版社的似玉编辑。

本人未读万卷书，先行万里路，七大洲均有踏足，领略过炫丽的北极光与壮阔的南极冰川。希望全球尽快走出疫情阴霾，人类真正实现可持续发展，我们有更多机会去欣赏这美妙星球的灿烂景致！

韩　伟

2021年2月15日

[1] 最初全年级仅我一人选修这门课，为达到最低选课人数要求(2人)，我建议同宿舍的王宇同学也选修，最终整个学期曹老师为我们两人讲授了这门课。

目 录

第一编　疫情下的反垄断法实施

美国疫情中的反垄断法实施及启示

尹亚军 …… 3

欧盟疫情中的反垄断法实施及启示

刺　森 …… 25

英国疫情中的反垄断法实施及启示

王佳佳 …… 45

日本疫情中的反垄断法实施及启示

王威驷 …… 55

金砖国家疫情中的反垄断法实施及启示

龙　睿　高雅洁 …… 72

中国疫情中的反垄断法实施及启示

甘忠昭 …… 94

OECD 针对 COVID – 19 疫情的竞争政策回应

韩　伟　任　怡　骆梦琪 …… 104

第二编　可持续发展中的竞争政策

联合国《竞争政策在促进可持续和包容性增长中的作用》报告介评
袁　波 …… 115
北欧国家《竞争政策与绿色增长》联合报告介评
甘　强　尹开华　洪璐敏 …… 127
荷兰《可持续发展协议指南》介评
焦海涛 …… 148
希腊、荷兰《可持续发展与竞争》调研报告介评
韩　伟　李子恒 …… 167
英国《环境可持续发展协议与竞争法指引》介评
郭江兰 …… 181
欧盟《数字化及其对创新的影响》调研报告介评
刘雅甜 …… 192
OECD"可持续发展与竞争"论坛介评
朱战威 …… 210
OECD"性别与竞争"论坛介评
陈肖盈 …… 222
OECD"竞争对社会公平的贡献"论坛介评
郝俊淇 …… 239
OECD"劳动市场中的竞争问题"论坛介评
张素伦　张　璐 …… 255
OECD"竞争与减贫"论坛介评
韩　伟　谷　月　邢　润 …… 274

第三编　医药行业的竞争与管制

欧盟《医药行业竞争执法报告》介评

曾　雄 …… 289

OECD"药品市场过高定价"论坛介评

杨莉萍 …… 308

OECD"设计公共资助的医疗服务市场"论坛介评

李慧敏　陈　光 …… 329

OECD"竞争与仿制药"论坛摘要

王　蕾　韩　伟　译 …… 344

OECD"药品分销中的竞争问题"论坛摘要

简梦梅　韩　伟　译 …… 352

第一编　疫情下的反垄断法实施

美国疫情中的反垄断法实施及启示

尹亚军*

引言:重大突发事件是否需要特殊的反垄断规则?

在一般意义上,我们所关注和讨论的法治,是常规情形下的法治,法律实施的场景并无重大的特殊性。而在重大突发公共事件之下,法律得以运行的经济和社会基础可能发生巨变,法律的实施也因此需要特别调整。按照《突发事件应对法》(2007)的界定,突发公共事件具体有四类:自然灾害、事故灾难、公共卫生事件和社会安全事件。[1] 当下,突发公共事件进入易发和多发期,地震、飓风、公共卫生事件、金融危机等公共事件也极易从地区性事件上升为全国性甚至全球性的重大事件,突发情形的常态化对既有的法治提出了新的挑战。可以说,常规情形与突发情形之间的互补,构成了法治的完整含义;突发情形的引入及其常规化,亟须我们拓展对法治的理解。

在美国,著名的"洞穴奇案"即讨论了突发事件下的法律实施问题。在这次思想实验中,福斯特法官指出,"当人可以共存的这一前提不复存在,就像案例中极端的情景下,只有剥夺别人的生命才可能生存时,支撑我们整个法律秩序的基本前提也就失去了它的意义和作用",因此,他认为"(五位洞穴探险者)非同

---

* 尹亚军,西南财经大学法学院讲师,法学博士、经济学博士后。

〔1〕 参见《突发事件应对法》(2007)第3条。

寻常的困境使调节人与人之间关系的惯用原则没法适用,联邦颁布的所有法律都不适用于本案”。[1] 它的启示意义可能在于,我们需要为重大突发事件或紧急状态设立特殊的规则。

蔓延全球的新冠肺炎疫情,是典型的重大突发公共事件。疫情直接影响人的活动范围和方式,自然也改变了经济的运行,从而危及了法律实施的基础。整体上,疫情对法律实施的影响表现在三个方面:一是疫情的严重程度具有不确定性,不能事先判断;二是疫情的持续时间具有不确定性,没有稳定预期;三是疫情下的法律规则具有不确定性,缺乏制度经验。这些(事实、时间、规则)正是法律及其实施所关注的基本要素,正因如此,我们也可以直观地看到全球各地的法律实施所经受的挑战。例如,既有的法律是否适用?应当如何调整?是否需要创设特殊规则?疫情下各地的法律实践,可以作为探索突发公共事件下法律应对的经验样本,其中也隐含了对上述问题的回答。

本篇考察疫情下美国的反垄断法实施情况,梳理美国为回应疫情对竞争秩序的影响所作的政策举措和代表性案例等,尝试整理突发公共事件下反垄断法实施的经验启示,提炼和回答在重大突发公共事件之下,反垄断法是否需要特殊规则;如果需要,我们需要设立哪些方面的特殊规则。

一、疫情下美国反垄断法实施的基本情况

2020 年 3 月 13 日,美国宣布进入应对新冠肺炎疫情紧急状态,其法律效果侧重于疫情应对的资源调动,不直接涉及反垄断法的规则及其实施。在全美宣布进入紧急状态之前,美国司法部(DOJ)即发布警告,宣称会特别追究在口罩等防疫用品上违反反垄断法规定的任何人的责任,还可能对固定价格、串通投标和分割市场等行为提起刑事诉讼。在全美宣布进入紧急状态之后,美国司法部、联邦贸易委员会(FTC)单独或联合发布了多项公告,启动了一些特别应对措施,如采用临时电子申报系统、远程办公、调整审查时限等;还特别注重劳动力市场的反垄断调查。整体上,疫情下美国反垄断法的特殊规则大多是审查程序上的创新;在实体上,对于以联合抗疫为目的的企业协作,DOJ 和 FTC 列举了几种不违

[1] 参见[美]萨伯:《洞穴奇案》,陈福勇、张世泰译,生活·读书·新知三联书店 2009 年版,第 21~28 页。

反反垄断法、旨在应对疫情保护卫生和安全的协作行为，同时也为这些合作提供了加速的反垄断审查程序和指引服务。

（一）宣布进入紧急状态及其法律效果

2020 年 1 月 30 日，世界卫生组织宣布新冠肺炎疫情构成国际关注的突发公共卫生事件。1 月 31 日，美国卫生与公众服务部（Health and Human Services, HHS）部长阿扎（Alex M. Azar Ⅱ）宣布全美进入公共卫生紧急状态（a public health emergency），以对国内抗疫的卫生机构提供援助。

2020 年 3 月初，在全美宣布进入紧急状态之前，美国多个州已相继宣布进入紧急状态（State disaster emergency）。各州州长宣布进入紧急状态的法律依据有宪法、州法和行政法等，其签发的行政命令涉及多个领域的事项，在行政命令的有效期内，可暂时中止或修订实施相关法律的部分条款，如联邦汽车运输安全条例、行政法、州财政法、车辆和交通法、教育法、公共卫生法、公务员法等，相关内容的核心指向是资源的调度，以确保抗疫工作的顺利进行，典型如解除采购必要物资和服务之标准程序的限制、提高医疗卫生工作人员的津贴、确保运输人员及时到位等。[1] 部分州在宣布进入紧急状态的公告中，除了上述应对疫情所作的举措外，还包含打击哄抬价格的行为、保护消费者免受价格欺诈的条款。[2]

2020 年 3 月 11 日，世界卫生组织宣布新冠病毒为最高警报级别的全球大流行病（pandemic）。3 月 13 日，美国总统特朗普宣布全美进入应对新冠肺炎疫情紧急状态（a national emergency）。宣布美国进入应对新冠肺炎疫情紧急状态，其法律依据是《国家紧急状态法案》（National Emergencies Act）和《社会保障法案》（Social Security Act），公告内容主要涉及将紧急权力授予 HHS 部长，在疫情期间暂时中止或修改实施医疗保险、医疗补助、州儿童健康保险计划以及健康保险法中的隐私规则等。此后，总统还授权联邦紧急事务管理局（FEMA）根据《斯塔福德法案》（Robert T. Stafford Disaster Relief and Emergency Assistance Act）

---

〔1〕 See Andrew M. Cuomo, *Declaring a Disaster Emergency in the State of New York*, GOV. NY (Mar. 7, 2020), https://www.governor.ny.gov/news/no-202-declaring-disaster-emergency-state-new-york.

〔2〕 See Gavin Newsom, *Governor Newsom Declares State of Emergency to Help State Prepare for Broader Spread of COVID-19*, GOV. CA (Mar. 4, 2020), https://www.gov.ca.gov/2020/03/04/governor-newsom-declares-state-of-emergency-to-help-state-prepare-for-broader-spread-of-covid-19.

有计划地向州和地方政府提供应对灾难的援助,并协调国家的应对行动,包括调动联邦基金。相较于《国家紧急状态法案》,《斯塔福德法案》可调动更多资源,用于各州医疗机构应对新冠肺炎疫情;同时要求各州尽快建立新冠肺炎疫情的应急指挥中心。

概言之,紧急状态的启动不直接涉及对销售商品或提供服务的限制,也通常不会限制公民的行动或活动。本篇所关注的反垄断法条款及其实施,也不因宣布进入紧急状态而有直接的调整,或产生相应的法律效果。

(二)疫情下反垄断工作的延续与调整

整体上,社会公众关注和讨论的重心偏向于各国应对疫情的应急管理机制或管控措施,但市场秩序的破坏和消费者权益的侵害也是疫情中的典型现象。如口罩、消毒液、防护服、呼吸机、诊断设备、抗病毒药品等医疗卫生用品极度紧缺,全球各地均出现抢购、短缺现象,联合抬价、捆绑销售以及其他不公平交易条件等破坏市场秩序、剥削消费者利益的经营行为普遍存在。作为重大突发的公共卫生事件,疫情一方面对公民的生命健康安全构成威胁,影响社会秩序的运行;另一方面则是对市场秩序的深度影响,即公共卫生事件的发生使特定产品的供需关系急剧失衡,危及交易的基础,很多行为严重违反现有法律规则。

在此背景下,反垄断工作可分为常规工作的继续和特别事项的应对,其中,常规工作的开展可能因疫情而需要在程序和形式上作调整;特别事项的应对,则体现出以特殊目的为导向时反垄断法的灵活性。

1. 常规工作的调整

疫情下常规工作的调整主要体现在三个方面:一是采用临时电子申报系统接收经营者集中申报;二是全面采取视频和电话会议远程办公;三是并购审查的时限会根据工作方式的改变而有所调整。

2020 年 3 月 13 日,FTC 发布公告称并购前申报办公室(Premerger Notification Office,PNO)将启动临时的电子申报系统接收经营者集中申报的材料,并暂停接收纸质版及 DVD 版申报材料。同时,DOJ 也将执行同样的安排。具体的时间表为:2020 年 3 月 13 日下午 5 时前,PNO 将开放接收纸质和电子版申报材料;2020 年 3 月 16 日,PNO 暂停接收申报材料;2020 年 3 月 17 日(8:30)起,

PNO 将只接收通过临时电子申报系统提交的申报材料。[1]

此项工作的调整,是根据美国管理与预算办公室(US Office of Management and Budget)的指南而最大限度地推行远程办公,以避免不必要的接触。如接收电子版申报材料、采用视频会议和电话会议的形式开会以及参与远程庭审等,这些工作方式的转换在事实上面临许多挑战,其一,从事反垄断工作的职员自身也需要处理疫情相关的难题;其二,疫情使远程办公的很多日常工作与决定变得复杂,例如,从当事人或第三方(客户、竞争对手和供应商)获取信息变得困难,远程办公后查阅信息、访问数据库以及进行信息交换方面受到限制,大陪审团和法庭出庭、团队内部和团队之间的交流都需要额外的步骤。也正因如此,法定或约定的时限可能需要调整和修改。

2020 年 3 月 17 日,DOJ 宣布对其并购审查程序进行临时修改,该临时修改将适用于整个疫情期间。该程序的调整是为了确保反垄断部门能够执行其任务,同时保护其职员和美国公众的健康和安全。调整内容的重要一项是,针对正在审查和即将提出审查的并购案件,反垄断部门会在约定的时间外再额外增加 30 天时间,以便完成对并购交易的审查。同时,如果需要,反垄断部门还将与并购当事人进一步协商和调整时间。FTC 也称其会根据并购审查流程的进展,考虑对法定或约定的审查时间进行适当修改,其工作人员会联系当事方讨论可能的修改,也鼓励当事方主动与工作人员联系尽快开始此类讨论。这意味着正在审查中的并购交易可能都会出现不同程度的延缓。

2. 应对疫情的特别工作

与疫情直接相关的反垄断特别工作,可以分为以下五类:

一是对违反反垄断法的防疫用品经营行为展开调查。2020 年 3 月 9 日,DOJ 发布警告称将对在制造、分销或销售防疫产品(如口罩、呼吸机和诊断设备)上违反反垄断法的任何人追究责任;还会对固定价格、串通投标、划分市场等行为的企业或个人提起刑事诉讼。事实上,上述与防疫产品相关的经营行为大多是综合性的,不仅涉及典型的垄断问题,还广泛涉及欺骗、误导消费者的其

---

〔1〕 See FTC, *Premerger Notification Office Implements Temporary e-Filing System*, FTC (Mar. 13, 2020), https://www.ftc.gov/news-events/press-releases/2020/03/premerger-notification-office-implements-temporary-e-filing.

他违法行为。反垄断工作在供求严重失衡时特别关键。对此,DOJ 成立了专门的工作小组,打击疫情相关的欺诈、囤积物资和哄抬物价的行为,即认为稀缺的医疗用品必须送到医院以便立即使用,而不是送到仓库等待高价出售。[1]

二是为疫情期间致力于抗疫的企业合作提供指引和加速审查服务。2020 年 3 月 24 日,FTC 和 DOJ 发布了联合声明,即《关于新冠病毒的联合反垄断声明》(Joint Antitrust Statement Regarding COVID – 19),列举了多种与竞争对手协作的特定经营行为并不违反反垄断法;也为疫情期间致力于保护人民健康和安全的企业之间的协作提供指引。该声明还提出,FTC 和 DOJ 将为出于联合抗疫目的的企业合作提供快速审查服务,并承诺在收到所需材料后的 7 个工作日内以加速业务审查信函(Expedited business review letter)的方式作出回应,而这一时限在标准程序下可能要花几个月时间。值得一提的是,加速审查程序只适用于与疫情相关的公共卫生工作。例如,医疗卫生机构联合企业为患者、消费者和社区提供物资及服务,有的企业可能需要暂时将生产、分销及服务网络联合起来,以推进防疫物资的生产和分销。此外,FTC 和 DOJ 还声明,他们将毫不犹豫地打击那些试图利用疫情契机而实施的垄断行为,DOJ 还将对固定价格、传统投标和分割市场等涉嫌犯罪的垄断行为提起刑事诉讼。

三是预防政府部门参与垄断行为。DOJ 在 3 月 9 日发布的警告中指出,如果联邦、州和地方机构参与防疫用品相关的垄断行为,如价格固定、串通投标、分割市场等, DOJ 将启用 2019 年成立的"采购合谋调查小组"(Procurement Collusion Strike Force)予以调查。该调查小组是由各部门的执法者、检察官等人员组成的跨部门组织,成立的目的是打击涉及公共采购的反垄断刑事违法行为。在疫情期间,调查小组高度关注了向联邦、州和地方机构销售重要医疗卫生产品中的共谋行为。与此同时,DOJ 反垄断局也公开确认,为了加快供应个人防护用品、治疗 COVID – 19 患者所需的药品,他们不会叫停医疗用品经销商与联邦机构之间在生产、采购和分销上的合作。[2]

---

〔1〕 See Makan Delrahim, *Tackling the COVID – 19 challenge—a view from the DOJ*, Journal of Antitrust Enforcement, Vol. 8:2, p. 244 – 246 (2020).

〔2〕 See DOJ Antitrust Division, *Re: McKesson Corporation, Owens &Minor, Inc., Cardinal Health, Inc., Medline Industries, Inc., and Henry Schein, Inc. Business Review Request Pursuant to COVID – 19 Expedited Procedure*, DOJ (Apr. 4, 2020), https://www.justice.gov/atr/page/file/1266511/download.

四是调查劳动力市场中的垄断行为。2020 年 4 月 13 日,DOJ 与 FTC 联合发布了又一声明,重申了竞争之于劳动者的重要性,要联合制止劳动力市场中的垄断行为。[1] 特别是作为重要服务提供者的医疗工作者、零售商店和药房等重要经营者的职员,他们的权益保护对于抗疫至为关键。就此,这份联合声明郑重承诺,他们会致力于反垄断执法,打击那些利用疫情在劳动力市场上从事垄断行为的企业,例如,签订违法的固定工资和不跳槽(no-poach)协议,DOJ 反垄断局可能对此提起刑事诉讼。而那些用人单位之间的共谋行为,如达成降低工资或增加工时的协议,则可能被 FTC 提起民事诉讼,即便不存在共谋的协议。[2]

五是国内与国际合作。疫情期间,DOJ 反垄断局还与联邦的其他机构展开了紧密合作,以确保个人防护用品(PPE)、医药用品等紧缺物资能迅速配置到最需之处,如配置给一线的医疗工作者。这些机构包括但不限于:美国卫生与公共服务部(the Departments of Health and Human Services)、国防部(Defense)、农业部(Agriculture)、联邦紧急事务管理局(the Federal Emergency Management Agency)、医疗保险和医疗救助中心(the Centers for Medicare and Medicaid Services)以及白宫防疫特别小组(the White House Coronavirus Task Force)。在国际合作方面,DOJ 反垄断局利用了现有的双边和多边关系增强了联系与合作,如国际竞争网络(ICN)、经济合作与发展组织(OECD)。具体来说,考虑到疫情的全球影响,反垄断局牵头促进 ICN 成员国之间关于新冠肺炎疫情的联系与应对。例如,针对疫情如何影响全球范围内的竞争机构的法律实施,国际间展开了每日信息的快速交流。

二、疫情下美国反垄断法的特殊规则

前已述及,一方面由于疫情导致工作方式的变化,另一方面在于因疫情而产生需要特别应对的事项,美国反垄断机构推行了一些特殊规则。实体上的特殊

---

〔1〕 See DOJ & FTC, *Federal Trade Commission and Justice Department Issue Joint Statement Announcing They are on Alert for Collusion in U. S. Labor Markets*, FTC (Apr. 13, 2020), https://www.ftc.gov/news-events/press-releases/2020/04/federal-trade-commission-justice-department-issue-joint-statement.

〔2〕 See Debbie Feinstein, *Different Methods*, *Same Old Antitrust Problem*, FTC (Jul. 21, 2014), https://www.ftc.gov/news-events/blogs/competition-matters/2014/07/different-methods-same-old-antitrust-problem.

规则是为了抗疫的需要而促进更多的企业合作、企业与政府部门合作；程序上的特殊规则主要涉及申报程序、形式和时限。程序上的特殊规则虽然不涉及实体，但也可能产生与实体规则相当的效果。

（一）实体：《关于新冠病毒的联合反垄断声明》

因抗击疫情需要调动各方面的资源和力量，美国反垄断特殊实体规则的核心目标之一，在于支持、引导和鼓励个体、企业与政府部门之间的协作行为。与此同时，也要严厉打击那些利用疫情机会而从事的反竞争行为。鉴于此，为及时回应新冠肺炎疫情下反垄断工作的需要，2020 年 3 月 24 日，DOJ 和 FTC 联合发布了《关于新冠病毒的联合反垄断声明》，列举了几种不损害竞争或有益于竞争的协作行为，实质上也是鼓励社会各界开展此类合作行为以应对疫情灾难。从这些列举的合作行为的具体情况可以看出，它们并不是因为疫情本身而新设的特殊规则，而是既有的反垄断规则在疫情下的解释和适用，因其有利于在疫情期间促进公共卫生安全而不违反反垄断法的规定。具体内容摘录如下：

（1）整体上，反垄断机构认可的“提高整体经济效率”的企业合作研发行为，是当然适于竞争促进的。参见 FTC 和 DOJ 发布的《竞争对手间合作的反垄断指南》（2000）第 31 页。

（2）反垄断机构列明的分享技术知识（而不是有关价格、工资、产出或成本等企业特有信息）的合作行为，“对于促进某些合作中的竞争效果是必要的”。参见 FTC 和 DOJ 发布的《竞争对手间合作的反垄断指南》（2000）第 15 页；也可参见 FTC 的《信息交换：何以合理》［讨论信息共享的“安全港”（safety zones）］。

（3）除非情况特殊，反垄断机构不会反对供应商对既有实践指标——为帮助供应商进行临床决策而开发的患者管理标准——的开发，因这也可能为患者、供应商和用户提供有用的信息。参见 FTC 和 DOJ 发布的《关于医疗卫生领域反垄断法实施政策的声明》（1996）第 41 页。

（4）医疗卫生供应商之间的大多数联合采购安排，不会受到反垄断调查，例如旨在提高采购效率和降低交易成本的联合行为。参见 FTC 和 DOJ 发布的《关于医疗卫生领域反垄断法实施政策的声明》（1996）第 53 页（也解释了哪些联合采购行为可能会受到反垄断调查）。

(5)一般情况下,反垄断法允许基于联邦紧急权力的私人联系,包括私人企业与联邦政府会面以讨论应对新冠肺炎疫情的策略,“只要这些活动仅限于对关于法律的规定及其实施而寻求政府行动”。参见 Eastern R. Conference v. Noerr Motors, 365 U. S. 127(1961)。也可参见 FTC 发布的《执法视角的 Noerr-Pennington 主义:FTC 报告》(2006)(讨论适用范围及其限制)。

相关企业应参考反垄断机构此前关于如何分析竞争对手之间合作的声明。参见 FTC 和 DOJ 发布的《竞争对手间合作的反垄断指南》(2000)和《关于医疗卫生领域反垄断法实施政策的声明》(1996)。

反垄断机构还将根据疫情的紧急程度,评估应对新冠病毒传播及其后果的努力。例如,提供医疗卫生设施的企业可能需要同心协力广泛合作,向不能快速获得个人防护用品、医疗用品或医疗服务的社区提供物资和服务。其他企业则可能需要临时整合生产、分销和服务网络,以促进疫情相关物资的生产和分销,即便他们未曾生产和分销相关物资。这些联合行为是应对紧急情况的必要措施,其可以为国人提供他们无法获得的产品和服务,也正因如此,这些联合行为的时限仅限于疫情期间,并且以帮助受新冠病毒及其后续影响的患者、消费者和社区为必要条件。

此外,在应对新冠肺炎疫情上,只要民营企业在政府需要之处伸出援手,反垄断机构会随时做好准备,与其他机构一起提供应有的帮助。例如,同卫生与公共服务部(HHS)一起努力使抗疫的联合行为符合《国防生产法案》(Defense Production Act)和《大流行病和所有危险防备法案》(Pandemic and All-Hazards Preparedness Act)。

尽管,许多个体和企业已经或者即将在应对新冠肺炎疫情上表现出非凡的慈悲和适应性,但也有一部分人可能会将其作为反竞争或剥削弱势群体的机会。DOJ 反垄断局和 FTC 竞争局将毫不犹豫地追究这些人的责任。特别地,两部门已准备好对以下违反反垄断法的行为提起民事诉讼,如通过提高价格、降低工资、减少产量或降低质量等限制竞争的垄断协议,以及垄断者滥用其市场力量的排他行为。DOJ 反垄断局也将对以下违反反垄断法的行为提起刑事诉讼,如固定价格或工资、操纵投标或分割市场的垄断协议或共谋行为。

最后,在联合声明中,司法部也表示,他们也致力于调查那些利用新冠肺炎疫情从事的其他欺骗性和非法行为，并欢迎了解和关注此类行为的人通过电话或邮件举报。总之，DOJ 反垄断局和 FTC 竞争局，连同 DOJ 和 FTC 的其他部门，将与社会公众、企业界以及联邦其他机构紧密合作，尽职尽责施行反垄断法以保障国人的卫生、安全和安宁。

（二）程序：快速反垄断审查

受疫情影响，反垄断审查的程序调整有加快，也有延缓。审查程序的加快，有且仅因为抗疫的特殊需要，如医疗卫生设备的及时供给需要企业合作；审查程序的延缓，则是由于疫情带来的审查工作障碍或不确定性，如远程办公的方式在获取第三方信息时会更困难或会花更多时间。在常规时期，只要法定等待期届满或超过截止日期，即使执法机构尚未完成对交易的审查，就视为予以批准，这意味着企业可在既有的时限规定中受益。但是，在疫情期间，反垄断执法机构会推迟很多交易的法定审查期限，使原本可能自动获得批准的交易被延期。因此，虽然形式上是程序的调整，但实质上却有实体的效果。

2020 年 3 月 24 日，在 DOJ 与 FTC 联合发布的声明中，其一方面详细介绍了支持抗疫合作的快速反垄断审查程序（expedited antitrust procedure），另一方面则提供了一份为保护公共卫生安全而开展企业合作的指南。[1] 根据快速反垄断审查程序的规定，审查时间会大幅缩减，反垄断机构会在收到全部所需材料之后的 7 个工作日内作出回复。当然，快速审查程序仅限于与疫情相关的联合行为。设置快速审查程序的目的非常明确，即鼓励医疗卫生设备的相关企业加强合作，提供物资和服务以帮助受新冠肺炎疫情及其后续影响的患者、消费者和社区；也鼓励其他企业在生产、分销或服务网络上暂时联合，以保障相关物资、设备的及时供给。

相较于 DOJ 和 FTC 已有的反垄断调查程序，应对新冠肺炎疫情的快速审查程序更加快捷，且其还为符合反垄断法的企业联合行为提供指导，如 FTC 的职员咨询意见程序（"Staff Advisory Opinion" procedure）和 DOJ 的业务审查信函

---

〔1〕 See DOJ Office of Public Affairs, *The Justice Department and the Federal Trade Commission Announce Expedited Antitrust Procedure and Guidance for Coronavirus Public Health Efforts*, DOJ (Mar. 24, 2020), https://www.justice.gov/opa/pr/justice-department-and-federal-trade-commission-announce-expedited-antitrust-procedure-and.

程序("Business Review Letter" procedure),该两项程序此前已有,即个人、企业将拟开展的联合行为方案提交给反垄断机构,并从反垄断机构获得是否反对或叫停的回复意见。在此基础之上,为确保疫情期间企业可快速处理应对新冠肺炎疫情的紧急事务,DOJ 反垄断局新增了快速业务审查信函程序(expedited business review letter procedure)。如前所述,快速审查程序将原本可能需要几个月的时限大幅缩减为 7 个工作日。

在联合声明发布后的第 11 天(2020 年 4 月 4 日),DOJ 即公布了第一个基于快速审查程序的公开函(Expedited Business Review Letter),称其暂时不会反对或叫停麦肯森等五家公司拟开展的联合行为,该信函的有效期为 1 年。该信函指出,五家公司的联合行为旨在加快、增加个人防护用品(PPE,如口罩、防护服、手套等)和治疗新冠病毒患者药物的生产、采购和分配,这些防护用品用于保护抗疫一线和医学观察区的工作人员。

至 2021 年 1 月,DOJ 基于快速审查程序发布了 6 份公开函,[1] 其中 4 份审查结果是暂时不会反对(presently does not intend to challenge),2 份是持保留意见(reserves the right to challenge the conduct in the future),即如果联合行为在后来被发现有反竞争的目的或效果,DOJ 将反对或叫停该联合行为。在持保留意见的两份信函中,一份是在猪肉行业面临挑战时提出的,为了帮助美国农业部(the United States Department of Agriculture)更好地处理滞销的猪肉,美国猪肉生产者协会(the National Pork Producers Council)拟与其会员分享处理方案的信息。DOJ 认为,尽管这些行为大多是在农业部的监管和协调下进行的,不会产生反竞争的问题,但根据反垄断局的实践经验,他们仍保留在将来叫停该联合行为的权力。[2] 另一份是生态发织辫者联合公司(ecoHair Braiders Association)拟开展的三项联合行为,即为织辫者提供服务指南、为织辫者提供在线教育项目、为织辫者组织虚拟互动问答。对此,DOJ 反垄断局认为,这些联合行为可能不违反竞争,且可能促进竞争,但根据已有的实践经验,DOJ 仍保留在将来采取强制

〔1〕 See DOJ Antitrust Division, *Business Review Letters and Request Letters*, DOJ (Jan. 14, 2021), https://www.justice.gov/atr/business-review-letters-and-request-letters.

〔2〕 See DOJ Antitrust Division, *Re: National Pork Producers Council Business Review Request Pursuant to COVID – 19 Expedited Procedure*, DOJ (May. 15, 2020), https://www.justice.gov/atr/page/file/1276981/download.

措施干预该联合行为的权力。[1]

三、疫情下的美国反垄断执法

短时期来看，新冠肺炎疫情显著地影响了美国反垄断执法，特别是执法重心的安排、执法资源的整合以及与联邦相关机构的合作。长时间来看，新冠肺炎疫情只是影响了部分常规反垄断执法工作的进度，并没有影响反垄断执法的决心和实质标准。近年来，垄断问题是全球各国或地区亟待解决的现代性问题之一，在疫情之下，数字经济领域的垄断问题更加凸显，因此，在疫情期间，反垄断执法工作也较为集中地在数字经济领域展开。可以说，DOJ 和 FTC 的反垄断执法工作都进入了自己的新时期，DOJ 单独或与 FTC 联合发布了多个重要指南，为接下来数字经济领域的反垄断工作奠定了基础；FTC 也同样坚定地实施反垄断法，执行并购行动的记录是 2001 年以来之最。

（一）美国司法部的反垄断执法

1. 与疫情相关的反垄断执法

2020 年 3 月 9 日，DOJ 发布警告，称将追究在生产、分销和销售公共卫生产品（如口罩、呼吸机和诊断设备）上违反反垄断法的任何人的行为责任。同时还强调，可能会对个人防护用品（如口罩、无菌手套）上进行价格固定、串通投标和分割市场等行为提起刑事诉讼。如果上述行为发生在销往联邦、州和地方政府机构的活动中，DOJ 还可能启动"采购合谋调查小组"开展调查。

在全美宣布进入紧急状态之后，2020 年 3 月 16 日，美国司法部的直接应对举措是将新冠肺炎疫情相关的执法列为优先级，并在随后开展了各项疫情相关的执法活动。例如，打击疫情相关的欺诈行为（fraud）、打击囤积居奇专项活动（COVID－19 Hoarding and Price Gouging Task Force）、执行居家令（Home Confinement）、平衡公共安全与个人权利保护等。[2] 与反垄断直接相关的工作，是在竞争性招投标领域的规定，即打击扰乱竞争性投标程序的传统和反竞争行

---

〔1〕 See DOJ Antitrust Division, *Re: Business Review Request from the ecoHair Braiders Association*, DOJ (Oct. 27, 2020), https://www.justice.gov/atr/page/file/1331466/download.

〔2〕 See DOJ, *Department of Justice Coronavirus Response*, DOJ (Apr. 27, 2020), https://www.justice.gov/coronavirus/DOJresponse.

为，如串通投标（Bid rigging），两家或两家以上的企业以指定企业提交中标书的方式共同投标；限价（Price fixing），两个或两个以上相互竞争的卖家就定价达成一致，如商定将价格提高一定数量，或者不以低于一定的价格出售；分割市场（Customer or market allocation），两家或两家以上的企业商定按照地理区域划分客户，以减少或消除竞争。同时，还发布了有关预防和调查灾后重建项目中传统投标、价格操纵和分割市场行为的执法文件。[1] 2019 年成立的"采购合谋调查小组"（Procurement Collusion Strike Force），则与联邦、州和地方政府机构合作，监测、调查和起诉在竞争性投标中违反反垄断法刑事条款的串通投标和共谋行为。

疫情期间，司法部所开展的反垄断执法工作，其中一个特色是与其他部门开展的联合或合作。如 2020 年 3 月 24 日与 FTC 联合发布声明，该联合声明构成了疫情期间反垄断执法的基本工作框架。该声明对实体和程序均作了说明，鼓励有益于抗疫的企业合作，打击利用疫情谋取不正当利益的垄断行为。考虑到疫情期间劳动力市场的特殊情况，DOJ 与 FTC 于 4 月 13 日发布了又一份联合声明，旨在制止劳动力市场的反竞争行为，打击那些利用疫情签订违法的固定工资和不跳槽协议的垄断行为。此外，DOJ 反垄断局还同国际竞争网络（ICN）、经济合作与发展组织（OECD）等组织增强了联系与合作，交流了针对疫情如何影响全球范围内竞争机构的法律实施。

2. 疫情期间的常规反垄断执法

相较于疫情之下 DOJ 特别工作的加速，DOJ 的常规工作在初期虽有一定程度的延缓，但随后又步入正轨，各项执法工作的开展仍掷地有声。例如，在常规工作的执法准备上，2020 年 6 月 30 日，DOJ 和 FTC 联合发布了新的《纵向合并指南》（Vertical Merger Guidelines），总结了联邦反垄断机构将会如何评定纵向合并可能对竞争产生的影响，以及这些合并是否符合美国反垄断法。这份新的《纵向合并指南》标志着 DOJ 和 FTC 首次发布关于纵向合并的联合指南，也是 1984 年 DOJ 出台的非横向合并指南（Non-Horizontal Merger Guidelines）以来，

---

〔1〕 See DOJ, *Preventing and Detecting Bid Rigging, Price Fixing, and Market Allocation in Post-Disaster Rebuilding Projects*, DOJ (Jun. 25, 2015), https://www.justice.gov/atr/page/file/997121/download.

对纵向合并指南的首次重大修订。[1] 2020 年 9 月 3 日，DOJ 发布修订版的《合并救济手册》（Merger Remedies Manual），为反垄断局在合并案件中恰当适用救济措施以维持竞争提供了一个分析框架，该版是对 2004 年版的更新和修订。新版手册反映了反垄断局对合并救济的重要判断，即其一，更偏好有效的结构性救济措施（Commitment to Effective Structural Relief），因其清晰、明确和有效，且能够避免政府对市场的持续干预。仅在必要和有限的情况下可适用行为救济措施。其二，重新关注于和解协议义务的执行（Renewed Focus on Enforcing Consent Decree Obligations）。[2]

2020 年 3 月至 2021 年 1 月，DOJ 通过业务审查信函（Business Review Letter）程序审结的并购申请咨询案件，在数量上与快速审查程序审结的相当，为 5 件，其中 4 件不会被叫停；1 件暂时不反对或叫停，但如果“ISDA 标准化文件的修订”最终显示有反竞争的目的或效果，DOJ 保留在未来叫停该行为的权利。2020 年 11 月 5 日，DOJ 提起诉讼阻止维萨收购普兰德的计划。维萨是在线借记服务的垄断者，普兰德是一家成功的金融科技公司，正在开发一种可能挑战维萨的支付平台。DOJ 认为，如果允许进行收购，将使美国经营者和消费者失去维萨之外的创新选择，并提高未来创新者的进入壁垒。[3]

上述介绍并非 DOJ 反垄断执法工作的全貌，特别是 DOJ 反垄断局的常规执法工作。上述内容表明，即便是在疫情或受疫情影响的期间，反垄断执法工作仍在进行，且仍需要进行。反竞争行为的影响是长期和深远的，而疫情是相对短暂和局部的。对此，DOJ 反垄断局长马肯·德拉希姆认为，要使经济充满活力，必须有有效和高效的反垄断执法——这种执法能够适应迅速变化和不可预测的情况。

---

[1] See DOJ & FTC, *Department of Justice And Federal Trade Commission Issue New Vertical Merger Guidelines*, DOJ News (Jun. 30, 2020), https://www.justice.gov/opa/pr/department-justice-and-federal-trade-commission-issue-new-vertical-merger-guidelines.

[2] See DOJ, *Justice Department Issues Modernized Merger Remedies Manual*, DOJ News (Sep. 3, 2020), https://www.justice.gov/opa/pr/justice-department-issues-modernized-merger-remedies-manual.

[3] See DOJ Office of Public Affairs, *Justice Department Sues to Block Visa's Proposed Acquisition of Plaid*, DOJ News (Nov. 5, 2020), https://www.justice.gov/opa/pr/justice-department-sues-block-visas-proposed-acquisition-plaid.

（二）美国联邦贸易委员会的反垄断执法

1. 与疫情相关的反垄断执法

与 DOJ 同步，2020 年 3 月 17 日，FTC 并购前申报办公室（PNO）启用临时电子申报系统接收 HSR 材料。FTC 在 12 月 4 日的最新消息称，在没有进一步通知改变现有做法之前，其将继续通过电子申报系统接收 HSR 材料。整体上，在疫情期间，FTC 反垄断执法的重要工作是与 DOJ 联合发布的两项声明，一是 2020 年 3 月 24 日为抗疫设置快速反垄断审查（Expedited Antitrust Procedure）及其指南的声明；二是 4 月 13 日为制止劳动力市场垄断行为的声明。这两项声明都是直接回应和解决因疫情而发生的特别事项。此外，6 月 2 日，FTC 发布意见称，支持国际金融公司（IFC）因疫情而改变的既有规定，即在突发公共卫生事件期间，减少或取消远程医疗和其他远程医疗服务之医疗保险支付的限制性条件。此举可将相隔甚远的医疗服务提供者与患者联系起来，能够缓解医疗卫生资源的短缺，特别是在农村地区；同时，这还有助于满足城市地区患者的多元需求。FTC 认为，从服务安全和质量上讲，医疗保险支付上的限制是没有必要的，此种限制的接触应当一般化，而不仅是在特殊时期，这样更有利于竞争。[1]

时任 FTC 竞争局长的伊恩・康纳在 4 月 6 日指出，疫情期间的反垄断执法尽管受到了物理距离的限制，但 FTC 反垄断执法工作的实质仍未改变，并申明即使面临不确定性，也不会改变他们一贯的严格态度，即排查反竞争损害、寻求适当救济。8 月 5 日，FTC 在向参议院商业、科学与交通委员会述职时表示，FTC 有望打破 2001 年以来一年中执行并购行动最多的记录。[2] 可以说，FTC 的反垄断执法工作受疫情影响并不显著。

FTC 的宗旨是促进竞争，保护和教育消费者。虽然本篇讨论的核心内容是 FTC 的反垄断执法，但消费者保护问题在疫情期间也显得格外重要，因此，此处

---

〔1〕 See FTC, *FTC Comment Supports Provisions in Centers for Medicare &Medicaid Services' Interim Final Rule that Reduce or Eliminate Restrictive Medicare Payment Requirements for Telehealth and Related Services during Pandemic*, FTC News (Jun. 2, 2020), https://www.ftc.gov/news-events/press-releases/2020/06/ftc-comment-supports-provisions-centers-medicare-medicaid.

〔2〕 See FTC, *FTC Testifies At an Oversight Hearing before the Senate Commerce Committee*, FTC News (Aug. 5, 2020), https://www.ftc.gov/news-events/press-releases/2020/08/ftc-testifies-oversighthearing-senate-commerce-committee.

也将其纳入阐述，作为FTC疫情期间执法工作的一个综合展现。疫情期间，FTC消费者保护工作的突出特点是其工作方式，即密切地与相关部门或机构联合，共同推进消费者利益的保护。（1）与食品药品监督管理局（FDA）的合作。针对疫情期间企业试图利用消费者对新冠病毒及其相关问题的担忧和恐惧，自3月疫情开始以来，FTC单独或与FDA合作向300多家营销机构发出了联合警示函（Warning Letters），[1]对特定经营者所作的、未经批准的“减轻、预防、治疗、治愈或诊断新冠病毒”的商业宣传行为提出警告，要求立即整改，并在48小时内以邮件的形式向抗疫特别小组汇报自己所采取的具体措施。警示函属于FTC法律实施之多元工具的一种，旨在向涉嫌违法行为的经营者发出警告，如果不立即停止或整改，将面临联邦诉讼等系列后果。事实证明，这种法律实施的方式很有效，所有企业在收到警示函之后即采取了整改措施。在很多情形下，警示函是最便捷、最有效解决问题的方案。（2）与联邦通信委员会（FCC）合作。警告网络语音协议（Voice over Internet Protocol，VoIP）服务提供商不要协助非法的有关新冠病毒的营销电话。（3）与国际消费者保护与执法网络（International Consumer Protection and Enforcement Network，ICPEN）合作。新设了两个互动板块，详细介绍了关于国际欺诈和诈骗的消费者报告。

在结果上，连同常规消费者保护工作，FTC在整个2020年期间，累积为消费者追回款项达4.82亿美元，超过160万名被欺骗的消费者收到被追回的款项，有超过50个案件中均涉及消费者损失的退回。[2]

2.疫情期间的常规反垄断执法

疫情期间，FTC重组了部门的运行方式，调整了工作任务的优先事项。有些工作照常进行，有些则有所调整。三个重要的整体评价在于：其一，传统的反垄断法实施依然坚定而有力；其二，为实现利益相关者和公共利益的保护，反垄断业务审查程序的调整已经适应了快速变化的现实；其三，消费者保护的工作仍在

〔1〕从2020年3月6日至2021年1月4日，FTC单独或与FDA联合共发布了390份警示函，相关内容参见https://www.ftc.gov/enforcement/warning-letters，最后访问日期：2021年1月25日。

〔2〕See FTC, *FTC Returns More Than $482 Million to Consumers in* 2020, FTC News (Jan. 27, 2021), https://www.ftc.gov/news-events/press-releases/2021/01/ftc-returns-more-482-million-consumers-2020.

继续,未曾减缓。[1]

在反垄断执法方面,传统的执法活动没有受到实质的影响。从2020年3月13日至2021年1月25日,FTC共审结了19个并购(横向和纵向)案件和124个非并购案件。[2] 在企业并购的审查中,FTC仍采用既有的审查标准,即《横向并购指南》(Horizontal Merger Guidelines,2010),审查判断的依据,一方面是当事人提交的证据和意见,另一方面是在2008年国际金融危机期间就并购所作的复杂决定的经验。纵向并购的审查标准方面,2020年6月30日,FTC与DOJ联合发布了新的《纵向合并指南》(Vertical Merger Guidelines),总结了联邦反垄断机构将会如何评定纵向合并可能对竞争产生的影响,以及这些合并是否符合美国反垄断法。

同样,上述介绍并非FTC反垄断执法工作的全貌,特别是FTC竞争局的常规执法工作。上述内容也同样表明,即便是在疫情或受疫情影响的期间,反垄断执法工作仍在进行,且仍需要进行。FTC竞争局在反垄断执法工作之外,也承担了大量维护公平和正当竞争秩序的工作,如打击利用消费者的担忧与恐惧心理而营销的宣传行为,这在疫情期间是突出的难题。与此同时,FTC也注意到要在执行消费者保护条款时保持灵活和合理性,以免妨碍重要商品或服务的供给,即一方面会让欺骗消费者的经营者承担责任,另一方面也会充分考虑那些为消费者提供所需商品或服务的行为的诚信程度。因此,在这前所未有的时期,FTC时刻准备着帮助那些寻求消费者保护之合规指导的企业。

四、疫情下美国反垄断执法的评价与启示

从疫情期间DOJ和FTC的反垄断执法现状来看,正如两个部门反垄断工作负责人马肯·德拉希姆和约瑟夫·西蒙斯所言,他们都仍然坚定地履行其为消费者利益而保护竞争的使命。[3] 重大突发公共事件对经济的冲击是短期的,而

---

〔1〕 See Joseph J. Simons, *The Federal Trade Commission's response to the COVID – 19 pandemic*, Journal of Antitrust Enforcement, Vol. 8:2, p. 260 – 263 (2020).

〔2〕 参见FTC,载https://www.ftc.gov/enforcement/cases-proceedings/advanced-search,最后访问日期:2021年1月25日。

〔3〕 See Makan Delrahim, *Tackling the COVID – 19 challenge—a view from the DOJ*, Journal of Antitrust Enforcement, Vol. 8:2, p. 244 – 246 (2020); And Joseph J. Simons, *The Federal Trade Commission's response to the COVID – 19 pandemic*, Journal of Antitrust Enforcement, Vol. 8:2, p. 260 – 263 (2020).

放松反垄断执法给市场带来的竞争损害则有长期的效果;在危机时刻放松对反竞争行为的监管是很诱人的,也充满挑战,放松监管可能带来长期的负面后果,如竞争对手减少、创新减少和价格上涨。可以说,即便在特殊时期也要给予竞争保护的基础性和优先性,已逐渐成为反垄断执法的一个基本理念。在疫情期间及其之后,短期内的经济复苏是各国面临的重要挑战,政府如何在不损及竞争的前提下刺激消费和拉动经济,竞争政策与产业政策的平衡由此成为难题,但仍不应撼动竞争政策的基础性地位,维持竞争才是经济发展的不竭生命力。

(一)竞争保护的基础性和优先性

美国的反垄断执法经历了诸多重大突发公共事件,相较而言积累了更多的反垄断执法经验:对于反垄断法而言,无须"紧急情形"除外,即便在特殊时期,也要维持市场竞争的基础性地位。例如,已有研究指出,为应对大萧条(the Great Depression),1933 年的《国家工业复兴法案》(the National Industrial Recovery Act)即是一个对经济危机作回应的案例,该法案可能降低企业之间的竞争,但对于经济效果而言,则几乎无益,甚至有害。[1] 也正因如此,DOJ 反垄断部门也关注了疫情在各方面的潜在长期影响,并帮助评估现有立法,以确保其不仅有适当的措施应对当下的全球疫情,还能应对未来的其他卫生事件。[2] 这个议题的讨论在 2008 年的国际金融危机中也被重提,即为适应濒临破产企业的救助政策,反垄断执法是否应该以及在何种程度上退让? 2008 年的金融危机期间,也有观点主张银行业和汽车行业的"紧急"合并,且允许报纸行业之间以特定形式联合。[3] 从成本收益视角来看,只要认同反垄断法在维持竞争性市场结构和限制反竞争行为上起到了重要作用,那么也会承认在危机期间放松反垄断

[1] National Industrial Recovery Act, Pub L No 73 - 67, 48 Stat 195 (1933), invalidated by A. L. A. Schechter Poultry v. US, 295 U. S. 495 (1935). For a discussion of the NIRA and its role in recovery from the Great Depression, see Carl Shapiro, *Competition Policy in Distressed Industries*, DOJ News (May. 13, 2009), https://www.justice.gov/atr/speech/competition-policy-distressed-industries; And Alan J. Meese, *Competition Policy and The Great Depression: Lessons Learned and a New Way Forward*, Cornell Journal of Law and Public Policy, Vol. 23:2, p. 255 (2013).

[2] See Makan Delrahim, *Tackling the COVID - 19 challenge—a view from the DOJ*, Journal of Antitrust Enforcement, Vol. 8:2, p. 244 - 246 (2020).

[3] See Joel Brinkley, *How to Save the Newspaper Industry*, SFGATE (Dec. 21, 2008), https://www.sfgate.com/opinion/article/How-to-save-the-newspaper-industry - 3179559.php.

执法所带来的成本将多于其收益。因此,政策制定者不应该仅仅因为并购或行为指导有助于短期稳定或经济复苏而放弃反垄断审查。从避免经济失序和基本商品(或服务)的供应中断方面考虑,紧急合并可能是必要的,但反垄断机构或其上级政府机构应该对这种必要性施行严格的标准。[1] 因此,2020 年 3 月 24 日,DOJ 与 FTC 发布的联合声明中所列举的不违反反垄断法的合作行为类型,均是在反垄断原理和经验范围之内的,没有因疫情而改变反垄断审查的实质标准。这也体现出美国现有反垄断法的灵活性和全面性,足以适应不断变化的市场条件,在承受经济压力和非经济压力时均能平稳应对。FTC 竞争局的伊恩·康纳在 4 月 6 日作反垄断审查工作总结时指出:FTC 的工作人员必须再接再厉,比以往任何时候都要更仔细地分析拟交易行为的潜在影响,在这个困难时期努力维护竞争。[2]

在危机期间仍坚定维护竞争的基础性和优先性,越来越显著地成为全球各地秉持的基本理念。OECD 在"应对疫情的竞争政策"专栏中指出,历史经验表明,竞争经济学的基本原则对经济衰退和经济扩张时期均适用。在危机时刻,为了确保危机得到解决,确保随后的经济复苏尽可能迅速和持久,健全的竞争政策显得尤为重要。各国政府需要接受竞争监管机构的建议,以确保竞争原则得到尊重,为复苏铺平道路。FTC 与国际竞争网络(ICN)还一起发表了声明,解释放松、暂停或取消竞争政策可能在无意中损害消费者和生产者的利益,呼吁要对放松竞争政策的呼声保持警惕。[3] 英国竞争与市场管理局(Competition and Markets Authority, CMA)在 2020 年 4 月 22 发布的疫情期间经营者集中审查指南时也指出,"经营者集中的审查标准或 CMA 的调查标准不会因疫情而有所放宽",即使是重大的短期经济冲击也不足以超过集中带来的竞争担忧,因为集中

---

〔1〕 See Howard A. Shelanski, *Enforcing Competition During an Economic Crisis*, Antitrust Law Journal, Vol. 77:1, p. 229 – 245(2010).

〔2〕 See Ian Conner, *Antitrust review at the FTC: staying the course during uncertain times*, FTC (Apr. 6, 2020), https://www.ftc.gov/news-events/blogs/competition-matters/2020/04/antitrust-review-ftc-staying-course-during-uncertain.

〔3〕 See ICN, *ICN Steering Group Statement: Competition During and After the COVID – 19 Pandemic*, ICN (Apr. 8, 2020), https://www.internationalcompetitionnetwork.org/featured/statement-competition-and-covid19.

给市场带来的结构性影响是永久性的。[1] 2020 年 7 月 29 日，德国反垄断委员会提交了德国竞争双年度报告，报告称“即使新冠肺炎疫情正在发生，竞争法仍应继续适用，而不应有任何实质性的妥协，并且国家在对企业进行救助时如有扭曲竞争的效果，则应当伴随促进竞争的措施加以弥补”。[2]

概言之，新冠肺炎疫情的影响不止于个体生命健康和社会公共安全，还在于对经济运行的破坏从而引发的一场重大的经济危机，这将在今后几年给我们的社会造成负担。要从政策上回应这一灾难，必然会触及市场竞争问题，我们必须坚持竞争政策的基础地位。[3]

（二）竞争倡导下的多元利益平衡

新冠肺炎疫情下中国反垄断执法的回应，整体上是一个较为标准的水平，与常规情形相差不大。尽管中国的执法机构缺乏应对突发事件的反垄断执法经验，但借助数字技术的支撑，反垄断执法工作仍有序进行，部分工作也根据疫情的特征而作了有效的调整，取得了较好效果。[4] 例如，疫情推动了反垄断和审判程序的变革，文件的电子化、审理的远程化等缓解了疫情对反垄断工作的影响，这些变革可能成为今后的常态。当然，疫情给中国反垄断法带来的深层挑战，一方面是竞争政策与产业政策之间的平衡问题，特别是在国内外经济关系复杂、优化国内营商环境的背景之下；另一方面是如何建立突发情形下的反垄断规则及其实施机制，与常规情形下的反垄断机制形成互补，以应对疫情等突发的特殊情形。在以疫情为典型例子的突发情形下，反垄断需要考虑的基础问题有两个维度，一是突发情形对既有垄断行为或现象的影响，可能会产生新的形式和模式，这会对反垄断工作提出挑战。二是与突发情形相关的特殊垄断行为，因其与

---

〔1〕 See CMA, *Merger assessments during the coronavirus（COVID－19）pandemic*, CMA（Apr. 22, 2020）, https://www.gov.uk/government/publications/merger-assessments-during-the-coronavirus-covid－19－pandemic/merger-assessments-during-the-coronavirus-covid－19－pandemic.

〔2〕 See CPI, *Germany's Monopolies Commission Presents Their Biennial Report XXIII*, CPI（Jul. 29, 2020）, https://www.competitionpolicyinternational.com/germanys-presents-their-biennial-report-xxiii.

〔3〕 参见《中共中央、国务院关于新时代加快完善社会主义市场经济体制的意见》（2020 年 5 月 11 日）。

〔4〕 See Wei Han & Yajie Gao, *Antitrust Enforcement During COVID－19: China's Response and the Long-Term Implications*, CPI（Sep. 14, 2020）, https://www.competitionpolicyinternational.com/antitrust-enforcement-during-covid－19－chinas-response-and-the-long-term-implications.

突发情形相关而难以单独评价其合法性,如政府通过企业平台发放消费券的行为、[1]政府与企业合作的防疫健康码系统可能涉及的垄断行为。[2]

新冠肺炎疫情之下,还有需要保护的特殊利益,如劳动者权益、消费者隐私、经营者的复产复工、产业的发展、营商环境的优化等。部分群体的特定利益不容易进入公众的视线,或者在疫情之下的行为合法性评价有了例外的标准。这些因素可能会构成对反垄断执法的挑战,特别是反垄断执法的公众认同或公信力。随着疫情进入常态化的阶段,反垄断执法也转向常规垄断行为的调查和处罚,域内外主要司法管辖区的一系列处罚、规则发布引起了社会的广泛关注,反垄断机构的这些行为传递了哪些信息,有没有正确传递信息,公众如何理解这些信息,这是我们应当同等重视的。竞争文化的培育,是建立在公众理解的基础上的,不是一蹴而就的;竞争文化的维持,也需要多元的利益相关者的积极参与,每一种利益相关者(消费者、劳动者、经营者等)都是竞争的重要治理力量之一,如此才能更好地通过竞争倡导实现多元利益的平衡。也就是说,竞争倡导是一种基本理念,适用于广泛的社会生活与市场经济,而不仅仅是在非常狭窄的范围去界定和认识。概言之,我们未来的反垄断法,需要建立符合国情的多元化竞争政策的目标体系:直接目标是改善和维护市场中的公平竞争机制;核心目标是促进经济效率提升;终极目标是提高消费者福利;还需要兼顾的目标是维护市场统一、消除市场壁垒等。[3]

五、结语

新冠肺炎疫情对生活关系和经济关系的深刻影响还在继续,它可能重构我们对许多法律规则的理解和认识。疫情下的应急管理体制、医疗卫生管理体制等正经历挑战和重构,看似关联度不高的反垄断法也在迎接检验。突发的疫情

---

〔1〕 See Wei Han & Yajie Gao, *Antitrust Enforcement During COVID – 19: China's Response and the Long-Term Implications*, CPI (Sep. 14, 2020), https://www.competitionpolicyinternational.com/antitrust-enforcement-during-covid – 19 – chinas-response-and-the-long-term-implications.

〔2〕 See Wei Han & Fei Deng, *Health Code and Digitalization of Antitrust Filings and Trials: China's Experiments in Coping with COVID – 19*, Antitrust, Vol. 34:3, p. 48 – 49 (2020).

〔3〕 李青:《采取渐进式监管方法解决互联网平台竞争问题》,载新京报网 2021 年 1 月 6 日, https://www.bjnews.com.cn/detail/160986920315339.html。

之下,反垄断执法机构能否灵活应对、是否需要放松反垄断审查标准、是否需要特殊反垄断规则,这些问题的答案随着疫情时间的拉长而逐渐清晰明确。疫情下的美国反垄断执法实践也再次印证,即便是在不确定的时期,仍应坚定执行反垄断法的实质标准,无须"紧急情况"除外。相应地,各国反垄断执法也都在程序上作了应对疫情的特殊安排,一方面更好抗疫,另一方面也不放松常规的反垄断执法工作。疫情下美国反垄断执法的启示,除了反垄断机构自身坚定不移地执行反垄断法,还在于反垄断机构与其他相关部门之间的合作与协调,努力在不确定的经济环境中维持竞争的秩序。

当然,从全球范围来看,反垄断法有着不同的规则、工具和程序,各地区的反垄断执法机构的角色和组织形式也有区别。未来,随着竞争政策在全球范围内的重要地位日益凸显,反垄断法的规则体系也将迅速发展壮大,然而,有效竞争不在于反垄断法是否完备,而在于反垄断法的有效和高效实施,需要无例外地调查、起诉、制止或限制反竞争行为。

欧盟疫情中的反垄断法实施及启示

刺　森*

为应对新冠肺炎疫情,欧盟委员会竞争总司以及部分成员国竞争执法机构主要在国家援助、反垄断规则以及集中控制三个方面采取临时性的应对措施。

一、疫情下欧盟的反垄断措施

(一)欧盟反托拉斯措施

新冠肺炎疫情暴发之后,欧盟的竞争执法机构快速意识到企业因为危机而面临着较大的挑战,同时企业的经营活动对于欧盟度过由危机所导致的消极影响也是重要的。企业为应对危机,可能会采取某种程度的一致行为,确保向所有消费者供应和公平分配稀缺的基本产品和服务。为应对这一情况,欧盟委员会、欧洲自由贸易联盟监督局(EFTA Surveillance Authority)和成员国竞争执法机构公布了一项"当前新冠病毒危机期间适用反托拉斯规则的联合声明",该声明提出,在疫情期间,企业为了保证稀缺产品的供应和分销, 所采取的一致行为不太可能构成对《欧盟运行条约》第 101 条的违反。如果企业对这种合作举措存在竞争法疑问,可以向欧盟委员会、欧洲自由贸易联盟监督局或者有关成员国的竞

* 刺森,北京工商大学法学院讲师,法学博士。

争执法机构寻求非正式指导。该声明还提出，在疫情期间，涉及消费者健康的特定重要产品，诸如口罩和消毒液，能够以具有竞争力的价格进行销售。如果其中存在相应的违反竞争法的行为，欧盟竞争执法机构也会积极采取调查程序，以禁止相应的限制性协议或者滥用市场支配地位。另外，生产商为其产品转售设定最高价格是合法的，该行为在一定程度上可以有效地防止经销商层面的不合理价格上涨。

欧盟委员会所发布的针对横向、纵向协议以及协议豁免等多个指南，在疫情期间仍然适用，欧盟委员会竞争总局针对这些指南在疫情期间的适用可以为企业、协会提供相应的指导。2020 年 4 月 8 日，欧盟委员会通过了一份临时性框架通告（Temporary framework communication）[1]，规定了在疫情期间企业针对重要产品短缺而达成的合作所应遵循的标准。其中主要涉及的产品包括疫情期间用于测试和医治患者的药品和医疗器械，或者是用于减轻或度过疫情所必要的药品和医疗器械。该通告的主要内容包括：（1）欧盟委员会认定此类行为的主要标准；（2）针对此类行为提供事前指南的例外程序。为便利企业在疫情期间快速对其一致行为进行风险评估，欧盟委员会可以向企业提供指导和安慰信。在疫情期间，企业可能对必要的药品或者医疗器械进行大量生产，可能会影响其他产品的生产和库存分配，因此需要企业之间就生产信息或者库存信息进行沟通。通告提出，如果必要的产品在同一地点进行大量生产，因符合规模经济，从而可能效率更高。欧盟委员会将可能出现的符合竞争法的相关合作归纳为：（1）联合运输原材料的协同；（2）协同预测可能出现短缺的基本药物的产品；（3）汇总生产和产能信息，但不涉及单个企业信息的交换；（4）分享总体性的供应缺口信息，要求企业在不与竞争者进行个体信息分享的情况下，说明其能否填补缺口以满足需求。但也同时提出上述行为需要明确的保障措施。医药企业的部分交换信息的行为在常态化下可能是违反竞争法的，但是考量到紧急情况和临时性，这些措施在一定条件下不会成为欧盟委员会的执法重点，相关条件包括：（1）以最有效的方式实际增加产出，以解决或者避免基本产品或者服务的供应短缺而设定，且客观上是必要的；（2）该行为是临时的，即仅在短缺情况下或

---

〔1〕 See European Commission, *Communication From the Commission: Temporary Framework for assessing antitrust issues related to business cooperation in response to situations of urgency stemming from the current COVID－19 outbreak* (2020/C 116 I/02).

者疫情暴发期间适用;(3)不超过为实现解决或者避免供应短缺的目标所绝对必要的程度。企业应当记录所有的交换信息过程以及相应的协议,使欧盟委员会可以获得。依据该通告,欧盟委员会于2020年4月8日向一家制药商协会及相应参与企业发出一封“安慰信”,内容涉及针对药品短缺而实施的企业间的一致行为。此外,欧盟委员会还设立了专门的邮箱,以便利为企业提供专门的指导。

(二)欧盟集中控制措施

为应对疫情期间的经营者集中,欧盟委员会采取了一系列措施,确保集中审查的连续性。在疫情期间,经营者集中程序主要面临着难以收集相关资料等问题,欧盟委员会及时将部分经营者集中业务转为线上,通过电子邮箱、线上系统等工具保证信息的及时传递。

(三)欧盟国家援助措施

1.疫情期间欧盟国家援助临时框架[1]

欧盟国家援助制度主要的法律基础包括《欧盟运行条约》第107条至第109条。其中第107条是对国家援助的实体性规定,欧盟国家援助制度采取的是一般性禁止加例外豁免制度,实施机构主要是欧盟委员会,第107条第(1)款是对成员国扭曲竞争的援助行为的一个一般性禁止条款,第(2)款是对三类特定援助的豁免(包括援助消费者、补偿自然灾害或例外事件导致的损害以及对联邦德国的特定区域进行经济补贴),第(3)款是对四类援助的豁免(包括对低生活水平地区的发展援助、为推动欧洲共同利益的重要计划或救济成员国的严重经济动荡的援助、不会不利影响交易地对特定经济活动或者特定地区的援助以及为了推动文化和遗产保护的援助)。在疫情期间,针对企业的援助豁免的主要法律依据是第107条第(3)款(b)项。第108条是针对国家援助制度的申报审查程序条款,而第109条规定了欧盟理事会在基于欧盟委员会的提议且经过在欧洲议会的咨询后,可依据第107条、第108条制定适当的条例并且可特别决定依据第108条第(3)款的给予集体豁免。

---

[1] See European Commission, *Communication from the Commission: Temporary Framework for State aid Measures to Support the Economy in the Current COVID-19 Outbreak*, EC (Jan. 28, 2021), https://ec.europa.eu/competition/state_aid/what_is_new/TF_consolidated_version_amended_3_april_8_may_and_29_june_2020_en.pdf.

欧盟委员会意识到受疫情影响，部分行业的经营者可能在短期内处于困境中，需要适当暂停或者放松竞争规则，以支持处于困境的企业，否则经济复苏可能被延误，并且会造成难以扭转的市场损害。除此之外，大量的私人投资、公共投资以及必要的改革可能都是经济复苏的必要条件。

(1)疫情对经济的影响以及临时措施的必要性

为了保证欧盟国家援助制度能够有效地为经济复苏提供支持，同时保障市场的有效竞争，欧盟委员会先后于2020年4月3日、5月8日、6月29日以及10月13日发布国家援助制度的"临时框架"。"临时框架"提出，疫情暴发对经济的影响可能表现为供应链中断、消费需求降低、投资充满不确定性、流动性不足以及成员国政府所采取的包括社交距离、旅行限制、检疫及封锁等各种防疫措施所导致的对生产和供应的影响。银行和其他金融机构在疫情期间应当发挥关键作用，维持信贷流动，保障企业能够支付工资并从事经济活动。"临时框架"提出，成员国依据《欧盟运行条约》第107条第(2)款(b)项通过金融机构向企业提供的国家援助，使企业直接受益，这些援助不具有维持或者恢复银行的生存能力、流动性或者偿付能力的目的。同样，成员国依据该条向金融机构直接提供援助，其目的也不是维持或者恢复机构或者实体的生存能力、流动性以及偿付能力。因此依据第2014/59/EU号指令(BRRD)或者第806/2014号条例(SRMR)，上述类别的援助不构成特别公共财政支持，也不会适用于银行业的国家援助规则。

(2)《欧盟运行条约》第107条第(3)款(b)项的适用

《欧盟运行条约》第107条第(3)款(b)项为"推动执行共同欧洲利益的重要计划或救济成员国经济的严重动荡的补贴"，为疫情期间的国家援助提供了法律依据。根据该款，委员会可以宣布与欧盟内部市场相一致的援助，以"纠正对成员国经济的严重动荡"。在这方面，欧盟法院已裁定，动荡必须影响有关成员国的整体经济或影响成员国经济的一个重要部分，如果仅仅影响到成员国一个区域或领土一部分的经济情况，不构成"对成员国经济的严重动荡"。考虑到本次疫情对所有成员国经济的影响，在此期间发布的国家援助是合理的，在有限的期限内，解决企业面临的流动性短缺，确保疫情暴发的破坏性不会影响其生存能力，特别是针对中小企业。

(3)临时性的援助措施

在金额方面的要求包括:①每个项目的总援助不超过80万欧元。援助可以以直接赠款、税收和支付优惠或其他形式提供,如可偿还的预付款、担保、贷款和股本,前提是这些措施的总价值低于80万欧元的总上限;所有使用的数字必须是毛额,即在扣除任何税款或其他费用之前;②援助是根据预算计划实施;③不得向在2019年12月31日已经陷入困境的企业提供援助。已经在2019年12月31日处于经营困境的微型或小型企业,如果他们未进入集体破产程序,并且他们没有接受破产救助援助或重组援助,可以向他们提供援助。

另外,向农业、渔业和水产养殖部门的企业提供的援助应当:①对于每家渔业或农业部门的企业,对每家企业的总体援助不超过12万欧元,对于农业初级产品部门的企业,对每家企业的总体援助不超过10万欧元,援助的形式包括直接拨款、税收等形式,所有使用的数字必须是毛额,即在扣除任何税款或其他费用之前;②对积极从事农产品初级生产的企业的援助,不得以投放市场的价格或者数量为依据;③对积极从事渔业和水产养殖的企业的援助不涉及"第717/2014号条例"第1条第(1)款第(a)至(k)项中提到的任何援助类别。

对于受到援助的企业同时活跃在多个部门,成员国应当确保通过适当的手段,如分离账户,使每项经营活动的援助总额规定不被突破,并且每家企业的总援助额不超过80万欧元。如果受到援助的企业属于农、渔和水产养殖部门,每家企业总援助金额不超过12万欧元。

国家援助的形式包括:①贷款担保;②补贴贷款利率;③通过信贷机构或其他金融机构提供的担保和贷款;④短期出口信贷保险;⑤为新冠肺炎疫情相关研发提供援助;⑥为测试和升级基础设施提供投资援助;⑦为新冠肺炎疫情相关产品生产提供投资援助;⑧以延迟缴纳税款和/或社会保障缴款的形式提供援助;⑨以工资补贴的形式为员工提供援助,避免疫情期间裁员;⑩资本重组的措施。

对于资本重组措施来说,该临时框架规定了欧盟国家援助规则下的标准,在此基础上,成员国可以以股权和/或混合资本工具的形式,向因疫情而面临财政困难的企业提供公共支持。它的目的是确保疫情暴发前存活的企业不会因疫情不必要地退出市场。因此,资本重组不得超过确保受益方生存能力所需的最低限度,不应超过将受益方的资本结构恢复到疫情暴发前的水平。大型企业必须报告获得的援助如何支持它们的经营活动,以符合欧盟的目标以及绿色和数字转型相关的国家义务,包括欧盟到2050年实现碳中和的目标。同时,只有在找不到其他适当解决办法的情况下,才应考虑以股本和/或混合资本工具的形式提供国家公共支持。此外,发布这类工具应受到严格的条件限制,因为它们高度扭曲了企业之间的竞争。因此,这种干预必须有明确的条件,包括国家的进入、报酬和退出,从而不会限制有关企业之间的公平竞争。

(4)监控和报告制度

针对大多数形式的援助,成员国必须在国家援助网站或委员会的IT工具上发布相关信息:①个案超过10万欧元的援助;②农、渔部门个案超过1万欧元的援助。信息需要在授予援助之日起12个月内发布,于3个月内发布资本重组措施。成员国必须向委员会提交年度报告。在2021年6月30日之前,成员国必须向委员会提供一份根据本通告批准的计划实施的措施清单。各成员国必须确保保存关于给予援助的详细记录。这种记录必须包含一切必要的资料,以确定必要的条件已得到遵守,在给予援助后必须保存10年,并应委员会要求提供。委员会可要求提供关于所给予援助的进一步资料,以核实可援助措施的决定中所规定的条件是否已得到满足。

2. 交通运输与旅游领域的国家援助措施

新冠肺炎疫情对欧洲交通运输和流动性产生了重大影响,导致了供应链的中断、旅游业的急剧减少和整体流动性的下降。欧盟的国家援助规则使成员国能够支持受疫情影响的企业,包括运输部门的企业。目标是维护、恢复人员和商品自由流动的互联互通,同时保障相关行业的竞争。为此,所有企业,包括运输运营商、相关服务提供商和基础设施管理机构,都应获得必要的支持,以保护和恢复欧洲公民和企业的互联互通,包括供应链的完整和良好运作。为了欧盟经济和消费者的利益,各成员国应在不歧视的基础上,以保持危机前的市场结构并为迅速的经济复苏铺平道路。危机后,市场中企业数量的减少,可能对运输市场的竞争、连通性、服务质量和价格产生负面影响。

(1)空运部门

在航空运输领域,对欧盟以外和欧盟内部航空旅行的临时限制措施对市场产生了重大影响,根据欧盟的数据,2020 年与 2019 年同期相比,整个欧洲的航班减少了 80% 以上,欧洲最大的一个机场的航班运营不足 75%,预订数量不断下降。由于约 50% 的空运货物是在客机腹部运输的,客运量的下降导致航空货运能力显著下降,对医疗用品、易腐物品和其他时间敏感货物的运输产生了负面影响。[1] 在疫情期间,成员国需要保障旅客运输、食品和药品等必需品供应的基本互联互通,以保持关键机场的开放,并为确保恢复阶段的互联互通。在运输方面,成员国需要提供部分公共服务,包括确保全港(如离岛、偏远地区)基本连通性所需要的服务;确保基本产品(如食品、药品、医疗设备)的供应安全;运营与疫情相关的特定航班。提供这类公共服务的企业可能既包括服务提供者(如飞往岛屿的航空公司),又包括基础设施(如维持开放的机场,以确保提供基本服务)。

①不构成国家援助的措施

a. 一般性措施

成员国所采取的适用于所有市场主体的一般性措施,不构成国家援助,不受国家援助事前审查制度的限制,这类一般性措施诸如工资补贴、暂停征收公司税和增值税或社会缴款等,能够有效地稳定经济,避免失业潮。

b. 公共汇款(public remit)

涉及国家在行使公共权力时支付的费用,诸如为遣返国民、因医疗原因使用军用飞机或者类似方法运送人员而经营的特殊航班。在此情况下受益人根本不从事任何经济活动,国家援助规则不对其收到的公共汇款业务的资金水平进行任何控制(例如,如果军队或警察在没有任何企业参与的情况下开展此类业务)。但是,如果受益人不仅开展公共汇款业务,还开展经营活动,则公共汇款不得超过补偿额外成本之必要。例如,在疫情暴发期间,机场被要求继续开放以满足某些航班的需求,如果成员国向机场运营商补偿与这些公共汇款活动有关的可变成本(在机场关闭的情况下承担的成本与在机场继续开放以满足成员国

---

〔1〕 See European Commission, *Overview of the State aid rules and public service obligations rules applicable to the air transport sector during the COVID – 19 outbreak*, 载 https://ec.europa.eu/competition/state_aid/what_is_new/air_transport_overview_sa_rules_during_coronavirus.pdf, 最后访问日期:2020 年 12 月 20 日。

要求的情况下承担的成本之间的差额)，这就不属于国家援助规则的范畴。如果一个成员国要求几个运营商(如几个机场或几个航空公司)开展公共汇款活动，则应以非歧视性的方式计算赔偿金(赔偿金应涵盖相同类型的费用，应使用相同的方法计算赔偿金)。

c. 公共服务补偿

成员国保障虽然不属于公共范围，但被认为可以满足公共需要的航空服务，这种服务一般具有普惠性(SGEI)。为提供普惠性的服务而给予的公共服务补偿可能构成：(a)非国家援助；(b)国家援助，但无须向委员会申报；(c)需要向委员会申报的国家援助。例如，整个欧盟成员国的航空客运服务几乎完全停顿的特殊情况，在某些情况下，可能有必要在有限的范围内实施紧急公共服务义务，以确保偏远地区或岛屿的基本最低连接。成员国对普惠性的服务进行补偿，如果满足以下四个条件，就不构成国家援助(Altmark 标准)。第一项 Altmark 标准：界定公共服务的范围，成员国需要明确界定需要维持经营的关键路线以及相应的最低频率与运量，或者维持航空设施、服务的容量和质量，措施的必要性体现在对疫情采取初步遏制措施的几个月里，客运和/或货运需求出现了不可预见的严重下降，以及后来客运和/或货运收入的损失使提供服务在经济上不再可行。第二项和第三项 Altmark 标准：事先的财务参数和对过度补偿的控制。对每条路线的补偿参数只需以观察到的下几个时期的盈亏账目为基础即可。由于受补贴的公司不应得到过高的补偿，利润水平可以以疫情暴发前在往返成员国的类似航线上商业活跃的航空运输公司的利润水平为基准。财务指标的选择由成员国当局自行决定，它应符合金融业普遍接受的标准(股本回报率、使用资本回报率或类似标准)。基准应有助于成员国确定一个适当的数值范围，并确定最高赔偿水平。所建立的机制应包括一个退赔机制，使成员国当局能够事后检查是否有多赔的情况，并退还多赔的款项。第四项 Altmark 标准：社会成本最低。目的是确保所支付的任何赔偿与社会的最低成本相对应。为了满足第四项标准，成员国必须：(a)根据公共采购程序选择航空运输运营商；(b)授予公共服务合同，同时根据对一家经营良好、有足够相关手段的典型航空运输公司本应承担的费用的分析来确定赔偿水平。

②免于申报的国家援助

成员国可免除对航空运输部门某些类型的国家援助进行申报的义务，但必须满足《一般集体豁免条例》(GBER)所规定的条件。《一般集体豁免条例》涵盖广泛的横向援助类型，并对航空运输业作出具体规定，特别是为偏远地区居民的交通而提供的社会援助、机场投资援助以及区域机场营运援助。符合国家援助条件的公共服务补偿(通常是在不符合第四项 Altmark 标准的直接授予公共服务合同的情况下)，如果符合普惠决定中规定的条件，可以免于申报。向一家公司提供的公共资金在三个财政年度内不超过 20 万欧元，不被视为国家援助，但前提是必须满足《最低限度条例》(De minimis Regulation)的其他条件。在三年以上资助提供普惠性服务的企业不超过 50 万欧元的公共资金不被视为国家援助，前提是《普惠性企业最低限度条例》中的条件被满足。

③需要申报的国家援助

这部分的国家援助包括：其一，根据委员会通过的《国家援助措施临时框架》所授予的国家援助；其二，根据《欧盟运行条约》第 107 条第(2)款(b)项提供的援助；其三，公共服务赔偿；其四，其他可适用的规则下需申报的国家援助。

(2)海运部门

一些成员国表示，海上客运量的突然和严重下降可能难以保证通过滚装—滚装—非客船和/或渡轮运输的产品运量，因为这些船只的运输量严重依赖客运服务的收入。[1] 委员会认识到，客运量的严重下降以及随之而来的收入损失，可能会使货运业务在经济上不再可行。为了避免基本的海运服务中断，并保障其未来的业务，成员国可采用不同的手段支持海运经营者(航运公司和港口经营者)。

具体干预措施除包括：通过赠款、贷款、公共担保、退税或延期缴纳特许权费或土地租赁费等方式，帮助海运和/或港口经营者。成员国还可以制定临时公共服务义务(PSO)和/或公共服务合同(PSC)，以取代或支持因疫情而无法提供的商业服务。在海运领域，这些公共服务可旨在确保欧盟全境(如岛屿、偏远地区等)的基本连接需求。成员国可以要求，并在必要时，为海运经营者提供补偿，

---

〔1〕 See European Commission, *Overview of the State aid rules and Public Service rules applicable to the maritime sector during the COVID－19 pandemic*, 载 https://ec.europa.eu/competition/state_aid/what_is_new/maritime_transport_overview_sa_rules_during_coronavirus.pdf, 最后访问日期：2020 年 12 月 20 日。

以保障公共服务需求的满足。

①不构成国家援助的措施

a. 一般性措施

与空运相同,成员国所采取的适用于所有市场主体的一般性措施,不构成国家援助,不受到国家援助事前审查制度的限制。

b. 公共汇款

属于国家公共职权的服务,诸如遣返国民、因医疗原因运输人员、军事活动,其经费通常不属于国家援助控制的范围。关于基础设施,公共汇款活动涉及国家在行使其公共权力时通常进行的活动。例如,通行管制;对极端天气条件、沿岸漂移、波浪/潮汐、洪水和海岸侵蚀的保护和恢复力;警察;海关;防止环境污染;监测;航行(包括灯塔)的管制及保安。如果受益人不从事任何经营性活动,资助的资金不受国家援助的限制。但是,如果受益人同时提供公共服务与经营性服务,援助的资金不能超过必要的公共服务的成本。当一个成员国同时要求多个企业提供公共服务,在赔偿时要遵守无歧视原则。

c. 公共服务补偿

成员国希望保障的上述一些关键活动构成了经营活动(如提供跨领土的海运连接),应符合普惠性的条件。为执行普惠性服务而给予的公共服务补偿可以是(a)不构成援助;(b)免于申报的国家援助;(c)应申报的国家援助。在海洋运输部门,公共服务补偿一般给予根据一般 PSO 或特定 PSC 受托提供海洋运输服务的欧盟船东,或给予管理符合 SGEI 条件的港口基础设施的港口运营商。公共服务可能在疫情暴发之前就存在了,或者如上所述,这种公共服务的需求可能是由于观察到或可预见的迄今为止在没有任何公共干预的情况下以商业为基础提供的服务的中断。这些公共服务通常涉及货运和/或客运,在一个成员国境内(海上沿海运输)或两个成员国之间或一个成员国与第三国之间(国际连接)提供。对于普惠性服务的界定仍然适用 Altmark 标准。

②免于申报的国家援助

成员国只要满足《一般集体豁免条例》规定的条件,就可免除对海运部门某些类型的国家援助进行申报的义务。GBER 涵盖了广泛的横向援助类别,并对海运部门作出了具体规定,特别是在船员培训、购置某些船只以及为偏远地区居民提供运输服务等方面的国家援助。GBER 还允许对港口基础设施进行投资援助,只要符合 GBER 第 56(b)条的具体要求,符合条件的费用,包括规划费用在内,最高可达到 100%,用于建设、更换或升级港口基础设施(包括通道基础设施)以及疏浚的投资。就海运部门而言,“SGEI 意见”适用于为提供与岛屿和港口相连的海运通道而给予的公共补偿,只要该通道在之前的两个财政年度内年平均客流量不超过 30 万人次。如果为海运企业提供的公共资金在三个财政年度内不超过 20 万欧元,不被视为国家援助,但前提是必须满足《最低限度条例》中的条件。提供三年以上不超过 50 万欧元的普惠性公共资金不被视为国家援助,但前提是必须满足《普惠性企业最低限度条例》中的条件。

③需要进行申报的援助

与空运相似,海运部门需要进行申报的国家援助包括:(a)根据委员会通过的《国家援助措施临时框架》所授予的国家援助;(b)根据《欧盟运行条约》第 107 条第(2)款(b)项提供的援助;(c)公共服务赔偿;(d)其他可适用的规则下需申报的国家援助。

(3)陆运部门

成员国采取的抑制措施导致客运服务下降了 50%~90%。[1] 同时,成员国面临着需要在疫情暴发期间确保基本的连通性,以保持基本线路的畅通,并计划在恢复阶段确保连通性。特别是,成员国可能需要紧急建立公共服务,以满足具体需求,或取代因疫情而无法提供的商业服务。铁路部门正在经历一个漫长而缓慢的市场开放过程,其积极影响刚刚开始显现。疫情的暴发不应该使这一进程倒退,甚至停止。在开放线路上运营的独立企业对于为铁路部门带来竞争和创新服务至关重要。为了实现运输业的低碳化,必须确保国家援助不会无意中导致自由化的倒退或转向污染更严重的运输模式。有证据表明,铁路领域的竞争不仅会导致价格降低和服务质量提高,从而提高铁路的使用率,而且还能大大降低国家提供这些服务的成本,而在疫情的危机和公共预算的巨大压力下,这一点更加重要。

---

〔1〕 See European Commission, *Overview of the State aid rules applicable to the land transport sector during the COVID-19 outbreak*, 载 https://ec.europa.eu/competition/state_aid/what_is_new/land_transport_overview_rules_during_coronavirus.pdf, 最后访问日期:2020 年 12 月 20 日。

①不构成国家援助的措施

与空运、海运相同,不构成国家援助的措施包括:(a)一般性措施:成员国所采取的适用于所有市场主体的一般性措施,不构成国家援助,不受到国家援助事前审查制度的限制;(b)公共汇款措施:属于国家公共职权的服务,诸如因医疗原因运输人员或药品,其经费通常不属于国家援助控制的范围;(c)最低限度援助:如果在三个财政年度以上向企业提供的公共资金不超过20万欧元,则不被视为国家援助,前提是还满足《最低限度条例》中的条件。

②免于申报的公共服务义务和公共服务合同

具有普惠性的陆路运输服务,例如跨地域连接,可能构成:(a)不构成援助;(b)免于申报的国家援助;(c)应申报的国家援助。这一领域的公共服务合同可能是基于:(a)第1370/2007号条例第5(2)至5(6)条订立;(b)公共采购指令和第2014/23号指令制定。普惠性的Altmark标准仍然适用。

③其他规则

《国家援助措施临时框架》也适用于陆路运输部门,相关援助需要向欧盟委员会进行申报。除此之外,欧盟委员会《关于铁路企业国家援助的共同体指南》还提供了一个工具箱,其中的措施也有助于为铁路部门提供财政救济。例如,有可能推出基础设施使用援助计划(特别是通过退还轨道使用费),或减少或退还牵引能源费用,为减少外部成本提供帮助,与其他竞争性运输模式相比,铁路运输可以避免这些成本。

《欧盟运行条约》第93条规定,"援助如果满足运输协调的需要,或者如果是对履行公共服务概念中固有的某些义务的补偿,则该援助与条约相一致"。该条约第93条可直接适用,作为确定(欧盟)第1370/2007号条例未涵盖的援助是否符合条约的法律依据。因此,援助必须通知欧洲联盟委员会,并且只有在获得授权后才能给予援助。

(4)给予旅客和游客的代金券

根据欧盟的数据[1],在本次疫情中,2020年与2019年同期相比,预订量减

---

〔1〕 Commission Recommendation (EU) 2020/648 of 13 May 2020 on vouchers offered to passengers and travellers as an alternative to reimbursement for cancelled package travel and transport services in the context of the COVID-19 pandemic, OJ L 151/10.

少了60% ~90%。旅行者因取消订单而提出的退款要求远远超过了新的预订水平。根据欧洲旅行社和旅游经营者协会(ECTA)的初步估计,与基于往年的预期营业额相比,疫情可能会在2020年第一季度造成300亿欧元(减60%)的损失,在第二季度造成460亿欧元(减90%)的损失。

欧洲议会和欧洲理事会第261/2004(6)号条例、第1371/2007(7)号条例、第1177/2010(8)号条例和第181/2011(9)号条例(《联盟乘客权利条例》)规定了乘客在取消航班时的权利。在承运人取消航班的情况下,乘客可以选择由承运人提供的报销(退款)和改道。由于在本次疫情的情况下,乘客的选择主要是集中在各种报销的可能性上。对于航空、海运和内河运输,应在旅客提出要求后7天内报销全部票款;对于公共汽车和长途汽车运输,应在提出要求或收到要求后14天内报销;对于铁路运输,应在提出要求后1个月内报销。根据欧盟的法律,报销可以以货币或代金券的形式进行。但是,只有在乘客同意的情况下,才可以用代金券的方式报销。欧洲议会和欧洲理事会指令(EU)2015/2302(12)(简称"一揽子旅行指令")规定,如果"一揽子旅行"因"不可避免的特殊情况"而被取消,旅客有权在合同终止后的14天内,在没有无故拖延的情况下,全额退还已支付的"一揽子旅行"费用。在这种情况下,组织者可以向旅行者提供代金券形式的退款。但是,这种可能性并不剥夺旅行者要求以金钱补偿的权利。同样,如果建议对旅行团合同进行变更(如推迟)或提出替代性旅行团,而这些变更或替代性旅行团导致旅行者接受质量或费用较低的旅行团或终止合同,组织者也可以提供代金券,但前提是不剥夺旅行者以金钱报销的权利。

2020年3月18日,欧盟委员会通过了《欧盟乘客权利条例解释指南》,提出乘客可以在现金报销和以代金券形式报销之间进行选择。代金券可以有效防止组织者或承运人因支付退款而破产,保障旅客或游客能够获得退款。为了使代金券对乘客或旅客具有吸引力,成员国可考虑根据联盟国的援助规则,采取各种计划,支持旅行和运输部门的经营者。例如,它们可以直接根据《欧盟运行条约》第107条第(3)款(b)项建立专门的代金券保障计划。此外,成员国可以根据委员会(欧盟)第1407/2013(18)号条例给予最低限度的援助,以支持旅行和运输部门的经营者。

关于旅游和运输部门经营者可能的额外流动资金需求,"临时框架"原则上也适用于运输和旅游企业,并承认运输和旅游是受影响最大的行业之一。该框架旨在通过允许直接拨款、税收优惠、国家贷款担保和补贴公共贷款等方式，解决公司面临的流动资金短缺问题。为了迅速解决紧急流动资金需求，特别是中小型企业的需求，成员国可以向每家公司提供名义价值最高为80万欧元的零息贷款、100%风险的贷款担保或提供股权。此外，“临时框架”规定了以担保和利率补贴的形式为每家公司80万欧元以外的流动资金需求提供援助的可能性，但要符合最低定价条件。在这种情况下，成员国可以决定向旅游和运输部门的经营者提供支持，以确保因疫情造成的赔偿要求得到满足，从而保护乘客和消费者的权利，并确保乘客和旅行者的平等待遇。在承运人或组织者破产后，成员国可决定支付乘客或旅行者的赔偿要求。这种赔偿要求的覆盖范围只有利于乘客或旅客，而不是企业。因此，它不构成国家援助，因此可以由成员国实施，而无须委员会事先批准。成员国可决定是否实行具体的计划，向运输和旅行部门的经营者提供支持，以确保满足消费者的报销要求，但最终受益的应是所有乘客或旅行者，而不论其服务提供者是谁。委员会建议成员国鼓励金融中介机构考虑利用欧洲投资基金和欧盟委员会发起的疫情贷款担保机制以及欧洲投资银行集团发起的其他类似计划，向中小企业/中型企业提供的专用流动资金和周转资金，解决公司因疫情而产生的流动资金需求，包括偿还被取消的机票。

（四）与2008年国际金融危机、2010年冰岛火山灰期间的措施的比较

1.2008年国际金融危机

2008年国际金融危机引发了欧洲金融市场的动荡，需要各成员国政府对金融市场进行干预，其中包括通过国家援助的手段恢复市场信心，避免系统性危机。在2008年10月1日至2011年10月1日，欧盟委员会批准对金融部门的援助总额为4.5万亿欧元（占欧盟国内生产总值的36.7%）。[1] 为实施金融危机时期的国家援助，欧盟委员会制定了危机期间国家对金融机构援助的评估标准和保障措施，还制定了就处理银行持有的不良资产和银行的重组计划的评估指南。欧盟委员会针对金融业的相关立法活动包括2008年12月发布的《金融机构资产重组通告》以保障在金融危机期间国家援助被限制在必要的最低限度内，并防止不适当地扭曲竞争，2009年2月发布的《共同体银行领域不良资产的

〔1〕 参见欧盟委员会网站，载 https://ec.europa.eu/competition/recovery/financial_sector.html，最后访问日期：2020年12月20日。

处理通告》,2009 年 7 月发布的《在当前危机中根据国家援助规则恢复金融部门的生存能力和评估金融部门的重组措施通告》,2010 年 12 月发布的《欧盟委员会关于 2011 年 1 月 1 日之后适用国家援助规则以支持金融危机背景下有利于银行的措施的通告》,2011 年 6 月发布的《国家援助规则对涵盖 2011 年 6 月 30 日之后发行的银行债务的政府担保计划的适用》,2011 年 12 月发布的《自 2012 年 1 月 1 日起适用国家援助规则以支持金融危机背景下有利于银行的措施的通告》,2013 年 7 月发布的《自 2013 年 1 月 1 日起适用国家援助规则以支持金融危机背景下有利于银行的措施的通告》。欧盟委员会提出,只要市场需要,这些制度就会一直被实施。欧盟委员会也认识到,长远来看金融业的复苏需要新的商业模式,以及新的监管方式,深化欧盟经济一体化可能帮助金融业摆脱危机,诸如欧盟银行业联盟。

除此之外,金融危机也给实体经济带来重大影响,银行的去杠杆化导致公司的信贷紧缩,结果可能导致整个经济的严重衰退。为了促进企业迅速获得信贷,欧盟委员会于 2008 年 12 月通过了《国家援助措施临时框架》,使成员国能够在 2010 年之前(延长至 2011 年)在协调的基础上临时采取新的支持措施,以确保恢复公司的长期生存能力。该临时框架于 2011 年 12 月到期。欧盟委员会于 2011 年 10 月发布了《金融与经济危机背景下采取的临时性国家援助规则的效果工作报告》,提出:(1)国家援助与其他政策一起,有效地减少了金融不稳定性,避免了影响经济整体的金融崩溃;(2)欧盟委员会迅速而果断的行动确保了危机期间的国家援助控制为整个欧盟范围内提供了急需的一致的政策反应;(3)在缺乏完全统一的监管框架的情况下,国家援助控制有效地缓解了单一市场内各成员国和银行之间的竞争扭曲,并有助于推动欧盟银行走上长期生存的道路;(4)对实体经济的临时援助框架是对金融部门所采取的措施的有用的补充,使我们能够以协调的方式应对危机期间企业获得融资的困难;(5)国家援助政策是遏制危机的重要资产,国家援助的逐步退出机制应考虑市场发展情况,照顾到金融稳定,防止整体或具体国家恶化的可能性,并辅以改善金融部门的监管监督措施。

在集中控制方面,集中控制规则在金融危机期间仍然适用。这些规则的目标是降低价格、改善产品和服务以及加强创新来保护消费者福利。欧盟委员会提出,中长期维持和恢复竞争性市场与短期内金融和经济问题的需求并不矛盾,现有的集中控制规则能够解决一部分效率低下和市场失灵问题。国家对银行多数股权的收购,如果获得了控制权,而且国家没有将被收购的实体维持为独立的商业实体,需要根据《合并条例》进行审查的。除了涉及德国一家银行的接管(Hypo Real Estate)这一个例外,在这方面征求过委员会意见的所有案件都被暂时认为不属于委员会的管辖范围。关于集中审查程序,需要快速处理的交易,如作为拯救行动一部分的交易,可以在迅速的时间框架内处理,并在必要的情况下,在审查之前可以例外地减免停顿义务(以便在紧急情况下能够立即部分或全部执行这些交易)。

2. 2010 年冰岛火山灰

冰岛火山灰事件给欧洲航空运输业带来较大影响,欧盟委员会主管运输的副主席西姆 - 卡拉斯说:“由于火山喷发导致空域关闭,导致 10 万多个航班被取消,1000 多万乘客无法出行,欧盟遭遇了前所未有的危机。委员会的首要任务是促进开放更多的空域,让滞留的乘客回家……现在,随着我们恢复正常,我们的关注点可以转移到对行业的救助措施上。这是关于为航空运输业提供救济的实际措施,以便他们能够度过这场危机。委员会还提出了结构性改革,以确保我们不会再次面临这种情况。”为此,副主席阿尔穆尼亚(竞争和国家援助)和专员雷恩(经济和货币事务)联合提出“一揽子”航空运输业短期和结构性措施。

卡拉斯提出的“一揽子”方案包含了应对危机可能的短期和更多的结构性措施,其中包括:

(1)需要立即协调以提供欧洲解决方案的措施。迫切需要采取成员国间协调一致的行动,以修订现有的火山活动国际程序。欧盟委员会将领导这一进程,建立一个专家小组,并制定新的风险管理方法。在与世界其他地区交流的基础上,委员会打算编写一份提案,由欧盟在 2010 年 9 月提交给国际民用航空组织(ICAO)大会。协调适用国家援助规则,成员国可以迅速实施有利于航空业的措施,这些措施不构成国家援助,包括按市场条件提供贷款和担保。某些支持措施也可被视为成员国为弥补自然灾害或特殊事件造成的损失而提供的国家援助。如果成员国采取了国家援助措施的形式,则必须根据欧盟层面制定的统一标准来提供。它不能被用来允许向与危机没有直接关系的公司提供不公平的援助。协调执行航空乘客权利,欧盟法律规定的航空乘客权利仍然完全适用。必须有一个公平的竞争环境,以便一家公司不会因为未能充分履行其义务而获得对另一家公司的不公平优势。欧盟委员会将与各国当局密切合作,以确保法规以一致的方式适用。

(2)短期和临时救济措施。欧盟空域的关闭证明有必要临时、灵活地适用现行规则和政策,以减轻航空公司的压力,帮助解决眼前的现金流问题等。欧盟委员会建议时段协调员(slots coordinator)考虑到危机的影响,使航空公司能够保留在危机期间和紧接着的时期没有被使用的时段。欧盟委员会将不反对成员国采取措施,在整个网络恢复正常和所有滞留旅客回国之前,短期内放弃运营限制——如飞行限制。关于航线费,委员会将建议成员国和欧洲航管组织立即评估是否有可能在规定的时间内推迟实际支付航线费。这项措施可以在一定程度上缓解眼前的现金流动问题。

(3)中期结构性措施。加快实施欧洲单一天空(Single European Sky),在发生空域管理危机的情况下,欧盟需要发挥领导作用,这意味着最优先考虑加快实施定于2012年生效的欧洲单一天空Ⅱ"一揽子"计划(SES Ⅱ)。欧洲单一天空"一揽子"计划旨在根据交通流量而非国界重新设计欧洲天空,将建立一个单一的欧洲空中交通系统,该系统将协调27个国家空中交通管制员的工作。

在国家援助方面,欧盟委员会批准了斯洛文尼亚针对"因冰岛地震及火山灰而导致的航空承运人及机场的损害"的国家援助(2011年)。该计划的受益人是所有持有斯洛文尼亚颁发的公共运输许可证的航空公司和在斯洛文尼亚注册的所有机场运营商。据斯洛文尼亚当局称,该计划是以公开和无歧视的方式设计的。该计划的总预算为1,985,227欧元,补偿方式为直接发放。为了确定有关措施是否含有《欧盟运行条约》第107条第(1)款意义上的国家援助内容,必须确定:其一,这些措施是否给予改革有关的企业带来经济利益;其二,这种利益是否通过国家资源提供资金;其三,这种利益是否扭曲或可能扭曲竞争;其四,这些措施是否影响成员国之间的贸易。

二、部分成员国情况

(一)德国

为应对疫情,《联邦法律公报》于2020年5月28日颁布了《反对限制竞争法》修正案,并将于次日生效。这些修正案在有限的时间内生效,一方面涉及审查集中的法定期限,另一方面涉及罚款的利息规则。在《减轻竞争法中 COVID 19 大流行病后果和商业经济自治组织领域法》将《反对限制竞争法》第 186 条扩展了两款。新的第 186(7)条将已经或将要在 2020 年 3 月 1 日至 2020 年 5 月 31 日通知联邦卡特尔局的集中的审查期延长。在这种情况下,联邦卡特尔事务局现在有 2 个月(而不是 1 个月)的时间来评估是否需要对交易进行更仔细的审查或是否可以通过(所谓的"第一阶段"或初步审查程序)。在主要审查程序中,对项目进行更详细的审查(所谓的"第二阶段"),审查期从 4 个月延长到 6 个月。延长时限也适用于欧盟委员会提交给联邦卡特尔事务局的程序。一次性延长审查期有利于在受影响的市场上进行必要的集中控制调查,这项规定同时考虑到了许多公司目前无法及时回应联邦卡特尔局索取信息的要求。第 186(8)条将支付反垄断罚金利息的义务暂停至 2021 年 6 月 30 日,但前提是已为支付罚金提供支付便利。如果从公司的财务状况来看,不能合理地期望公司立即支付罚款,联邦卡特尔事务局已经可以对其判处的罚款提供支付便利(延期支付或分期支付)。然而,根据《反对限制竞争法》的规定,延期缴纳的罚款必须支付利息。现在出台的规定使联邦卡特尔局能够在有限的时间内无息推迟罚款,以考虑到疫情造成的特殊负担。

在限制性协议方面,联邦卡特尔局为竞争者之间或供应链内与疫情有关的一致行为提供非正式指导,[1]提出为应对危机的大部分一致行为不构成对竞争法的违反,其所产生的效率可能超过对竞争的限制。为保障法律实施的确定性,联邦卡特尔局向企业提供非正式指导,以安慰信的形式,只要行为是为应对疫情所带来的危机,并且符合:(1)不超出提高效率所需的范围;(2)有关企业随时向联邦卡特尔局通报一致行为的进一步发展情况;(3)一致行为必须在疫情结束后立即结束。同时,联邦卡特尔局也提出,并非所有一致行为均是为了提高效率,有些行为的目的是将危机带来的经济负担转移给上下游,并且该行为并非因不可抗力而导致的合同风险分配,此类行为可能构成对《反对限制竞争法》的违反。在滥用市场支配地位方面,联邦卡特尔局密切关注有关滥用支配地位的举

〔1〕 See Andreas Mundt, *The Bundeskartellamt in times of COVID - 19: adaption of workflows and implications for our enforcement practice*, Journal of Antitrust Enforcement, Vol. 8:2, p. 253 - 255(2020).

报。例如，过度定价（如面膜、洗手液或运费）或其他行为，但前提是企业具有市场支配地位。

（二）法国

法国竞争管理局提出，任何公司都不能滥用其市场力量或与其他公司达成协议，以损害消费者和共同体的利益，需要确保构成必需品的产品仍能以有竞争力的价格获得。因此，竞争管理局针对这一方面开启调查，组织了一个内部网络，主要是为了在危机期间集中开展市场监督工作，分析观察到的各种行为，并在必要时采取行动，尽可能有效地纠正发现的行为。竞争管理局支持公司之间的临时协调行为，特别是为了保证必需品的生产和公平分配。

在集中控制方面，2020 年 3 月竞争管理局宣布，因疫情影响，特别是从第三方收集信息更加困难，管理局将无法保证通常的处理时间，可能会调整已经通知或将在未来几周内通知的交易的审查，并且要求企业推迟任何并不紧急的合并计划。

（三）荷兰

荷兰消费者与市场管理局提出，疫情期间，为保障食品的有效供应与分配，允许企业在有限的时间内交换信息，以防止食物腐烂，超市在缺货时，被允许在这次危机中对食品的分配作出安排。[1]在医疗保健领域，荷兰消费者与市场管理局对 Roche Diagnostics 可能滥用支配地位的行为进行了调查，该公司在荷兰的测试设备和测试材料方面占有重要地位，确保其在测试方案上与政府合作，确保医院和实验室可以完成更多的测试。

在消费者保护领域，消费者与市场管理局发现，各个行业统一制定的代金券（抵用券）计划实际上是竞争者之间的协议，例如旅游业、健身房和展览中心共同发布的代金券。消费者与市场管理局认可这种代金券的合法性，这些代金券有效地避免了企业因消费者集体退款而导致破产。但也认识到让消费者没有任何追索权也是不公平的，需要消费者与市场管理局就此类代金券制定基本规则。一方面要公平对待消费者的退款权利，另一方面也要考虑到企业主目前因危机而陷入的困境。

---

〔1〕 See Martijn Snoep, *Competition enforcement in times of crisis— a perspective from the ACM*, Journal of Antitrust Enforcement, Vol. 8:2, p. 267 – 269 (2020).

三、评价与启示

与2008年国际金融危机、2010年冰岛火山灰危机相比，本次新冠肺炎疫情对欧洲经济的影响是全面性的，因隔离措施的实施导致几乎所有行业均受到影响，为此，欧盟与成员国积极采取行动，在限制性协议、滥用市场支配地位与经营者集中等领域均推出了相应的立法与执法活动。总结相关经验，可以得出以下几点启示：

（1）在针对疫情期间企业达成限制性协议、滥用市场支配地位，包括欧盟委员会与部分成员国执法机构均认可，那些为保障公共利益或者避免企业发生系统性的破产风险的协议，具有一定的合理性。但也不能忽略此类协议可能导致的反竞争影响。因此在疫情暴发之初，欧盟委员会、ECN等及时协调各成员国，发布统一的通告或声明，以应对企业之间达成的一致行为，特别是保障疫情相关的特定产品的供应与公平分配。为此，欧盟委员会与ECN均建议成员国执法机构积极地采取行动，为企业的商业行为提供事前指引。在滥用市场支配地位的认定上，德国、法国、荷兰等国家的竞争执法机构均认识到，在疫情期间企业因市场失灵而实施滥用市场支配地位，特别是过高定价行为，对疫情相关特定产品的供应至关重要，但是也强调市场支配地位认定的重要性。

（2）在集中控制上，因疫情可能会导致程序的迟延，欧盟及成员国执法机构均灵活地对程序性的期限进行一定的调整，特别是德国为此紧急通过一个“一揽子”的修法，将审查期限在短期内进行延长，该条款仅在适用期限内有效。

（3）在国家援助制度上，欧盟颁布了临时框架，以支持部分领域的企业免于因疫情而面临的经营困难，并且保障就业，避免系统性风险。临时框架对临时性援助措施的金额、形式以及监控报告进行了详细的规定。一方面为经济复苏提供保障，特别注重对中小企业的保护；另一方面防止国家援助构成企业不当的竞争优势，以妨碍市场有效竞争。另外针对特别部门领域，诸如交通运输业、旅游业、娱乐业等，欧盟委员会发布了相应行业的国家援助概述。

经济的复苏取决于疫情的控制情况，我国率先控制疫情，率先复工复产，率先实现经济增长由负转正，党和国家各项事业取得人民满意、世界瞩目、可以载入史册的答卷。

英国疫情中的反垄断法实施及启示

王佳佳*

一、新冠肺炎疫情背景下英国反垄断法实施概述

英国竞争与市场管理局(CMA)认为新冠肺炎疫情的暴发是对英国前所未有的挑战,给市场竞争和企业整体带来一定压力,CMA将与其他政府主管部门展开紧密合作,适当放宽竞争法的实施,并对危机期间的基本业务合作方法提供细化指导。同时,CMA也认为在危机期间可能产生通过收取高昂的价格或者对产品进行误导性声明的不当竞争行为,损害消费者福利,并针对此类行为开展严格的调查与惩处程序。

在竞争立法层面,为应对此次突发事件的冲击,为了给基本服务或者商品供应商提供一定竞争法实施的灵活性,英国政府于2020年3月27日通过了修订《英国竞争法》的紧急立法,以帮助医疗保健、食品杂货和渡轮公司维持基本商品或服务的供应,以应对COVID-19疫情的挑战。紧急立法发布三项命令为医疗保健、食品杂货和渡轮三个领域的企业涉及信息共享、员工雇佣等方面的行为提供"安全港"规则,即将企业间的活动排除在1998年《英国竞争法》第一章禁

* 王佳佳,中国人民大学法学院博士研究生。

止性规定之外。[1]

第一项命令《1998 竞争法(英格兰患者医疗服务)(冠状病毒)2020 命令》(SI2020/368)主要针对医疗保健领域的“安全港”规则。该命令从《英国竞争法》第一章禁止性条款中排除了与信息共享、人员共享和部署、联合采购、共享设施和独立医疗保健提供者之间以及独立医疗保健提供者和 NHS 机构之间的活动划分有关的某些协议。这将使医疗保健公司在抗击新冠肺炎疫情的过程中,确保向 NHS 提供基本医疗保健产品和服务的连续性。

第二项命令《1998 竞争法(食品杂货)(冠状病毒)2020 命令》(SI2020/369)主要涉及食品零售相关领域的“安全港”规则。该命令涉及食品供应商、杂货供应商之间有关杂货数量、人员部署、库存水平、商店营业时间等内容的协议,以及与脆弱的客户及员工分享信息可用性、容量、车辆间人员部署、协调物流服务提供商等内容的协议,以确保食品杂货供应的连续性。

第三项命令《1998 竞争法(索伦特海峡航行)(冠状病毒)2020 命令》(SI2020/370)是专门涉及怀特岛与英国之间航运企业的“安全港”规则。该命令就该航线之间航运企业的航线、时间表、人员以及船只调配事宜达成的协议予以排除适用 1998 年《英国竞争法》的规定。

在程序上,符合上述命令所涵盖的协议需要在实施协议的 14 天之内向英国国务卿通知,并实施登记制度。如属在有关命令日期之前订立的协议,则 14 天的通知期从命令日期(3 月 27 日)开始起算。至于在命令生效后订立的协议,则 14 天的通知期从该协议的日期起算。但是上述三项命令仅适用于与新冠肺炎疫情应对相关的活动,任何形式的企业间有关成本和定价的信息共享都被明确排除在外。

二、新冠肺炎疫情背景下英国的反垄断法实施相关指南

CMA 意识到当前危机给很多企业和整个经济带来了压力,并认为可以在适当情况下放宽竞争法的实施。因此,CMA 发布了《冠状病毒大流行期间的合并评估》,给当前危机中开展必要商业合作的方法提供指导。与此同时,CMA 还

---

[1] See Giorgio Monti, *Business Cooperation in Times of Emergency: The Role of Competition Law*, CPI (May. 10, 2020), https://www.competitionpolicyinternational.com/business-cooperation-in-times-of-emergency-the-role-of-competition-law/.

就其在大流行期间的工作安排发表了一些指导意见。

(一)《冠状病毒大流行期间的合并评估》

在合并控制程序上,CMA 意识到新冠肺炎疫情带来的压力,并可能对其合并控制工作产生重大影响。整体而言,该评估指出危机期间的合并控制调查依旧按照指南中的既定程序、法定约束期间、调查程序开展。但是对信息收集、调查时间、听证会予以灵活调整。就实质调查部分,CMA 评估合并是否会引发竞争担忧的总体方法仍未改变。它将继续全面调查潜在的竞争问题,并在必要时采取适当行动。

第一,在信息收集方面,如果企业由于新冠肺炎疫情的影响无法在指定期限内提供信息并与 CMA 开展合作,尤其是受到疫情压力,一些企业或者第三方主体可能由于企业业务安排优先程序以及员工短缺等问题,导致无法在法定期限内提供信息。此类情形就可以构成企业未在指定期限内提供信息的合理理由。因此,在这种情况下,如果企业未能在规定的截止日期前满足法定要求提供信息,则 CMA 不太可能对其施加处罚。按照惯例,如果合并方在法定信息要求的指定期限内无法提供信息,CMA 可能会实施钟摆制度。

第二,在竞争执法机构的调查安排上,CMA 认为鉴于并购控制对市场的长期竞争功能至关重要,CMA 仍然要确保其调查能够尽可能迅速和有效地完成,因此,法定调查期限将不会更改,也就意味着 CMA 不会同意延期合并审查的申请。然而冠状病毒大流行给执法机构的调查工作带来一定挑战,因此,CMA 将通过各种灵活的措施,例如,在预通知过程中发布评论邀请,开展小组讨论等方式尽可能减少第三方参与的延迟。通过上述途径执法机构仍然不能获得必要的信息时,在必要的情况下,预通知时间可以进行必要的延迟。同时,CMA 通过调整机构工作安排,特别是通过增加远程工作和员工的内部重新分配,以确保正常的并购审查程序得以进行。

第三,在会议和听证会的形式上,CMA 采用全部线上方式开展听证会和视频会议。同样的原则适用于构成正式调查程序部分的所有会议和听证(问题会议、主要当事人听证会和救济措施听证会)。与此同时,CMA 取消了通常在调查阶段需要进行的"现场访问"程序,并将采用替代方案,以更深入地了解合并双方的业务,并与(远程)关键运营人员会面。

第四,在临时措施的实施上,尽管受到了大量合并方要求更改临时措施的请求,修改已完成合并中的临时措施(初始执行令和临时令),以应对新冠肺炎疫情带来的运营挑战。CMA 还是认为需要通过具体情况予以评估,如果 CMA 认为在审查期间保留合并前的市场竞争结构对英国合并制度的运作至关重要,CMA 将继续根据在新冠肺炎疫情之前采取临时措施的政策,并且在审查过程中不太可能取消已经采取的临时措施。但是 CMA 也允许临时措施实施存在一定的减损空间,但是要求合并方提供具体的、合理的、证据充分的证明,这些减损对于确保其业务的生存能力是必要的,并采取适当的保障措施,以确保 CMA 在合并审查过程中采取适当行动保护英国消费者福利。

第五,在合并控制的实质性评估标准问题上,冠状病毒大流行并未导致评估合并的标准或 CMA 的研究标准有任何放宽。通过严格的合并调查来保持市场竞争以长期保护消费者利益仍然至关重要。[1] CMA 的合并调查具有前瞻性和证据导向,在适当情况下也可能将疫情的影响纳入对合并的实质性评估。CMA 需要确保其决策基于证据,而不是猜测。很明显,至少短期的行业冲击导致的市场状况的变化将对整个英国产生重大影响,但是 CMA 认为目前这种短期冲击的影响程度和持续时间具有相当大的不确定性,也不足以消除具有竞争损害的合并导致的市场结构的永久性变化引发的竞争担忧。

(二)《CMA 对涉及“破产公司”合并的立场摘要》

虽然整体上,英国竞争当局认为冠状病毒大流行将不会实质性地改变经营者合并控制的实体标准,但是 CMA 也意识到当前的市场环境可能产生“破产公司抗辩”问题,即参与合并的公司的财务状况不佳,并且如果没有相关合并,就可能退出市场的抗辩。因此,CMA 发布了《CMA 对涉及“破产公司”的合并的立场摘要》,重申了“破产公司抗辩”的三要件,即经营者是否会因为交易失败而退出市场、经营者或者其资产是否有其他替代性购买者、此种退出市场结果与合并对市场竞争影响的评估。[2]

---

〔1〕 See CMA, *Merger assessments during the coronavirus (COVID-19) pandemic*,载 https://www.gov.uk/government/publications/merger-assessments-during-the-coronavirus-covid-19-pandemic,最后访问日期:2020 年 12 月 24 日。

〔2〕 See CMA, *Annex A: Summary of CMA's position on mergers involving "failing firms"*,载 https://www.gov.uk/government/publications/merger-assessments-during-the-coronavirus-covid-19-pandemic,最后访问日期:2020 年 12 月 30 日。

“破产公司抗辩”通常是一项反竞争合并,如果合并企业至少一方是“破产公司”,符合相应条件下竞争执法机构准予合并。2010 年 CMA 发布的《合并评估指南》中将“破产公司抗辩”视为反事实分析评估的一部分,[1]将“破产公司”视为“退出公司”的情境之一。以“破产公司抗辩”为基础许可一项合并交易,需要有充分的证据证明交易满足以下三个条件:

第一,如果不发生审查中的合并,目标公司将会退出市场。

该公司是否会退出市场的主要考虑因素是该公司是否不能在不久的将来履行其财务义务,以及它是否不能成功地重组自己。CMA 将格外关注公司的长期盈利能力、资金流、资产负债表,以确定资产和负债情况。此外,管理层为解决公司立场所采取的行动的内部文件,如董事会会议记录、管理账目和战略计划等都将成为审查对象。同时,CMA 还将考察第三方机构如律师事务所、会计师事务所、审计师以及破产顾问提供的专业评估。CMA 还可能要求公司的金融机构等债权人以及股东提供证据。如果公司是大公司集团的一部分,CMA 还会考虑母公司持续提供财务支持的能力。

第二,没有反竞争效果更小的替代性交易选择。

即使 CMA 认为该公司会退出,也可能会有其他买家将该公司作为一个持续经营的企业或其资产进行收购,从而产生比正在考虑的合并更好的竞争结果。特别是,CMA 可能会对出售企业的营销过程进行严格的评估,并考虑其他现实的潜在购买者是否有足够的机会提前购买。对某一项业务没有投标者本身不构成不存在替代性买家的情况。只要买方能够提供一个清算价值之上的价格,即使存在其他买房不愿意支付卖方要价者也构成现实替代性买家。

第三,收购带来的竞争结果与退出会对竞争产生影响的权衡。

在《横向合并指南》中,对权衡这一影响的标准是“销售测试”。一方面,如果它的销售可能分散在几个公司,通过转让大部分或全部销售给收购者的合并,可能会对竞争产生重大影响。另一方面,如果在没有合并的情况下,预计大部分的销售将转移给收购方,则合并可能对竞争影响不大。在实践中,CMA 没有像合并指南中所建议的那样机械地应用这项测试(因为该措辞过分强调了竞争

[1] 反事实分析框架系 CMA 合并控制的一种分析工具,用于帮助回答合并是否已经或可能会导致竞争的大幅减少这一问题。

性评估的目的而重新分配销售)。根据所涉市场的性质,CMA 不仅会考虑合并方的出售可能发生的情况,还会考虑合并可能对更广泛的竞争产生的影响。更具体地说,CMA 将具体考察市场中整个市场结构以及参与竞争数量的竞争问题。

在具体证据标准上,CMA 仍然坚持冠状病毒大流行并未导致任何对并购评估标准或 CMA 调查标准的放松这一基本原则。在第一阶段,CMA 将选择最具竞争性的反事实,前提是该情况具有现实前景,并且提出"破产公司抗辩"给合并方提出一个更高的证据门槛,如合并评估指南所明确的,需要"令人信服的证据"来满足测试的要求。同时,仅仅提供企业财务健康状况或缺乏替代购买者的证据将不会被支持。

(三)《应对冠状病毒进行业务合作的指南》

竞争通常会促使企业提供更低的价格、更好的服务和更高的质量,从而使消费者受益。竞争法的存在是为了确保企业不以损害消费者利益的方式限制竞争。在英国各地,企业正协助国家和地方努力应对冠状病毒大流行的后果,从向消费者提供基本商品和服务,到确保关键员工能够执行其重要任务,帮助国家度过这场危机,这可能涉及相互竞争的企业之间的协调。因此,在经营者合作问题上,CMA 意识到竞争执法可能会阻碍企业之间进行必要的合作以应对当前的危机并确保基本产品和服务的供应安全。CMA 发布了《应对冠状病毒进行业务合作的指南》,其指出当存在特殊情况可能需要企业协调以确保稀缺产品或服务的供应和公平分配,例如避免供应短缺或者确保供应安全、确保基础服务提供、对弱势消费者提供服务等时,在满足必要性原则、符合公共利益、维护消费者福利以及持续时间不超过必要性原则时,CMA 将对此类行为予以豁免。但是如果企业滥用此类豁免,如交换敏感商业信息、排除竞争对手提供服务机会、滥用因新冠肺炎疫情产生的市场支配地位、协调范围超过必要性限度等将被执法机构予以重罚。[1]

该指南的主要内容是对 CMA 的重点执法事项,以及在冠状病毒大流行期

〔1〕 See CMA, *CMA approach to business cooperation in response to coronavirus (COVID-19)*, 载 https://www.gov.uk/government/publications/cma-approach-to-business-cooperation-in-response-to-covid-19,最后访问日期:2020 年 12 月 30 日。

间执法机构对限制竞争协议、决定以及协调行为适用的豁免标准。因此,该指南还解释了 CMA 何时会采取强制措施来防止消费者受到损害。该指南不应被解释为适用于除与冠状病毒大流行严格相关或直接由其引起的事项以外的任何事项。该指南具有时效性,当 CMA 认为适用指引的情形消失时,将撤回该指南。

第一,新冠肺炎疫情期间,CMA 的重点执法事项。

"增进消费者福利"是英国近来竞争政策与竞争执法的重要目标,将"保护消费者,特别是那些处于脆弱环境中的消费者"作为一个关键战略目标。该指南表明,为处理因冠状病毒大流行而出现的问题,协调企业的行动而采取的临时措施如果是适当和必要的,以避免供应短缺或确保供应安全,并且显然符合公众利益,对消费者的利益或福祉做出贡献,只要持续时间不超过处理这些危机的必要时间,CMA 将不会采取强制行动。

与此同时,该指南明确表明,这并不是给商家一张"免费通行证",让他们从事可能以其他方式对消费者造成伤害的行为。CMA 不会容忍企业利用危机的投机性行为。主要包括:(1)与竞争对手交换有关未来定价或业务策略的商业敏感信息,而这些信息对于满足当前情况的需要并不是必需的;(2)以实现供应安全为幌子,零售商排除较小的竞争对手的任何协议,或者拒绝竞争对手获得供应或服务的协议;(3)一个企业滥用其在市场上的支配地位(可能是这次危机的特殊情况所赋予的支配地位),将价格大幅提高到高于正常竞争水平;(4)企业之间串通定价,人为抬高价格,损害消费者利益;(5)企业之间的协调在范围上比解决危机带来的问题实际所需要的范围更广(例如,如果协调扩展到不受冠状病毒大流行影响的商品或服务的分销或供应)。

在具体执法的过程中,CMA 的核心衡量标准是这种协调是否可能对消费者或更广泛的经济造成损害。例如,如果有必要进行协调,以确保必需的供应品能够到达消费者手中,或关键工人能够安全抵达工作地点,那么对消费者造成伤害的可能性就非常小。

总之,CMA 的重要执法目标是对于消费者度过危机至关重要的产品或服务的价格不会被人为地大幅提高。例如,口罩和清洁凝胶等物品价格不会被人为地夸大。但是如果投机企业寻求利用危机的共谋行为以保持高价或者滥用市场支配地位,在此种情况下,制造商通过设定最高转售价格行为予以防止高价或者价格欺诈则可以被认定为是合法的。

第二,新冠肺炎疫情期间豁免标准。

新冠肺炎疫情期间协议的豁免标准仍然采用1998年《英国竞争法》第9条规定的四项基本标准,即限制竞争的协议或安排,符合下列条件的,不予禁止:标准一,该协议或安排有助于改善生产或分配,或促进技术或经济进步;标准二,该协议或安排允许消费者公平地分享由此产生的利益;标准三,该协议或安排是对经营者施加对实现这些目标不可缺少的限制;标准四,该协议或安排不给予有关经营者就有关产品或服务的大部分消除竞争的可能性。只要经营者之间的协议或安排符合上述豁免标准,协议将得以自动豁免。

《应对冠状病毒进行业务合作的指南》对冠状病毒大流行期间可能得以豁免的协议或者协同行为予以特别列举,主要包括:(1)符合第一条豁免标准的情形主要指,如果该合作是为了确保向普通公众提供或者是为疫情防控的工人、感染人群提供基本产品或服务。(2)符合第二条豁免标准的情形主要指,如果没有该项合作,某一产品就会出现严重短缺,而该合作能够避免或减轻这种短缺,让消费者公平分享利益。(3)评估是否符合第三条豁免标准中的"必要性或者不可或缺性"的情形主要指,在现有的环境以及有限时间内是否存在替代性方案。此外,如果此种合作在很大程度上是临时性的,将更容易被认为是合理的。总之,不超出必要的范围或持续时间是核心衡量标准。(4)满足第四项豁免标准的关键标准是一定市场内的竞争没有被完全消除。例如,虽然需要共享产能信息,但仍然存在价格竞争,或者是竞争的消除只是存在于特定的区域范围内。

整体而言,能够得以豁免的协议或者协同行为类型主要包括避免供应短缺或者确保供应安全、确保公平分配稀缺产品、继续提供基本服务、向受疫情损害的消费者提供服务等。

三、新冠肺炎疫情背景下英国的反垄断执法实践

CMA认为新冠肺炎疫情作为一种突发性事件,其对竞争影响一般而言是短期的,因此在特殊时期的反垄断执法目标主要是将可能的不当竞争行为扼杀在萌芽阶段,以及对突发事件中的商业投机行为从严执法。为了指引经营者在疫情期间的行为,CMA 通过联合各部门发布各类指南与申明指引经营者行为。

此外,针对少数制药企业借新冠肺炎疫情对洗手液、口罩以及对乙酰氨基酚等基本医药用品收取不公平高价行为,CMA 发布了《CMA 和通用制药委员会的联合声明》,指引制药企业确保其基本产品(包括洗手液、口罩和对乙酰氨基酚)的价格,以保证新冠肺炎疫情期间居民用药的便利性,防止价格卡特尔的达成。[1] 虽然由于需求的大量激增、制药成本与运营成本的增加,导致制药企业的产品价格存在一定程度的加价,但是制药企业仍然需要将必需品药品价格保持在合理范围内。此外,CMA 提供了在线投诉举报机制,为消费者以及利益相关人向执法机构提供不当竞争行为的相关信息提供渠道。

针对新冠肺炎疫情期间生活用品如洗手液价格涨幅高达 400%,消毒液、降温药品、生活用品等高达 160% 的涨幅现象,CMA 联合便利店协会、制药协会、零售协会、批发商协会等多个行业协会发布了《CMA 与各行业协会对哄抬物价的联合声明》,针对一些零售商、供应商的哄抬物价以及虚假宣传予以警告,并指出在证据确凿的情况下,从严执法。[2] 同时,消费者以及受高价影响的零售商可以通过在线投诉渠道向执法机构举报企业的哄抬物价行为。

在具体与反垄断执法相关的案件中,执法主要涉及关系民生商品或服务等领域。CMA 对包括制药、药品零售商在内的四家企业展开了调查,怀疑它们在冠状病毒大流行期间对洗手液收取了过高和不公平的价格。CMA 最终裁定该公司违反了竞争法,并且予以较为严重的处罚。与此同时,CMA 的执法重点放在直接影响甚至损害消费者福利的领域。通过要求航空、婚庆、出行等领域的服务提供者积极处理消费者退款请求,从而保障消费者在新冠肺炎疫情期间的权益。总之,新冠肺炎疫情期间的反垄断执法整体而言较为迅速,并且对涉案企业处以较重的罚款。

---

〔1〕 See CMA, *Joint letter from the CMA and the General Pharmaceutical Council: pricing during the COVID – 19 pandemic*, 载 https://www.gov.uk/government/publications/joint-letter-from-the-cma-and-the-general-pharmaceutical-council-pricing-during-the-covid – 19 – pandemic,最后访问日期:2020 年 12 月 30 日。

〔2〕 See CMA, *CMA and trade bodies'joint statement against price gouging*,载 https://www.gov.uk/government/publications/cma-and-trade-bodies-joint-statement-against-price-gouging,最后访问日期:2020 年 12 月 25 日。

四、评价与启示

可以看到,英国市场与竞争管理当局对特殊事件背景下反垄断法的实施保持一个较为冷静与克制的姿态。一方面,承认反垄断法的实施在冠状病毒大流行期间存在一定特殊性,为抑制病毒传播而采取的行动,可能给竞争政策和消费者保护带来一系列不同寻常的挑战。在竞争法语境下,供应物资的价格上涨与短缺问题将导致竞争法实施更具备紧迫性与必要性。竞争监管机构需要对企业在危机的掩护下联合操纵价格行为、剥削性滥用行为保持警惕,并对试图利用危机的机会主义行为报以零容忍的态度。与此同时,当局也认为特殊情形并不因此给反垄断法实施带来巨大的改变。反垄断法实施通常关注竞争行为对市场竞争状况产生的长期性、持续性的影响,而特殊疫情、危机等事件对市场影响的程度以及持续时间存在极大的不确定性,对短期存在的经济冲击如价格上涨等问题,要在反垄断法既有框架内保持必要的警惕与救济,但是同样也要尊重市场规律与市场自我调节机制,防止反垄断法实施机构过度干预,并对市场机制的自我调节予以肯定。

日本疫情中的反垄断法实施及启示

王威驷*

自2020年年初新冠病毒肺炎疫情暴发以来，日本政府各个部门也出台了针对疫情的各项措施。其中，日本竞争执法机构——公平交易委员会(日语：公正取引委員会，英文简称JFTC，以下简称公取委)也考虑到疫情对包括发包/转包体系在内的整个经济体系以及对消费者利益的巨大影响，结合1995年阪神地震、2011年311大地震等时期的经验，发布了数项指南，以期确保疫情期间正常市场竞争秩序的稳定，进而保障消费者利益。本篇在介绍日本竞争执法机构长期以来针对包括各种灾情的突发事件的方针基础上，对2020年12月1日为止的日本竞争执法机构针对新冠肺炎疫情的具体应对方针、出台的指南等做一总结。

一、日本竞争执法机构应对突发事件方针概述

日本位于环太平洋火山地震带上，导致历史上地震火山等灾难频发。同时，日本每年都会遭受台风等气象灾害。另外，日本国土狭长，大都市圈人口稠密，使得遇到突发事件时日本的经济运转会受到很大影响。尤其需要指出的是，日本经济运转中大企业与中小企业间的外包关系非常普遍，这就使得突发事件发

* 王威驷，日本株式会社KDDI综合研究所，法学博士。

生时很容易出现延迟交货/延迟付款等问题,也使得更容易出现企业在突发事件中违反日本反垄断法(日语:独占禁止法,以下简称独禁法)的情形。

以上特征使日本竞争执法机构明确了越是紧急突发情况下,越需要保障正常的公平竞争秩序这一指导思想。2011 年东日本大地震(311 地震)后公取委出台的指南就是这一思想的集中体现,并成为新冠肺炎疫情期间的竞争法执行的基础方针。

(一)东日本大地震相关问答集(2011)

在 2011 年的 311 地震中,以日本东北为中心的受灾地域遭受了巨大的生命财产损失。由于救灾需要、供需关系剧烈变化、能源危机等原因,地震对整个日本经济造成了沉重打击。面对救灾需要,在地震一周后的 3 月 18 日,公取委首先发布了"业界就受灾地救援物资输送的调整相关指南"(日语:被災地への救援物資配送に関する業界での調整について)〔1〕,明确在震灾这种特殊情况下,经营者间或经营者通过相关团体对输送救援物资的输送路线或输送经营者进行协商的行为只要出于加速运送救援物资这一社会公共目的、不区别对待特定经营者且仅限于物资不足期间实施,就不构成垄断协定,不违反独禁法。这一举措对促进物流企业对灾区运送物资起到了积极的作用。

除物流方面外,在灾后重建与供给不足这一大背景下,经营者急需了解整体上企业互助自救、因物资不足而限量销售、因地震影响导致迟延付款/交货等情形与违反竞争法的垄断协议、滥用相对优势地位〔2〕等行为的界限。对此,日本公取委在灾后公布了"东日本大地震相关问答集"(日语:東日本大震災に関連するQ&A)〔3〕。问答集对来自经营者等方面的 11 个典型疑问做出了解答,明确了公取委在灾后的竞争执法方针。

问答集的内容可概述如下:

1. 公取委注意严防发生企业借灾情之机共谋提高生活必需品等物资的价格

---

〔1〕 参见 JFTC,被災地への救援物資配送に関する業界での調整について,载 https://www.jftc.go.jp/soudan/shinsaikanren/110318busshi.html,最后访问日期:2020 年 11 月 25 日。

〔2〕 日本竞争法除规制具有市场支配地位的经营者的滥用市场支配地位行为外,还规制在特殊交易关系(如转包/承包关系中)滥用相对优势支配地位的行为。

〔3〕 参见 JFTC,東日本大震災に関連するQ&A,载 https://www.jftc.go.jp/soudan/shinsaikanren/23jishinqa.html,最后访问日期:2020 年 11 月 25 日。

协定等行为。

2. 在物资不足期间及地区实施的,经营者共同或经营者团体决定限制消费者能够购买商品的数量的行为不违反独禁法。但在物资不足问题解决后的此类行为有可能违反独禁法。

3. 出于尽快恢复受灾地物资供应等考虑,大规模零售商(如大型超市等)通过协商要求物流经营者等协助受灾地超市的恢复原状与商品上架的行为不构成独禁法上禁止的优势地位滥用行为。然而,以震灾为借口使物流经营者蒙受损失的情况仍然会违反独禁法。

4. 除非承包方存在责任,发包方应当采用包括寻找替代工厂等手段尽最大可能受领承包方的工作成果。然而,确实因为所有可用工厂在地震中损毁等客观原因导致发包方失去受领能力时,发包方与承包方可以在充分协商基础上决定推迟收货。

5. 为尽可能雇佣受灾地劳动者,经营者共同就工资、劳动时间的协商行为不属于独禁法上的问题,但仍需要注意遵守相关劳动法律法规。

6. 仅因社会评价等原因拒绝受领来自福岛等发生核泄漏地区的承包者的工作成果可能违反日本转包法(日语:下請法[1])规定。

7. 由于产能下降无法满足顾客需要时,在产能恢复前委托有竞争关系的经营者生产产品等行为不违反独禁法规定。但是,如果以此类替代供给为契机互相限制价格或供应量等行为则可能违反独禁法。

8. 因为地震导致发包方存放在承包方的货物受损时,发包方以此为借口减少支付给承包方的承包费用的行为违反转包法。

9. 除非承包方有责任,否则发包方以其销售商品所需的其他零部件供应不足等理由拒绝受领承包方制作的零部件。

10. 由于地震导致发包方无法存放承包方完成的工作成果,发包方要求承包方自行存放工作成果并承担保管费用的行为原则上违反转包法。然而,如果因为发包方在地震中受到损失客观上的确无法承担保管费用时,可以在双方合意基础上请求承包方负担部分费用。此时最好保留相关记录。

---

[1] 全称为"防止延迟给付转包对价法"(日语:下請代金支払遅延等防止法)。

11. 由于地震导致生产成本增加等原因,承包方要求发包方提高承包费用时,应在双方充分协商基础上进行决定。这种情况下,发包方拒绝协商单方面坚持以原始价格收购工作成果的行为可能违反转包法。

可以看出,公取委在明确独禁法正常实施的基础上,充分考虑地震对零售、物流、转包等行业经营者的具体影响,明确了正常自救/互助行为与违反独禁法行为的界限。而且,公取委特别注重保护以中小企业为主的承包方的正当利益,力图保障震灾中的经济公平与正常竞争秩序。

(二)震灾等紧急情况的对应相关的假想事例集(2012)

在东日本大地震相关问答集基础上,公取委对灾后来自企业的各种询问与实际发生案例加以总结,于2012年3月公布了"震灾等紧急情况的对应相关的假想事例集"[1](日语:震災等緊急時における取組に係る想定事例集),总结了9种可能发生在各种产业的原则上不违反独禁法的情形。公取委在事例集中指出,这一事例集能够成为经营者在大规模地震等紧急情况中的参考。

公取委总结的9种情形概要如下:

1. 汽车零配件相关事例

生产汽车必要零配件a的A公司由于工厂受到大规模灾害影响,产能降低。该工厂为日本国内生产a产品的唯一工厂,A公司基本独占a产品的国内供给市场,并且难以期待来自外国的进口。这段时期内,其他零配件加工企业为确保库存又增加a产品订单,使汽车产业整体受到影响,进而影响消费者利益。

针对这一情况,政府主管部门根据各汽车制造企业以及零部件加工企业的交易情况、生产计划,制定了a产品的分配方案并请求A公司临时按照该方案向各个下游企业分配a产品。A公司在该方案基础上,依下游企业过去的购入情况自主决定a零件分配比例。供给价格与过去合同价格相同。

A公司在产能恢复后立即停止了这一措施。

从独禁法的角度看,尽管A企业限制了a产品的价格与供给比例,但该措施基于主管部门的请求,且并未导致购买a产品的加工企业间形成商品数量或价格方面的共通意思联络,因此不违反独禁法。

[1] 参见JFTC,震災等緊急時における取組に係る想定事例集,载https://www.jftc.go.jp/soudan/shinsaikanren/index_files/souteijirei.pdf,最后访问日期:2020年11月25日。

2. 钢铁产业相关事例

A 公司为生产销售特种钢的经营者。其产品主要需求方为日本国内的汽车零配件制造企业。A 公司在日本特种钢供给市场大约占 25% 的份额。

由于大规模灾害，A 公司无法生产特种钢。为此，A 公司向其他特种钢企业咨询产能情况，并向已经向 A 公司下订单的零配件企业介绍其他有能力产生相同产品的特种钢企业。A 公司向其他特种钢企业提供的信息仅限已经下单的企业相关的最低限度信息，且并未提供价格相关信息。A 公司仅向下订单的企业介绍其他供应商，并未强制交易，也没有参与下单企业和其他特种钢供应商之间的交涉。

该措施仅限于发生大规模灾害时 A 公司已经收到的订单。

从独禁法上看，A 公司的措施不涉及强制交易，也没有将下游企业的价格信息等提供给竞争者，没有参与订单转移的交涉，因此不违反独禁法。但是，如果之后包括 A 公司在内的特种钢生产企业仍然按照这一措施进行业务的话，就有可能违反独禁法。

3. 化学产业相关事例

A 公司为主要生产销售在净水厂使用的下水道杀菌剂 a 产品的经营者。A 公司为由日化企业组成的 X 协会、下水道相关企业组成的 Y 协会的会员。

由于大规模灾害，A 公司生产 a 产品的能力显著下降。a 产品只能保存 1 周，而且不存在替代产品。在 a 产品供给不足时，部分地区可能会出现停水问题。为了避免造成停水，政府主管部门调查了 A 公司的竞争对手企业，发现只有 B 企业在可能停水地区有能力提供 a 产品。在这种情况下，主管部门向 A 公司、B 公司以及 X 协会作出以下请求：

第一，X 协会向 Y 协会请求调查 Y 协会各个会员的 a 产品库存以及每日 a 产品消耗量，并请 Y 协会告知各个会员企业所需 a 产品的数量。

第二，X 协会要求 A 公司提供从 A 公司购买 a 产品的 Y 协会会员企业的信息。

第三，A 公司根据自身判断决定自己的供给量，并委托 B 公司供给 A 公司没有能力提供的部分。

第四，在委托供给时，A 公司应当只提供 B 公司最低限度的必须信息（企业名称、数量等)。

第五,B 公司应该自行与 A 公司提供的需要替代供给的企业进行价格等方面的协商。

以上措施为 A 公司恢复产能为止 1 个半月期间的临时措施。

从独禁法的角度上看,以上措施不涉及限制 X 协会的各个会员的商品供给数量、也不涉及分配交易对象,因此不违反独禁法。但是,如果临时措施结束后 A 公司与 B 公司仍然按照这一措施进行业务的话,就有可能违反独禁法。

4. 临时住宅用安全设备相关事例

X 协会为由生产供给液化石油气(LPG)所必需的安全设备企业组成的团体。有 5 家企业生产安全设备 a 且都是 X 协会会员。

由于受到大规模灾害,需要建设约 5 万临时住宅,随之需要相应的供给 LPG 所必需的安全设备 a。然而,由于灾害影响,a 设备必需的 b 零件供给能力显著下降。为此,政府主管部门向 X 协会做出如下请求:

第一,让 5 家企业向 X 协会报告其库存与生产可能数量(X 协会不会将获得的信息告知各家企业)。

第二,根据这 5 家企业的库存与产能决定 5 家企业所应承担的供货数量,并请求这 5 家企业依照该数量优先供给临时住宅所需设备。各家企业可以自由供给超过这一数量的部分。

b 零件产能恢复,或者完成临时住宅所需设备的设置后,立即停止该措施。

从独禁法上看,该措施不涉及信息交换、不构成分配供给对象、不构成对各个会员的经营活动的不当限制。因此,该措施不违反独禁法。

5. 灾害修复工程建材相关事例

X 协会由提供建设工地所需建材并实施工程的企业组成。Y 协会由购买建材的建设企业组成。

大规模灾害后,受灾地区急需建材,而部分建材企业受到灾害影响产能下降。这种情况下,建设企业可能会对多个建材企业下订单导致重复订货,影响建材企业根据需求提供建材的效率。为此,政府主管部门向 X 协会与 Y 协会做出如下请求:

第一,Y 协会从各个建设企业收集所需建材数量相关信息并告知 X 协会。

第二,X 协会得知建设企业所需建材数量后,从会员选取能够提供建材的企业并请求其进行供给(X 协会不得将建设企业所需的建材数量提供给其他建材企业)。

第三,各个建材企业自行与建设企业进行价格等方面的交涉。

X 协会不会强制要求建材企业进行供给,不妨碍买卖双方间的直接交易,不限制建材企业向 X 协会介绍的企业之外的企业进行供给。同时,建设企业也可以从 X 协会介绍的企业之外购买建材。

该措施仅限于受灾地区的修复工程。

从独禁法上看,该措施不涉及强制交易,不妨碍直接交易,不构成对会员经营活动的不当限制。因此,在不导致建材企业间或建设企业间形成限制交易对象或交易数量的合意的前提下,该措施不违反独禁法。

6. 临时住宅用预制建筑相关事例

X 协会为生产预制建筑的企业组成的团体。X 协会与日本各个都道府县[1]间签订了灾害协定,在符合灾害救助法(日语:災害救助法)规定的灾害发生时进行供应。根据该协定,X 协会每年调查会员企业的总供给能力并定期向各地报告,但不会公开各企业单独的供给能力。

由于发生大规模灾害,需要在受灾县紧急建设临时住宅。为了尽快完成建设,该县希望通过不需招标与估价的非招标契约(日语:随意契約)程序进行临时住宅建设,并根据协定请求 X 协会加以协助。

X 协会依据协定,与受灾县就建设住宅数量、配置方案加以协商,并在考虑会员企业的预制建筑供给能力基础上向受灾县介绍可以供货的会员企业。受灾县自主决定是否与被介绍的会员企业签约,并且可以向 X 协会会员以外的企业订货。供货价格由受灾县在同国家协商的价格基础上与各个企业单独交涉。

该措施为灾害时期的紧急临时措施,在建设工程结束后立即终止。

从独禁法上看,该措施不涉及在会员企业间共享价格等重要信息,不妨碍受灾县自主决定交易对象,也不属于不当的限制会员经营活动。因此,在不导致建设企业间形成限制交易对象或交易数量的合意的前提下,该措施不违反独禁法。

---

〔1〕 即东京都、北海道、京都府与大阪府、43 个县。可以近似类比于我国各个省级地方政府。

7. 住宅用胶合板相关事例

X 协会为胶合板制造企业组成的团体。大规模灾害导致会员企业的胶合板工厂受灾,丧失了日本国内三成的胶合板产能。尽管与国内实际需求相比,胶合板产能仍有余裕,但胶合板需求企业由于担忧产能不足产生了恐慌。为此,政府主管部门为确保供给、消除不安,请求 X 协会确认各个会员企业的库存量以及最大产能,在报告给主管部门的同时在 X 协会网站公开会员企业总库存及总最大产能。

该措施不涉及会员企业间的信息交流,且 X 协会不会将获得的会员企业信息向协会内外公开。

从独禁法上看,X 协会仅仅公布了会员企业的总库存与总最大产能,并不涉及各个会员企业单独信息,也不涉及限制各个会员企业的生产量。因此,该措施不违反独禁法。

8. 铁道车辆零部件相关事例

X 协会为铁道车辆零部件制造企业组成的团体。X 协会成员 A 公司向铁路企业供应铁道车辆零部件 a。A 公司在实践中将 a 零件的加工委托给子公司 B。

由于受大规模灾害影响,B 公司无法继续进行加工。而 a 零件又无法由竞争对手企业直接进行替代供给。为防止对铁路运行造成影响,政府主管部门请求 X 协会召集 A 公司的竞争对手企业协助 a 零件的加工。

其后,A 公司根据自身判断委托数家竞争对手企业进行 a 零件的加工。委托价格由 A 企业与各个企业单独协商决定。价格与数量等信息不会公开给其他企业。加工完成后的 a 零件将作为 A 公司的产品交货给铁路企业。A 公司供应给铁路企业的产品的销售价格与数量等信息不向进行加工的受托企业等竞争对手公开。

从独禁法上看,该措施不涉及将销售价格与数量等信息透露给竞争对手,也不涉及各家零件制造企业间就供应价格与数量相关的意思联络。A 公司自行决定委托企业、委托数量、委托价格。因此,该措施不违反独禁法。

9. 低温水泥相关事例

水泥制造企业 A 公司受大规模灾害影响,部分低温水泥生产陷入停滞。这可能导致下游生混凝土制造企业的断货。为此,A 公司在产能恢复之前委托竞争对手 B 公司与 C 公司生产作为 A 公司产品销售的低温水泥。A 公司从 B 公司与 C 公司收到低温水泥后,将其作为自身产品供应给生混凝土制造企业。

A 公司分别单独与 B 公司和 C 公司进行交涉,不对其他竞争对手企业公布价格与数量等信息。同时,A 公司也不会像包括 B 公司与 C 公司在内的竞争对手公开自己与生混凝土制造企业之间的供货价格与数量等信息。

从独禁法上看,该措施不涉及向竞争对手透露价格与数量等重要信息,也不构成对生混凝土制造企业供货的共同限制。因此,该措施与普通的 OEM(贴牌生产)一样,不违反独禁法。

(三)日本竞争执法机构突发事件方针的特色

从上文可以看出,面对大规模地震等突发事件,日本竞争执法机构一方面注重保护正常市场秩序,继续竞争执法;另一方面也充分考虑受灾企业的实际情况和救灾的特殊需要,通过问答集与指南的方式为企业明确了突发事件时的执法方针。

具体而言,JFTC 非常重视以下几个方面:

第一,保持承包/转包关系的稳定:确保不会出现有相对优势地位的大企业以灾害为借口压榨作为承包方的中小企业。的确因灾情导致必须迟延给付、推迟收货时,必须先进行充分协商,考虑一切替代方案,取得双方合意。

第二,注重信息保密:在受到大规模灾害影响时,企业可以采取与竞争对手合作等方式进行自救,但这种自救措施仅限于受灾期间,且不得将供应价格、数量等竞争中至关重要的信息透露给竞争对手,以免形成事实上的价格协议等反竞争效果。

第三,正确发挥行业协会作用:大规模灾害发生时,日本各级政府会与企业行业协会进行沟通请求协助。这样有助于提高协调救灾效率,更快恢复供应稳定。然而,行业协会在了解企业供应能力、协调供应时,必须确保不把获取的库存与供应能力等重要信息透露给其他会员企业,否则可能导致垄断协议。

二、新冠肺炎疫情下日本竞争执法机构的应对

2020 年年初,随着新冠肺炎确诊病例在日本逐渐增加,日本社会也出现了

口罩与消毒液库存不足的现象。其后,从4月开始日本宣布进入紧急状态[1](日语:緊急事態宣言)后,日本企业出现了经营效率降低、产能不足等情况,而旅游业和餐饮业更是受到巨大冲击。在这一背景下,JFTC作为竞争执法机构,以上文提到的震灾等突发事件时的竞争法执行问答集与假想事例集为基础,结合新冠肺炎疫情对日本经济社会造成的实际影响,发布了各种公告与问答集,起到了稳定经济生活,保障正常竞争秩序的作用。

(一)对口罩等防疫物资的捆绑销售行为的应对

疫情在日本发生后,首先出现的问题就是由于恐慌等原因造成的抢购口罩、消毒液等防疫物资情况的出现。而一些商家更利用这一情况,将店内销售的防疫物资捆绑其他商品进行销售。针对这一现象,JFTC于2020年2月27日发布公告,表示已经向销售防疫物资的企业所属经营者团体告知,在商品供给不足,不存在替代商品情况下进行的捆绑销售可能构成独禁法禁止的不公平交易方法行为,并要求其向会员企业通知杜绝此类现象的再次发生。[2]

在JFTC公告与防疫物资产能增加和进口恢复的影响下,此类捆绑销售行为很快消失在市场上。按照JFTC事务总长菅久修一在4月1日的定期记者见面会上所述,日本连锁药妆店协会(日语:日本チェーンドラッグストア協会)在JFTC发布公告后立即向会员企业通知公告内容,并在协会主页表示会切实采取措施防止此类情况发生[3](关于此次记者见面会的其他信息将于下文介绍)。

(二)对受疫情影响的个人经营者、自由职业者的特别顾虑

疫情导致企业产能下降、需求减少,也影响到了以承包产业链上其他环节企

[1] 2020年4月7日,日本宣布东京都、大阪府、神奈川县、埼玉县、千叶县、兵库县、福冈县进入紧急状态。4月16日,紧急状态范围扩展到全国。5月25日日本政府解除全国各地的紧急状态。在紧急状态下,日本政府可以请求对大型活动以及人员密集场所的经营等活动进行限制,请求居民除必要情况外停止外出。紧急状态不带有罚则。

[2] 参见JFTC,新型コロナウイルスに関連した感染症の発生に伴うマスク等の抱き合わせ販売に係る要請について,载https://www.jftc.go.jp/houdou/pressrelease/2020/feb/200227_yousei.html,最后访问日期:2020年11月25日。

[3] 日本チェーンドラッグストア協会,新型コロナウイルスに関連した感染症の発生に伴うマスク等の抱き合わせ販売について,JACDS(Feb. 27,2020),https://www.jacds.gr.jp/covid-19/jacds_no19158.pdf。

业部分业务为生的个人经营者与自由职业者。[1] 这些经营者往往规模与资金上都较为脆弱,由于新冠肺炎疫情导致的产业链整体需求减少,他们的经营活动受到很大打击,许多经营者难以继续经营甚至影响到生存。

为了将新冠肺炎疫情对此类经营者造成的影响降到最低程度,JFTC与经济产业省、厚生劳动省于2020年3月10日联名向相关经营者团体进行了如下请求:[2]

第一,出于防疫原因导致需求减少,需要与个人经营者或自由职业者变更合同内容时,需要与相关个人经营者或自由职业者进行充分协商,通过书面方式明确变更后的报酬与付款时间,遵守独禁法、转包中小企业振兴法(日语:下請中小企業振興法,以下简称转包振兴法)与转包法的相关规定。适当对应的例子:其一,不单方面变更合同内容,而是在个人经营者或自由职业者同意基础上进行变更。其二,将变更合同内容导致个人经营者或自由职业者新负担的成本反映到报酬上。其三,变更或部分解除合同时,承担个人经营者或自由职业者已经负担的成本。

第二,受新冠肺炎疫情影响的个人经营者或自由职业者继续经营活动或后来重新开始经营活动时,尽可能优先与该个人经营者或自由职业者继续之前的交易关系,或优先向该个人经营者或自由职业者下订单。

第三,个人经营者或自由职业者由于发热等症状的出现,或者由于业务环境变化导致希望延长交货期限时,发包方应当与该个人经营者或自由职业者充分协商,尽可能予以灵活对应。

(三)JFTC事务总长于定期记者见面会上的发言

2020年4月1日,面对各方面对疫情下竞争法执行方针的关注,JFTC事务总长[3]菅久修一在定期记者见面会上通过媒体向全日本传达了JFTC在新冠肺炎疫情时期的竞争法执行方针。[4]

---

〔1〕 即英语中的Freelance。其范围非常广泛,包括独立翻译、校对、程序员、技术人员等不专属于某一特定企业或团体,在工程或项目中提供自身技能获取报酬的独立的个人经营者。

〔2〕 参见JFTC,载https://www.jftc.go.jp/houdou/pressrelease/2020/mar/200310_yousei.html,最后访问日期:2020年11月25日。

〔3〕 为主管JFTC日常事务的最高责任人,领导JFTC事务总局负责各项日常工作。JFTC的最高决策机关则为公平交易委员会委员长与4名委员组成的合议机构。

〔4〕 参见JFTC,载https://www.jftc.go.jp/oshirase/200401kaikenbassui.html,最后访问日期:2020年11月25日。

菅久事务总长在记者会上表示，经营者在面对疫情进行互助自救时可以在参考上一部分提到的“震灾等紧急情况的对应相关的假想事例集”基础上，采取必要且合法的措施。菅久事务总长具体介绍了事例1(汽车产业相关事例)与事例7(胶合板产业相关事例)。

事例1中，政府主管部门收集信息后制订零配件供货分配方案后，生产企业参照该方案进行分配。这种措施不属于协商调整产品购入数量与购入价格，不违反独禁法。

事例7中，经营者团体从会员企业收集资料后公布了会员企业的总库存与总最大产能，并不涉及各个会员企业单独信息，也不涉及限制各个会员企业的生产量。因此，该措施不违反独禁法。在新冠肺炎疫情背景下面对消费者的口罩、消毒液产能/库存不足的疑虑，相关协会可以参照这些事例采取应对措施。

经营者可以在JFTC官网查找相关信息，[1]除此之外，经营者也可以直接向JFTC的负责科室进行咨询。

(四)应对新冠肺炎疫情相关的独禁法问与答

如前所述，在新冠肺炎疫情期间经营者依然可以参照2012年的“震灾等紧急情况的对应相关的假想事例集”采取措施。同时，JFTC也考虑到新冠肺炎疫情期间的特殊情况，于2020年4月23日公布了“应对新冠肺炎相关的独占禁止法问与答”(日语：新型コロナウイルス感染症への対応のための取組に係る独占禁止法に関するQ&A)。[2]

此次公布的仅有一个问题：为了避免口罩与消毒液等商品的零售价格大幅上涨，此类防疫物资的制造商指示零售商低于一定价格进行销售的行为是否违反独禁法？

对此，JFTC的见解如下：首先，生产商在没有正当理由的情况下限制零售商的销售价格将构成独禁法所禁止的限制转售价格行为。然而，在新冠肺炎疫情中限制零售业者不当抬高口罩与消毒液等防疫物资销售价格的行为一般而言符

---

〔1〕 参见JFTC，载https://www.jftc.go.jp/oshirase/200227oshirase.html，最后访问日期：2020年11月25日。

〔2〕 参见JFTC，载https://www.jftc.go.jp/oshirase/coronaqa.html，最后访问日期：2020年11月25日。

合消费者的利益,属于独禁法上的正当理由。因此,此类行为不违反独禁法。但需要注意的是,如果在一定价格以下进行销售的要求反而导致商品零售价格上涨的话,不构成独禁法上的正当理由。

JFTC 的回答承接日本独禁法上对“正当事由”的解释,即在涉及消费者生命安全、环境保护(削减塑料袋等)等特殊情况下的部分行为可以被认定为不违反独禁法,在法律框架内为防疫物资制造企业稳定物价留出了空间。

(五)应对新冠肺炎疫情相关的转包交易问答集

除上述独禁法相关内容外,秉承一贯以来注重转包承包关系稳定的传统,JFTC 与日本中小企业厅于 2020 年 5 月 13 日发布了“应对新冠肺炎相关的转包交易问答集”[1](日语:新型コロナウイルス感染症拡大に関連する下請取引Q&A)。

这一问答集主要体现了 JFTC 与中小企业厅在新冠肺炎疫情期间的转包法的执行方针,也体现了中小企业厅对企业方面的期望。在转包方具有相对于承包方的相对优势地位时,问答集中记载的违反转包法的行为可能会构成独禁法所禁止的滥用优势地位行为。

问答集共有取消订单或拒绝收货相关问题、收货相关问题、报酬相关问题、其他四个部分,一共 13 问。基本上承袭了前述东日本大地震相关问答集的原则。

问答集内容概述如下:

1. 取消订单或拒绝收货相关问题

除非承包方有过错,否则拒绝受领或延迟受领、退货或取消下单的行为原则上违反转包法。即使由于受新冠肺炎疫情影响而减产或难以购入部分商品等原因,不得已而取消订单或延迟受领时,如果不承担半成品等承包方的成本,则仍构成不当变更给付内容而违反转包法。

根据转包振兴法规定的“振兴基准”,在一段持续的交易关系中,转包经营者在停止交易或大幅减少交易量时应当留出足够的准备期间并进行预告。转包经营者必须充分考虑承包经营者的经营状况,在与承包经营者充分协商的基础

[1] 参见 JFTC,载 https://www.jftc.go.jp/oshirase/coronashitaukeqa.html,最后访问日期:2020 年 11 月 25 日。

上确定交易内容与交易条件,决定今后的交易方针。

即使并非转包法规定的交易关系,事前也没有合同约定的情况下,根据转包振兴法以及经济产业大臣的请求主旨,转包经营者不应单方面要求承包经营者承担半成品等导致的成本,而应当与承包经营者充分协商,尽量不使承包经营者受到损失,采取负担半成品导致的成本等行动。

2. 收货相关问题

除非承包经营者有责任,否则以产品带有新冠病毒的可能等理由拒绝接收或退还已经下单的产品有可能违反转包法。另外,即使承包经营者的员工等感染新冠肺炎,转包经营者也不得要求承包经营者采取超越必要范围的措施,不得拒绝支付正当对价或拒绝承担必要成本。因此,产品可能带有新冠病毒是否构成产品瑕疵不能一概而论,需要根据官方信息由转包经营者与承包经营者在充分协商基础上决定如何处理。

即使是为了确保产品不带有新冠病毒或检测产品是否带有新冠病毒等,也不得在转包经营者没有责任的情况下减少报酬或要求承包经营者提供经济利益。在新冠肺炎疫情背景下,为了确保品质等目的,转包经营者与承包经营者应当在充分协商前提下决定检验规格、检验实施方法、修改报酬或决定新增成本的负担方式。

如果承包经营者负有责任,则转包经营者可以就未交货部分拒绝支付报酬,并可以在客观上合适的范围内依据事先约定的条款要求承包经营者支付赔偿。但需要注意在新冠肺炎疫情期间承包经营者可能为交货付出了更高成本,因此即使可以合法减少报酬时,转包经营者也应当通过与承包经营者充分协商以决定减少的报酬数额。

在新冠肺炎疫情期间,承包经营者可能会为了防止感染扩大而推行远程工作或限制员工出勤等措施,导致延期交货。在这种交易当初无法预想的背景下,如果仍然过度要求承包经营者严守当初约定的交货期限或交货数量,可能构成不当地迫使实力较弱的中小企业承受损失行为。

3. 报酬相关问题

由于新冠肺炎疫情导致生产链的一部分转移到日本国内,可能会使得承包经营者的制造与物流成本在短期内大幅上升。另外,疫情也可能导致转包经营者要求缩短交货期限。这类情况下,依照转包振兴法规定的振兴基准,转包经营者最好与承包经营者在充分协商基础上相应提高报酬数额。在成本大幅上升或交货期限缩短等情况下,承包经营者要求转包经营者提高报酬,而转包经营者拒绝充分协商,单方面保持单价不变的行为可能会构成买方欺压而违反转包法。

受到新冠肺炎疫情影响,转包经营者暂时关闭工厂。由于难以在工厂再次开业后涨价填补关闭工厂带来的损失,转包经营者希望降低给承包经营者的报酬。这类签约时难以想到的情况变化发生时,承包经营者应当说明理由,与转包经营者在充分协商基础上调整报酬数额。单方面改变给承包经营者的报酬数额可能违反转包法。另外,以新冠肺炎疫情应对费用、互助折扣等名目减少给承包经营者的报酬,或者要求承包经营者提供协助费等做法,也违反转包法的规定。

受新冠肺炎疫情影响,转包经营者因经济出现困难,希望将给承包经营者的报酬从现金支付改为票据支付,或者将票据承兑时间延后,最好能让承包经营者对报酬支付宽限一段时间。在这类情况中,如果通过变更支付方法、延后承兑时间等方式导致承包经营者负担更多成本,则有可能违反转包法。特别是如果对纤维业开出超过 90 天后承兑、对其他行业开出超过 120 天后承兑的票据,可能会违反转包法。另外,如果转包经营者获取承包经营者成果后在当初约定的时间未能给付报酬,即使承包经营者同意延迟给付报酬,也应当向承包经营者支付从受领成果之日起 60 日后到支付报酬之日为止这期间的延迟利息(年利率 14.6%)。

4. 其他

在新冠肺炎疫情背景下,零售经营者作为提供生活必需品的据点,其作用越发巨大。而零售经营者可以在负担新增成本与充分协商基础上,请求制造业与批发业经营者协助关于消费者安全的必要业务以及安全相关的宣传工作。但是即使出于保护消费者安全的目的,也不得要求制造业与批发业经营者无偿进行协助。因此,必须在事前各方充分协商,决定协助内容与成本负担。

转包经营者为了确保安全,可以请求承包经营者加强卫生管理,但必须充分考虑所增加的费用,单方面要求承包经营者负担成本有可能违反转包法。

除以上注意事项外,转包经营者还需要注意在修改订单计划时尽量给承包经营者留出足够的时间。同时,承包经营者也需要向转包经营者持续提供供给相关信息。当供给成本增加或订单数额减少导致当初约定的价格明显失当,转包经营者在事后提出价格交涉时,应当尽量在当事人之间充分协商追加支付必要对价。

(六)新冠肺炎疫情下日本竞争执法机构的应对方针的特色

综上所述,JFTC 在面对疫情时坚持了一直以来的传统,在突发情况发生时更加注意竞争法的执行工作,重视在疫情期间保护正常竞争秩序的同时,通过对业界的通告、公开记者会、问答集、官方咨询窗口等多种方式确保企业在有明确的指导下可以在合法范围内展开互助自救。

三、评价与启示

虽然截至 2020 年 12 月 31 日,日本 JFTC 还没有针对疫情相关的竞争执法,但其发布的关于口罩捆绑销售的通告、关于防疫物资价格相关的问答都有效帮助了日本稳定防疫物资价格,确保防疫物资在市面上的正常流通。可以认为,这是一种疫情背景下的柔性的竞争法执行活动。

总体来说,JFTC 坚持保障经济生活中的民主与公平,敏锐地把握到了在疫情等突发情况下,保障自由公平竞争的市场经济体制更需要通过竞争法加以保护这一点。竞争法保护竞争本身,但同时也在通过其自身实现在长远角度上保护包括中小企业与消费者利益在内的公共利益。

综合前文,以下几点尤其体现日本竞争执法机构面对疫情时的竞争法实施的特色,值得参考与注意。

(一)注重转包中的经济公平

对经济公平的保护尤其体现在 JFTC 重视承包/转包关系中的竞争法适用上。当代经济生活产业链错综复杂,大企业与中小企业间的承包/转包关系非常常见。这种关系一方面促进就业、降低成本,但另一方面容易出现大型企业在转包关系中滥用其相对优势地位压榨规模较小企业的危险。而且,当疫情等特殊情况发生时,这种关系会变得更加脆弱,也就更需要通过竞争法的适当而公平的实施来保证疫情期间产业链的正常运转,进而保障供应稳定与价格平衡。

(二)通过竞争法的柔性实施引导企业合法互助

当的确因灾情导致产能不足、价格上涨等问题时,企业间的互帮互助必不可少,但又有必要确保这种互帮互助不会蜕变为控制价格或供应数量的垄断协议,为防疫带来负面影响。JFTC 通过其各种公告与问答,指出企业遇到困难需要调整转包等交易关系时,需要先进行充分协商,考虑一切替代方案,取得双方合意。也明确企业可以采取与竞争对手合作等方式进行互助自救,但是必须注重信息保密,不得将供应价格、数量等竞争中至关重要的信息透露给竞争对手,必须将互助措施对竞争带来的影响降到最小。JFTC 的这种柔性实施竞争法的方式,提高了竞争法的透明性,引导了企业在保障正常竞争的情况下采取各种措施渡过难关。

(三)引导行业协会积极发挥作用

在疫情中,行业协会作为企业与国家间的桥梁,在掌握信息、安定人心等方面发挥着重要作用。但是,行业协会的积极活动也有着促进形成价格协定等危险。JFTC 及时在问答集等公开信息中明确了应当如何确保行业协会正确发挥作用,使日本政府能够更为高效地掌握各类重要物资的产能与库存,为制定防疫政策,协调疫情中各个产业的稳定发展提供了重要的保障。

金砖国家疫情中的反垄断法实施及启示

龙　睿　高雅洁*

“金砖国家”(BRICS)是巴西(Brazil)、俄罗斯(Russia)、印度(India)、中国(China)和南非(South Africa)五个主要国家经济体的简称。作为新兴市场国家和发展中国家的代表,本篇将关注金砖国家在新型冠状病毒肺炎疫情(以下简称新冠疫情)背景下的反垄断法实施情况。鉴于本书有专文对中国在疫情下的反垄断法实施情况进行讨论,本篇将重点对其余四国的竞争政策和执法案例进行梳理。

一、概述

2020年,新冠疫情暴发并迅速蔓延至全球各国。作为一种传染性极强的急性呼吸道传染病,新冠疫情的暴发首先影响了人们正常的生活方式和工作方式。保持社交距离,居家隔离,减少不必要的外出成为不得不遵行和改变的生活模式。在这样的背景下,为了维持和保障正常的工作运转,金砖各国的反垄断执法机构也不得不改变自己的办公方式和审理案件的方式。自新冠疫情暴发以来,线上办公成为越来越普遍的现象,通过邮件的方式递送与案件相关的信息和材

* 龙睿,德国柏林自由大学法学博士,律师;高雅洁,英国伦敦大学玛丽女王学院法学博士研究生。

料,通过线上视频会议的方式开展案件审理工作已经从一种不得不为之的举措逐渐成为一种新的工作习惯。

疫情暴发初期,社会恐慌和对特定商品需求的短期激增导致物资供应短缺和价格大幅上涨,这引起了金砖各国反垄断执法机构的普遍关注。在此期间,不少国家的反垄断执法机构将保障供应,稳定物价和维持机构的正常运作作为首要的政策目标。随着疫情的发展,各国反垄断执法机构将关注的重点扩展到反垄断法下更多的方面,以期能够维护竞争秩序,推动经济复苏,促进经济回归到正常良好的运作轨道上。

竞争治理越来越成为一个全球性的话题,在新冠疫情背景下,金砖各国政府就竞争领域的重要合作事项进行了沟通和讨论,深化合作,共同应对新冠疫情带来的挑战。2020 年 7 月 23 日,金砖国家反垄断政策协调委员会召开视频会议。会上,各竞争机构负责人签署了《金砖国家竞争机构负责人声明》,宣布延长《金砖国家竞争法律与政策领域合作谅解备忘录》,还发布了《金砖国家竞争机构应对新冠肺炎疫情联合声明》。

二、疫情下的特殊反垄断政策和反垄断执法

(一)巴西

为防止新冠疫情的扩散,积极响应世界卫生组织的建议,并尽可能降低新冠疫情对企业日常活动的影响,巴西反垄断监管机构经济保护和管理委员会(Administrative Council for Economic Defense, CADE)采取了一系列行动,尽量保证并购审查、对垄断行为调查和竞争倡导不受影响。在新冠疫情暴发前,CADE 就已经配备了可供内部和外部人员使用的完整的电子程序。新冠疫情暴发后,CADE 暂停了面对面的会见,并通过网络会议的方式开展庭审程序。[1]

[1] See Eduardo Caminati Anders, Marcio de Carvalho Silveira Bueno & Guilherme Teno Castilho Misale, *The Brazilian Competition Authority agrees to suspend deadline for implementing certain antitrust compliance commitments undertaken in a cartel case Settlement Agreement due to COVID - 19 pandemic* (*Basso/Valbrás*), e-Competitions, Art. N° 94628(2020).

1. 中止部分案件的截止日期和时效计算

受疫情影响，一些案件不可避免地会产生截止日期中止和迟延的问题。2020 年 3 月 23 日，联邦政府发布《928 号临时措施》(Provisional Measure No. 928)，宣布暂停计算执行程序的截止日期和时效。2020 年 3 月 25 日，紧随联邦政府的指南，CADE 发布了一则通知，宣布暂停计算一些调查案件的截止日期，具体包括：(1) 对反竞争行为的调查；(2) 对"抢跑"案件的调查；(3) 有可能施加程序处罚的其他行政程序。[1] 此外，针对时效问题，CADE 还发布了解释性声明，向公众告知其执法活动，并明确新冠疫情期间的一些程序性截止日期；同时，CADE 表示将认真进行个案分析，包括根据合理的请求在特定情况下延长截止日期。[2]

对于《928 号临时措施》，CADE 进一步明确：[3] 第一，如果涉及以下事项，总督和行政法庭将不会为程序设置不利于当事方的截止日期：(1) 对违反行政令进行行政罚款的行政程序；(2) 评估并购的行政程序；(3) 实施行政处罚的附带程序性处罚的行政程序。需要注意的是，上述规定不得有损涉及 CADE 职责的相关程序法案所规定的正常工作程序。第二，与下述程序和/或程序相关的最后期限的计算将不会发生任何变更：(1) 并购评估；(2) 确定是否违反经济令的行政调查；(3) 确定是否违反经济令的行政调查的准备程序；(4) 宽大协议；(5) 处于监督中的《停止与终止协议》和《并购控制协议》；(6) 协商；(7) 处于监督中的承诺和履行条款。

在实践中，CADE 同意暂缓计算卡特尔调查过程中与被调查企业达成的《和解协议》中反垄断合规承诺的截止日期。在一份与 CADE 达成的《和解协议》

---

[1] See Lauro Celidonio Gomes dos Reis Neto et al., *The Brazilian Competition Authority implements measures in line with WHO recommendations against the spread of the COVID-19*, e-Competitions, Art. N° 93835 (2020).

[2] See Eduardo Caminati Anders, Marcio de Carvalho Silveira Bueno & Guilherme Teno Castilho Misale, *The Brazilian Competition Authority agrees to suspend deadline for implementing certain antitrust compliance commitments undertaken in a cartel case Settlement Agreement due to COVID-19 pandemic (Basso/Valbrás)*, e-Competitions, Art. N° 94628 (2020).

[3] 参见 CADE，载 http://en.cade.gov.br/informative-note，最后访问日期：2020 年 12 月 8 日；CADE, *The Brazilian Competition Authority clarifies procedural deadlines of the agency following the Government's new COVID-19 measures*, e-Competitions, Art. N° 94036 (2020)。

中,巴索和瓦尔布拉斯公司承诺自协议签订之日起2年内履行一项反垄断合规方案。2020年3月16日,签约方向CADE提出申请,要求反垄断监管机构暂时中止《和解协议》中规定的部分反垄断合规方案的实施期限。申请人表示,预计于3月和4月开展的部分活动将无法正常进行,因为受疫情管控措施的影响,协议中涉及的人员跨境流动和需要大量人员参与的会议将无法按计划举行。CADE最终同意暂停计算履行协议的截止日期。CADE认为,巴索和瓦尔布拉斯公司的申请是善意的。并且,暂时停止计算截止日期不会对遵守该《和解协议》造成不可弥补的损害。现实中,受疫情的影响,大型集会活动确实受到了限制。[1]

2. 临时性、例外地暂停部分审批程序并为特定行为创设豁免制度

2020年4月3日,巴西联邦参议院通过了《第1,179/2020号法案》(Bill No. 1,179/2020),对新冠疫情期间的私人法律关系作出了修正。就反垄断事项而言,《第1,179/2020号法案》中的一些条款将影响《第12,529/11号法》(Law No. 12,529/11),即巴西《反垄断法》的实施。法案的内容存在不甚明晰的地方,众议院后续也可能对法案的内容进行修改,但简言之,《第1,179/2020号法案》规定:[2]

临时性、例外地暂停设立合营企业、联营以及联合协议的前置审批程序,包括:一方面,暂停规定适用于自2020年3月20日起生效至2020年10月底的协议;另一方面,暂停规定适用于为应对或减轻新冠疫情带来的不良影响而达成的协议。

临时性地豁免特定行为。一方面,该豁免的有效期为2020年3月20日至2020年10月底,适用于以下根据巴西《反垄断法》被视为违反反垄断法的行为:(1)无正当理由,低于成本销售产品;(2)无正当理由,部分或全部终止公司经营

---

〔1〕 See Eduardo Caminati Anders, Marcio de Carvalho Silveira Bueno & Guilherme Teno Castilho Misale, *The Brazilian Competition Authority agrees to suspend deadline for implementing certain antitrust compliance commitments undertaken in a cartel case Settlement Agreement due to COVID - 19 pandemic* (*Basso/Valbrás*), e-Competitions, Art. N° 94628 (2020).

〔2〕 See Marcio de Carvalho Silveira Bueno & Eduardo Caminati Anders, *The Brazilian Federal Senate approves a bill which amends private legal relations and affects the enforcement of the Brazilian antitrust law during the COVID - 19 outbreak*, e-Competitions, Art. N° 94171 (2020).

活动。另一方面,考虑到疫情期间的关键性,该种暂停的合理性与服务和产品的稀缺性有关。此外,对于 2020 年 3 月 20 日之后以及在国家处于公共灾难状态期间的其他活动,CADE 在其反垄断分析中应当考虑由新冠疫情引起的特殊情况。

3. 反对为必要物资限定最高售价

在新冠疫情期间,巴西政府建议冻结药品价格,并为必要物资(如药品、口罩和洗手液)限定最高价格,CADE 明确对此表示反对。CADE 认为,巴西已经存在对药品价格的管制规定,冻结药品价格会对社会产生严重的负面影响。如果企业成本增加但无法相应提高产品的售价,冻结药品价格的决定就可能会产生阻碍生产,扰乱销售的效果,也可能导致药品和必需品的短缺。[1]

4. 为竞争企业间的合作提供合规指引

2020 年 7 月 6 日,CADE 发布了《临时信息说明》(Provisional Informative Note),为企业在疫情期间合法开展合作,共抗新冠疫情提供了指引意见。CADE 指出,"竞争者之间的合作协议"是指同一个市场上的公司之间在紧急、紧迫和临时的基础上确定彼此行动方式的协议,其目的是克服全面性的而非行业性的危机所产生的不利影响,减轻直接影响,维护受影响行业的竞争。《临时信息说明》涵盖了企业签订和执行合作协议需要考虑的四个主要方面,即(1)范围,(2)期限,(3)地理范围,(4)治理、透明度和诚实信用。此外,《临时信息说明》也规定了经济组织从 CADE 获得声明所需的程序,包括:(1)沟通渠道,(2)提交,(3)咨询或问询。需要注意的是,《临时信息说明》仅仅是一份指导性文件,其内容不具有规范性效力,企业仍需关注和评估其商业合作可能产生的具体法律责任。此外,竞争者之间就价格限制、市场划分、供应限制以及竞争敏感信息交流所达成的协议依旧将受到严厉的制止。[2]

《临时信息说明》有很多具体规定。(1)范围:合作必须是具体的,旨在解决疫

---

〔1〕 See Emily Craig & Charley Connor, *LatAm competition enforcers concerned about covid – 19 measures*, LATIN LAWYER (Apr. 6, 2020), https://latinlawyer.com/survey/covid – 19 – reporting-crisis/covid – 19 – reporting-crisis/article/latam-competition-enforcers-concerned-about-covid – 19 – measures.

〔2〕 See Eduardo Caminati Anders, Marcio de Carvalho Silveira Bueno & Guilherme Teno Castilho Misale, *The Brazilian Competition Authority publishes general guidelines for competitor collaborations allowed during the COVID – 19 crisis*, e-Competitions, Art. N° 95803 (2020).

情或者其影响所引发的具体问题,并且对实现预期结果是绝对必要的。(2)期限:合作期限应当严格限制在抗击新冠疫情的有害影响所必需的期间内。因此,企业应当及时根据疫情的发展情况对合作战略进行审查。(3)地理范围:协作的地理范围必须限定在抗击疫情影响的目标上。疫情在巴西境内的发展可能是不均衡的,公司需要根据其地理位置或战略的对象采取不同的行动。(4)治理、透明度和诚实信用:经济组织需要采取措施确保合作不会产生反竞争的效果。例如,竞争者之间的合作必须基于严格的合规管理。在 CADE 就某项战略合作项目征求意见时,应当保证行为的透明度,并向当局提交所有有助于初步判断该战略合作的紧迫性和必要性的材料。

在具体执法的过程中,2020 年 5 月 28 日,CADE 批准了包括可口可乐、雀巢和百事可乐在内的一批全球食品和饮料制造商之间名为“我们的运动”的合作项目。作为应对新冠疫情的举措,该项目旨在复苏该行业中小型零售商的经营活动。这些公司向 CADE 表示,为了防控疫情,许多机构,尤其是与商业和服务业相关的企业暂停了其经营活动,这些举措对在巴西的饮品、食品、家庭及个护产品的销售中占据重大比重的中小型零售商造成了严重的影响,甚至危及许多企业的生存。在这种情况下,面对旷日持久的危机,孤立的行动已经无法产生有效的结果,其规模也无法帮助这些商业机构恢复其经营活动。因此,各公司决定开展合作,通过“我们的运动”项目推动必要的支持活动。主管机关在决定中表示,该合作项目具有经济合理性,各方也通过协议规定防范了反垄断风险,没有证据表明这可能是一项企图违反反垄断法的行为,各公司关心的是如何能够恢复该行业的竞争力和日常活动。〔1〕

(二)俄罗斯

俄罗斯联邦反垄断局(Federal Antimonopoly Service of the Russian Federation)(联邦反垄断局或 FAS Russia)是一家具有多重职能的监管机构,除了与反垄断执法相关的传统职能外,FAS Russia 对公共采购(包括国防和安全领

---

〔1〕 CADE, *Cade authorizes collaboration among Ambev, BRF, Coca-Cola, Mondelez, Nestlé and Pepsico due to the new coronavirus crisis*, 载 http://en. cade. gov. br/cade-authorizes-collaboration-among-ambev-brf-coca-cola-mondelez-nestle-and-pepsico-due-to-the-new-coronavirus-crisis, 最后访问日期:2020 年 12 月 8 日。

域)以及外国投资、广告法均具有监管权限。联邦反垄断局在疫情期间的工作重点之一是对涉及价格问题的行为进行持续性的监测,防止可能出现的违规行为,及时发现食品、药品和医疗用品短缺的情况,并防止出现区域性的禁止货物流动的情况。[1] 在疫情暴发初期,联邦反垄断局在考虑了所有必要的期限后暂时推迟了对违反反垄断法和行政违法案件的审理。在工作方式上,FAS Russia通过视频对案件进行远程审理。[2]联邦反垄断局也考虑在行为能够带来的消费者福利增益超过可能产生的竞争损害时,在反垄断法中引入豁免性的规定,以及简化并购审查程序的可能性。[3]

1. 积极与各机构展开合作

疫情是一个全球性的问题,需要一个全球性的对策。为此,俄罗斯主管机关与行政机关、企业、连锁零售商、电子商务企业、知名律师和外国同事都展开了密切的合作。联邦反垄断局认为,从长远来看,维护竞争对于消费者福利、市场运作、国民经济乃至全球经济都是至关重要的。[4]在新冠疫情背景下,俄罗斯联邦政府将对企业的支持看作其最重要的任务之一,能否成功解决这个问题是后疫情危机时期国民经济是否能够有效恢复的关键。联邦政府在疫情期间采取了一系列必要措施,防止新冠疫情在俄罗斯蔓延,以确保经济的可持续发展。

就具体工作而言,联邦反垄断局与其他联邦执行机关共同开展对零售价格的监控工作。在联邦层面,联邦反垄断局与工业和贸易部、卫生部和农业部合作,共同收集关于价格和店铺货物供应的信息;在地区层面,联邦反垄断局与地方主管部门相互进行协作,如果一旦发现违法行为,检察院、调查委员会、内务部也将参与到执法过程中。新冠疫情期间,联邦反垄断局还建立了一个行动总部,

---

〔1〕 See FAS Russia, *FAS measures to combat the spread of new coronavirus infection in Russia*, 载 http://en.fas.gov.ru/covid-19/, 最后访问日期:2020 年 12 月 8 日。

〔2〕 See FAS Russia, *FAS measures to combat the spread of new coronavirus infection in Russia*, 载 http://en.fas.gov.ru/covid-19/, 最后访问日期:2020 年 12 月 8 日。

〔3〕 See FAS Russia, *FAS measures to combat the spread of new coronavirus infection in Russia*, 载 http://en.fas.gov.ru/covid-19/; 载 https://en.fas.gov.ru/press-center/news/detail.html?id=54878, 最后访问日期:2020 年 12 月 8 日。

〔4〕 See FAS Russia, *Statement of Igor Artemiev, Head of the FAS Russia, to the international competition community on COVID-19*, 载 https://en.fas.gov.ru/press-center/news/detail.html?id=54878, 最后访问日期:2020 年 12 月 8 日。

以便适当监测相关市场的情况。[1]

2. 持续监控重要市场中的商品价格,防止出现商品短缺

在价格方面,相关部门重点关注基本食品,包括面包、谷物、肉、蛋、黄油以及蔬菜和水果的价格问题。根据对连锁店定价的监测结果,联邦反垄断局与大型零售连锁商举行了工作会议以讨论降低价格的措施,并与检察机关合作进行反垄断调查。如果证实存在违法事实,违法企业将面临罚款处罚,管理人员则可能面临刑事责任。在疫情防控期间,联邦反垄断局向公开呼吁提高商品价格的厂家和公司代表发出过警示,也鼓励商铺尽量减少采购环节中涉及的经济实体,通过减少交易环节控制商品成本的方式防止商品价格上涨。主管机关还与互联网贸易企业进行了对话,就防止网上零售商以不正当的行为上调价格统一了立场。[2]

联邦反垄断局对口罩价格予以了特别关注。疫情初期,俄罗斯多个地区出现了医用口罩价格大幅上涨的情形,涨幅高达6倍。除了单边的涨价行为,口罩生产商和销售商之间还出现了签订反竞争协议,提高口罩售价的联合的行为。经过一系列黎明突袭后,联邦反垄断局就多个地区医用口罩市场上的三起卡特尔行为正式予以立案调查。[3]

联邦反垄断局还就疫情可能影响的其他多个领域予以了广泛的关注。受疫情的影响,大量员工转为远程办公的模式,联邦反垄断局对网络负荷水平以及移动通信价格水平进行了检查。联邦反垄断局还密切关注了由于新冠疫情的影响导致航空旅行受限产生的机票价格上涨的案例。此外,联邦反垄断局对实行公民隔离制度的地区的食品配送服务,燃料和能源资源的批发和零售,以及建筑材料的价格予以监测和关注。另外,联邦反垄断局中央办公室和地区机构还为所

---

〔1〕 See FAS Russia, *FAS measures to combat the spread of new coronavirus infection in Russia*, 载 http://en.fas.gov.ru/covid-19/, 最后访问日期:2020年12月8日。

〔2〕 See FAS Russia, *Statement of Igor Artemiev*, *Head of the FAS Russia*, *to the international competition community on COVID-19*, 载 https://en.fas.gov.ru/press-center/news/detail.html?id=54878, 最后访问日期:2020年12月8日。

〔3〕 See FAS Russia, *FAS measures to combat the spread of new coronavirus infection in Russia*, 载 http://en.fas.gov.ru/covid-19/, 最后访问日期:2020年12月8日。

有消费者开通了一条热线，居民可以就价格和商店货品短缺的情况进行投诉。[1]

（三）印度

在疫情暴发后，为了保证疫情期间的工作，印度竞争委员会（Competition Commission of India，CCI）非常迅速地采取了各种措施。竞争委员会也会不时发布通知和公告，以便公众可以了解其最新的运作情况。[2]

1. 受疫情影响，与《竞争法》相关的案件受到延迟

（1）暂停与垄断协议和滥用市场支配地位相关的申报

2020 年 3 月 17 日，印度竞争委员会决定，除紧急事项外，直至 2020 年 3 月 31 日，推迟所有其他事项的审理工作。随后，3 月 23 日，竞争委员会宣布暂停与《竞争法》（The Competition Act）第 3 条（垄断协议）和第 4 条（滥用市场支配地位）有关的所有申报。3 月 30 日，竞争委员会宣布将其办公室的关闭时间延续至 4 月 14 日，即结束全国封锁的最后一日，同时，更新了 3 月 23 日的通知，决定：①推迟所有 4 月 14 日之前的审理事项，新的日期将适时公布；②暂停 4 月 14 日或之前到期的与《竞争法》第 3 条和第 4 条相关的未决案件的所有申报和合规事项，新的日期将适时公布；③继续暂停所有根据《竞争法》和相关规定提起的申报、材料递交和相关程序，直至 4 月 14 日。[3] 4 月 13 日，竞争委员会继续发布通知，允许各方通过电子方式提交有关《竞争法》第 3 条和第 4 条的申请。[4]

（2）推迟案件审理工作

2020 年 3 月 24 日，印度宣布全国范围内进入封锁状态。在此之前，竞争委员会已经推迟了从 2020 年 3 月 17 日至 2020 年 3 月 31 日的所有案件的审理工

---

〔1〕 See FAS Russia, *FAS measures to combat the spread of new coronavirus infection in Russia*, 载 http://en.fas.gov.ru/covid-19/，最后访问日期：2020 年 12 月 8 日。

〔2〕 See Basu Chandola, *The Indian Competition Authority publishes public notices to keep people updated about the COVID-19 situation measure*, e-Competitions, Art. N° 94428 (2020).

〔3〕 See Pallavi Shroff et al., *The Indian Competition Authority extends its office closure and suspension of hearing all non-urgent cases in line with the Government's response to the COVID-19 outbreak*, e-Competitions, Art. N° 94106 (2020).

〔4〕 See Basu Chandola, *The Indian Competition Authority publishes public notices to keep people updated about the COVID-19 situation measures*, e-Competitions, Art. N° 94428 (2020).

作。3 月 30 日,竞争委员会进一步通知推延所有截至 2020 年 4 月 14 日的案件的审理工作。竞争委员会将在后续通知中重新公布案件新的审理日期。[1]

(3)暂停并购审查

2020 年 3 月 23 日,竞争委员会的通知不仅暂停了与垄断协议和滥用市场支配地位相关的申报,也暂停了所有并购审查前的磋商活动以及根据《竞争法》第 6 条提交的并购申报。根据随后新发布的通知,竞争委员会允许企业以电子方式提交并购申请,并允许通过视频会议的方式进行相关的磋商活动。[2]

2. 就《竞争法》第 3 条关于垄断协议规定的适用为企业提供咨询意见

疫情的大暴发给全球经济带来重创,印度经济也不例外,全国范围的封锁不仅产生了劳动力短缺的问题,也导致了工厂的停工。不可避免地,基础食品、快消品以及口罩、洗手液、手套等基础医药护理品的供应量也因此急剧下降。为了保障产品和服务的持续供应和公平分配,2020 年 4 月 19 日,竞争委员会向企业发布了一则简短的关于适用《竞争法》第 3 条(垄断协议)的咨询意见。[3] 竞争委员会承认,新冠疫情造成了供应链的中断,在此背景下,为了确保能够持续供应和分配产品与服务,企业可能需要进行信息分享和信息协调。该咨询意见允许企业开展合作并签订信息共享协议,以便提高生产、供应、分销、仓储、收购等方面的效率。

根据《竞争法》第 3 条第 3 款的规定,竞争企业之间的协调行为被假定会产生反竞争的效果。但是,在进行竞争评估的时候,竞争委员会必须恰当地考虑是否存在促进竞争的因素,例如,增加消费者福利,改善商品或服务的生产和销售,通过生产或销售商品促进技术、科学和经济发展(《竞争法》第 19 条第 3 款)。如果特定的协调行为可以产生提高效率的结果,企业的该行为可以免于制裁。需要注意的是,该咨询意见并未为企业适用《竞争法》第 3 条的规定创设任何豁免性的规定,仅仅是表示,在衡量企业间涉及垄断协议的行为时会考虑新冠疫情期间的

---

[1] See Basu Chandola, *The Indian Competition Authority publishes public notices to keep people updated about the COVID – 19 situation measures*, e-Competitions, Art. N° 94428(2020).

[2] See Basu Chandola, *The Indian Competition Authority publishes public notices to keep people updated about the COVID – 19 situation measures*, e-Competitions, Art. N° 94428(2020).

[3] See CCI, *Advisory to Businesses in Time of COVID – 19*, CCI(Apr. 19,2020), https://www.cci.gov.in/sites/default/files/whats_newdocument/Advisory.pdf.

特殊情况。竞争委员会表示,它只会特殊考虑那些为解决新冠疫情引起的问题所"必要且适度的"行为。[1] 在疫情期间,竞争委员会面临的难题是,一方面,它需要通过允许企业间的合作来促进基础商品的自由供应;另一方面,它又需要确保企业不以疫情作为违反《竞争法》的借口。有意见认为,某种程度上,竞争委员会发布的咨询意见会给企业合规管理带来不便,因为与该时期其他司法辖区的类似规定相比,竞争委员会既没有明确该咨询意见所涵盖的行业范围,也没有澄清其中"必要且适度"的含义。[2]

3. 对中小微企业达成的卡特尔协议采取更为柔和的立场

在新冠疫情期间,印度反垄断执法机关在执法中对中小微企业达成的卡特尔协议采取了更为柔和的立场。在 In Re: Cartelisation in Industrial and Automotive Bearings 案("Suo Motu 案")[3] 以及 Chief Materials Manager, South Eastern Railway v/s Hindustan Composites Ltd. & Ors 案("东南铁路案")[4] 中,印度竞争委员会发出终止令,在认定企业存在违法事实和反竞争影响的情况下,决定不对涉案企业施加罚款,取而代之的是向企业发出强烈的警告,并要求企业不得再作出此类安排,尽管事实表明涉案行为的影响在疫情暴发前就已经出现。上述案例是印度反垄断执法中首次出现违法企业逃脱了处罚的情形。[5] 印度反垄断执法部门的这种做法引发了对印度反垄断执法的有效性和执法强度的关注。

(1) Suo Motu 案

本案中,竞争委员会注意到,自 2009 年起,当制造轴承的主要原材料钢材的价格开始上涨时,有五家公司之间存在协调行为。该行为从 2009 年持续到 2014

---

〔1〕 See Basu Chandola, *The Indian Competition Authority publishes public notices to keep people updated about the COVID-19 situation measures*, e-Competitions, Art. N° 94428 (2020).

〔2〕 See Hrishav Kumar & Anish Gupta, *The Indian Competition Authority authorises companies to collaborate and enter into agreements to share information to enhance the efficiency of production, supply, distribution, storage, acquisition during the COVID-19 crisis*, e-Competitions, Art. N° 95150 (2020).

〔3〕 See CCI, Suo Motu Case No. 05 of 2017, http://www.cci.gov.in/sites/default/files/05-of-2017.pdf, 最后访问日期:2020 年 12 月 8 日。

〔4〕 See CCI, Case No. 03 of 2016, http://www.cci.gov.in/sites/default/files/03-of-2016.pdf, 最后访问日期:2020 年 12 月 8 日。

〔5〕 See Abhishek Tripathy, *The Indian Competition Authority identifies cartels but does not impose any penalty amidst the COVID-19 pandemic (South Eastern Railway/Hindustan Composites)*, e-Competitions, Art. N° 96574 (2020).

年,目的是希望将提价传递到原始设备制造商和市场分销环节。一般来说,如果轴承的制造成本增加(包括由于钢价的上涨),原始设备制造商会不时地接受一定的价格上涨。但是,他们通常只在所有供应商均要求加价的情况下才会这么做。因此,在卡特尔协议之下,本案中的五家公司商定了各自向原始设备制造商提出的钢价涨幅百分比,以寻求它们的涨价。主管机关调查后发现,在工业和汽车轴承市场上有充足的证据可以证实其中的四家公司之间存在卡特尔协议。竞争委员会据此认为各方违反了《竞争法》第 3 条第 3 款的规定,并且产生了反竞争的效果。[1]

(2)东南铁路案

本案是一起关于串通投标的卡特尔案件。竞争委员会发现,至少在 2009 年至 2017 年,有 10 家复合制动块供应商通过直接或间接决定价格、分割市场、协调投标行为和操纵投标过程等手段实施卡特尔。尽管企业辩称他们的行为既没有产生反竞争的效果,也无法控制价格和产量,但竞争委员会没有接受企业的意见,并指出,《竞争法》第 3 条第 3 款涉及的所有协议都推定具有反竞争的效果,除非存在《竞争法》第 19 条第 3 款的情形。然而,经过全面的审查,本案中并没有可以证明存在《竞争法》第 19 条第 3 款规定的相关情形的证据。

在这两起卡特尔调查案中,印度竞争委员会都承认存在经济状况不佳,市场上流动资金紧缩的情况。在东南铁路案中,竞争委员会考虑到新冠疫情造成了普遍低迷的经济形势,以及印度政府采取各种措施为有生存能力的中小微企业提供流动性支持和信贷支持,以帮助企业抵御冲击。在此特殊背景下,决定不对涉案企业处以货币罚款。[2] 竞争委员会认为,《竞争法》的目的是纠正扭曲的市场,约束市场参与者的行为,而这不一定要通过罚款的方式实现。考虑到中小微企业面临的困难,竞争委员会最终发布了终止令。同样,在 Suo Motu 案中,竞争

〔1〕 See Abhishek Tripathy, *The Indian Competition Authority identifies cartels but does not impose any penalty amidst the COVID – 19 pandemic* (*South Eastern Railway/Hindustan Composites*), e-Competitions, Art. N° 96574 (2020).

〔2〕 See Pallavi Shroff et al., *The Indian Competition Authority imposes a cease and desist on multiple rail companies guilty for cartelization but avoids fining due to companies'size and the economic impact of COVID – 19* (*Chief Materials Manager, South Eastern Railway/Hindustan Composites*), e-Competitions, Art. N° 96525 (2020).

委员会也认为目前的情况不需要处以罚款。[1]

（四）南非

为了遏制新冠疫情的蔓延，2020 年 3 月 15 日南非总统宣布南非进入国家灾难状态。为应对疫情，南非政府及主管部门发布了一系列规定，以减轻疫情对经济的影响，同时为公共和私人部门迅速采取行动提供指引和支持。

在反垄断法方面，南非主管部门关注的重点问题包括分配和供应问题、过高定价问题（excessive pricing）、行业集体豁免以及程序性问题。疫情期间颁布的特殊条例加强了竞争委员会（The Competition Commission South Africa，CCSA）和国家消费者委员会（The National Consumer Commission）应对剥削性定价行为的能力。[2]

1. 关注过高定价问题

根据经修订的 1998 年《竞争法案第 89 号》[the Competition Act No. 89 of 1998 (as amended)]（以下简称《竞争法案》），南非贸易、工业和竞争部长颁布了以下条例：[3]第一，《关于消费者和客户保护以及国家灾害管理条例和指南》（Consumer and Customer Protection and National Disaster Management Regulations and Directions）（以下简称《过高定价条例》），《过高定价条例》持续有效，直到新冠疫情被宣布不再属于"灾难"。第二，《关于 COVID－19 过高定价投诉转竞争法庭规则》（Regulations on Competition Tribunal Rules for COVID－19 Excessive Pricing Complaint Referrals）（以下简称《过高定价规则》）。

（1）就过高定价问题颁布特别政策

《过高定价条例》主要涉及过高定价和产品供应的问题。在过高定价方面，《过高定价条例》一方面强调了《竞争法案》中具有市场地位的企业不能滥用其

〔1〕 See Abhishek Tripathy, *The Indian Competition Authority identifies cartels but does not impose any penalty amidst the COVID－19 pandemic* (*South Eastern Railway/Hindustan Composites*), e-Competitions, Art. N° 96574 (2020).

〔2〕 See CCSA, *COVID－19: Immediate response to anti-competitive behavior in a state of national disaster*, 载 http://www.compcom.co.za/wp-content/uploads/2020/03/CCSA-COVID－19－statement－20－March-updated.pdf，最后访问日期：2020 年 12 月 8 日。

〔3〕 See Leana Engelbrecht, Stewart Payne & Nick Altini, *The South African Minister of Trade, Industry and Competition issues six regulations amending the national Competition Act aimed to combat the outbreak of COVID－19*, e-Competitions, Art. N° 94581 (2020).

支配地位收取过高的价格,同时也重申了2008年《消费者保护法案第68号》(the Consumer Protection Act No. 68 of 2008)(以下简称《消费者保护法》)中关于不合理及不公平定价的规定。《过高定价条例》以附件的形式列举了条例涉及的必要商品,主要包括基础食品和消费品、应急产品和服务、医疗和卫生用品以及应急清洁产品和服务。

除了原则性的规定外,《过高定价条例》还规定了在国家灾难期间确定商品或服务的价格是否属于"过高"或"不公平"价格的方式,《过高定价条例》为《竞争法案》下的"过高定价"和《消费者保护法》中"不合理及不公平的定价"设定了相同的评估标准。具体而言,如果价格与该商品或服务的成本上涨不相符或不相等,或使该商品或服务的净利润或加价高于2020年3月1日前三个月的平均利润或加价,存在上述任一情形都是认定过高定价或不公平价格的关键考虑因素。然而,事实上,存在这种情形本身就已经可以初步证明存在过高定价或不公平价格。[1]《过高定价条例》的这一规定为具有市场支配地位的企业设定了一项反向证明责任,企业需要证明为什么其涨价不是"过度的"。[2]

为了确保消费者的商品供应安全,《过高定价条例》还关注了疫情期间产品供应的问题。《过高定价条例》规定,零售商有义务采取合理的措施确保向消费者和顾客(包括小企业)公平地分配和维持商品库存,并且允许零售商限制个别顾客在特定时间内购买某种产品的数量。

(2)加强消费者和竞争主管机关应对过高定价行为的能力

南非政府通过疫情期间的一系列规定加强了消费者以及竞争主管机关对过高定价行为的应对能力。根据《过高定价规则》的规定,主管机关可以加急审理与过高定价有关的投诉,程序时间也会大大提速,诉状的交换可以在4个工

---

〔1〕 See Hogan Lovells, *The South African Minister of Trade and Industry issues regulations to curb the spread of panic buying and price hikes amidst COVID – 19 fears*, 载 https://www. hoganlovells. com/en/publications/the-south-african-minister-of-trade-and-industry-issues-regulations-to-curb-the-spread-of-panic-buying-and-price-hikes-amidst-covid19 – fears, 最后访问日期:2020年12月8日。

〔2〕 See Michael-James Currie & John Oxenham, *the south african competition tribunal publishes its written reasons to penalize a pharmaceutical chain for excessive pricing* (*dis-chem*), concurrences (Jul. 7, 2020), https://www. concurrences. com/en/bulletin/news-issues/july – 2020/the-south-african-competition-tribunal-publishes-its-written-reasons-to #: ~ : text = On% 2014% 20July% 202020% 2C% 20the, of% 20surgical% 20face% 2Dmask% 20products.

作日内完成，庭审时间也会相应加速。一旦一方当事人被认定违反了具有支配地位的企业实施了过高定价的行为，审理法庭（Tribunal）则可依《过高定价规则》的授权实施补救措施，指导企业的定价行为。如果当事人希望就定价令提出上诉或者复审，可以紧急向上诉法院（the Competition Appeal Court）提出申请。[1]

自南非宣布全国进入灾难状态以来，竞争委员会收到了数量空前的投诉，这些投诉主要涉及与新冠疫情相关的必需品，例如洗手液和口罩的过高定价问题。为此，竞争委员会成立了应对和调查此类投诉的专门小组，并通过移交和向竞争法庭（Competition Tribunal）起诉来快速处理这些投诉。[2]

对于疫情期间监管机关面临的特殊挑战，竞争委员会表示，它将大幅缩减其业务规模，并将注意力集中在处理与新冠疫情相关的投诉上。竞争委员会加快对这些投诉进行调查，并优先处理针对国内零售商和供应商的案件。如果发现企业存在过高的定价行为，初犯企业可能面临最高营业额10%的罚款，累犯企业可能面临最高营业额25%的罚款。由于竞争委员会工作重心的转移，委员会同时表示不鼓励对企业合并的事宜（除非交易涉及面临倒闭或陷入困境的企业）和与新冠疫情无关的行为进行投诉。[3]

（3）发布关于食品价格的监测报告

2020年7月，竞争委员会发布了一份关于食品价格的监测报告，[4]该报告是竞争委员会协同执法的成果，目的是遏制对口罩和洗手液之外的基础食品过高定价（excessive pricing）和哄抬物价（price gouging）的问题。截至6月底，在

---

〔1〕 See Leana Engelbrecht, Stewart Payne & Nick Altini, *The South African Minister of Trade, Industry and Competition issues six regulations amending the national Competition Act aimed to combat the outbreak of COVID – 19*, e-Competitions, Art. N° 94581(2020).

〔2〕 See The Competition Commission South Africa, *COVID – 19: Immediate Response to Anti-competitive Conduct During the State of National Disaster*, Compcom (Mar. 20, 2020), http://www.compcom.co.za/wp-content/uploads/2020/03/CCSA-COVID – 19 – statement – 20 – March-updated.pdf.

〔3〕 See Leana Engelbrecht, Stewart Payne & Nick Altini, *The South African Minister of Trade, Industry and Competition issues six regulations amending the national Competition Act aimed to combat the outbreak of COVID – 19*, e-Competitions, Art. N° 94581(2020).

〔4〕 See The Competition Commission South Africa, *Competition Commission Releases Report on the Food Price Monitoring*, Compcom (Mar. 20, 2020), http://www.compcom.co.za/wp-content/uploads/2020/07/competition-commission-releases-report-on-the-food-price-monitoring.pdf.

竞争委员会收到的根据《竞争法案》和《消费者保护法》提交的1600宗投诉中，有307宗涉及零售商店的基础食品。根据报告的内容，竞争委员会在监测上游食品和新鲜农产品市场的定价方面做出了努力。报告也指出，疫情初期食品价格上涨部分是由于兰特贬值和恐慌性购买引起的，部分也是由于市场运作效率低和商家哄抬物价造成的。在新冠疫情期间，竞争委员会持续监测食品价格，以确保受疫情下经济危机影响的低收入家庭得到保护。[1]

(4)处罚过高定价行为

第一，巴贝莱吉过高定价案。

2020年6月3日南非开出了新冠疫情期间首例关于过高定价的罚单，根据《竞争法案》第8(1)(a)条滥用市场支配地位进行过高定价的条款就巴贝莱吉工作服和工业用品公司(合称Babelegi)在2020年1月30日至2020年3月5日投诉期间涨价销售FFP1口罩的行为对企业处以76,040兰特的罚款。在处罚决定中，法庭从以下几个方面对违法行为的认定进行了分析。[2] 判决书的分析思路与《过高定价条例》的规定是一致的。

首先，存在连续大幅的涨价行为，且巴贝莱吉没有对其涨价行为提出合理有效的解释，也没有证据证明涨价是由成本的增长造成的。法庭发现，在2020年3月18日供应商的成本发生实际增长之前，巴贝莱吉就多次提高了FFP1口罩的售价。具体而言，2020年1月31日，在世界卫生组织宣布新冠疫情为国际关注的公共卫生紧急事件的第二天，巴贝莱吉首次提高了口罩的售价；2020年2月10日，巴贝莱吉再次大幅提高售价；2020年3月5日，当南非宣布发现首例新冠病例时，巴贝莱吉再次大幅提价。

其次，有初步证据证明企业具有市场支配力量。法庭认为，从经济学的角度看，自2020年1月底开始就存在利用新冠疫情危机和市场力量的条件。法庭认为，通过巴贝莱吉在这一时期内连续大幅提高口罩售价的行为可以合理地推断其在投诉期内具有市场支配力量，因为巴贝莱吉的行为在相当程度上是独立于

---

〔1〕 See CPI, *South Africa: Competition Commission Releases Report on Food Price Monitoring*, CPI (Jul. 15, 2020), https://www.competitionpolicyinternational.com/south-africa-competition-commission-releases-report-on-food-price-monitoring/.

〔2〕 参见 https://www.comptrib.co.za/info-library/case-press-releases/babelegi-guilty-of-excessive-pricing-during-covid-19-crisis-fined-r76k，最后访问日期：2020年12月10日。

其竞争者、客户或供应商的。需要注意的是,在疫情前,巴贝莱吉在相关市场的市场份额仅为5%。[1]

再次,价格差异不合理。法庭认为,投诉期内FFP1口罩的价格的上涨与此期间之前的口罩售价之间没有合理的联系,后者可以看作是正常和有效竞争条件下竞争价格的合理基准。

最后,巴贝莱吉的定价具有剥削的性质,损害了客户和消费者的利益。法庭认为,巴贝莱吉清楚地知道疫情期间消费者对口罩的需求大幅增加,并且利用了这一点,进而得出结论:巴贝莱吉在投诉期内收取的价格损害了消费者和客户的利益。

第二,迪斯凯姆过高定价案。

迪斯凯姆是南非一家大型医药连锁店。2020年7月14日,南非竞争法庭公布了其对迪斯凯姆案处罚决定的书面理由。该公司因为违反《竞争法案》第8(1)(a)条的规定,滥用市场支配地位对各种外科口罩收取过高价格被处以120万兰特的罚款,是新冠疫情期间南非开出的第二起关于过高定价的罚单。法庭最初是根据《过高定价条例》构建本案的分析框架。但是,考虑到《过高定价条例》不具有追溯力,法庭最后基于《竞争法案》第8(1)(a)条和第8(3)条的规定确定是否存在过高定价行为。因此,无论《过高定价条例》是否继续有效,迪斯凯姆案中所使用的原则和分析方法可能也适用于新冠疫情之外的其他案件。

一方面,过高定价的证明标准。根据南非《竞争法案》的规定,"过高的价格"指"与产品的经济价值没有合理关系"的价格。如果有初步证据表明存在定价过高的情况,涉案企业需要承担证明责任,说明其涨价的合理理由用于证明其定价并不"过高"。在本案中,所使用的"基准"价格是在紧邻新冠疫情大暴发之前的价格相比于之后的价格。法庭在评估了相关证据后认为,投诉期间(2020年3月)价格的上涨与成本的增加没有直接联系,企业的毛利率在此期间内"呈指数增长"。考虑到在疫情的背景下,这些与基础商品有关的涨价对低收入人群的影响非常大,法庭最终认定,迪斯凯姆公司存在过高定价的行为。

---

〔1〕 See Michael-James Currie & John Oxenham, *The South African Competition Tribunal publishes its written reasons to penalize a pharmaceutical chain for excessive pricing* (*Dis-Chem*), e-Competitions, Art. N° 95829(2020).

另一方面,市场支配地位的认定标准。通常,支配地位是根据企业是否能够发挥相当大的“市场支配力”来确定的。根据南非《竞争法案》,“市场力量”指“企业控制价格或排除竞争的力量,或在相当程度上可以独立于其竞争对手、客户或供应商的行为能力”。如果一家公司的市场份额超过 45%,则无可辩驳地被推定为具有支配地位。如果能够确定一家公司能发挥“市场力量”,那么市场份额低于 45% 的公司仍然可以被认定具有支配地位。

对于上述案件的处罚决定,批评意见认为,即使考虑到疫情这个特殊的背景因素,根据短期的市场条件干预企业的经济行为可能会产生不利的后果,企业也不应当因为其生产和销售的产品类型就对其适用不同的法律和经济分析标准。虽然像上述案件这样的处罚方式可以实现一定的公益目的,但是为了解决短缺问题,最明智的方式应当是允许这些企业赚取短期利润,以正向激励的方式鼓励更多的企业进入口罩供应市场。此外,在过高定价案件以及评估企业的市场力量时,应当参照企业在同样的市场条件下独立于其他竞争者行事的能力,而不是参照市场的整体需求冲击。[1] 上诉法院基本支持了南非竞争法庭的判决,但考虑到危害程度有限,驳回了罚款部分的判决。[2]

2. 为特定行业设立豁免规则

在宣布国家进入灾难状态后,为了应对新冠疫情并减轻疫情对特定行业的影响,南非主管机关通过颁布一系列行业豁免规则,为医疗行业、银行业、零售房地产行业和酒店行业设立了集体豁免制度,某些类别的协议和实践做法据此可以免于适用《竞争法案》第 4 条和第 5 条关于禁止达成限制性的横向和纵向协议的规定。[3] 豁免规则具体包括:第一,《2020 年医疗行业 COVID - 19 集体豁免规则》(COVID - 19 Block Exemption for the Healthcare Sector, 2020)(以下简称《医疗保健行业集体豁免规则》)。第二,《2020 年银行业 COVID - 19 集体豁免

〔1〕 See Michael-James Currie & John Oxenham, *The South African Competition Tribunal publishes its written reasons to penalize a pharmaceutical chain for excessive pricing* (*Dis-Chem*), e-Competitions, Art. N° 95829 (2020).

〔2〕 See Charley Connor, *First disputed excessive pricing decision upheld in South Africa*, GCR (2020).

〔3〕 See Leana Engelbrecht, Stewart Payne & Nick Altini, *The South African Minister of Trade, Industry and Competition issues six regulations amending the national Competition Act aimed to combat the outbreak of COVID - 19*, e-Competitions, Art. N° 94581 (2020).

规则》(COVID－19 Block Exemption for the Banking Sector, 2020)(以下简称《银行业集体豁免规则》)。第三,《2020年零售房地产行业COVID－19集体豁免规则》(COVID－19 Block Exemption for the Retail Property Sector, 2020)(以下简称《零售房地产行业集体豁免规则》)。第四,《2020年酒店行业COVID－19集体豁免规则》(COVID－19 Block Exemption for the Hotel Industry, 2020)(以下简称《酒店行业集体豁免规则》)。

(1)医疗保健行业

通过为医疗保健行业设立集体豁免规则,主管机关希望帮助公众获得医疗服务,防止病人被剥削,促进医疗设施的共享和管理能力的提升,同时降低产品和服务的价格。《医疗保健行业集体豁免规则》主要针对那些在疫情期间为了促进关于从业人员、用品及设备的潜在容纳能力、利用率和转移而加强协调和沟通的协议及做法。《医疗保健行业集体豁免规则》包含的主体非常广泛,医院、医疗机构、医疗供应商、医学专家、放射科医生、病理学家、实验室、药房和医疗资助者都在规则覆盖的范围之内。

根据豁免规则的规定,相关主体可以进行协调以确保公众可以迅速获得医疗服务,并降低获取成本和获取障碍。此外,豁免规则也适用于私营医疗保健机构和卫生部之间的协作。可能被豁免的协议和做法会因所涉医疗部门参与者的不同而有差异,但通常情况下包括就潜能和利用情况进行的沟通、用于测试和治疗的采购、医院间对病人的安置分配、设施共享、优质护理规程的标准化以及医疗物资和设备的分配与转让。[1]

但是,上述协议和做法只有在应卫生部要求并在卫生部协调的情况下,为了疫情防控的目的才属于豁免规则的豁免对象。同时,豁免规则明确指出,与价格相关的协议被排除在豁免制度的范围之外,除非卫生部长对此进行特别授权。

(2)银行业

《银行业集体豁免规则》下的协议只能在部长或财政部长的要求下,并在其

〔1〕 See Lesley Morphet, *The South African Government Grants Block Exemptions to The Healthcare Sector to Combat the Spread of the COVID－19*, Concurrences (Mar. 19, 2020), https://www.concurrences.com/en/bulletin/news-issues/march－2020/the-south-african-ministry-of-trade-and-industry-grants-block-exemptions-to-the.

协调下进行,适用于银行、南非银行协会和南非支付协会之间可能达成的某些类别的协议或做法。更具体地说,《银行业集体豁免规则》适用于旨在确保国家灾害期间的基础支付系统继续运作的协议或做法,并且仅限于制定政策和计划,以确保自动取款机、银行分支机构和企业可以获得银行票据,以及持续提供基础银行服务和电子支付系统。除非部长或财政部长特别授权,否则相关协议和沟通不得涉及与价格相关的行为。

(3)零售房地产行业

《零售房地产行业集体豁免规则》适用于指定的零售租户和零售房地产业主的某些协议或做法。适用的前提仍然是上述协议是应贸易、工业和竞争部要求并在其协调下进行,以应对新冠疫情的防控工作为唯一目的。除非贸易、工业和竞争部的特别授权,与价格相关的协议和行为不在豁免规则的适用范围之内。该项豁免规则的目的是为零售租户提供一些可能的救济,尤其是那些经营非必要性商品或服务,在疫情封锁期间无法营业的零售商家。受益的商家主要涉及服装、鞋类、家用纺织品、个人护理服务和餐馆业。此外,除非部长或竞争委员会特别授权,受豁免规则保护的协议必须覆盖制定的细分业态下所有的南非零售租户,包括小型独立商户。协议的内容主要涉及贷款延期(payment holiday)、租金折扣、对驱逐租户的限制以及暂停或调整租赁协议中的某些涉及限制零售租户采取合理措施,以保障其在疫情期间的生存能力的条款。

(4)酒店行业

《酒店行业集体豁免规则》适用于酒店行业的某些特定的协议和做法,目的是确保在疫情期间因为封锁限制无法按照传统方式正常使用的酒店设施可以被利用作为隔离设施。该豁免规则的主要目的是促进酒店行业与卫生部和旅游部之间的合作,以便合理安置在新冠疫情期间被隔离的人员,以及就各自的客房容量和最大限度利用现有设施进行沟通。《酒店行业集体豁免规则》同样要求相关协议和做法是应卫生部和旅游部的要求,并在其各自监督和指导下进行,此外,任何涉及价格的协议都需要得到卫生部长和旅游部长的特别授权。[1]

---

〔1〕 See Leana Engelbrecht, Stewart Payne & Nick Altini, *The South African Minister of Trade, Industry and Competition issues six regulations amending the national Competition Act aimed to combat the outbreak of COVID - 19*, e-Competitions, Art. N° 94581(2020).

三、评价与启示

面对新冠疫情对社会和经济产生的重大影响，保障民生、促进经济恢复成为各国反垄断政策一个优先的价值取向，也是各国反垄断执法中关注的重点。无论是新冠疫情期间的特殊反垄断政策，还是这期间的执法实践都将重心放在对基础生活用品和基本抗疫物资的供应、价格问题上。此外，部分执法机关还为企业之间的合作和信息共享设置了一定条件的“安全港”，背后的考虑因素也主要是希望能够恢复企业的经营活动，减轻疫情对经济的冲击。以南非为例，南非竞争委员会特别关注新冠疫情期间的食品价格问题，一个很重要的原因就是食品开销在低收入家庭中的占比较高，维持价格稳定，有利于确保尤其是低收入家庭不会受疫情的过度影响。[1]

对于新冠疫情，尤其是疫情在全球大范围暴发的初期引起的特定产品价格大幅上涨的现象，各国对于价格行为的处理方式存在一定的差异。反垄断执法对定价问题的干预尺度这个传统的话题再次回到人们的视线和讨论中。在价格问题上，有的反垄断主管机关持有较为谦抑的态度，有的则采取了更为积极的措施，基于反垄断法对过高定价行为进行处罚。对此，巴西反垄断监管机关明确反对为必要物资限定最高价格。与此相对，南非在疫情期间颁布了《过高定价条例》，在执法实践中，也就大幅涨价行为开出了罚单。尽管对主管机关的执法实践存在不同的意见和担忧，但至少就目前颁布的特殊政策和执法实践而言，还是可以在新冠疫情的大背景下理解反垄断执法机构的执法活动，尤其是新冠疫情暴发初期的案例。

为了保证供应、促进经济恢复，以及出于扶助中小微企业的考虑，有的反垄断主管机关允许竞争企业展开一定程度的合作。主管机关面临的难题是一方面需要采取措施实现上述目标，另一方面需要确保企业不会借助新冠疫情作为违反反垄断法的借口。为此，反垄断政策在为符合特定情形的企业提供一个“安全港”的同时，面对的技术问题是如何为企业提供明确的指引，可以相对准确地

---

〔1〕 See CPI, *South Africa: Competition Commission Releases Report on Food Price Monitoring*, CPI (Jul. 15, 2020), https://www.competitionpolicyinternational.com/south-africa-competition-commission-releases-report-on-food-price-monitoring/.

刻画出“安全港”所涵盖的范围，以便企业可以更为清晰地对自己的行为作出合理的预判，进而降低合规风险。

巴西反垄断监管机关在其颁布的《临时信息说明》中通过对合作的“范围”“期限”“地理范围”进行限制的方式明确可以免受处罚的行为，同时对相关的程序性问题作出了规定，为企业提供指引。印度竞争委员会就印度《竞争法》中垄断协议条款的适用向企业发布了简短的咨询意见，如果特定的协调行为可以产生提高效率的结果，企业的该行为可以免于制裁，并表示，它只会特殊考虑那些为解决新冠疫情引起的问题所“必要且适度的”行为。对于后者，批评意见就认为，由于印度竞争委员会没有就“必要且适度”的含义进行充分的说明，这反而会给企业合规管理带来不便。[1] 南非反垄断主管机关在设定豁免制度时是基于行业的维度进行考虑的，同时从行为类型的角度将与价格相关的协议排除在豁免制度的范围外。

---

〔1〕 See Hrishav Kumar & Anish Gupta, *The Indian Competition Authority authorises companies to collaborate and enter into agreements to share information to enhance the efficiency of production, supply, distribution, storage, acquisition during the COVID-19 crisis*, e-Competitions, Art. N° 95150(2020).

中国疫情中的反垄断法实施及启示

甘忠昭[*]

一、疫情期间中国反垄断实施焕发新气象

(一)疫情期间中国反垄断工作将防疫复产作为主旋律

2020 年 4 月,国家市场监督管理总局(以下简称国家市场监管总局)为促进市场经济恢复发展,发布《关于支持疫情防控和复工复产反垄断执法的公告》(以下简称《疫情防控公告》),明确要求为审查涉疫情防控和复工复产的经营者集中案件开通绿色审查通道,从严从重从快查处妨碍疫情防控和复工复产的垄断行为,加强公平竞争审查政策支持,做好反垄断合规指导和响应反垄断诉求。其最大的亮点是首次以官方文件形式豁免涉疫和复工复产的经营者合作协议,将我国《反垄断法》第 15 条关于垄断协议豁免的规定结合疫情背景予以细化。

2020 年 9 月,国务院印发的《关于北京、湖南、安徽自由贸易试验区总体方案及浙江自由贸易试验区扩展区域方案的通知》中明确表示要完善自贸区的反垄断审查,统筹推进新冠肺炎疫情防控和自贸试验区高质量发展工作,全面落实“外防输入、内防反弹”要求,努力把疫情造成的损失降到最低限度。

不仅如此,地方各级政府也纷纷开展了以“疫情防控与复工复产”为主题的

* 甘忠昭,中央财经大学法学院 2017 级本科生,本篇在中央财经大学马静远老师指导下完成。

反垄断工作。山东、江西、河南、河北、湖北等省市相继编制了各地方的反垄断合规指引，例如，江西省市场监督管理局印发的"八项指引"、吉林省市场监督管理局提出的"五项提示"、上海市《经营者竞争合规指南》等。此外，以浙江为代表的地方为抗击疫情、维护市场秩序，还积极开展了反垄断执法专项行动，重点整治查处严厉打击妨碍疫情防控和复工复产的各类垄断行为。

(二)疫情期间中国反垄断工作效率提升成为新常态

疫情期间，一些国家的反垄断执法机构暂停了对反垄断的审查。中国市场监管总局为了保障反垄断工作正常开展，早在 2020 年 2 月就发布了《关于调整疫情防控期间接待等工作方式的公告》和《疫情防控公告》，通过电话会议、电子邮件等非现场形式实现了执法工作的数字化，建立了经营者集中案件网上申报受理和绿色审查通道，拓展了与疫情防控和复工复产相关的反垄断业务咨询、豁免申请和投诉举报途径。在反垄断诉讼方面，最高人民法院于 2020 年 2 月印发了《关于新冠肺炎疫情防控期间加强和规范在线诉讼工作的通知》，提出了立案、调解、证据交换、听证、判决、交付等一整套网络诉讼活动，在最大限度地减少人员聚集流动的同时确保了反垄断工作平稳、有序、高效开展。

从结案数量来看，疫情期间中国反垄断工作效率不降反升：据官方统计，2020 年全国办结垄断案件 108 件，经营者集中案件立案 481 件，审结 473 件，附加限制性条件批准英伟达收购迈络思等 4 件经营者集中案件。经营者集中立案和审结数量分别增长 5% 和 1.7%，平均立案和审结时间分别缩短 27% 和 14.5%，接受企业、公众电话咨询 3800 余次。

(三)疫情期间中国加强平台经济领域反垄断执法

虽然新冠肺炎疫情导致了中国线下市场的萧条，但互联网线上平台经济凭借信息聚合速度快、数据资源丰富、物联共享便利等优势方兴未艾。疫情期间这些互联网平台经济在信息技术、医药物资流转、剩余劳动力吸纳等方面为疫情防控和复工复产提供了重要支持。但与此同时，头部企业资本市场影响力越来越大，出现无序扩张现象，导致线上经济市场集中度越来越高，很多反竞争新问题亟待规制。比如算法共谋引发的隐蔽性垄断协议、平台二选一等滥用市场支配地位行为、平台不当收集用户数据信息、大数据杀熟，等等。

2020 年 11 月国家市场监管总局、中央网信办和国家税务总局针对 27 家主要互联网平台企业联合召开了规范线上经济秩序行政指导会;随后中共中央政治局在12月召开的经济工作会议上明确提出"强化反垄断和防止资本无序扩张"。2020年12月国家市场监管总局对阿里巴巴集团实施"二选一"等涉嫌垄断行为进行了立案调查。在规则完善方面,2021年2月国务院反垄断委员会发布了《关于平台经济领域的反垄断指南》,这是全球首部官方正式发布的针对平台经济的反垄断指南文件,对算法合谋、最惠国待遇条款、轴辐协议、二选一、大数据杀熟以及涉及协议控制(VIE)架构的经营者集中申报等问题,都有了明确的指引。

(四)疫情期间中国高擎反垄断利剑保医药等民生领域

2020年上半年疫情越发严重,造成医用口罩和其他防疫用品奇缺,市场上出现了不公平高价和哄抬物价的现象,这进一步突出了民生领域反垄断执法的重要性。为此,《疫情防控公告》一方面明确提出要依法从严从重从快查处妨碍疫情防控和复工复产、损害消费者利益的垄断行为,重点查处口罩等防疫物资及原辅材料,供水、供电、供气等公用事业以及与其他民生密切相关行业和领域的垄断协议、滥用市场支配地位行为;另一方面对经营者为疫情防控和复工复产达成的有利于技术进步、增进效率、实现社会公共利益和保护消费者利益的协议予以豁免,这些协议欲达到的目的包括:为在药品疫苗、检测技术、医疗器械、防护设备等领域改进技术、研究开发新产品;为提高防控物资产品质量、降低成本、增进效率而统一产品规格、标准或者实行专业化分工;为实现救灾救助等社会公共利益;为提高中小经营者经营效率、增强中小经营者竞争力等。

强化医药领域反垄断执法是疫情期间民生领域反垄断监管的主要任务之一。2020年7月国务院公布了深化医药卫生体制改革的重点任务,提出要完善监管预警机制,规范药品供应价格,加强原料药和进口药品反垄断执法。2020年10月13日国家市场监管总局起草了《关于原料药领域的反垄断指南(征求意见稿)》,以促进原料药产业健康发展、维护原料药领域市场竞争秩序,保护消费者和社会公共利益,预防和制止原料药领域垄断行为。执法机构还加快了对投诉证据,特别是与治疗新冠肺炎的药品和原料药价格有关的反竞争证据的核实。

从具体案件来看,反垄断执法机构在疫情期间曝光了一系列与重要民生领域密切相关的典型案件,例如,国家市场监管总局对3家葡萄糖酸钙原料药经销企业开出了3.255亿元的巨额罚单，查处了扬子江药业、先声药业等企业实施垄断案，指导地方查办了12个品种原料药垄断案件，并且还持续加强公用事业、机动车检测、二手车、建材等领域反垄断执法。

（五）疫情期间中国积极推动国际间反垄断交流与合作

疫情期间，我国积极推动竞争领域制度型开放。2020年中国积极筹备第七届金砖国家竞争大会，深化自贸协定竞争政策议题研究，完成了区域全面经济伙伴关系协定谈判，参加了中挪、中以、中日韩、中秘自贸协定竞争与反垄断执法议题谈判，还与俄罗斯等作为共同提案国，将打击跨境卡特尔作为联合国贸发会议政府间专家组2020～2025年工作优先领域，加强国际竞争执法合作。我国还积极参与全球竞争治理，比如派员出席金砖国家反垄断政策协调委员会视频会议，发布了《金砖国家竞争机构应对新冠肺炎疫情联合声明》，将竞争合作议题纳入金砖国家领导人第十二次会晤、中俄总理第二十五次定期会晤重要成果文件。

二、疫情下的不景气垄断协议豁免

（一）疫情时期垄断协议豁免制度的价值

中国《反垄断法》第15条详细列举了6种垄断协议豁免情形，疫情期间市场监管总局出台的《疫情防控公告》在此基础上进一步细化了能够豁免的类型，鼓励支持经营者在医疗卫生、科技创新领域进行合作，具有时代进步性。但进一步研究具体垄断协议豁免制度会发现，以经济不景气垄断协议为代表的垄断协议在法律规定上仍然非常抽象，学理讨论还待深入，实践中更是存在诸多纷争。因此研究具体协议豁免制度对于中国在疫情期间落实反垄断法，做好疫情防护工作，促进企业复工复产具有重要意义。

（二）疫情背景下全球经济现状

新冠肺炎疫情给全球经济造成了严重打击，引起了世界消费指数暴跌，各国产业链多次发生断裂，金融市场剧烈波动，美国在经历了1987年股灾重创后实行的熔断机制至今共计触发5次，4次都发生在疫情高峰的3月，而且间隔不超过10天，这给全球金融市场带来了巨大风险。世界经济论坛发布的《2021年全球风险报告》显示：将来十年对世界经济影响最大的风险中，排名第一的是COVID－19；经合组织也预计2020年世界GDP增速将为－4.2%，19个最大国家经济体也都呈现负增长趋势。总而言之,新冠肺炎疫情将使得全球经济较长时间处在低增速、高风险的不景气时代。

(三)中国不景气垄断协议豁免制度的适用难题

1.不景气垄断协议豁免制度适用规则待细化

中国《反垄断法》第15条抽象规定了此制度,“因为经济不景气,为缓解销售量严重下降或者生产明显过剩的”,经营者还应证明“协议不会严重限制相关市场的竞争”和“能够使消费者分享由此产生的利益”,除此以外无更多解释,这使得认定标准适用较困难。

首先,就构成要件而言,究竟何时才算官方标准下的“经济不景气”?“严重下降”或者“明显过剩”的市场份额占比应为多少?弱势且非专业的经营者如何从复杂经济学角度举证消费者能够从中获益和不会严重限制竞争,从而说服裁判者?这些都有待进一步商榷。

其次,《反垄断法》规定的具体垄断协议豁免制度之间存在逻辑粘连。比如由于行业不景气叠加疫情影响,上海松江区3家汽车零部件小厂抱团取暖,在政府信用背书下迅速达成横向协议,[1]但是此时是适用不景气垄断协议还是中小企业合作协议对其豁免?一旦协议中涉及实行车企间专业化分工等内容,还有可能涉及专业化协议的问题。

再次,由于无法科学预测经济不景气对相关市场的持续强度,不景气垄断协议的合理性与实施条件此一时,彼一时,那么通过经济不景气垄断协议的豁免来克服短期经济危机是否必要,比如经营者为了缓解由于新冠肺炎疫情导致的不景气才达成垄断协议是否可以适用此制度?

最后,当疫情期间的不景气现象慢慢改善,步入后疫情时期后,因豁免而受益的经营者是否仍然可以保持对所达成垄断协议的路径依赖,官方并没有建立起完善的事后监督机制。

2.不景气垄断协议豁免制度实务适用率不高

由于欠缺顶层制度建设,实务上一般反垄断执法机构都不会轻易适用此制度,由表1可以看出,在2020年中国垄断协议案件一共结案9件,可是无一例运

[1] 车企网:《疫情叠加,车企抱团取暖能否度过寒冬》,载搜狐网2021年4月21日,https://www.sohu.com/a/405296189_269032。

用到豁免制度(见表1),并且从2008年《反垄断法》实施截至去年疫情发生,已经过去了12年,中国并未公布过被豁免的协议,行政执法与司法部门也未就适用垄断协议豁免制度而出台正式的规定或解释。

表1　2020年中国垄断协议案件情况统计

公告文号	执法机关	案件名称	案由	豁免制度运用
皖市监竞争处字〔2020〕1-4号	安徽省市场监督管理局	安徽交运集团滁州汽运有限公司等4家驾校垄断协议案	固定、变更商品价格	决定书未提及
浙市监案〔2020〕9-13号	浙江省市场监督管理局	湖州市5家二手车交易市场企业达成并实施垄断协议案	固定、变更商品价格	决定书未提及
宁市监处〔2020〕11-21号	宁夏回族自治区市场监督管理厅	宁夏石嘴山市11家二手车交易市场经营者垄断协议案	固定商品价格、分割销售市场	决定书未提及
鄂市监处字〔2020〕2号-4号	湖北省市场监督管理局	湖北省黄冈市蓝天旧机动车交易市场有限公司等3家公司达成并实施垄断协议案	固定商品价格、分割销售市场	决定书未提及
湘市监反垄断处字〔2020〕1号-2号	湖南省市场监督管理局	湖南中民燃气有限公司与怀化铁路经济技术开发有限公司达成并实施垄断协议案	分割销售市场	决定书未提及
粤市监反垄断行处〔2020〕33号-51号	广东省市场监督管理局	广东省茂名市19家混凝土企业垄断协议案	固定、变更商品价格	决定书未提及
粤市监反垄断行处〔2020〕1号-32号	广东省市场监督管理局	广东省惠州市机动车检测行业垄断协议案	固定、变更商品价格	决定书未提及
京市监终止〔2020〕1号	北京市市场监督管理局	联想(北京)有限公司垄断案(注:终止调查)	限定最低转售价格	决定书未提及
浙市监不处〔2020〕1号	浙江省市场监督管理局	杭州市13家混凝土企业垄断协议案(注:不处罚)	分割销售市场	决定书未提及

3. 不景气垄断协议豁免制度适用存在纷争

由于制度不够完善、适用上缺乏实务经验，不景气垄断协议豁免制度也引发了裁判上的纷争。2016年山西电力行业协会会同多家电力公司达成横向协议，[1]司法机关认为其达成垄断协议而给予了较重惩罚。听证会上被告认为：山西火电企业因产能过剩情况较严重，整个电力市场处于不景气状态，而且正处于电力市场化的转型时期，应当根据经济不景气垄断协议规定对其豁免，给予电力公司试错空间。然而此理由并没有被采纳。

支持判决者认为：经济不景气垄断协议的豁免是在因经济周期危机引发的市场失灵背景下才能运用，而山西电力产能过剩是由中国经济新常态引起的能源结构调整，外加企业自身过度扩张导致的，应尽可能通过市场优胜劣汰而非垄断协议。反对判决者认为：在能源改革背景下，实力较强的电力企业会通过远低于成本的定价打压弱小中小企业，引发真正的垄断。而协议是为避免此垄断，给脆弱的电力企业争取更多自主权和转型时间而订立的。因此本案协议看似垄断，实则不为谋求暴利，而是为了公共利益制定亏损下限。鉴于山西电力市场整体长时间不景气，应当予以豁免。

可见，争议的主要原因是中国对于具体不景气垄断协议豁免制度的适用、理解并不透彻：究竟何时为立法中的“经济不景气”？协议是站在短期利益角度帮助市场应对危机平稳过渡，还是从长远利益角度听之任之？裁判上莫衷一是。

三、疫情下中国反垄断法实施评价与启示

（一）评价

综上，可以看出疫情期间中国反垄断法的实施整体上方兴未艾：首先，从中央到地方，反垄断执法机构在遭遇突发性事件时都能够迅速响应市场变化，在保持以往高效有序工作状态的基础上积极调整竞争政策，为后续执法活动提供政策性支持。其次，疫情期间中国反垄断执法活动并未受到影响，反而因采取了线

[1] 2016年1月，山西省电力行业协会与9家电力集团、15家发电厂签字通过《山西省火电企业防止恶意竞争保障行业健康可持续发展公约》，其中约定：“各大发电集团及发电企业，按照成本加微利原则，测算大用户直供最低交易报价，由省电力行协加权平均后公布执行。”同时协议还确定了2016年第二批直供电交易报价较上网标杆价格降幅不高于0.02元/千瓦时的限制价格。

上措施而使得工作效率大幅提升,彰显出中国反垄断执法的灵活性、系统性、高效性。不仅如此,中国反垄断执法还突出强调解决民生问题,体现了我国政府改善民生、保障经济高质量发展,促进社会公平正义,使人民获得感、幸福感、安全感更加完善、更有保障、更可持续的民本思想。另外,中国疫情期间在平台经济反垄断上与时俱进、严于鈇钺,进一步推动了中国由工业经济时代向数字经济时代的历史性跨越,有利于全社会在后疫情时期共享科学技术进步和经济发展红利,实现虚拟与实体和谐共生。最后,中国在疫情期间广泛进行反垄断国际交流与合作,不仅有利于推动各国反垄断规则制度的相互借鉴,促进全球市场公平竞争环境的形成,更有利于全球早日化解疫情危机,彰显了大国担当。

市场经济体制是带着胜者越强、败者越弱的"马太效应"的"双刃剑",[1]它决定了我们既不能完全依赖竞争政策而放任市场,否则会导致弱肉强食,有失公允,也不能通过产业政策过度干预竞争,否则会越俎代庖,导致效率低下。垄断协议豁免制度便是政府之手施加在政策天秤上的砝码。在疫情期间,中国《反垄断法》中的垄断协议豁免制度不论是在制度设计上还是在具体实务适用上都尚不明朗,缺乏法律应有的专业性、准确性、可预测性,也暴露出我国在应对突发性紧急状况时法律后备资源存在不足的问题,因此需要结合疫情期间反垄断规制经验进一步完善。

(二)启示

1. 加强突发性事件期间反垄断竞争政策与产业政策的协调性

在疫情背景下世界局势越发复杂,一些国家和地区的保护主义和民族主义抬头使得反全球化趋势明显。几乎每个司法管辖区都面临着如何协调竞争政策与产业政策的问题。

首先,要通过产业政策集中力量于主要矛盾。当后疫情时期要求支持耗资大、收益成效慢的生物医药科学、航空航天科学等尖端科学时,应对充分发挥产业政策的优势,豁免和支持符合社会公共利益的垄断协议,用政府"看得见的手"去克服市场信息不对称等问题。

其次,不能使产业政策"大行其道"。疫情期间中国在积极参与国际反垄断

[1] 孙远太:《政府的贫困治理能力及其提升路径》,载《开发研究》2015 年第 3 期。

合作时应当注意国家产业政策不等同于贸易保护主义，尤其是在全球处于不景气状态下，要谨防在产业政策支持下得到豁免的有关出口卡特尔、危机卡特尔等垄断协议变成国家间的贸易壁垒，这非但不利于国际互助合作，而且会造成世界经济更大范围的波动。

最后，需要落实竞争政策的基础性作用。公平、自由、有效率的竞争是市场机制之魂，因此，对垄断协议的豁免首先应当符合反垄断法的价值，充分发挥竞争政策为市场竞争保驾护航的作用，这样才能充分发挥市场主体积极性与创造性，让一切创造性要素在市场中各得其所，相得益彰，早日完成中国的疫情防控和复工复产工作。

2. 反垄断法的实施需与数字经济时代接轨以引智引技

疫情期间中国反垄断法实施过程中很大的一个特色在于：无论是行政机关还是司法机关都非常重视数字技术的应用和数字经济的规制。由于中国反垄断机构在2018年进行了改革，人力资源和工作经验比较有限，在新冠肺炎疫情等重大突发事件下反垄断当局压力也会更大，而且在数字时代反垄断工作接触到越来越多日新月异的科技产业，这就要求中国反垄断法的实施需要总结疫情期间的工作经验，与数字经济时代接轨，不仅要通过引入5G信息技术、智能审判辅助技术为内核的ODR方案等多种科技智力成果来探索更加快捷、便利、透明的线上执法和审判模式，构建和完善互联网反垄断数据库，加强对于平台经济、共享经济等新业态领域的监管，还要引入智力支持，提高反垄断工作人员的职业门槛和科学素养，加强反垄断专家型人才培训。只有通过引智引技提高反垄断实施水平，才能为灵活应对突发性事件的发生提供法律制度、人才、技术等后备资源，保障国民经济稳中有进。

3. 完善具体垄断协议豁免制度的顶层设计

一方面，要明晰法律中垄断协议豁免情形标准，以实现分类监管。目前的六种豁免情形采用了诸如“经济不景气”“社会公共利益”等极为抽象的标准，且概念间存在粘连，难以确定垄断协议的性质和是否应在疫情背景下被豁免，因此需要出台配套的司法解释或者行政规章等法律文件予以精准定义，在必要时也应当引入专家辅助人以精确化的经济学分析代替笼统化的概念分析。

另一方面，还要重构垄断协议豁免举证条件的规定，以实现包容审慎监管。

中国仅在《反垄断法》第 15 条粗略规定了垄断协议能使消费者享受协议所具有的经济效益和不能严重阻碍市场竞争，但这过于狭隘，尤其当疫情、金融危机等突发事件造成全国市场波动时，还应当从更广阔的社会公共利益角度去分析协议是否有助于促进商品的生产销售，是否有助于带动行业技术创新、国家总体经济发展。日本《禁止垄断法》总结了本土及域外关于不景气垄断协议豁免的经验，我国可以结合自身实际予以参考。[1]

此外，还要完善垄断协议豁免的程序性保障，以实现科学化监管。第一，在豁免申请阶段增强信息的对称性、公开性，完善事前监督机制，开放社会舆论监督，增强申请信息的公开度和准确度。第二，在豁免审查阶段增强程序的专业性，需要执法工作人员加强专业学习和通过必要考核，培育懂法律又懂经济的人才队伍，还要加强完善听证制度，调度行业专家、教授等外部智力资源参与辅助审查。第三，在豁免决定阶段做好预防道德风险和加强事后监督的准备，要建立长效的事后监督机制，对于豁免决定赋予一定的条件或期限，也可以规定豁免后的定期报告义务以减轻执法成本。唯有如此，才能完善反垄断法自身的逻辑框架体系，为增强市场活力和经济内生动力提供法律后备资源和上层指导，实现后疫情时期中国经济恢复与发展。

---

〔1〕 日本《禁止垄断法》对不景气垄断协议豁免条件规定得很详细。首先，在主体要件上仅限于生产者或团体。其次，规定了五项积极认定因素：其一，协议的申请时间应当在持续较长时间的经济危机期间或者周期性危机的低谷而非季节性危机的任意时间；其二，市场出现显著供需不平衡，这依赖公正交易委员会的官方认定；其三，价格低于全行业平均生产成本；其四，达成垄断协议是经营者走出经济危机的唯一方式；其五，经营者面临较大的经营风险，很可能破产倒闭。最后，还要具备四个消极认定因素：其一，垄断不能超过必要限度造成不应有的损害；其二，不得非正当损害他人合法利益；其三，无差别对待的情形；其四，无不正当限制进入或退出垄断协议的条件。

OECD 针对 COVID－19 疫情的竞争政策回应

韩 伟 任 怡 骆梦琪*

COVID－19 疫情(新冠肺炎疫情)已造成重大健康、经济危机,带来严峻的临时性供需冲击。COVID－19 的影响最终取决于疫情持续时间和严重程度,以及经济活动何时重启和疫情反弹情况,这些在很大程度上都取决于政府的干预措施。

确实,COVID－19 疫情导致的经济后果要求政府采取迅速、有力的行动,保持市场与经济运行。这些干预对于克服危机是必要且正当的,需要在短期内采取必要措施来支持经济,然后通过一定方式去刺激经济复苏,促进更具弹性、更为包容和环境友好型经济的发展。这可能需要对一些传统的竞争政策分析框架予以审视,包括更多地考虑动态效率。决策者可能必须在效率与经济弹性之间进行权衡,以便特定经济体能够更好地应对不同类型的危机,处理供应链带来的挑战,提升社会凝聚力以及巩固环保方面的成果。为了实现这些合法的政策目

* 韩伟,中国社会科学院大学法学院副教授;任怡,中国社会科学院大学法学硕士;骆梦琪,中国社会科学院大学法学硕士。针对 COVID－19 疫情,OECD 于 2020 年 4 月 27 日发布竞争政策建议(OECD competition policy responses to COVID－19),该文件属于 OECD 针对 COVID－19 疫情的系列政策回应之一,本篇是对该文件的全文翻译。

标，政策制定者应评估各种可行替代方案，进行成本效益分析，选择那些能够最大限度减少竞争限制与扭曲的政策。

合理的产业政策，可通过不扭曲企业之间竞争的方式，将资源配置给某些关键行业（如医疗保健），长期来看，这也为有弹性、可持续的经济发展奠定基础。修复中长期的有效竞争，也是确保经济迅速与持续恢复的关键。

为使市场长期良好运行，竞争执法部门当下应发挥作用，就政策设计与实施向政府提供建议，确保在可能、适当的情形下，政府采取的与疫情相关的应对措施能遵循竞争方面的原则。这将限制特定政策（为解决危机导致的市场失灵而提出）对竞争的不必要扭曲，并阻止这些将减缓经济复苏的政策的实施。

本篇基于 OECD 竞争委员会的工作成果编写，该委员会在竞争法与竞争政策领域制定并推广了一系列最佳实践指引。本篇第一部分侧重于国家干预措施以及竞争政策的作用，后两部分聚焦短期与中期的竞争执法。

一、国家干预措施以及竞争政策的作用

COVID－19 的影响最终取决于疫情持续时间和严重程度，以及经济活动何时重启和疫情反弹情况，这些在很大程度上都取决于政府的干预措施。确实，在需求和供给遭受异常和暂时性冲击时，政府可以支持消费者、工人和企业渡过难关，并确保一旦危机过去便恢复经济活动。与以往的危机一样，这次疫情可能意味着要对一些市场进行重大、即时性干预，干预领域涉及受危机影响最严重的市场（如航空、旅游、医疗保健）以及可能后续受影响的其他市场。

（一）明确、透明的竞争中立规则的作用

各国可能需要确保为企业提供足够的流动性，防止因需求和供给双重冲击导致部分有效运营的企业被迫退出市场，确保 COVID－19 暴发期间和之后经济活动的连续性。政府可以采取直接发放资金、补贴、银行担保以及其他国家支持形式。但是，如果没有精心设计，国家支持可能造成竞争扭曲，让获得援助的企业与未获援助的竞争者之间的竞争出现不平衡。

当某些企业处于不利地位时，这些能最有效进行生产的主体将不再生产商品或提供服务。高价有时源于稀缺资源的次优利用，源于使用低效生产方法或不采用新的、更好的技术。竞争中立原则可以提高整个经济的效率。

从竞争中立角度来看，基于客观标准、清晰规则并适用于具体行业中所有企业的普适性援助（如税款迟延缴纳或对短期工进行补贴），不会引发任何问题。从竞争的角度来看，对特定企业的支持可能产生更多问题，需要更清晰的规则以确保它不会影响那些获得公共支持的企业与未获公共支持的企业之间的公平竞争环境。

竞争政策可以在公共支持的退出机制方面发挥作用，从而有助于危机后市场机制得以恢复，同时避免因公共支持的不当停止而对市场造成损害。公共支持措施应以合理、透明、可预见的方式及时加以限制，各国政府应在条件允许时立即停止支持。支持措施的停止时机至关重要。一方面，过早停止支持可能加大受助企业失败的风险，并使竞争更加脆弱。另一方面，持久的支持可能导致某些企业依赖公共支持，从而降低其竞争和创新的动力。

公共支持的退出机制可能包括在市场情况允许时尽快停止国家支持的激励措施，并通过促进竞争的方式使市场恢复正常。政府在设计退出机制时，应重视竞争执法部门的建议。这可能非常复杂，需要仔细考量，尤其是要在灵活性与法律确定性之间取得平衡。

以下是确保国家干预措施符合竞争中立原则的指引示例。

确保与当前紧急情况相适应的竞争中立标准的指引例证是2020年3月19日欧盟委员会发布的《冠状病毒暴发背景下支持经济的临时框架》（Temporary Framework to support the economy in the context of the coronavirus outbreak）。该框架让成员国能够使用国家援助规则在COVID－19暴发期间支持经济发展，以确保为各种类型的企业提供足够的流动性，并在危机期间和危机之后保持经济活动的连续性。它明确了五种类型的援助，包括向企业提供最高80万欧元的计划以解决迫切的流动性需求，银行贷款的国家担保，以及为企业提供公共贷款。例如，它参考企业的工资单或营业额，将补贴贷款或担保与企业的经济活动规模联系起来。

（二）产业政策不应导致贸易保护主义措施

随着政府将政策重点从紧迫的短期措施转向鼓励经济复苏的长期措施，它们将需要确保市场能有效竞争。在产业政策方面，过去数年很多国家都重视选择性政策工具，比如关注集群化、针对特定区域以及任务导向的创新政策。较之传统的选择性政策（如更宽松的合并控制），这些侧重解决特定市场失灵的政策可能会持续受到青睐。企业免于竞争会降低其效率以及对经济复苏的贡献。市场应保持开放，并遵守竞争中立原则。

（三）建议

政府应当：

1. 规划市场干预措施时，征求并接受竞争执法部门的建议，以确保解决特定市场危机所致市场失灵的干预措施，是必要且合乎比例的。他们应确保所采取的任何支持措施都是透明、暂时的，且国家干预措施的积极影响应超过竞争扭曲所产生的消极影响。

2. 在此关键时期，针对特定企业的所有措施都应仔细设计，精确制定支持措施去解决已发现的问题，并实施阶段性监督。避免对那些危机前已快倒闭或存在重大结构性问题的企业，提供选择性援助。

3. 在条件允许时，以促进竞争的方式尽快停止支持。在支持措施的设计阶段，便应就退出机制征求竞争执法部门的建议。

4. 当危机表明有必要向特定企业施加新的公共服务义务时，适当、透明地给予企业补偿。

竞争执法部门应当：

1. 通过提供意见和建议来帮助政府实施国家支持措施，或者在有权审批此类措施的情形下予以优先处理。

2. 通过提供适用于某类经济、行业或地区所有企业的明确、普适、客观的规则，就如何确保公平竞争环境以及避免市场扭曲，向政府提供意见或指引。

3. 加强对政府其他部门的宣传，解释应遵循的竞争原则，以确保危机后市场保持竞争，这对于经济复苏至关重要。应提倡政府采取那些促进竞争的政策措施，而非那些可能对市场造成长期损害的干预措施。

4. 与其他司法辖区合作以确保一定程度的国际协调，从而让各国之间也有一个公平的竞争环境，并继续倡导反对贸易保护主义措施。

二、执法：疫情对企业行为的短期影响

危机期间和危机后的竞争执法对于确保市场短期内良好运行至关重要，即

使当前情况带来了实践、理论与证据方面的系列严峻挑战。这些挑战包括：如何处理定价方面的滥用行为、合作协议与危机卡特尔，对拯救性并购的审查，案件调查的优先次序以及确保有效执法的其他程序机制。

COVID－19危机引起的供需冲击，可能显著影响企业在市场上提供基础性商品和服务的行为方式。特别是，COVID－19导致对某些产品的需求急剧增加，因为对大量工人的禁闭措施导致部分基础性产品的生产或分销出现困难，从而导致短缺。企业商业行为的某些变化，可通过企业基于新的市场环境调整其商业策略来解释，但一些变化可能需要竞争执法部门的严格审查。最终可能成为问题的两类行为是：剥削性定价以及与竞争对手的合作。

(一)可疑的定价行为

危机期间，某些商品的价格可能会急剧上涨。虽然涨价可能是危机导致市场环境变化的合理结果(如高需求中的产品短缺或者国际供应链中断)，但仍存在企业在经济困境中对消费者实施策略性剥削的风险。通过定价政策(如过高定价)对消费者的剥削，如果在某种形式的需求或供给冲击后(如地震或疫情所致)大幅、快速涨价，通常被称为价格欺诈(price gouging)。

在这种情况下，部分企业可能进行提价或者减少出货量，使得先前以较低价格获得的库存收益最大化。在某些辖区，过高定价可能被视为剥削性滥用市场支配地位。这些是复杂的情况，需要先确认存在市场支配地位。保护消费者权益的执法机构，可能同样可以处理价格上涨等问题。在这两种情况下，执法部门共同面临的挑战是，将滥用市场支配地位或者不公平定价行为，与那些针对紧急情况造成的临时短缺作出的合法反应，进行区分。解决该问题的另一种方法是，政府实施价格管制。尽管此类政策可能在短期内保护消费者免受价格欺诈的侵害，但它们面临扭曲价格信号的风险，而正常的价格信号会鼓励企业扩大产量并迅速进入市场以解决短缺问题。

以下是通过定价政策剥削消费者的相关调查示例。

1. 英国竞争与市场管理局(CMA)

“竞争与市场管理局(CMA)希望确保商家不利用当前的情况去剥削他人。它将考虑任何可以证明企业违反竞争法或消费者权益保护法的证据，例如对防护设备过高定价或对功效做出误导性声明……”“COVID－19：冠状病毒暴发期间的销售与定价行为”（COVID －19：sales and pricing practices during Coronavirus outbreak），2020 年 3 月 5 日。

2. 意大利反垄断局（AGCM）

“今天，意大利反垄断局（Autoantia’ Garante della Concorrenza e del Mercato）要求主要的在线销售平台和其他销售站点提供洗手液和一次性呼吸防护口罩的相关营销信息。”“ICA：冠状病毒，反垄断局介入消毒产品和口罩的销售”（ICA：Coronavirus，the Authority intervenes in the sale of sanitizing products and masks），2020 年 2 月 27 日。

（二）竞争对手之间的合作协议

在危机期间，竞争对手之间的合作可能会增加，因为企业可能会参与联合研发项目（如医学研究）或参与基础产品（如食物链或急需产品）的联合生产与分销。为增加某种产品的产量或协调某项基本服务，危机期间可能需要这类安排。它们甚至可能被政府提倡。竞争对手之间的合作确实可以通过提供更多产品来提升消费者的福利，并且大多数国家的竞争法都允许竞争对手之间在提升效率以及有利于消费者利益的情况下进行合作。但是，竞争执法部门应确保这种合作不会扩散至对竞争的核心限制领域，比如价格固定（参见下文“危机卡特尔”）。此外，竞争执法部门应确保任何短期合作的持续时间，不会超过解决危机所需的时间。

同样，竞争执法部门可能希望在政府考虑对集体谈判权进行监管时提供建议，并分析在面临垄断势力（如在数字平台中）时，工人之间的协议是否具有反竞争性。

以下是竞争对手之间的合作协议示例。

1. 欧洲竞争网络（ECN）

“ECN 理解，这种特殊情况可能触发企业合作以确保向消费者供应和公平分配稀缺产品的需求。在当前情况下，ECN 不会积极干预已实施的必要、临时性措施，以避免供给短缺……这类措施不太可能出现问题……”“欧洲竞争网络（ECN）关于在新冠危机期间适用竞争法的联合声明”［Joint statement by the European Competition Network（ECN）on application of competition law during the Corona crisis］，2020 年 3 月 23 日。

2. 美国联邦贸易委员会(FTC)和司法部(DoJ)

"执法部门致力于为经济中各行业的个人和企业提供指引,确保其行为符合联邦反托拉斯法……有兴趣的企业应参考执法部门如何分析竞争对手之间合作与协作的声明……""FTC-DOJ 关于 COVID - 19 的反托拉斯联合声明"(Joint FTC-DOJ Antitrust Statement regarding COVID - 19),2020 年 3 月 24 日。类似地,欧盟委员会也承诺提供快速和非正式性指引,"反垄断规则与冠状病毒"(Antitrust rules and coronavirus),2020 年 3 月。

3. 挪威竞争管理局

"基于新冠疫情,从今天起,挪威政府授予运输行业三个月临时性豁免适用《挪威竞争法》有关禁止反竞争协议和行为的规定……如果适用豁免,必须向竞争管理局申报""授予运输行业临时性竞争法豁免"(Transportation sector is granted temporary exception from the Competition Act),2020 年 3 月 19 日。

4. 澳大利亚竞争与消费者委员会(ACCC)

ACCC 已授予 Medicines Australia (MA)、通用和生物仿制药协会(GBMA)及其成员有条件的临时性授权,以便在 COVID - 19 疫情期间他们能共同支持基本药物的持续供给,以识别和缓解任何可能影响澳大利亚药品供给的短缺或供应链问题。这可能涉及协调药品订单和供给请求并确定其优先级,共同投标以及共享药品库存、供给渠道以及提升澳大利亚药品生产机会的相关信息。"药品生产商开始合作以应对 COVID - 19"(Medicine manufacturers to coordinate on COVID - 19 response),2020 年 4 月 3 日。

ACCC 已给予澳大利亚资产证券化论坛(ASF)成员临时性授权,让他们能共同协助小规模贷方在 COVID - 19 疫情造成的经济中断期间维持流动性,并向消费者和小型企业发放贷款。在此之前,联邦政府宣布了 150 亿美元的结构性金融支持基金(SFSF),该基金将允许规模较小的授权存款机构(ADI)和非 ADI 贷方以有竞争力的价格获得资金。SFSF 将由澳大利亚财务管理办公室(AOFM)管理。临时授权将允许 ASF 成员协调有关如何管理该计划的意见。"COVID - 19 期间合作援助小规模贷方"(Cooperation on funding to aid smaller lenders during COVID - 19),2020 年 4 月 8 日。

(三)竞争执法部门应仔细评估危机卡特尔(crisis cartels)

面对危机,部分企业可能倾向于通过加入所谓的"危机卡特尔"(危机期间,大多数或所有竞争者之间达成的限制出货量和/或减少产能的协议，目的是提升利润率以及避免退出市场），来重组产业结构。这可能会提升危机期间以及危机后出现卡特尔的可能性。过去，类似协议往往被政府允许甚至是政府直接促成的。这就提出一个问题，即竞争执法部门在这种情况下是否应该对潜在反竞争行为持更宽容的态度。有证据表明，导致固定价格、限制产量或降低产能的安排极为有害，应积极予以制止。

（四）建议

竞争执法部门应当：

1. 密切关注任何显著且快速的价格上涨。在短期内，可能需要采取执法行动去确认供应链中的价格何时何地上涨，适当时采用临时性措施或警告函迅速制止涨价行为。

2. 与消费者保护部门协调行动，或依据消费者保护方面的权力（如果有）去保护消费者免受不公平定价行为的侵害。

3. 通过竞争倡导提醒政府实施的价格管制措施的风险，包括扭曲可以刺激生产的价格信号，并削弱市场新进入者解决短缺问题的动机的相关风险。

4. 及时向企业说明他们如何考虑竞争者之间的协议所产生的效率（如设置快轨通道就特定合作案件提供意见），尤其是那些涉及危机中优先领域的案件，例如医疗产品和食品供应链。他们应确保竞争者之间的合作是必要的，而且是暂时性的。合作协议不应包含价格固定之类的核心限制。

5. 仔细评估支持危机卡特尔的理由。任何被豁免的卡特尔都应限于特定期限，并应根据事先确立的标准进行审查。

三、执法：疫情对市场结构的中期影响

COVID－19 疫情导致的经济危机的结构性后果可能是市场集中度水平的提升，只要某些企业遭受财务困境并退出市场。希望通过与更健康的竞争对手合并来改善自身状况的并购活动，会推动市场集中度的提升。结果是，竞争执法部门可能需要去审查一些紧急且重要的并购，包括所谓的“拯救性并购”（rescue mergers），即收购可能面临破产的企业。这种情况下，合并控制在防止可能对市场结构造成长期损害的交易中，发挥关键性作用。

（一）竞争执法部门应仔细审查破产企业抗辩

财务和经济困难将迫使一些企业在危机中退出市场。因此，竞争执法部门可能需要审查一些紧急且重要的合并，确保基于公共利益考量而被批准的反竞争性合并，控制在有限的范围。

对于所谓的拯救性并购，合并审查可能变得特别具有挑战性。这类合并中，合并方声称如果不交易，目标企业将退出市场（“破产企业抗辩”），请求执法部门批准这类限制竞争的交易。如果特定资产的确会退出市场，尽管合并后实体的市场力量会提升，较之让目标企业破产，批准合并可能更有利于市场竞争。因此，竞争执法部门需要继续审查此类合并，确保当事方符合举证标准，以证明破产企业抗辩确实应该被适用。否则，竞争执法部门会面临批准反竞争性合并从而对市场产生长期负面结构性影响的风险。

（二）竞争执法部门应继续认真考量公共利益

竞争执法部门将承受着基于公共政策目标去批准特定合并交易的压力，公共政策目标包括维持国家冠军企业或确保某些产品在其领土内生产。这场危机可能会进一步催生对传统竞争政策分析框架中的某些要素的质疑，从而更加强调对动态效率的评估，并导致人们去反思执法中可能也需要考虑供应链、社会凝聚力以及环境方面的因素。

欧盟破产企业抗辩例证：欧盟委员会在其《横向合并指南》（Guidelines on the assessment of horizontal mergers）中指出，如果交易中的一家企业是破产企业，则可以批准原本有问题的合并。为此，证据门槛很高。应同时满足三项条件：（1）如果不合并，破产企业将由于财务困难很快退出市场；（2）没有比拟议合并更少反竞争性的可行替代交易或重组；（3）如果不合并，破产企业的资产将不可避免地退出市场。

（三）建议

竞争执法部门应当：仔细审查拯救性并购，仅在证据充分的情形下才接受破产企业抗辩，从而避免以长期和更高的成本为代价获得短期利益。

竞争执法部门和政府应当：仅在特殊情况下，以透明的方式基于其他公共政策考虑因素批准反竞争性合并。

第二编　可持续发展中的竞争政策

联合国《竞争政策在促进可持续和包容性增长中的作用》报告介评

袁　波*

一、报告背景

联合国贸发会秘书处2015年4月发布了一份调研报告:《竞争政策在促进可持续和包容性增长中的作用》(*The role of competition policy in promoting sustainable and inclusive growth*),本篇拟对该报告内容作一梳理。

人们普遍认为,一个国家的发展不能仅靠国内生产总值增长来实现,而是能通过一项全面和综合的环境、社会和经济政策及手段来实现。从长远来看,通过明确这三个政策领域之间的联系、互补性和摩擦,可以实现既包容、公平又对环境负责的增长。这些问题在秘书处关于2015年后可持续发展议程的综合报告中被完整地罗列,其明确提出:"可持续发展必须是糅合经济、环境和社会解决方案的综合议程。它的力量在于其各方面的交织。这种一体化为如下目标提供了基础,包括造福人类和环境的经济模式,推动进步的环境解决方案,支持增加经济活力、允许保护和可持续利用环境共同资源的社会办法,加强人权、平等和可持续性。将所有目标汇集为一个具有凝聚力和集成性的整体,对于确保大规

* 袁波,上海财经大学法学院讲师,法学博士。

模地进行所需的转换至关重要。”《竞争政策在促进可持续和包容性增长中的作用》调研报告便具体探讨了竞争法律和政策在这一综合方法中的作用。

二、报告主要内容

（一）执行摘要

竞争提高效率，促进创新，并带来更广泛的产品选择和更好的质量，从而改善消费者福利。竞争政策可以在实现可持续和包容性增长与发展方面发挥重要作用。该报告探讨了竞争政策和法律如何能够促进上述目标的实现。

如果竞争政策被基于一个国家的经济、社会和环境情况加以适当设计和有效执行，则它将与其他政府政策相辅相成，以实现可持续和包容性增长与发展的目标。为此，把对一个国家的人民和经济至关重要的部门列为优先事项是很重要的。对诸如农民合作社等农业领域的某些协定和做法实施豁免可提高小农生产者的效率和收入，进而提高他们的生活水平。政策设计的另一个重要因素是将自由竞争和公平竞争视为竞争政策的两大支柱。有效的竞争执法和竞争倡导能够消除和威慑反竞争行为，在实现可持续和包容性发展方面发挥关键作用。除此之外，对促进经济进步、环境保护、绿色技术和产品的商业协议实施豁免，也是实现可持续发展目标的必要条件。

（二）具体内容

该报告共分为三个部分：介绍、竞争政策如何促进可持续和包容性增长与发展、供讨论的问题，现将各部分的核心内容与观点概述如下：

1.介绍

竞争政策和法律的基本目标之一是增加市场的竞争压力。当市场缺乏这些压力时，特别是在存在垄断和卡特尔的情况下，价格上涨、产品质量下降和经济不公正将普遍存在。如果这些市场的任务是提供基本商品，那么这可能会对最贫穷或最脆弱的消费者产生特别强烈的影响。

通过纠正市场失灵，有效的竞争政策可能让经营者变得更有效率，增加创新，并扩大消费者的选择和产品质量。此外，正如一项研究所指出的那样，这些条件也可能确保经营者生产更健康、更安全、对环境负责、更合乎道德和更公平的产品，以满足更挑剔和更认真的消费者的需求。[1] 竞争政策的拥护者认为，除了促进经济增长外，竞争政策还能够在支持公平结果、减轻贫困、间接促进可持续和包容性发展方面发挥重要作用。商业行为的趋同，特别是大企业的商业行为，在决定一个国家的发展道路方面能够发挥核心作用。[2]

一项研究表明，可持续发展的竞争法必须解决社会和环境问题，而不能只关注经济问题。[3] 此外，为运用竞争法促进可持续和包容性发展，该研究强调有必要确定适当的环境和发展目标，根据它们与国际竞争规则的联系，以及受影响国家的具体情况确定适当的机制。

另一项研究强调了环境政策和竞争政策在识别和矫正市场失灵方面的相似之处，虽然前者专注于环境的外部性，而后者旨在增加经济效益。[4] 例如，如果一个经济体及其大多数利益相关者要真正从市场经济和贸易自由化中获益，就必须对市场施加某些再分配机制。同样，为推动一项环境议程，也需使用类似的机制。这对于可持续和包容性政策的整体分析有明显的启示，不过需要强调的是，尽管它们有相似之处，但用于制定和执行环境政策的工具可能直接与竞争政策相抵触。

在这个方面，另一项研究提出，如果想要竞争政策的执行与有效的环境管理成功地结合在一起，则良好的治理尤其是公开、问责和监督是很重要的。[5]

北欧竞争机构主导的一项关于环境政策和竞争政策之间联系的调研强调了有效竞争对环境增长战略的重要性，因为有效的价格确定和信号使有效的减排

---

〔1〕 See MW Gehring, 2003, *Sustainable Competition Law*, presented at the fifth session of the Ministerial Conference of the World Trade Organization, Cancun, Mexico, 10 – 14 September.

〔2〕 See Alfred D. Chandler, Jr., *Scale and Scope: the Dynamics of Industrial Capitalism*, Cambridge, United States of America: Harvard University Press, 1990; and A Chandler, F Amatori & T Hikino, eds., *Big Business and the Wealth of Nations*, Cambridge, Cambridge University Press, 1997.

〔3〕 See MW Gehring, *Competition for sustainability: sustainable development concerns, in National and European Commission Competition Law*, Review of European Community and International Environmental Law, Vol. 15:2, p. 172 – 184 (2006).

〔4〕 See H. Pacini, M. Diaz & M. Dolores, G. Valéria & I. Benohr, eds., *Environmental and Competitive Performances: An Exploratory Note*, World Competition, Vol. 36:3, p. 409 – 424 (2013).

〔5〕 See MW Gehring, 2003, *Sustainable Competition Law*, presented at the fifth session of the Ministerial Conference of the World Trade Organization, Cancun, Mexico, 10 – 14 September.

政策与技术创新得以实施。[1] 此外，由于有效竞争是市场内部创新的关键因素，它也影响市场以有效和具有成本效益的方式实现环境目标的能力。故此，这两种政策之间的相互作用导致环境目标的最佳实现。

虽然似乎迫切需要互动性、整体性的政策，但只有少数司法辖区有与可持续和包容性发展有关的竞争目标。一项研究强调，韩国公平贸易委员会的任务是通过使用竞争工具促进平衡发展，避免市场力量集中和鼓励开放、公平的竞争。[2] 另一项研究突出强调，南非和西班牙是在其竞争法内分别具体列入促进社会发展和环境保护的实质性条款的少数国家之一。西班牙法律将这些因素列为推翻竞争当局决定的合理依据。[3] 在南非，后种族隔离时代的竞争与社会政策的整合被认为对黑人拥有的公司的经济参与至关重要，特别是考虑到少数经济上占主导地位的公司在经济中的普遍存在。

在区域层面，一项研究指出现行欧盟立法程序对政府采购程序的环境和社会标准的重要性。[4] 但同时意识到，有必要增加欧盟成员国在这些问题上的合作，该报告揭示了经济、社会和环境政策之间的潜在冲突，当上述标准可能违反《欧盟运行条约》第 101 条时，呼吁竞争机构在此范围内定义对这些标准的限制。

2. 竞争政策如何促进可持续和包容性增长与发展

可持续和包容性发展是 2015 年后可持续发展议程的核心理念，包含了经济转型的理念。适当的产业和贸易政策无疑是必要的，但仅靠这些政策还不足以实现可持续和包容性增长与发展。如果政府要实现这样的发展，竞争政策应该补充这些政策。为什么竞争政策很重要？竞争提高效率，促进创新，并带来更广

---

〔1〕 See M. Virtanen et al. , *Competition Policy and Green Growth: Interactions and challenges*, the Nordic competition authorities (Oct,2010), http://www. kapping. fo/get. file? ID =9578.

〔2〕 See M. Wise, *The role of competition policy in regulatory reform: Review of competition law and policy in [the Republic of] Korea*, OECD Journal of Competition Law and Policy, Vol. 3:2, p. 80 – 128 (2000).

〔3〕 See MW Gehring, *Competition for sustainability: sustainable development concerns, in National and European Commission Competition Law*, Review of European Community and International Environmental Law, Vol. 15:2, p. 172 – 184(2006).

〔4〕 See T. Lübbig, *Sustainable Development and Competition Policy*, Journal of European Competition Law and Practice, Vol. 4:1, p. 1 – 2(2013).

泛的产品选择和更好的质量，从而改善消费者的福利。它也会约束公司的行为。缺乏竞争对手可能导致占主导地位的公司寻求维持或获得垄断租金，这与可持续和包容性增长的理念相悖，并让公司以牺牲消费者和潜在竞争者的利益为代价获得不公平的利润。人们已经发现，高而不利于竞争的利润加成会阻碍增长、生产率和创造就业。

一项研究发现，南非钢铁和化学工业的例子清楚地说明了这一点。[1] 这些工业都是高度集中的工业，由种族隔离政权期间没有面临国内竞争压力的国家龙头企业组成。尽管它们是这个国家表现最优的制造业部门之一，但其未能向下游行业提供价格具有竞争力的中间产品（半成品）。由于钢铁和化学工业缺乏国内竞争，无法在钢铁和化学工业与下游工业之间建立有助于国家整体工业和经济增长与发展的联系。

本节考虑竞争政策和法律如何有助于实现可持续和包容性的增长和发展。

（1）制定健全的竞争政策

为实现可持续和包容性增长与发展，需考虑一国具体经济、社会和环境情况的良好政策组合。为推动包括经济、社会和环境方面的发展进程可持续发展，这种政策组合将包括贸易、经济、社会和环境政策。如果设计得当且有效实施，竞争政策将是实现可持续和包容性增长的另一种辅助手段。

确定竞争政策如何才能最好地促进可持续和包容性的发展是非常重要的。为此，制定竞争政策的过程应当是开放性的，所有利益攸关方都应当参与，包括有关政府部门和其他机构、消费者和企业代表、学术界和民间社会。这将有助于政策设计，尽可能地解决利益相关者提出的问题。话虽如此，但应当指出，竞争政策只能够在可能的范围内间接地处理其他政策目标。

第一，优先级。竞争政策助力可持续和包容性发展的方法之一是确定对经济和穷人至关重要的优先行业。这将使竞争当局能够将其资源集中用于处理这些优先部门可能存在的反竞争做法。例如，如果该政策将农业确定为优先行业，则可能有助于消除该行业的反竞争做法，从而确保消费者和生产者的公平价格，从而提高他们的生活水平。

---

〔1〕 S. Roberts, *Patterns of industrial performance in South Africa in the first decade of democracy: The continued influence of mineral-based activities*, Transformation, Vol. 65, p. 4 – 34 (2007).

第二,豁免:农业。农业是一个经常受到竞争法和其他部门法特殊对待的行业,因为它的多维性。农业涉及社会和环境两方面的经济活动,它为发达国家和发展中国家人口的重要部分提供了生计。此外,农民相对于肥料和农业化学品等投入的提供者及其产品的购买者议价能力较弱,因此在竞争政策方面需要特别注意。为消除这种不平衡,农民组织合作社,以便于收集、加工和销售他们的产品;代表买家谈判价格;使他们能够以较低的价格购买投入品;并为他们提供信贷和其他金融服务。例如,美国、欧盟等司法辖区都在其反垄断立法和实践中采取了类似的豁免措施。一些国家,如法国和瑞典,在其竞争法中有明确规定免除农业合作社或协会在其竞争法下的义务和责任,而许多发展中国家在其竞争法中没有对任何具体部门作出这种明确的豁免规定。

第三,互补。竞争政策是实现可持续和包容性增长与发展的一项基本政策,是其他政府政策的补充。在可持续发展的环境层面,没有人会否认研发、生态创新和生态友好型技术的必要性。竞争政策可以通过设计来促进这类企业的发展,而环境政策可以为环保生产过程、绿色部门和产品提供激励。但是,这种政策或激励措施既不应用作伪装的保护主义,也不应不必要地扭曲市场竞争。竞争政策的一个目标是确保有效和运作良好的市场,这对促进创新和新技术至关重要。因此,一些国家认识到,有效的环境政策需要强有力的竞争政策的实施,不允许企业滥用其市场权力或排除竞争以刺激更多的创新;不批准以创新为目的的反竞争合并;同时,也不会阻碍企业之间进行横向或纵向合作,以共同从事研发和生态创新活动。

第四,公平竞争。除了确保自由竞争外,竞争政策也可能寻求加强公平竞争的途径。竞争法旨在纠正反竞争行为,但不一定是不公平的商业行为。在日益全球化的世界经济中,发展中国家和经济转型国家面临着许多挑战。许多行业的生产都是通过大型跨国公司及其子公司和分包商主导的全球价值链进行的。发展中国家可能希望保护本国的中小企业免受大企业滥用议价能力的影响。竞争政策可以通过不仅注重自由竞争而且注重公平竞争来解决这一问题,并制定解决办法,防止中小型企业在这种不平衡的关系中受到国内和跨国大企业滥用优越的议价能力。这对公平分享全球化成果,实现可持续和包容性增长与发展十分重要。在中小型企业和大企业之间的合同关系方面尤其如此。鉴于大企业优越的议价能力,前者相对于后者可能会很脆弱。

竞争法和不正当竞争法是竞争政策的两大支柱。两者都涉及保护竞争,因此可被视为基本竞争法的一部分。虽然竞争法和不正当竞争法强调的是自由竞争和公平竞争,但它们的共同特征是促进竞争。竞争只有在不受市场失灵和不公平商业行为所造成的扭曲的情况下才能正常运作。在大多数情况下,对滥用市场支配地位和滥用相对优势地位的案件所采用的评估标准不同,因此竞争法的一般规定并没有解决这一问题。因此,除非竞争法中有具体规定,否则必须制定一部侧重于公平竞争的规定或法律。公平竞争将改善中小企业的商业环境,确保它们公平参与经济,从而助力包容性增长和发展。

(2)竞争法的设计

竞争法的设计和实施能够促进包容性和可持续增长与发展。各国有许多有趣的例子,通过适当设计和有效执行竞争法来解决具体的经济、社会和历史问题。

第一,竞争的公平。在经济权力高度集中在少数公司集团手中的国家,竞争法一方面可以促进弱势经济主体参与竞争过程,另一方面可以建立公平和自由竞争的规则。

第二,公共利益。一些竞争法含有涉及法律目标、豁免和合并控制的公共利益条款。这些规定使裁决机构在评价有关做法对竞争以及对就业、中小企业竞争力、市场准入和赋予公民权利等问题的影响时具有一定程度的灵活性。例如,博茨瓦纳、中国、匈牙利、纳米比亚、波兰、南非和赞比亚的竞争法在评估合并的竞争影响时就包含了公共利益标准。然而,这些公共利益规定通常要让位于竞争当局对经济效率和竞争影响的分析。

第三,豁免。许多竞争法都包含对被禁止的反竞争行为的豁免。这些豁免可能是行业性质的或非行业性质的。该报告的 A 节讨论了农业是一个受到竞争和行业性法律法规特殊对待的部门。根据竞争法授予商业协议或惯例非行业性质的豁免,以确保经济进步,包括创造或保留工作机会,将使消费者公平分摊由此产生的利益,而没有给有关企业提供消除产品市场很大一部分的竞争的机会。另外,竞争法中所规定的豁免的解释和适用方式也可能导致达成可通过更好地利用自然资源或保护环境而有助于实现可持续发展的协议。这是因为,平衡这些协议一方面可能造成的消费者福利损失,另一方面可能实现的可持续发展收益或许不是一项简单的工作。因此,竞争法下的授权和豁免的制定与实施可以规定评估商业协议或做法对可持续发展的影响,包括环境保护、促进生态创新或绿色产品的生产和分销等。这可能需要将可持续发展的社会和环境目标实质性地纳入竞争法,并将可持续发展的观点嵌入竞争法的执行方式。

(3)竞争法的实施和倡导

一般而言,高效且有效的竞争执法可以阻止、消除和惩治市场上的反竞争行为。这将促进市场竞争和提高消费者福利,因为反竞争做法导致价格上涨、质量下降和消费者的选择减少。但是人们认识到,竞争当局特别是发展中国家的竞争当局资源有限,因此其需要以最有效的方式使用资源。具体而言,有以下三种方式:一是设定优先级,即竞争主管部门可根据其对可持续和包容性增长与发展的影响确定优先执法领域。二是通过竞争倡导影响决策,即竞争当局应与其他政府机构合作,以确保规章或政策不会以妨碍实现可持续发展的方式违反竞争原则。三是竞争主管部门还可以调查公共采购政策,提倡透明和竞争性的采购程序,以避免串通投标、夸大投标和腐败造成公共资源的浪费。应当说,竞争政策与其他政府政策是互补的,它不应脱离一个国家的经济、社会、环境现实和需要而发展。竞争政策和法律可以解决这些领域所面临的挑战,如果根据一个国家的情况加以适当设计和有效执行,它可能会在可持续和包容性增长与发展方面作出贡献。

3. 供讨论的问题

围绕竞争政策在促进可持续和包容性增长中的作用这一议题,秘书处建议的讨论问题包括:(1)竞争法是否应纳入实现可持续和包容性增长与发展的目标?(2)如何以促进可持续和包容性的增长与发展的方式设计和执行竞争政策和法律?(3)竞争法中需要纳入什么样的规定,以解决滥用买方权力,确保公平竞争的问题?(4)可以建立哪些机制来应对议价能力的滥用,以促进市场的公平竞争?

三、评价与启示

该报告阐释了竞争政策在促进可持续和包容性增长中的作用,尤其是就如何以竞争政策和法律推动可持续和包容性增长与发展作了论述，这为我们审视竞争政策在市场经济发展中的作用提供了一个新的视角，以往可能更多的是聚焦于竞争政策的经济性功能，但通过该报告可知，基于竞争政策的价值目标和实体制度，如果善加利用，则它能够在促进可持续和包容性增长中扮演重要角色。

（一）可持续和包容性增长与竞争政策的关系

当前，可持续和包容性增长已成为世界各国一种新的价值导向，反垄断法素有“经济宪法”“自由企业的大宪章”之称，在市场经济国家有着极其重要的地位，而这必然会牵扯出它与可持续和包容性增长的关系，即作为统领社会经济发展的指导思想，在竞争政策的制定和实施过程中须融入可持续和包容性增长这一发展理念。应当说，作为竞争政策的核心内容，我国反垄断法在很大程度上体现了对可持续和包容性增长的追求，《反垄断法》第 1 条明确规定了本法的立法目的，即“预防和制止垄断行为，保护市场公平竞争，提高经济运行效率，维护消费者利益和社会公共利益，促进社会主义市场经济健康发展”，就其内容而言，维护消费者利益和社会公共利益、促进社会主义市场经济健康发展这两个立法目的无疑都蕴含了可持续和包容性增长的理念。事实上，虽然不同司法辖区在反垄断法价值目标的选取上有所偏重，都强调反垄断法在保护市场公平竞争和促进经济效率方面的基础功能，但不可否认，反垄断法须要接纳和包容环境保护、文化多样性等社会政策目标，而这些政策目标背后体现的正是可持续和包容性增长这一发展理念。在这个方面，农业领域的反垄断法适用除外制度就是一个非常典型的例子。为了对农业生产和经营活动予以扶持、鼓励，尤其是扭转农业上下游经营者之间在交易地位上的悬殊，确保农业在国计民生方面的重要作用，绝大多数司法辖区都在其反垄断法中规定了例外适用制度，即明确农业生产者在农产品生产、加工、销售、运输、储存等经营活动中实施的市场行为不适用反垄断法。由上可知，可持续和包容性增长与竞争政策所追求的终极目标是不谋而合的，竞争政策已经纳入了可持续和包容性增长与发展这一理念。

（二）可持续和包容性增长与反垄断法的豁免适用

前已述及，可持续和包容性增长的理念应当为竞争政策的制定和实施所遵循。事实上，这在反垄断法的豁免适用制度中体现得最为明显，即纵使特定市场行为排除、限制市场竞争，但只要其符合可持续和包容性增长的要求且满足相关条件，则可以免于追究其行为人的反垄断法责任。以我国反垄断法为例，这一点在禁止垄断协议制度和经营者集中控制制度中亦有体现。首先，我国《反垄断法》第15条列举了6种常见的豁免情形，若是追本溯源，每一种豁免情形所承载的价值目标或多或少的都契合了可持续和包容性增长的发展理念，具体包括“为改进技术、研究开发新产品的”“为提高产品质量、降低成本、增进效率，统一产品规格、标准或者实行专业化分工的”“为提高中小经营者经营效率，增强中小经营者竞争力的”“为实现节约能源、保护环境、救灾救助等社会公共利益的”“因经济不景气，为缓解销售量严重下降或者生产明显过剩的”“为保障对外贸易和对外经济合作中的正当利益的”。其次，我国《反垄断法》第28条关于具有排除、限制竞争效果的经营者集中的豁免规定表现得更为明显，其规定：“经营者集中具有或者可能具有排除、限制竞争效果的，国务院反垄断执法机构应当作出禁止经营者集中的决定。但是，经营者能够证明该集中对竞争产生的有利影响明显大于不利影响，或者符合社会公共利益的，国务院反垄断执法机构可以作出对经营者集中不予禁止的决定。”依此规定，在符合社会公共利益的情况下，具有或者可能具有排除、限制竞争效果的经营者集中将不被禁止，考虑到可持续和包容性增长与社会公共利益在内涵和载体上并无二致，这为反垄断法兼容该发展理念预留了选择余地。

需指出的是，单从法律文本的规范内容分析，我国反垄断法赋予可持续和包容性增长相应的制度载体，但在现实生活中，前已述及的两项制度的实施效果却不尽如人意。一方面，从已公开的执法案例看，我国垄断协议豁免制度被束之高阁，至今尚无一起适用反垄断法豁免制度的成功案例。另一方面，在我国经营者集中的反垄断审查实践中，也没有官方披露过以符合社会公共利益为由予以豁免的经营者集中案件。当然，这与我国反垄断法的实施尚处于起步阶段不无关系，但须引起重视的是，随着我国反垄断执法和司法日趋常态化和向纵深化发展，为了充分发挥竞争政策在推动更高质量发展中的基础性作用，势必需要将可持续和包容性增长这一发展理念内嵌于反垄断执法实践，而要想实现这一目标，我们首先需要找准反垄断法的豁免适用制度这一重要突破口，在强化制度执行、细化自由裁量、优化执法方式上下功夫。此外，强化反垄断法的豁免适用与大力推进竞争政策之间并不冲突，在一定意义上，前者正是后者的题中之义，因为反垄断法的豁免适用本身体现的正是对竞争政策的贯彻落实,更进一步来说,此乃提升反垄断执法的专业化、规范化和法治化水平的内在要求。

（三）可持续和包容性增长与反垄断法的适用除外

除了豁免适用外,适用除外是反垄断法兼容可持续和包容性增长的又一制度选择。报告提到,绝大多数国家和地区都明确排除反垄断法在农业领域的适用,以强化对农业生产经营活动的鼓励、支持和帮助。我国也采取类似做法,《反垄断法》第56条规定,“农业生产者及农村经济组织在农产品生产、加工、销售、运输、储存等经营活动中实施的联合或者协同行为,不适用本法”。较为遗憾的是,与反垄断法的豁免适用鲜有发生相同,我国以往的反垄断实践中罕有反垄断法的适用除外案例。需要警惕的是,根据现行法的上述规定,农业并非反垄断的法外之地,只有满足如下两个条件,才构成反垄断法的适用除外:一个是行为主体是农业生产者及农村经济组织,另一个是行为类型属于垄断协议中的联合或者协同行为。由此观之,农业领域的绝大多数市场行为依然属于反垄断法的监管范围。

当前,我国农业生产者和农业经销商之间长期存在议价能力失衡问题,这使得农业领域仍旧存在不少反垄断问题,例如,农业经销商利用农户对经销渠道的高度依赖从事共谋行为。近年来,几乎每隔一段时间,我国各地就会出现某个农产品价格暴涨暴跌的现象,由此诞生了“豆你玩”“姜你军”“蒜你狠”“辣翻天”等网络新词。再如,“米贵稻贱”现象长期存在,尽管优质大米市场价格节节攀升,但种植大米的农户却难以分享其中的收益与利润,这种现象反映了分散的农户在市场中议价能力失衡的现实。我国《反垄断法》关于农业领域的适用除外规定本来是想矫正农业上下游经营者之间的势力失衡问题,但在现实生活中却没有相应的案例发生。与此相反,适用除外被不自觉地扩大和蔓延至农业领域的其他交易环节,致使该领域的垄断行为尚未受到有效的法律监管。

从可持续和包容性增长的角度看,强化农业领域的反垄断法实施具有重要意义,如果对农业生产者的弱势地位放任不管,既会抑制农户个人收入的增加,也会打击农业生产的积极性,久而久之,必将危及农村经济的包容性增长和可持续发展。可以预见,在我国反垄断法实施的下一个十年,如何推进农业领域的反垄断法实施,将成为以反垄断来推动可持续和包容性增长的又一重要课题。

(四)可持续和包容性增长与滥用相对优势地位制度

在论及竞争政策与可持续和包容性增长的关系时,该报告着重提及了滥用相对优势地位制度在保护中小企业免受国内和跨国大企业滥用优越议价能力方面的特殊作用。实际上,尽管我国竞争法没有直接规定滥用相对优势地位制度,但在《反不正当竞争法》修订过程中,曾经一度考虑过引入该制度,即送审稿第6条规定经营者不得利用相对优势地位,在没有正当理由的前提下,限定交易相对方交易对象、与其他经营者的交易条件、滥用收费或者不合理地要求交易相对方提供其他经济利益以及附加其他不合理交易条件。可惜的是,囿于该条文所禁止的行为类型与《反垄断法》第17条所规定的滥用市场支配地位的行为非常相似,即都禁止经营者没有正当理由限定交易对象、附加不合理交易条件等,自公布以来一直备受争议,主流观点认为在经营者不具有市场支配地位的情形下,应当赋予和保障经营者的经营自主权,反不正当竞争法不应当盲目介入和轻率干预。而且,已有条文未厘清它与《反垄断法》第17条的适用边界,极易造成法律适用的混乱和冲突。最终修订的《反不正当竞争法》没有保留该制度。尽管《反不正当竞争法》的修订已告一段落,短期内很难再次引入该制度,但考虑到我国反垄断法的修订工作正在紧锣密鼓地进行,这或许会为该制度入法提供一个契机,尤其是德国反垄断法就同时规定了滥用市场支配地位和滥用相对优势地位两项制度。从以往的执法实践看,滥用相对优势地位的情况在我国市场经营活动中屡有发生,滥收费用不仅包括零售商利用销售渠道、服务平台和场地等收取通道费,更多的是利用相对优势地位巧立名目向供应商、生产厂家收取合同费、搬运费、刷卡费、开户费、节庆费、返利等。在此情形下,从推动可持续和包容性增长、促进公平竞争的角度看,将滥用相对优势地位制度引入反垄断法未尝不可,但如何进行相应的制度设计,可能需要认真研究和审慎思考。

北欧国家《竞争政策与绿色增长》联合报告介评

甘　强　尹开华　洪璐敏*

一、报告背景

随着发展新型经济与社会框架在当前政策关注中备受重视，旨在促进低碳经济增长与发展、防止环境恶化并提高生活质量的绿色增长战略也逐步进入相关立法及决策视野。在2009年6月的部长理事会会议上，34个国家的部长批准经合组织制定绿色增长战略以回应强调新型经济与社会框架发展的政策需要。绿色增长要求各国在对当下经济发展方式进行反思的基础之上，进一步推动经济增长向以更加可持续的方式转变。如同创新一样，作为经济增长长期驱动力之一的“绿色”，应当且能够在绿色增长战略的落地实践中发挥更大作用。鉴于此，为构建未来应对向绿色增长转变挑战的基础环境，对竞争管理机构在其今后与环境相关的竞争案件的工作提供有益指导，2010年3月，在法罗群岛举行的半年度会议上，北欧竞争管理机构总干事就竞争当局关于向绿色增长转变挑战的议题进行了重点讨论，会议最终通过了聚焦于环境政策与竞争政策之间关系的北欧竞争机构联合报告《竞争政策与绿色增长：相互作用及挑战》

* 甘强，西南政法大学经济法学院副教授，法学博士；尹开华，西南政法大学经济法学院博士研究生；洪璐敏，西南政法大学经济法学院法律硕士。

(*Competition Policy and Green Growth: Interactions and challenges*)。本篇拟对该报告的核心内容作一梳理,并进行简要评价。

整体而言,就竞争政策与绿色增长二者间相互作用及挑战问题,该报告主要对以下几个部分的内容展开回应:首先,对环境政策与竞争政策之间的关系作了理论层面的探讨;其次,从政策工具的应用角度,对环境政策与竞争政策间已经或可能产生的冲突进行了研究;再次,从政策工具的实践角度,对市场主体参与绿色市场竞争过程中的相关政策与其商业行为的相互影响进行了分析;最后,对未来执法、竞争倡导重点以及发展绿色增长战略方面的内容作了经验总结及展望。

二、报告主要内容

(一)环境政策与竞争政策

报告指出,环境政策与竞争政策均是国家为纠正市场失灵所创建的具有维护和促进社会福利功能的干预工具。二者分别以不同方式针对福利目标的不同方面发挥其作用:环境政策通过纠正环境外部性,以此达到促进社会福利的效果;竞争政策则以提高经济效率的方式,进而增加消费者和社会的福利。除此之外,竞争政策与环境政策二者间存有不可忽视的互动关系,借助市场机制得以生成的正确的价格信号可以确保旨在降低污染、激励绿色技术创新的措施的效用发挥,并以此对绿色增长战略提供有益支撑。需要指明的是,此种反映环境外部性的价格信号的正确传递依赖有效竞争的持续实现。与此同时,有效竞争以及较低的进入壁垒对于创新和市场动态也至关重要,在具有设计良好的环境政策的前提下,有效竞争的维持可以以经济高效的方式支持环境目标的实现。

尽管如此,环境政策与竞争政策二者间的关系并非总是和谐统一的。报告指出,在某些情况下,二者间可能产生负面效果,环境法规、实践和/或执行可能会削弱竞争,从而增加实现环境目标的社会成本。在进一步探讨环境政策与竞争政策的关系之前,报告首先对环境政策与竞争收益作了简要介绍。

1. 环境政策与竞争收益简述

(1)环境政策

报告指出,环境政策的主要目标通常是限制生产或消费对环境造成的有害影响。这些被经济学称为外部性的影响,既可能是正面的,也有可能是负面的。当一个实体的活动跨越市场价格传递机制对另一实体效用及福利造成不利影响时,这种不利影响就是负外部性。且因该种负面影响产生的生产成本通常被强加给了国内外的居民或后代。尽管有时可以通过对造成负外部性的生产者直接施加污染限制以纠正环境外部性,但在更为普遍的情况下,需要以施予生产者或消费者承担更高昂的污染成本的方式促使其实施环境友好行为,以达成环境政策目标。通常,在环境政策中相对重要的便宜之法是约束企业,即迫使企业将其所有的生产成本,包括其生产过程中施加给他人的外部性成本考虑在内,进而达到内化其环境外部性的目的。

其中,可选择的环境政策工具以是否通过价格信号发挥作用为标准,分为基于市场的工具与非基于市场的工具两大类:基于市场的工具通过价格信号进行市场引导,此类工具中较为典型的与环境相关的手段有税费、其他费用、可交易许可证和用以缓解污染的补贴;非基于市场的工具则通过价格信号以外的其他方式对市场主体行为施加影响,此类旨在解决特定环境问题的非基于市场的手段主要包括命令控制型法规、支持绿色技术和创新的政策、基于政府与特定工业部门之间信息传递和谈判协议而自发制定的方案等。

报告认为,成功的环境政策可以解决市场事先未定价或定价不足的外部性问题,促进包括自然资源在内的生产要素的更高效分配。具体而言,环境政策可以对市场中依赖资源定价不足机制的公司及其竞争对手的竞争力施加影响。此外,近年来随着各国在环境领域合作意识的不断增强,针对国家内部制定和执行的特定环境政策越发呈现出更强的国际影响力。通常,环境政策会使公司经营支付额外成本,而欠发达国家往往因其无力负担环境保护的费用而偏好于制定更为宽松的环境标准,环境标准是否严格的差异使得在较为贫困国家/地区经营的公司较之于在具有更严格标准的富裕国家下经营的公司,享有相对的成本更为低廉的经营优势。

(2)竞争收益

竞争政策是竞争倡导、竞争法以及竞争法的执行相结合的产物。明确竞争收益及其相应产生机制对恰当理解竞争政策的重要性至关重要。报告认为,竞争是有益的,竞争以创造激励效率及创新的生存机制的方式实现其最大化经济效率的目标,进而增加消费者福利。此外,竞争是一个持续的过程,竞争通过提高公司资源利用率、依托自由进入和退出的市场机制以及激烈充分的创新动机发挥其持续的功效。更具体而言,一方面,在竞争性市场中,效率提高为公司所带来的相对于非竞争性市场中的更高收益,促使其在相关决策上最大限度减少其低效行为的动机增强,从而达到以竞争提高公司资源利用率的目的;另一方面,作为有效竞争主要前提之一的自由进入与退出的市场机制,为高效公司取代效率低下的公司进而提升市场的整体生产率提供了畅通路径。而就竞争与创新的关系而言,二者的相关性则较为复杂。大量实证分析表明,通常,在竞争更为激烈的领域,创新动力也相对更为强劲,此时创新成为公司逃避竞争的可行策略。但一些研究人员发现,创新与竞争之间存在倒 U 形关系,即出现当市场竞争非常弱时,创新水平很低,而当竞争异常激烈时,创新水平依然很低的情形。

报告认为,竞争与生产力、竞争与创新之间存在某种普遍联系。这种联系表明,确保反映环境外部性价格信号的正确传达的有效竞争机制,利于环境政策目标的成功实现;而因遵守环境政策要求以做出符合环境外部性定价导致的成本增加,则赋予了发展创新以及提高生产率以更大价值。

2. 环境政策和竞争政策的关系

国家制定环境政策与竞争政策以纠正市场失灵。环境政策和竞争政策具有保护和最大化社会福利的共同目标,该目标的达成要求两类政策的制定与执行不得以任何方式妨碍彼此效力的实现。而现实情况是,多数情况下,为促进社会福利最大化,往往需要对发生冲突的环境政策与竞争政策手段采取协调一致的措施。

在环境政策和竞争政策之间的关系上,报告重点探讨了以下两个问题:一是基于环境目的考量的法律、法规或监管措施如何影响竞争(包括如何影响竞争履行其社会职能的能力)问题,即环境政策对竞争的影响;二是基于竞争法下的限制性行为评估的环境影响问题,该问题的关键在于,竞争管理机构在评估所谓的限制性行为时需要在多大程度上考虑环境影响。

(1)环境政策对竞争的影响

报告认为,环境政策与竞争政策二者达到维护和增加社会福利共同目标的完美配合,主要发生于废除有害补贴的情况。例如,在农业、渔业和化石燃料行业等,而更为常见的是,环境政策存在可能会损害竞争并导致社会成本超过预期的环境收益的潜在负面影响。

环境法规通过赋予企业更为严苛的环境合规义务的方式,增加企业生产成本,进而影响市场竞争。例如,监管机构要求企业改变其不环保生产的后果之一,极有可能是使市场中进行交换的各种商品与服务的比较价格及生产成本也随之改变。报告指出,环境法规对小型企业的影响显著大于大型企业。环境法规貌似偏爱小型企业的表象,并不能掩盖大型企业在遵守特定法规方面其单位成本更低的事实优势。因为,与合规相关的固定成本通常很高,该固定履约成本的存在意味着大生产者的平均生产成本增幅较之于少量生产者相对更低。而此种因合规成本相对更低所带来的竞争优势为大型企业建立更集中市场、扩大企业最低有效规模提供契机,并因此不可避免地导致更少竞争及更高昂福利成本的结果。除此之外,现有企业(已在市场中建立的企业)极有可能出于为巩固并增强其当前市场地位的掠夺性动机而利用环境政策,例如,通过游说方式达到使用更严格环境标准而非效率标准以提高市场进入壁垒的目的。报告还指出,基于现有企业事后改善生产设施使之符合环境标准的成本往往高于新进企业一开始就建立符合标准的设施的现实状况,监管者可能会选择对新进企业赋予更为严格环境标准的制度设计,此种"祖父式"监管形式可能会构成市场进入壁垒,而新进企业在程序上所花费的沉没成本则进一步加剧了该种市场进入壁垒的竞争影响。

(2)限制性行为对环境的影响

报告认为,环境收益所增进的社会福利契合竞争法意义上的效率价值,因此,环境收益可作为横向限制性行为的抗辩理由。为使这一因素成为竞争执法程序的组成部分,有必要对环境经济利益进行评估,并将环境经济利益与预估的因竞争减少而增加的潜在社会成本进行比较。需要注意的是,为避免竞争法及竞争政策丧失竞争效果沦为一般性的社会政策,能够进入竞争法效率考量的必须是可以具体且明确量化的因限制性行为而产生的社会成本或收益。此外,正如限制性行为可能会带来潜在的积极环境影响一样,非限制性行为也可能带来潜在的负面环境影响,为确保整体经济效率的提高,需要在竞争政策以及环境政策的制定与执行环节进行最佳或有效的协调。

（二）环境政策工具与竞争影响

如前所述，为纠正环境负外部性，政府可以在经济和行政两大类政策工具中进行选择。本节报告内容着重探讨了主要环境政策工具的运作方式及其竞争影响。

1.税收和补贴

（1）税收

依据该报告，在大多数情况下，环境税是对环境污染物或因使用产品产生污染物而征收的消费税。监管者要采取经济学中所谓的外部性“标准解决方案”，需要解决的关键问题之一在于获取足够的经验信息以便直接向制造外部性的污染企业征税，此时，制造外部性产品的边际成本与该产品的社会边际成本相一致，修正税被纳入产品价格中进而导致需求下降，企业产出的利润最大化水平随之降至社会最优水平。

报告指出，直接排放税具有经济效益。直接排放税激励污染者在税费范围内寻求成本更低的减污方案，而间接税（如对相关商品征税）或替代政策（如强制性技术措施）引发的减污代价则可能相对高昂，比如，为减少汽车尾气造成的环境损害而征收更高的汽油税，并不会促使驾驶员主动维护汽车污染控制设备，而强制使用污染控制设备也不会减少驾驶员驾驶频次。一方面，直接排放税也具有成本效益。减排成本不同的企业会在其减排成本与排污税费间进行衡量，进而选择其各自最经济的方式回应环境政策。由此带来的竞争问题是，拥有最大规模经济的企业能够通过投资减污设备从而少缴税费，获得其在和难以支付高昂固定减污成本的较小企业竞争中的优势地位，进而导致市场集中和竞争减少。另一方面，间接排放税则使产生外部效应产品的用户最大限度承担了税负。因此，由于直接排放税与间接排放税对竞争影响方式的差异，直接排放税与间接排放税对竞争企业间相对地位的影响也不尽相同。

此外，报告认为，在国际合作中引入环境税具有重要意义。国家间环境税收水平的差异将导致公司间的竞争力随其所在地而异，而作为全球竞争参与者的污染企业则会试图以搬迁地址的方式避税，此种行为不仅客观上降低了环境政策的效力，还可能影响不同国家的竞争水平。从环境及竞争的角度来看，解决上述问题急需国际共识。

(2)补贴

“补贴”指与政府政策相关的各种转账、支付、支持(如免税)和保护措施。经济学认为,补贴从整体上扭曲了国内资源分配过程,且可能对国际贸易产生不利影响。值得一说的是,这一理念实则将补贴狭义地定义为定向支付,进而认为该行为是政府为使低收入群体受益或使正衰弱的企业和行业存续而进行的再分配行为。但如果将补贴作为纠正外部性的政策性工具,则需要在获取补贴对福利影响的基础上对其进行更为全面的分析。例如,当绿色企业与污染企业处于同一行业竞争时,政府可以选择正向补贴绿色企业或反向对污染企业征税以此达到减少污染的环境目的。而鉴于环境政策目标的温和性,只要消费者对污染企业的产品从一开始就表现出强烈偏好,此时补贴则可能成为最大限度提高福利的最优方案。如果将补贴对竞争的影响纳入考量范围,那么情况又会有所不同,正如前述所言,当在环境政策执行中废除对环境有害且同时损害了竞争的补贴时,竞争政策和环境政策间就会达成一种完美的配合。但更为普遍的情况是,免除环境税和监管可能导致严重的经济低效,因此,更为宽松的排放监管/要求下的间接补贴则很可能会引发同行业中的不同企业、同国家或者不同国家的竞争行业之间的不公平竞争或者竞争削弱问题。

报告认为,理论上,排放税等同于减排补贴。但减排补贴为受补贴企业带来更多利益时,极有可能催生更多污染者。同时,确定补贴的方式也有可能扭曲污染企业间的竞争,进而损害经济效率。一般而言,相较于税收,寻租行为(包括游说行为)是补贴中更为普遍的问题,因此,基于补贴的更高风险性,必须对补贴进行严密监控以确保其使用符合监管机构的目的。除此之外,补贴在纠正环境外部性问题的实践中还受到国家预算的限制,在最近一份报告中,经合组织基于减污补贴潜在预算成本高昂以及其纠正环境外部性与消除竞争负面影响方面作用有限的考量,提出不采用绿色补贴手段的建议,并补充即使在进行补贴时,补贴计划也应当是暂时且受到严密监控的。

2. 可交易排放许可制度

报告认为,可交易排放许可制度具有等同于跨排放源的边际排放成本的效益,是环境税的替代方案之一。可交易排放许可制度以发放固定数量的排放许可证,并同时允许许可证在污染者之间被交易的方式发挥着类似于环境税的作用。可交易排放许可证的市场包括初级分配（“祖父式”或“拍卖式”）市场以及随后在欧盟排放交易体系（ETS）内进行的温室气体（GHG）排放许可证交易市场。其间，保持许可证交易的市场竞争对于正确价格信号的确定至关重要。在第一阶段，各个国家的大部分许可证都遵循免费发放原则（“祖父原则”），“祖父式”可交易排放许可的功能最接近于对竞争扭曲程度最小的“补贴”。尽管如此，“拍卖式”排放许可制以其使所有无论新旧的排放源均在平等基础上享有竞争排放权的特性而更优于“祖父式”排放许可。从第三阶段开始（2013 年 1 月），各成员国将逐步增加对温室气体排放许可的拍卖活动。ETS 部门在 2013 年的拍卖中必须首先购买 20% 的排放许可，并在 2020 年将这一比例提升至 70%，最终于 2027 年达到 100%。

理论上，在 ETS 中，许可证发放总数（“拍卖式”或“祖父式”）和边际减排成本在市场机制的作用下，共同决定了碳排放的价格。在此，需要讨论的潜在问题包括初级分配（“拍卖式”）以及许可证的后续交易问题。在初级分配问题上，总体应遵循“拍卖式”排放许可证制度，且保证竞争机会向新进企业与现有企业平等开放。确保可交易许可证拍卖市场的有效竞争对于确定正确的排放价格、防止出现削弱创新动机的不合理低价（如合谋低价）至关重要。由正确定价机制决定的拍卖收入反映了排放许可证的实际经济价值，而鉴于市场价格与商品价值相适应的规律，是否实现经济价值则更多体现为分配问题而非效率问题。报告指出，在拍卖市场中，市场价格目标的实现取决于拍卖的方式。不同的方式会阻止或促进可能有损正确价格信号的合谋行为，而当合谋达成时，排放配额的经济租金将从主管部门转移至行业进而影响消费者福利。

报告指出，美国和欧盟都拥有可交易排放拍卖许可的经验，其在分配排放许可时，实则采用了不同的拍卖模式。例如，以依据密封竞拍中投标人提交的需求一览表而制作的总需求曲线与（垂直）供给曲线的交点确定拍卖结算价格，但最终为每个项目支付的价格既可能是投标价（差别定价），也可能是结算价（统一定价），以上两种拍卖模式均被不同国家采用。另一种拍卖模式是即时增价拍卖，此种模式为美国联邦通信委员会（FCC）所采用。还有一种拍卖模式是计时拍卖，英国在排放许可上就是采用的该种拍卖模式。保罗·米格罗姆在其《拍卖理论与实务》一书中也对这些拍卖模式进行了较为深入的探讨。他认为，为获得低价,投标人(买方)有普遍降低需求的动机,而当待售商品供应量固定时,最坏的结果即成交价远低于相应的竞争价(该书第294页)。因此,排放许可拍卖模式的设计应当有助于竞争性定价、防止合谋行为,而在拍卖活动中,竞争管理机构的重要任务之一则是在拍卖前、中、后各个环节发现并阻止合谋行为。

3. 绿色公共采购

报告指出,公共采购通常被认为是确保经济增长和就业的重要工具。公共采购中竞争的加剧可以降低采购实体的成本,提高采购商品和服务的质量。如果实施得当,公共采购还可用以扩大私营企业市场、改善中小型实体(SME)的生存环境。必须强调的是,采购标准和采购流程应遵循欧洲共同体法律关于公共采购的包括非歧视、平等待遇、透明、适当及互认的基本原则的规定,且标准或要求的制定须以技术效果而非技术本身为准绳。

拥有强大购买力的公共机构,具有通过强制要求或鼓励使用环保技术以促进可持续发展的能力。当公共机构在公共采购中引入环境标准时,就被称为绿色公共采购(GPP)。近年来,GPP颇受关注,约有20个欧盟成员国通过了国家行动计划(NAP)或类似GPP的文件。此外,欧盟委员会还发布了GPP的法律指南与自愿标准供成员国使用。GPP如此大受欢迎的原因在于其鼓励当地致力于环境政治行动及拉动绿色产品需求等功能。但在实施GPP时,需要考虑环境标准可能成为市场进入壁垒,从而减少竞争、提高产品价格的问题。

(1)作为环境政策工具的绿色公共采购

报告认为,GPP应被视为一种命令控制型政策工具,即可通过命令和控制实施的行政性政策工具。在GPP的语境中,命令控制型政策工具包含了一系列与特定生产技术或最大危险排放水平相关的规范。但因采购实体没有关于所有潜在供应商及其可用生产技术的完整信息,诸如GPP的行政性政策工具通常并不具有成本效益。此外,采取行政性政策工具的劣势在于,不能保证生产者在其能力范围内以最低成本减轻污染的方式进行生产经营。[1] 为了使行政性政策工具具有成本效益,所有采购过程的参与者均需要对减少污染的边际成本及各个企业的生产技术进行全面了解。而在缺乏信息的情况下,则不能以具有成本效

〔1〕 See Lundberg et al., *Assessment of green public procurement as a policy tool: cost-efficiency and competition considerations*, SSRN (May. 8, 2009), https://ssrn.com/abstract=1831089.

益的方式实现公共采购中的环境标准的制定。[1] 除成本效益外，如表 2 所示，是否在公共采购中使用环境标准取决于其旨在纠正的环境外部性问题在多大程度上被其他环境政策工具内化。

表 2　将 GPP 用作环境政策工具的条件

环境外部性被其他政策工具内化的程度	未内化(1)	部分内化(2)	完全内化(3)
GPP 应该作为环境政策工具使用吗？	应该，当与相关环境质量目标相匹配时	应该，满足(1)中条件，但，应当作为补充性政策工具使用	不应该

资料来源：Lundberg et al.，(2009) *Assessment of Green Public Procurement as a Policy Tool：Cost-efficiency and Competition Considerations*，p. 25。

如表 2 所示，在试图使用 GPP 时，应当将其与其他政策工具进行评估对比，使其与所要求的环境目标相匹配：如果外部性未被其他政策工具内化且 GPP 是当前最优选择时，则应当使用 GPP 作为其他政策工具的替代；如果外部性被其他政策工具部分内化，那么，此时 GPP 可用作当前政策工具的补充；如果源自公共采购的外部性已被其他政策工具完全内化，环境目标已得到最优化，此时则不应当使用 GPP。

北欧理事会在其 2009 年的一份报告中，基于对四个不同领域 GPP 工具的分析，对如何有效实施 GPP 的步骤进行了阐释，具体而言有确定大量采购的产品组、评估产品组采购对环境的影响、评估通过其他政策工具减排的潜力、评估通过 GPP 减排的潜力、考虑设置环境标准的可行性、考虑 GPP 的潜在市场效应和创新效应六个步骤。[2] 该报告认为，尽管 GPP 在某些情况下可能是唯一的监管手段，但仍应将 GPP 视为常态下立法及经济手段等传统监管机制的补充工具。GPP 具备以一种软性的更为灵活的环境标准对市场竞争及环境改善方面施以动态影响的优势，但 GPP 同时也具有因采购规模过小而作用有限、环境改善

[1] See Lundberg et al.，(2009) Miljöhänsyn i offentlig upphandling-samhällsekonomisk effektivitet och konkurrensbegränsande överväganden，p. 30.

[2] See Nordic Council，*Benefits of green public procurement*，TemaNord，Vol. 2009：953，p. 51 (2009).

见效缓慢、需全面监管导致的实施成本过高等缺陷。[1]

(2)竞争政策视角下的绿色公共采购

GPP 会影响竞争。在公共采购中引入新的标准会产生市场进入壁垒增高、采购实体支付价格上涨等影响社会福利的竞争问题。假设企业拥有相同生产技术水平,市场进入壁垒将使采购实体支付更高价格,但更为普遍的情况是,企业拥有的各异的生产技术水平,使得环境标准在吸引一些企业(具有环保技术)的同时,成为另一些企业(尚未进行环保技术投资)的进入障碍。依照勃兰伦等人的观点,对环保技术的投资会增加成本及投标价格。如果该假设成立,那么,在公共采购中是否采用环境标准将对已进行环保技术投资以及尚未进行环保技术投资的企业产生不同影响。当采购中不引入环境标准时,未投资环保技术的企业因其竞标价更低而赢得项目的可能性更大,此时已投资环保技术的企业通常会退出竞标。而当环境标准被应用于采购时,已进行环保技术投资的企业将会参与竞标,并因其前期环保投资被纳入价格评估范围而获得更高的中标可能,此时只有当环保投资的预期收益超过其成本时,尚未投资环保技术的企业才会考虑进行环保投资并参与竞标。需要注意的是,GPP 对价格及竞争的影响并不相同,运用 GPP 时可能产生即使竞标市场竞争增强,但因环境标准过高,企业投标价格及成本反而上升的情形。

报告认为,GPP 除可改善环境的优点外,还可充当市场创新的驱动力,激励公司对绿色产品和服务的开发。相较于通常只能以禁止市场中最不环保产品的立法干预模式,GPP 对市场具有更大的动态影响力。GPP 还可通过拉动需求的方式促进创新,从而助力弥合新供给与新需求于时间上发生的互不匹配的“创新差距”。此外,GPP 还可在支持本国环境政策实施投入的同时,用以促进他国的环境改善。尽管 GPP 在实施过程中并不需要经过与经济或监管工具相同的程序,采购实体在采购招标中为达成 GPP 的环境目标而制定相关标准时依旧困难重重。总之,GPP 的实施充满挑战,因采购规模过小而使 GPP 监管功能折损甚至丧失的情形时有发生、高成本及专业性强等则均对 GPP 的功能发挥造成限制。

---

[1] See Nordic Council, *Benefits of green public procurement*, TemaNord, Vol. 2009:953, p. 61 (2009).

4. 绿色措施的限制性影响和倡导的重要性

报告指出,一方面,绿色工具箱中的一系列工具如实施或应用方式错误,则可能对竞争产生负面影响。比如类似生态标签制度通过歧视或排挤的手段、绿色公共采购以采用不客观标准的方法等提高市场进入壁垒,进而达到限制供应商范围及其竞争能力或动机的扭曲竞争的目的。另一方面,竞争倡导在国际竞争网络(ICN)关于倡导和竞争政策的报告中被定义为,竞争管理机构主要通过其与其他政府实体的关系,以及提高公众对竞争收益的认识等非执法机制进行的与改善经济竞争环境相关的活动。[1] 由上可确定两个与绿色竞争倡导相关的重要任务,一是确保绿色措施应用时,对竞争与环境目标进行适当协调;二是提倡使用基于市场的环境政策工具。

(1)绿色措施的竞争评估

竞争管理机构在识别以及分析可能过度扭曲或限制竞争的绿色法规方面起着重要作用。选择和设计适当的刺激竞争的绿色工具,对以具有成本效益方式实现环境目标至为关键。多数情况下,竞争管理机构在倡导和解释重构绿色措施,进而最大限度减小其竞争损害方面发挥着关键作用。根据经合组织竞争评估工具箱,当找不到可替代的、对竞争削弱程度相对较弱的监管方法来实现所制定的环境政策目标时,应当对各个监管方法的收益和成本进行权衡,只有当采用反竞争法规带来的收益超过其成本时,监管规制才具有合理性。此外,在评估特定监管措施对竞争的影响时,经合组织竞争评估工具箱为竞争管理机构及负责实施该措施的监管部门提供了可参照的评估指引,依据该竞争评估工具箱,如果提案产生了限制供应商的数量或范围、竞争能力以及竞争动机的负面影响,则应当进行竞争评估。如果竞争扭曲不可避免,那么,选择一种对竞争扭曲最小的方式则十分关键。

(2)倡导采用以市场为基础的环境政策工具

报告认为,促进绿色产品正确定价对于制定经济高效的环境政策及激励采取适当的创新措施至关重要,有效竞争是反映环境外部性的正确价格信号实现有效传递的最佳手段,竞争管理当局负有倡导采用基于市场的环境政策工具以

---

〔1〕 See Report prepared by the Advocacy Working Group to the ICN's Conference, Naples, Italy, 2002.

促进有效竞争的重要任务。绿色竞争倡导要求在涵盖尽可能多的污染源和工业部门的同时,以非歧视的方式促进以市场为基础的环境政策的应用。需要注意的是,在制定基于市场的政策工具时,必须将"新创建的"市场的运作情况纳入考量。例如,如果新兴市场中的价格形成机制有受到市场力量强烈影响的可能,那么,就需要对此时的政策工具做出有针对性的差异化设计。

(三)绿色市场中的商业行为

报告认为,绿色市场是私人产品与环境公共产品(绿色产品)联合生产并进行交易的"环境友好型"(消费者愿意为更环保的"清洁"产品支付更多费用)的商品和服务市场。[1] 绿色市场在经济领域中大有可为,因为,对具有环境效益的商品和服务,市场愿意为其支付因该效益而产生的附加费用。例如,在"绿色电力"(可再生能源发电)市场中,消费者整个家庭的电力支出实则负担了用以取代化石燃料的绿色电力的额外费用,此时,绿色电力的消费者实际上购买了一种兼具电力与减排功能的联合产品。

绿色认证(可再生能源认证)是绿色市场的一种干预形式,该认证将电力的环境属性与其能量属性进行区分,使得代表电力环境特性的绿色认证本身获得商品属性,进而得以与电力在不同市场中分别出售。购得的绿色认证可作为电力生产商已履行其可再生能源义务的证明,同时,销售绿色认证获得的财政收入又可用于促进新的可再生能源的开发。除此之外,多年来,许多国家已在不同行业(包括废物回收和管理体系)内自发达成了诸多有关减排或提高能效的协议,这使得不同种类的环境协议或制度逐渐成为绿色市场的重要组成部分。报告指出,基础竞争市场的活跃是绿色市场得以正常运转的保证。竞争法的执行是竞争管理当局的工作重心,绿色市场中的商业行为除滥用市场支配地位外,还涉及横向与纵向垄断协议的问题,其中,在废物回收和管理体系以及各种产品认证和标识项目中出现的竞争问题尤其值得特别关注。

1. 反垄断和绿色市场

竞争管理机构必须评估绿色市场中的协议和商业行为在多大程度上违反了竞争法,即该市场中的活跃主体进行了何种程度的限制竞争协议或滥用市场支

---

〔1〕 See Moraga-Gonzalez, J. & N. Padrón-Fumaro, *Environmental Policy in a Green Market*, Environmental and Resource Economics, Vol. 22, p. 419 - 447 (2002).

配地位的行为。限制竞争的协议应当被禁止。值得注意的是,很多产品收集和回收系统的正常运作赖于一系列竞争者间(横向)或供应商与消费者(纵向)间达成的不同协议,此时,确认回收公司在组织和运营上进行的合作行为是否构成竞争法所禁止的限制竞争变得尤为重要。

不考虑企业的市场份额占比,强制限制行为(例如,横向价格限定行为、限制市场份额以及限定固定零售价格和最低价格等)均不适用于欧盟或欧洲经济区(EEA)关于集体豁免的相关规定。根据《欧盟运行条约》(TFEU)第101条第(3)款的规定,要想获得该条款所赋予的豁免资格,必须符合四个指定要件,即必须有助于改善商品的生产或分配或者促进技术或经济进步、必须分配给消费者公平的利益份额、不得施加超出合作目标的非必需的限制、不得排除相关市场内的主要竞争。为指导豁免条款的适用,尤其是环境协议的豁免,欧盟委员会发布了关于横向合作协议的适用指南。该指南明确指出,环境收益必须满足严格要求,才能成为横向限制协议的抗辩理由,具体而言,协议行为与不采取任何行动相比,必须取得环境经济利益,且其预期的经济收益必须超过因之产生的成本(包括竞争减少的负面影响、经济主体的合规成本或对第三方的影响),此外,还需要以成本效益分析的方法评估该横向限制性行为在合理假设条件下,能否为消费者带来净收益。值得一说的是,非横向协议(包括纵向协议、单方行为和并购)也可达到类似于滥用市场支配地位行为的反竞争效果。比如,根据挪威竞争管理局(NCA)的经验,一些回收公司在与为其提供服务的公司(例如,进行废物回收和/或再利用的公司)所签订的协议中时常使用各种形式的、能够使服务提供商拥有在特定地理区域内为回收公司提供特定服务的专有权的排他性条款,此时,处于市场主导地位的回收公司因其使用了禁止不享有专属服务供应权的其他公司为其提供类似服务的排他性条款,而可能被定性为实施了竞争法关于滥用市场支配地位相关规定的违法行为。

2. 回收和废物管理市场中的限制性行为

回收和废物管理产业在许多国家蓬勃发展,与此同时,全行业管理模式(横向环境协议等方式)正逐渐受到环保部门的认可。但北欧竞争管理机构过往的大量执法经验表明,即使有充分理由(规模经济、运营效率和避免其他生产者“搭便车”等)支持全行业管理模式,此类环保方案仍可能引发诸多严重的竞争问题。

（1）溢出效应

溢出效应指因横向协议涉及具有显著共性的成本协调或交换敏感信息等而可能引发相关市场中的合谋行为。一方面，协调产品环境方面的共性成本使得该部分成本不再是合作公司间的主要竞争对象；另一方面，竞争者之间交换某些信息对实现环境目标具有必要性与实用性，基于促进环境目标及绿色增长的目的，竞争当局往往倾向于认可该类竞争者间自发达成的协议。值得注意的是，虽然通过绿色计划以及环境协议等进行的利于促进风险共担、成本节约、知识共享以及加快推进创新的信息交换行为，可能产生直接使消费者受益的优化市场成果的正面效应，但涉及信息交换及行业内不同合作形式的自愿协议、回收计划等，也有可能构成具有歧视性与排他性的扭曲竞争的合谋行为。此外，回收公司将其活动扩展到其他领域（例如，提供成员国有关环保的工作和游说活动的信息）的向消费者进行营销的信息交换行为，可能产生溢出效应。尽管营销是一项竞争性参数，但其可通过与回收公司进行一定程度的协调的方式，会导致部分市场参与者因其可竞争领域缩小而退出竞争的结果。

（2）需求捆绑

绿色制度可能引发需求捆绑问题。例如，在收集和分类服务相关的行业中，相当一部分回收系统存在事实或法律上的垄断，即使对其进行价格管制，也可能在不同系统或同个系统内的供应商之间引发竞争问题。欧盟委员会在其关于废物管理系统的竞争问题的报告中指出，需求捆绑限制了市场对废物回收/分类公司的选择，在该系统存在事实或法律上垄断的情况下，处于单一系统内的公司可能会选择达成捆绑协议。[1] 但是在出于关键网络经济考量时，需求捆绑似乎又是可行的必然选择，此时，确保该种需求捆绑不会对下游市场（回收经营者间）和上游市场（回收系统间）造成不合理竞争限制至关重要。欧盟委员会认为，回收系统与经营者之间应通过透明、客观和非歧视性的招标程序签订有明确期限的合同，除此之外，回收系统应当将用于回收经营活动的基础设施对其竞争者保

〔1〕 See the DG Competition Paper, *Concerning Issues of Competition in Waste Management Systems*, 载 http://ec.europa.eu/competition/sectors/energy/waste_management.pdf，最后访问日期：2020 年 11 月 26 日。

持开放。

(3)定价问题

上述报告指出,除竞争问题外,成本加成定价法或效率低下可能会妨碍环境政策目标的实现,因此,定价应当反映废物回收和再利用的实际费用。在很多绿色制度中,大多以要求非营利方式运作的形式对价格进行管制,但在某些"绿色"竞争案件中依旧遇到了因低效或积累资金等引发的定价问题。定价结构本身可能对体系内外的参与者之间或同一体系内的各参与者间造成歧视性效果。在回收系统与回收系统内的公司之间,存在一个系统内的公司须向该回收系统转移其所有义务的"全有或全无规则",这将在阻碍其他回收系统参与竞争的同时,妨碍系统内公司进行最具成本效益的合规经营。此外,回收系统与回收公司之间也可能产生竞争问题。例如,回收系统在处理/回收材料方面,授以其股东公司缔约优先权或专营权。报告认为,针对缔约优待问题,应当确保回收系统招投标程序的透明性、非歧视性;而对于纵向排他的专营权问题,则应以应对纵向协议的法规和指导进行规制。

3. 认证管理和竞争问题

报告认为,产品认证是指根据预定标准对产品进行的评估与认可。产品认证具有将产品具备的某些难以观测的、可与同类产品相区分的特性进行公示的功能。为提高旨在体现产品信誉及质量属性的产品认证的可信度,认证通常需由和产品生产者或购买者没有直接联系的独立第三方进行。产品认证作为一种差异化策略,可用以生产者创建利己市场,但其对不同类型产品的竞争影响则需要从生产者和消费者两个角度进行分析:产品认证需求产生的原因在于,消费者与生产者间的信息不对称。在完全竞争的理想状态下,消费者和生产者知悉每种商品的价格、物理特性及商品质量信息,且所有消费者、生产者和资源都处于完全流动的自由状态。消费者可以不产生任何信息交换成本的方式掌握市场产品的完全价格信息,生产者同样以其自由完整的信息交换得以保证其投入的成本一致,此时,不同生产者之间的产品价格差异难以维持,消费者需求自然而然从高价生产者流向低价生产者。但现实情况是,消费者和生产者之间的信息不对称及信息成本所导致的市场失灵破灭了完全市场的幻想。而产品认证则可通过相关信息公示在很大程度上降低消费者的交易成本,进而加强竞争、实现环境目标。但是,产品认证也有可能对竞争产生负面效应。例如,产品认证可能因大企业的干预进而妨碍竞争。此外,因国际贸易中产品认证标准被工业化发达国家主导的原因,产品认证可能对国际贸易产生竞争性影响。

(1)经济理论和认证影响

信息不足或信息不对称可能会导致市场失灵。交易成本高低取决于产品特性,一方面,如果产品信息收集成本过高,将会导致高质量产品价格因超出消费者预期承受能力而被迫退出市场。另一方面,生产者掌握了有关产品属性的全部信息,消费者与生产者之间存在事实上的信息不对称。产品认证正是基于解决该难题而产生的可将信任品转换为搜寻品的信息鸿沟弥合机制。产品认证通过为消费者提供更多较具可信性的能够影响消费决策的商品信息,进而增加社会经济利益。此外,报告指出,将引入产品认证系统的成本和真正进行产品认证的成本进行区分十分重要,因为,生产者进行有机经营转换的交易成本(为符合有机生产和管理要求所付出的成本)在很大程度上取决于其生产起点及其所在的生产领域。

(2)产品认证、产品差异化和产品溢价

产品认证帮助消费者甄别高质量的信任品,而消费者对某些产品属性更高的支付意愿则为高质量产品溢价提供市场。报告指出,产品认证可作为增强生产者市场力量的差异化策略,产品定价高低取决于产品差异化成功程度及消费者对产品特性的感知能力。一方面,产品独特性限制消费者寻得替代品的机会,需求弹性降低;另一方面,消费者因产品认证对该产品特性感知力增强,企业获得更高产品溢价空间的可能。需要说明的是,如果市场中竞争者众多,即使生产者产品认证差异化策略成功,其产品仍需经由市场机制定价,此时,因产品认证产生的产品溢价不会对竞争产生负面影响。除此之外,依据安德松和古尔斯特兰德的观点,产品认证可用于增加竞争对手成本。于占据市场主导地位的企业而言,成本驱动策略较之掠夺性定价方案更为便宜可靠。格罗洛等认为,具有影响力的大型企业通过影响认证标准的制定达到增加竞争对手成本的方法有采用狭窄的产品类别、采用不利于竞争对手的认证标准、采用不利于竞争对手的检查机制以及向消费者提供干扰信号四种。[1]

(3)产品认证和国际贸易

报告认为,一方面,产品认证可能以不同形式使外国生产者处于不利竞争地位。例如,使用非外国生产者母语的认证规则增加其交易成本,采用歧视性标准提高本国生产者的市场力量等方式增加外国生产者获取产品认证的难度。另一方面,产品认证也可能为外国生产者(尤其是那些发展中国家)改善产品质量、提高生产效率从而进入新市场等提供契机。因此,引入产品认证制度对国家之间的贸易产生何种影响取决于认证标准的设计,即外国生产者达到该标准的难易程度。

(四)走向绿色增长的未来挑战

2009年6月经合组织部长理事会通过的《绿色增长宣言》指出,保持社会经济可持续增长是当今所有国家共同面临的重大挑战。[2] 向绿色增长的成功转变需要连贯且具有成本效益的政策支持。要实现"绿色"与"增长"的和谐一致,应当避免或废除当前对绿色增长有所损害的政策,同时,授权经合组织制定保障有效竞争机制下正确价格信号得以传递的环境法规和政策,以竞争管理机构的执法活动促进环境政策与竞争政策维护和增加社会福利的长期共同目标的相互协调。监管机构在采用命令控制型政策工具时,应当更多关注于基于市场的环境政策工具的应用。而针对限制了竞争的环境政策或绿色计划,应以成本效益法对其实现环境目标的方式进行竞争评估。在未来,绿色竞争倡导与竞争管理机构的积极参与同等重要,绿色公共采购以及绿色产品认证制度等也将发挥更大效用。

除此之外,创新性产业中面临的新旧市场势力博弈的难题也为绿色增长带来挑战。竞争管理机构必须对创新市场保持动态及前瞻性的审视态度。为使市场主体在充分利用现有创新机会的同时不阻碍其在将来进行更好的创新,必须调整相关机构设置使之做出保持竞争中立的制度设计,而竞争管理机构则有责

---

[1] See Grolleau, G., L. Ibanez & N. Mzoughi, *Industrialists hand in hand with environmentalists: how eco-labeling schemes can help firms to raise rivals' costs*, European Journal of Law and Economics, Vol. 24, p. 215 – 236 (2007).

[2] OECD, Declaration on Green Growth, adopted at the Council Meeting at Ministerial level on 25 June 2009, C/MIN(2009)5/ADD1/FINAL.

任在该竞争中遭受损害时,阐明其竞争影响。

三、评价与启示

环境政策与竞争政策是现代国家政策体系中不可忽视的两个重要领域。社会化大生产为社会整体生产力水平提高带来契机的同时,也引发了人类对如何摆脱单一经济目标的桎梏,实现更好的可持续发展问题的深入思考。正如这篇北欧竞争机构联合报告所言,环境政策与竞争政策具有纠正市场失灵、增加社会福利的共同目标,二者的和谐统一对绿色增长战略的成功开展至关重要。该报告通过丰富的北欧竞争机构的具体执法案例,从经济分析等视角,对竞争政策与环境政策之间的关系,尤其是对于竞争法语境中的"效率"在绿色增长背景下的概念及其作用进行了阐释,对我国《反垄断法》中的环境豁免制度之适用及完善等具有借鉴意义。

(一)北欧绿色增长战略中政策价值的冲突及协调

"绿色"与"增长"并驾齐驱目标的实现赖于环境政策与竞争政策二者间的相互配合。一方面,保证价格信号正确传递的有效竞争机制有助于以合乎成本的方式达成环境目标,而旨在纠正环境外部性的环境政策的"介入"则可确保作为经济长期驱动力的"绿色"发挥更大效用。环境政策与竞争政策的有机互动可用以促进社会总体福利水平的提高。另一方面,环境政策与竞争政策实则通过各有侧重的纠正市场失灵的方式对社会福利施以不同影响,而当二者的核心价值相互"发难"阻碍其各自政策功能发挥时,则不可避免需要对"效率"与"环境"价值进行协调。值得一说的是,北欧竞争机构并未试图对"效率"与"环境"做出有关价值位阶高低的鲁莽论断,而是在其具体的相关政策执行中,寻求冲突的解决之道。更具体而言,其一是从政策价值层面,对"效率"价值进行扩大解释,即"效率"与"环境"冲突的表象是对效率价值的狭隘偏见,"环境"所带来的环境经济利益甚至是环境收益本身均是竞争政策中效率价值的组成部分,二者在本质上具有天然的适应性。其二是从政策执行层面,鼓励充分发挥竞争执法机构的动态调节功能,并进一步提出对环境政策工具进行竞争评估与在竞争协议执法中适用环境抗辩等方案,以此实现对"环境"与"效率"价值进行平衡的目标。其中,颇为值得关注的亮点在于,不论是竞争评估工具箱抑或其发布的横向合作协议指南，均强调在以严格的成本效益分析法对冲突价值进行协调的基础上，坚守竞争政策经济效率目标的“纯粹性”，以此防止竞争政策丧失其竞争特性，进而“被迫”沦为一般性社会政策。

(二)我国《反垄断法》中的环境豁免制度及完善

北欧绿色增长战略中政策价值的冲突及协调对我国《反垄断法》环境豁免制度之适用与完善颇具启示意义。我国现行《反垄断法》第 15 条即对环境协议豁免制度作了要件式规定，依据该条规定，当企业达成实现节约能源、保护环境目的，能够使消费者分享由此产生的利益且不会严重限制相关市场竞争的垄断协议时，则不予禁止。环境价值以豁免制度的形式进入反垄断法，其实质上呈现了立法者预设“环境”与“效率”之间存在冲突及协调可能的内在逻辑。就我国当前环境协议豁免制度而言，尽管其在形式上遵从了《欧盟运行条约》第 101 条第(3)款中所规定的垄断协议豁免要件的大体框架，但现行规定仍存有以定性方式单方面将环境价值作为垄断抗辩理由的倾向，并进而导致其在承继《欧盟运行条约》第 101 条第(3)款时，对其中“不得施加超出合作目标的非必需的限制”要件的刻意忽视。一方面，条款所规定的“为实现节约能源、保护资源目的”为主观要件，该要件的证明与判断往往需借助环境协议其他相关具体条款，具有较大的解释空间上的不确定性，如果不对该目的要件本身的模糊性进行符合反垄断法意旨的限制，则其很有可能成为相关企业披绿色外衣行垄断之实的合法化工具；另一方面，豁免制度的应用逻辑为在先确认该环境协议的垄断违法性，即产生排除、限制竞争效果的基础之上，再以环境价值对其予以正当化。而在此语境下，该款随后增加的两个豁免要件值得关注，“能够使消费者分享由此产生的利益”实则肯定了该环境协议应当且必须具有经济效益，而“不会严重限制相关市场竞争”则是试图对该经济效益及其产生的竞争成本二者间作出衡量的更进一步限定。但问题在于，“严重限制”的规定实则略显简陋，“严重限制”不同于“排除”，同时也与“限制”存有程度差异，“环境”抑制“效率”的具体限度何在依旧无从得知。进言之，该种在承认环境目标具有经济效益的基础之上，又对其效益性作出单向肯定的价值化的框架式处理，极有可能导致“环境”对反垄断法效率价值的侵蚀。反观北欧，其竞争执法机构在对“环境”与“效率”价值进行成本效益衡量时，贯彻了具体且明确量化的环境经济利益必须超过因之产生的竞争减少的社会成本方能获得豁免的基本立场。笔者认为，我国《反垄断法》环境豁免制度的完善可考虑引入《欧盟运行条约》第 101 条第（3）款中“不得施加超出合作目标的非必需的限制”要件，以此对环境协议的合目的性作出最小化限制要求，而在其后则应以“具体且可明确量化的环境经济利益必须超过因之产生的竞争减少的社会成本”，对“环境”抑制“效率”的限度作出契合反垄断法意旨的更具可操作性的规定。尽管环境经济利益可能面临因周期过长见效缓慢且有时难以被明确量化的难题，从而产生将部分实则具有经济效益但难以短期内进行量化的环境协议等排除豁免的结果，但必须明确的是，反垄断法环境豁免制度已为“环境”与“效率”的协调打开通道，而二者的完全统一虽可欲实则无可能，应当容忍部分特殊情况的遗漏，任其进入其他法规的调整视野。换言之，每个单行法均有其各自特有的政策目标，不能任由反垄断法被各种社会价值随意凌驾，即使出于特殊政策目的考量而使社会价值进入反垄断法，也应使之以适应反垄断法效率价值目标的方式完成二者的功能协调。

荷兰《可持续发展协议指南》介评

焦海涛*

荷兰消费者与市场管理局(Authority for Consumers & Markets, ACM)在2014年发布了一份名为“竞争与可持续发展”(Competition & Sustainability)的指南,目的是为企业之间在可持续发展方面的合作行为提供竞争法上的豁免分析框架。不过,该指南通过之后,在实践中发挥的作用有限。为了鼓励企业在可持续发展方面展开更多的合作,荷兰ACM拟通过一份新的“可持续发展协议”指南(Sustainability Agreements Guidelines)。2020年7月,荷兰ACM公布了新指南草案,并向社会各界征求意见。目前,征求意见阶段已经结束,新指南一旦通过,将取代ACM在2014年发布的“竞争与可持续发展”指南。

一、荷兰2014年“竞争与可持续发展”指南简介

(一)2014年指南的基本背景

促进可持续发展主要是政府职责,政府应当采取各种措施促进经济与社会的可持续发展。当可持续发展被视为一项公共利益时,政府还可以选择将其纳入立法,从而赋予相关企业可持续发展方面的义务。同时,可持续发展目标也可

* 焦海涛,中国政法大学民商经济法学院教授,法学博士。

以通过市场力量来推动,因为命令与控制式(command-and-control)的管理手段很多时候作用有限,在诸多场合中,自愿性的可持续发展协议会是更为合适和灵活的手段。[1] 越来越多的企业间协议明确表达了可持续发展的目标,有时这是政府为企业设定可持续发展义务的结果,但也有一部分来自企业主动做出的自发性承诺。企业间的这种合作行为,更有助于实现特定的可持续性目标,但同时可能面临竞争法上的风险,容易被认定为企业间达成的限制竞争协议。由于这些风险的存在,荷兰 ACM 在实践中经常收到关于可持续发展协议涉嫌违反竞争法的疑问或控诉。

荷兰作为欧盟创始成员国之一,其竞争法《荷兰竞争法案》(Dutch Competition Act,DCA)的内容与《欧盟运行条约》(TFEU)基本一致。《荷兰竞争法案》第 6(1)条和《欧盟运行条约》第 101(1)条是关于禁止企业间限制竞争协议的规定,这构成企业间可持续发展协议面临的主要竞争法风险。不过,荷兰 ACM 认为,在两法的禁止性规定中,可持续发展协议仍有存在的空间。因为根据《欧盟运行条约》第 101 条的适用逻辑,如果一项协议没有显著影响竞争,则第 101(1)条的禁止性规定并不适用,即便限制竞争达到了显著程度,如果符合第 101(3)条的豁免条件,协议也有可能被允许。

不过,可持续发展协议虽然有可能被豁免,但如果完全由企业自己来判断豁免条件是否满足,则仍面临较大的不确定性。一旦什么样的可持续发展协议将被允许这一问题都无法确定,企业达成可持续发展协议的积极性就会受到影响。ACM 也不希望因这种不确定性的存在而导致企业无法签订有益于社会的可持续发展协议。因此,由执法当局来解释竞争规则的适用是非常必要的,企业也迫切希望 ACM 能够提供关于可持续发展协议的竞争法解释。

荷兰 2014 年“竞争与可持续发展”就是在这样的背景下起草的。在指南起草过程中,ACM 充分收集了企业和专家的意见,也与相关主体展开了讨论。特别是 2011 年 11 月,ACM 组织了一次与企业界代表的圆桌讨论,并于 2013 年 1 月组织了一次关于可持续发展与竞争的专家会议。2013 年 3 月,ACM 在其网

---

[1] See European Commission, *Environmental Agreements at Community Level Within the Framework of the Action Plan on the Simplification and Improvement of the Regulatory Environment*, Brussels, 17. 7. 2002, COM(2002) 412 final, p. 5.

站上推出了可持续发展资料库(Kennisbank Duurzaamheid)。该资料库以真实案件为素材,提供了关于可持续发展协议的评估指导。

最终版本的2014年“竞争与可持续发展”指南,就是在阐述荷兰ACM关于可持续发展协议的基本立场及分析方法。一方面,荷兰ACM希望通过该指南来表明其对可持续发展协议与竞争规则之间关系的看法,即竞争法规则并未否定企业间的可持续发展协议,指南的发布可以让企业更清楚地了解在可持续发展方面进行合作的空间;另一方面,ACM在指南中还以《荷兰竞争法案》和《欧盟运行条约》确立的竞争规则为基础,提供了分析企业间可持续发展协议的基本方法,即哪些可持续发展协议是无害竞争的,哪些可持续发展协议即便限制竞争仍有可能被豁免。

(二)2014年指南的主要内容

荷兰2014年“竞争与可持续发展”指南的主要内容包括两个部分:

1. 基本原则

指南指出,荷兰ACM主要基于以下六项原则评估可持续发展协议:(1)仅在垄断协议规则(《荷兰竞争法案》第6条和《欧盟运行条约》第101条)下评估可持续发展协议,其他竞争法条款不在讨论范围;(2)企业应自行评估其合作协议是否符合法律规定,ACM仅起辅助作用;若企业援引竞争法规范中的豁免条款,仍需承担证明责任;(3)“可持续发展”(Sustainability)这一术语并没有准确定义,应当基于案件具体情况评估,关键在于可持续发展协议的利益能在多大程度上抵消限制竞争损害;(4)依据竞争法规则评估企业间的各种合作安排均应遵循相同的分析框架(the same analytical framework),可持续发展协议并不能获得特别地位;(5)并非所有的可持续发展协议都会产生限制竞争效果,即使限制了竞争的可持续发展协议,通常也符合豁免条款;(6)应在广义上使用“福利”的概念,主要判断标准是消费者偏好(consumer preferences)。

2. 评估方法

荷兰竞争法遵循欧盟竞争法的分析框架,对企业合作行为的分析主要分为两个步骤:先评估消极效果——通常只有显著影响竞争的协议,才属于禁止性规范的适用范围;再评估积极效果——显著影响竞争的协议推定禁止,但如果符合豁免条件,则给予豁免。荷兰ACM对企业间可持续发展协议的分析,也依照这种方法。

首先,可持续发展协议如果没有显著影响竞争,则《荷兰竞争法案》第 6 条和《欧盟运行条约》第 101 条的禁止性规定并不适用。ACM 主要从“显著性”(Appreciability)和“固有限制”(Inherent restrictions)两方面分析一项可持续发展协议是否属于禁止性规范的适用范围。所谓显著性,指协议对竞争的限制必须达到相当大的程度才有必要予以禁止,因此,当参与协议的企业所占市场份额太少时,协议就不大可能产生显著限制竞争的效果,也就没必要予以规制。所谓固有限制,也即欧盟竞争法判例所指的“附属限制”(ancillary restraints),主要指当协议服务于一个合法的公共利益目标时,其对竞争的限制效果应当被视为可接受的。[1] 在 2014 年指南起草过程中,有人就提出固有限制理论也可以适用于可持续发展协议。不过,ACM 经过慎重考虑之后,还是认为,原则上不排除固有限制理论适用的可能性,但鉴于这一问题在法理学中还没有得到充分的探讨,故不会在 2014 年指南中对其应用做出说明。

其次,当一项可持续发展协议显著影响竞争时,需要进一步分析其是否符合豁免条件。《荷兰竞争法案》第 6 条和《欧盟运行条约》第 101 条确立的豁免条件是四个。

(1)带来了经济效率,主要指是否有助于改善商品的生产或者销售,或者有助于促进技术和经济进步。这些好处主要是经济方面的利益,如降低产品价格、提升产品质量、推出新产品、改进已有产品或提供更广泛的产品选择范围等,且该效率还必须是客观的(不能是当事人主观想法)和显著的。可持续发展协议在这方面的好处主要体现为创造出具有某些可持续性品质的产品,如环境友好型(environmentally friendly)或动物友好型(animal-friendly)的产品,或者让相关产品以更有效地利用稀缺自然资源的方式进行生产。

(2)消费者公平分享由此产生的收益,即协议带来的好处必须有效地传递给消费者。这里的消费者是广义概念,包括协议所涉产品的所有直接或者间接用户。消费者分享的最低限度要求是补偿原则,即消费者境况不能因为限制竞

---

[1] 关于固有限制或附属限制的内容,可参见焦海涛:《社会政策目标的反垄断法豁免标准》,载《法学评论》2017 年第 4 期;焦海涛:《环境保护与反垄断法绿色豁免制度》,载《法律科学》2019 年第 3 期。

争协议而变得更糟，如果消费者有损失，则损失必须能被获得的好处抵消。此外，消费者利益的衡量还要坚持长期原则，即考虑消费者获得的未来收益，因为可持续发展协议带来的好处通常未必即时产生，未来的好处因此也需要被纳入评估范围。

(3)限制竞争行为具有必要性，主要指没有其他不限制竞争或限制竞争效果更小的方式能够实现协议目标。必要性标准的认定如果过于严格，可能会妨碍可持续发展协议得到豁免。基于此，ACM指出，必要性标准在实践中一般不需要严格应用，关键因素是对竞争的限制能否被合理地认为是实现预期利益所必需。这意味着ACM不会去寻求所有假设性或理论上限制竞争效果较少的替代方案，但是，如果存在明确的、现实的、可行的、影响较小的替代方案，则可以要求协议当事人解释为什么没有选用这些更好的替代性安排。

(4)不会消除竞争，即市场上仍然有有效竞争的存在(剩余竞争标准)。该标准可以视为一种经济效率的保障措施，因为效率来源于竞争，如果竞争被消除了，短期的效率收益就不足以弥补长期的效率损失。剩余竞争标准的分析，首先要看协议当事人的市场份额之和，以及该市场上剩余竞争的程度。如果一方面的竞争受到限制，但其他方面的竞争仍然存在，则可以认为竞争没有被消除。此外，协议当事人之外的竞争对手，是否还有参与市场竞争的足够机会，也是分析是否存在剩余竞争的重要因素。

二、荷兰2020年“可持续发展协议”指南(草案)的总体情况

2020年7月9日，荷兰ACM公布了新的“可持续发展协议”指南(草案)，[1]拟对2014年指南进行修订，这距离2014年指南的颁布只有六年时间。为何在已发布2014年指南的情况下，荷兰ACM又急于发布新指南？重要原因是，2014年指南的实践效果并不理想。

迄今为止，荷兰ACM公开处理的案件中仅有两起涉及可持续发展协议：一是2013年的燃煤电厂案(Coal案)；二是2015年的肉鸡案(Chicken案)。这两个案件中的可持续发展协议最终均被拒绝豁免。经过广泛调查，ACM得出的结

〔1〕 2020年指南目前还是草稿(draft)，但已经过了公众咨询程序，不久就会正式颁布。

论是,它们为消费者提供的可持续性利益太少。可能正因为对大多可持续发展协议来说,豁免要件中的消费者分享标准门槛太高,这两起案件之后,荷兰经济事务部(the Dutch Ministry of Economic Affairs)坚持认为,必须考虑可持续发展协议"为全社会带来的收益"(the benefits for society as a whole),即便补偿消费者的标准仍需坚持。[1]

2014 年指南的实践效果不理想,主要原因有两个:一是内容不够具体,基本是《欧盟运行条约》第 101(3)条和欧盟垄断协议豁免指南[2]的简单照搬,不便于企业理解和适用;二是严格遵循欧盟竞争法的分析框架,贯彻的是一种典型的经济分析思路,而可持续发展协议的目标是非经济性的,很难完全符合经济效率的要求。2020 年指南(草案)有意对上述不足进行克服,相比 2014 年指南,新指南有几点明显不同:

第一,明确鼓励企业达成可持续发展协议。新指南强调,可持续发展是 ACM 的重点工作之一,而企业之间的协议可以有效促进可持续发展目标的实现。为更好鼓励企业达成可持续发展协议,新指南专设一章(opportunities for sustainability agreements),阐明了在竞争法的框架下,企业为实现可持续发展目标而可以达成相关合作协议的三个机会。

第二,提供了各种假设性事例(examples)给企业参考,并以此为基础阐明 ACM 的评估方法。这大大增加了指南的可操作性,便于企业进行有效的自我评估。

第三,优化了可持续性收益的评估方法。可持续发展协议要想被豁免,必须证明其带来了经济利益,而可持续性收益的量化非常困难。过去,企业面临的重要挑战之一就是难以量化可持续性收益。新指南一方面规定,可持续性利益的量化并非总是必要的,如果协议当事人的市场份额之和不超过 30%,或者协议的收益明显抵消了对竞争的损害,就不必再进行量化分析;另一方面在需要量化的其他情况下,ACM 也建议用所谓的"环境价格"(environmental price)来评估,

[1] See Maarten Pieter Schinkel & Leonard Treuren, *Green Antitrust: Friendly Fire in the Fight against Climate Change*, SSRN(Dec. 15,2020), https://ssrn.com/abstract=3749147.

[2] Guidelines on the applicability of Article 81 of the EC Treaty to horizontal cooperation agreements, OJ [2001] C3/2.

这意味着可以将可持续发展协议所避免的社会成本包括在分析之中。

第四，新指南草案提出了一个里程碑式的建议，即降低了环境协议（可持续发展协议的一种）的豁免门槛，不再要求协议所涉产品的消费者必须得到充分补偿。

第五，降低企业被罚款的风险。若企业明显真诚遵守新指南，但最终仍不满足所有的豁免条件，ACM 不会对签订协议的行为处以任何罚款，而将首先要求修订协议。根据 ACM 的经验，可持续发展协议很多时候可以在不会造成明显竞争损害的情况下达成。在这种情况下，如果企业与 ACM 提前讨论了可持续发展协议，并且 ACM 没有发现任何重大问题，但这些协议最终被发现与荷兰竞争法不符，ACM 也不会对其处以任何罚款。该规则也适用于已经订立的可持续发展协议，以及已真诚遵循新指南的情况。只要有关各方按照 ACM 的要求迅速调整其协议，ACM 将不会处以任何罚款。在任何时候，企业都可以与 ACM 联系，并讨论其希望与其他企业签订（或已经签订）的可持续发展协议可能对竞争产生的潜在影响。

总体来说，荷兰 ACM 希望新指南能够为企业合作以实现可持续发展目标提供更多机会（more opportunities）。ACM 主席马汀·斯诺普解释道："我们看到，企业越来越愿意承担责任，为社会提供更可持续的发展。我们对此表示欢迎。本指南为企业在不违反竞争规则的基础上实现可持续发展目标，提供了更广阔的合作空间。我们界定了合作的范围，也设定了明确的条件以防止'漂绿'（greenwashing）[1]，并确保整个社会从合作中受益。"[2]

三、荷兰 2020 年"可持续发展协议"指南（草案）的主要内容

荷兰 2020 年指南共设六章：第 1 章是"概要"；第 2 章是"介绍"；第 3 章介绍了可持续发展协议的概念，并阐述竞争法为达成可持续发展协议提供的机会；第 4 章解释了哪些可持续发展协议不被视为反竞争，因此不属于竞争法的禁止

---

〔1〕 主要指企业为树立支持环保的形象而作出的捐赠或公关活动，实质上是一种虚假的环保行为。

〔2〕 See Murco Mijnlieff, *ACM opens up more opportunities for businesses to collaborate to achieve climate goals*, ACM (Jul. 9, 2020), https://www.acm.nl/en/publications/acm-opens-more-opportunities-businesses-collaborate-achieve-climate-goals.

范围(机会一);第5章解释了法定豁免条件的适用,即哪些可持续发展协议能够被豁免(机会二);第6章讨论了ACM如何在实践中帮助企业评估其可持续发展协议,并预计企业未来也能够利用生效后的《荷兰可持续发展空间法案》(Dutch Act on Room for Sustainability Initiatives)或通过其他方法来寻求合作机会(机会三)。

新指南的主要内容包括以下几个部分:

(一)可持续发展协议的含义

对指南所涉及的企业间合作行为,2014年指南使用的词语是"可持续发展措施"(sustainability initiatives),2020年指南则直接称"可持续发展协议"(sustainability agreements),因为企业间的这种合作行为就是以协议方式实现的。

在英文中,sustainability和sustainable development具有相同含义,但指代宽泛,目前还缺乏明确的定义。2012年联合国第66/288号决议将可持续发展描述为这样一种发展模式,即"为我们的地球和今世后代创造一个经济、社会和环境可持续的未来"。这可能包括保护环境、生物多样性、气候、公共卫生、动物福利和公平贸易等内容。在新指南中,ACM并未对可持续发展一词作出更为全面或精确的定义,而是遵循联合国的描述。基于此,ACM将可持续发展协议界定为,任何旨在识别、预防、限制或减轻经济活动对人(包括其工作条件)、动物、环境或自然负面影响的企业间协议或企业协会决定。如果企业不确定其可持续发展协议是否属于新指南所说范围,可以向ACM提出咨询。

可持续发展协议在性质上既可能是横向协议,也可能是纵向协议。《荷兰竞争法案》第6条和《欧盟运行条约》第101条提供了分析限制竞争协议的一般方法:第1款是禁止性规定,主要用于判断协议是否产生严重的限制竞争效果;第3款是豁免规定,主要用于判断严重限制竞争的协议是否同时产生了能够抵消消极效果的经济效率(积极效果)。基于此,ACM对可持续发展协议的评价也主要依据这两条路径,可持续发展协议由此也被分为两类。[1]

---

[1] 这两个种类也就是荷兰2020年"可持续发展协议"指南所说的机会一和机会二;此外,可持续发展协议即便不符合豁免条件,企业仍可基于《荷兰可持续发展空间法案》来进行合作,这就是指南所说的机会三。

(二)第一类协议:不会产生严重限制竞争效果的可持续发展协议

有些可持续发展协议不属于竞争法中禁止性规则的适用范围,因而完全被允许。这主要指那些没有或只有轻微限制竞争效果的可持续发展协议。可持续发展协议的主要目的是更经济(更有效)地使用原材料,减少污染物排放和废物流,或以任何其他方式减少生产对人类、动物、气候、环境或自然的负面影响。一项可持续发展协议寻求实现这些目标的事实虽然并不能排除该协议可能具有反竞争性,但是,如果可持续发展协议事实上不会影响市场竞争,或对竞争的影响比较轻微,则应当认为这类协议不在竞争法禁止性规则的适用范围之内。

具有这种属性的可持续发展协议,主要有以下几个类型:

1. 自愿性协议。这类协议只是笼统地设定了可持续发展目标,但未对当事人施加特定的强制性义务,当事人有充分的自由去决定以什么方式实现可持续发展目标,所以它基本不会在当事人间产生协调效果,相反,它还能激励企业不受强迫地、自主地为实现可持续发展目标做出积极贡献。

2. 标准化协议。这类协议的内容主要是一些能够提升环境意识和气候意识的行为准则,通常包括关于原材料使用、生产模式等方面的共同标准、认证标识。这些标准应具有透明性,并且基于合理和非歧视原则对协议外经营者开放,同时协议还应设置可供选择的具有同等地位的其他标准,并且还应销售标准外产品供消费者选择(标准是针对经营者的,不能因此剥夺消费者的选择权)。

3. 可持续性生产协议。这些协议旨在提升产品质量,且同时要求不再销售那些以不太可持续性的方式生产的产品。这类协议在其不显著影响产品价格和多样性的前提下,可以免受竞争法管辖。一项典型例子是,某些协议旨在更经济地利用包装材料,或约定不再使用某类污染环境的包装。

4. 创造新产品或新市场的协议。协议旨在联合开发一个新产品或开拓一个新市场,则其会带来明显的促进竞争效果。为实现这一目标,企业很多时候需要采取联合行动以获得包括专门知识在内的足够生产资源或实现足够的规模。但是,这类协议往往仅在启动阶段才具有正当性,超越此阶段的长期合作则仍需受到竞争法的检视。

5. 合规性协议。这类协议的唯一目的是使协议当事人、其供应商、分销商尊重其开展业务所在地的法律,这对于难以自行检查其商业伙伴是否遵守规则的企业尤其重要。通过合作,他们能够达成必要的协议,允许他们进行这种合规检查。有关的法规或规定,通常涉及尊重劳动法(如禁止童工、支付最低工资、尊重加入工会的权利)、保护环境(如禁止非法伐木)和尊重公平贸易规则(如禁止贿赂)等内容。不过,需要强调的是,这类协议不能不必要地限制竞争,例如,企业在协议实施过程中应谨慎发布与竞争相关的敏感性(competition-sensitive)信息。

(三)第二类协议:积极效果能抵消限制竞争效果的可持续发展协议

若企业订立的可持续发展协议在相当程度上限制了竞争,但同时能证明协议符合豁免标准,则这些协议实际上也会被允许。在四个豁免标准中,从实用性的角度来看,可以首先检验标准三,即是否具有必要性。若协议包含任何对竞争的不必要限制,则豁免条件已经不满足,这时就不必再检验协议是否带来了足够的经济效率。

1. 可持续发展协议可能带来的利益

可持续发展目标涉及多方面的内容,在依照豁免标准评估可持续发展协议时,需要在个案中充分确定可持续发展协议可能带来的好处。这一标准可以从以下方面进行判断:

第一,利益的客观性。只有客观的可持续发展利益才会被考虑在内,而不是任何仅基于当事人主观意见的利益。客观的可持续发展利益不仅对消费者有益,而且在更广泛意义上对社会(或社会的一部分)也有益。可持续发展的好处往往与减少所谓的负外部性有关,负外部性不包括在企业成本中但代表着整个社会承担的成本。减少负外部性意味着,在产品的生产和消费中,每个人都会更多考虑到这些外部因素对环境和人类生活条件的影响。这可以为整个社会带来好处,包括这些产品的现在使用者和未来使用者。其他可持续发展利益可能涉及降低运营成本、增加创新、改进质量或提供更加多样化的产品,包括引入诸如动物友好型产品(animal-friendly products)或保证公平收入的产品(products that guarantee a fair income)。

第二,利益的可证实性。相关方可以从定量或定性的角度去证实可持续性举措的积极效果。哪种证明方式最合适,在个案中会有所不同。如果可以获得定量数据,或者可以相对容易地收集到这些定量数据,那么将这些数据纳入证据将是合乎逻辑的。环境收益通常可以被量化,例如,可以指出某些有害排放物的减少程度以及减少的时间段。在没有任何定量数据的情况下,证实可持续发展收益往往不得不采用定性方式(描述性)。与创新或动物福利有关的利益更难以量化。因此,对这些收益的证实将不可避免地集中于对效益性质的确定。

第三,真实成本和真实价格(True costs and true prices)。现今,关于真实成本和真实价格的讨论很多。企业往往想知道其产品的社会成本,[1]以及这些成本与企业实际成本的差异程度。由于没有考虑到某些外部因素,这些成本有时会被低估。在社会成本被确定之后,企业随后便能以尽可能消除其自身经营成本与社会成本之间差异的方式设置其生产过程。企业可以用不同的方式做到这一点。例如,他们可以支付最低生活工资或补偿温室气体排放。在营销活动中,他们可以利用这些要素向消费者推销自己的产品。在新指南所解释的框架内,企业在可持续发展协议中提供做出这种改进的承诺,也可被视为竞争法意义上的好处。

2. 消费者(用户)的公平分享

限制竞争协议豁免的第二个标准是消费者分享,即协议带来的好处必须能够被所涉产品的用户公平分享。这些用户既可以是现在的用户,也可以是未来的用户。此外,这些用户既可以是直接用户,也可以是间接用户,即位于生产链下游的用户和最终用户。

(1)什么是"公平分享"?

关于什么是"公平分享",欧盟委员会确立的基本原则是,用户至少应该就限制竞争对其造成的损害得到补偿,即用户受到的损害至少能够被获得的收益弥补。[2] 这个标准对可持续发展协议等非经济性协议来说,实际上要求较高,因为它们很多时候并不能直接让用户获益,尤其可能还要牺牲一部分用户的短期利益。可能正是考虑到可持续发展协议的这一特殊性,荷兰 ACM 对该标准的评估,提出了自己的看法。

---

〔1〕 社会成本即一种产品给整个社会带来的成本,它考虑了产品的外部性问题,包括生产者自身承担的成本,和生产者之外的其他所有主体承担的成本。社会成本越大,意味着负外部性越明显。

〔2〕 这部分内容的具体表述,可参见欧盟委员会发布的垄断协议豁免指南第 85 段。Guidelines on the applicability of Article 81 of the EC Treaty to horizontal cooperation agreements, OJ [2001] C3/2, para. 85.

首先,ACM 认为,在评估用户是否得到公平分享时,每个相关市场的用户都应被视为一个群体,即只要用户整体获得好处就可以了,不必要求每个用户都能切实受益。

其次,ACM 认为,如果同时满足以下两个标准,就有充分理由偏离欧盟委员会确立的上述原则:一是该协议旨在防止或限制任何明显的环境损害;二是该协议有助于以有效方式遵守国际或国家标准,防止造成需要政府负责的环境损害。基于这种判断,ACM 在新指南中区分了环境协议和其他可持续性协议,并对两种协议适用了不同的用户分享标准。环境协议是旨在改善对人类、环境和自然造成损害的生产过程的协议,例如,减少污染物排放和防止在产品中使用污染性原材料的协议。其他可持续发展协议,包括诸如设定劳动条件、最低工资标准或动物福利要求的协议。ACM 认为,对环境协议来说,判断用户分享标准时,应该考虑到他人利益,而不仅仅是用户利益。例如,若某个行业的企业共同决定只使用碳中和能源(carbon-neutral energy),温室气体排放量将因此减少,这是生产商的消费者(用户)和社会其他成员都能获得的好处,该协议也将有助于实现政府减少二氧化碳排放的政策目标。在这种情况下,不就协议造成的损害给予用户充分赔偿是公平的。[1] 对其他可持续发展协议,荷兰 ACM 坚持的用户分享标准与欧盟委员会一致,即强调用户因限制竞争而遭受的损害,必须能够得到可持续发展收益的充分补偿。

(2)如何权衡利弊:定量还是定性分析?

权衡利弊可以有定量分析和定性分析两种方法。定量分析可能更有说服力,但对分析过程和所需事实有着更高的要求。这也是为什么 ACM 认为豁免分析时首先可以先考虑第三个标准(必要性要求)的原因,因为如果第三个标准没有满足,量化分析就完全没必要了。不过,ACM 同时指出,在权衡可持续发展协议的利弊时,并不总是需要量化它们。

第一,不需要量化的两种情况。ACM 认为,在下列两种情况下,通常可以认

---

〔1〕 ACM 的意思是,在环境协议中,用户可能会受到损害,例如,更环保的产品一般价格更高,但这时,不一定要强调这些用户的损害必须得到补偿,因为其他社会成员也同时获得了环境好处,这种好处能够间接抵消用户受到的直接损害。在欧盟竞争法的豁免分析中,消费者的公平分享,主要指协议所涉产品的用户利益不能因限制竞争协议而变得更糟。荷兰 ACM 在本指南中扩大了对用户分享标准的解释。

为一项可持续发展协议符合豁免规定,而无须量化该协议的影响。一种情况是,协议当事人的市场份额总和有限,主要指不超过30%,则定性评估就已足够。另一种情况是,有些可持续发展协议对竞争的损害明显小于协议带来的好处,很容易就能足够清晰地得出结论。例如,有些协议只会导致价格的有限上涨或购买者选择机会的有限减少,但用户将从中获得巨大回报,对此无须进一步评估,就可以放心地认为用户能够获得公平分享。

第二,定量分析的情况。在对可持续发展协议的好处进行量化评估时,应尽可能准确地确定可持续发展举措的利弊,且需要以货币形式表述。可持续发展协议可能以不同方式导致更高成本,如使用更昂贵的原材料或生产方式,并因此可能导致更高价格。此外,协议会限制买方的选择,如生产者不再提供更便宜的污染性产品。在定量评估中,应尽可能将这些不利影响以价格效应(price effects)的方式准确地表达出来。在新指南中,ACM还提出可以用所谓的"环境价格"(environmental prices)来使环境协议货币化的积极效果。环境价格是一种表明污染排放和温室气体排放等环境危害的测量价格,也被称为"影子价格"(shadow prices),因为它们不是市场价格。通过使用这种环境价格,可以确定可持续性举措是否有助于以有效的方式实现社会政策目标。如果使用基于预防成本的环境价格进行估价,发现由于限制竞争而导致的成本增加低于预期的可持续发展利益,则表明该可持续发展措施的贡献可以被认定为有效。

3. 协议是否必要,以及是否超过了实现利益的必要程度?

豁免分析中的必要性标准,主要强调可持续发展协议对于实现目标以及由此产生的收益是合理且必要的。可持续发展协议的当事人可以提出各种理由来证明这点,即实现同一目标没有其他反竞争性更小的替代办法。例如,当事人可以证明合作协议是必要的,因为在没有合作的情况下,任何单个企业都不能率先改变其行为。此外,若一个或多个企业由于缺乏专门知识或规模等原因,实现目标的效率明显较低,则可持续发展协议也可被认为是必不可少的,因为在这种情况下,可以通过可持续发展协议,更快或更有效地推出可持续发展产品。

此外,可持续发展协议不能包含任何不必要的竞争限制。如果某个可持续发展目标能够以反竞争性较弱的方式实现,同时又不损害合作的有效性,则就应采用这种方式。例如,在某些行业,企业就产品和服务的可持续性属性达成质量标准协议,与不再生产或销售这些产品和服务的协议相比,显然反竞争性就要弱得多。

4. 市场上是否还保留足够的竞争?

豁免分析的第四个标准是竞争不能被消除。评估这一点,首先是分析参与协议的企业有哪些,毕竟,并非所有活跃于某一市场的企业都必然参与到可持续发展协议中来。此外,评估哪些方面的竞争受到了限制也很重要,因为只要相关主体能够继续在关键方面展开竞争(如价格竞争仍然存在),即便可持续发展协议涉及的范围较大,也可能仍存在足够的竞争空间。

(四)荷兰 ACM 对可持续发展协议的评估方式

新指南第 6 章简要介绍了荷兰 ACM 评估可持续发展协议的基本方式和政策考量。

首先,在评估方式上,新指南延续 2014 年指南的规定,明确提出企业应首先进行自我评估(self-assessment),以查明其可持续发展协议是否限制竞争,是否属于《荷兰竞争法案》第 6 条第 1 款的适用范围,在属于第 1 款适用范围的前提下,再进一步判断是否符合第 3 款的豁免规定。对于这些自我评估,适用第 4 章和第 5 章中讨论的标准。当然,若企业不确定其自我评估的可靠性,则应最好在早期阶段就联系 ACM 并讨论其协议,ACM 将指出可能存在的问题,并将帮助企业找到相应的解决方案。

其次,对于已订立的可持续发展协议,如果当事人已尽可能真诚地遵守了新指南,但后来又被证明不符合荷兰竞争法,则可与 ACM 协商或在 ACM 干预后,商定对此类协议进行调整。在这种情况下,ACM 将不会对协议处以任何罚款。这也适用于那些已与 ACM 进行过讨论并被 ACM 认为不存在任何重大风险的协议。

再次,如果当事人的可持续发展协议不能依据《荷兰竞争法案》得到豁免,企业仍有多种选择来继续实施其计划。一是企业可以选择将其举措提交立法机关讨论。这是因为,为公众利益服务的一般性规则不会落入荷兰竞争法的规制范围,如果企业拟采取的措施最终被转化为法规,那么该措施旨在实现的可持续性目标很可能终将实现。二是今后企业在某些情况下也可能有机会与荷兰的经济事务部和气候政策部的部长联系。因为根据《荷兰可持续发展空间法案》,基于任何人提出的合理请求，部长可决定在理事会内为可持续发展制定一项法令。当然，该请求必须有充分的解释，并说明那些必须遵守该规则或将受到该规则影响的主体已经对该举措表示支持。

最后，ACM 再次强调，可持续发展因素在竞争政策中发挥着重要作用，新指南反映了当前的这种认识。当然，将来如果有新的观点，可能会导致指南的进一步修改。

四、荷兰“可持续发展协议”指南对我国的启示

我国反垄断法的制度文本主要借鉴欧盟竞争法，垄断协议豁免规定与《欧盟运行条约》第 101(3)条的内容基本一致。荷兰作为欧盟创始成员国，其竞争法也以《欧盟运行条约》为基础。荷兰“可持续性发展协议”指南对我国反垄断法的制度完善与实施改进具有重要的启示意义。

(一)可持续发展目标的纳入

将环境保护等可持续发展目标纳入反垄断法的制度与实施体系中已经成为世界趋势。欧盟就确立了所谓的“环境整合原则”(theintegration principle)，并被认为是现代环境政策和环境法的基础之一，[1]它要求将环境目标整合到所有政策和法律的制定与实施领域。该原则的基本含义是，环境政策不应被作为一项独立的政策，而是覆盖所有可能产生环境影响的领域；环境保护并非只是环境政策和环境法的目标，所有的政策和法律制度，都应在制定和实施中考虑环境问题。环境整合原则被明确规定在《欧盟运行条约》第 11 条中，其表述为“为了促进可持续发展，环境保护的要求必须整合到欧盟其他政策的制定和实施及相关行动中”。

环境整合原则构成了反垄断法规制企业间环境协议等可持续发展协议的基本限度，也成了协调环境目标与竞争目标的基本原则。反垄断法制度与其实施中之所以需要考虑环境保护等可持续发展目标，重要原因之一是，环境保护相比经济增长更具有基础性。反垄断法维护竞争机制的本质是提高经济效率，促进经济增长。与经济增长相比，环境保护更显然具有基础性：一是环境保护事关人

---

〔1〕 See Hannes Veinla, *Scope and Substance of the Integration Principle in EC Law and Its Application in Estonia*, Juridica International, Vol. 2, p. 4(2007).

类生存，而经济增长更主要是为了人类发展，如果生存受到了挑战，发展也就成了空谈；二是经济增长依赖自然资源的有效利用，环境保护的目的正是提高资源的利用效率；三是经济增长以环境保护为前提，没有环境保护的支撑，经济增长便不可持续，最终也就没有经济增长。基于这种判断，环境保护的价值位阶在当代已经超过经济增长。从权利体系来看，环境权已被提到了基本人权的地位，[1]并写入了很多国家的宪法之中。[2] 欧盟《基本权利宪章》也将环境权作为基本权利看待。

此外，环境保护不是一个独立问题，而是一个全局性问题。环境问题难以依靠环境规制自身来解决，因为大多环境问题会发生在各个领域，如农业、交通、能源等行业。[3] 如果这些领域的政策制定或者实施不考虑环境问题，环境保护法上的制度将会被架空，环境保护目标也就难以实现。所以，环境法的规则应推定适用于所有领域，它在经济与社会发展中具有基础性地位，一般应不分行业、地域、主体，一体适用。我们常说竞争政策具有基础性地位，反垄断法是“经济宪法”，这种论断确立了反垄断法的“一般法”地位，但这里的“一般法”，仅意味着反垄断法在市场经济法律体系中具有基础性地位。环境保护法更具有一般性，不仅在经济法律体系中具有基础性，与政治、文化、科技、体育、卫生、私人行为等所有领域的法律规则相比，它也具有基础地位。可以说，环境法是一般法的“一般法”，在经济相对发达的国家或者地区，环境保护问题基本可以作为一个宪法问题看待。

（二）豁免分析框架的确立

将环境保护等可持续发展目标纳入反垄断法，不是说要改变反垄断法的经济效率目标，而是说反垄断法实施中要注重环保目标与竞争目标的平衡。企业间的环境协议等可持续发展协议即便限制了竞争，但如果有助于可持续发展目标的实现，反垄断法也不宜直接予以禁止。这种平衡主要通过垄断协议规制制度来实现，尤其是其中的豁免规定，因此，为可持续发展协议确立合理的豁免分

---

〔1〕 徐祥民：《环境权论——人权发展历史分期的视角》，载《中国社会科学》2004 年第 4 期。

〔2〕 张震：《宪法上环境权的证成与价值——以各国宪法文本中的环境权条款为分析视角》，载《法学论坛》2008 年第 6 期。

〔3〕 参见 Kristin Linda Arnadottir, *The EC Integration Principle and Competition*, 载 http://lup.lub.lu.se/student-papers/record/1554697/file/1563413.pdf，最后访问日期：2020 年 12 月 7 日。

析框架非常重要。

第一,识别真正的可持续发展协议。能够得到豁免的可持续发展协议必须以可持续发展为目标。如果可持续发展协议只是被当作从事"伪装卡特尔"(disguised cartel)的工具,实际上用来实施价格固定、产量限制或市场划分等垄断行为,该协议本质上不是可持续发展协议,而是违法性明显的"目的型限制"行为(restrictions by object),应该适用反垄断法中的禁止性规定。欧盟的IAZ案是伪装卡特尔的典型例子。该案中的比利时家电行业协会同洗衣机和洗碗机的制造商与进口商达成协议,在出售的机器上使用统一的标签。协议标榜的目的是"为了公众健康,防止水质因污染而退化",但欧盟委员会发现,不论从协议内容还是从协议的实施情况看,协议的真实目的是阻止平行进口,因为只有作为协议当事人的制造商和进口商才可以使用该标签。[1] 法院支持了欧盟委员会的判断,在判决中指出,协议清楚地表明了当事人不公平对待平行进口商的意图。[2]

第二,可持续发展协议的反垄断法适用,可以采用"两步走"的方式:首先将那些不会限制竞争或限制竞争轻微的可持续发展协议排除在反垄断法的适用范围之外,然后再对属于反垄断法适用范围的可持续发展协议按照豁免标准进行分析。某些可持续发展协议,仅凭其性质就可认定其不应受到反垄断法的限制,因为它们基本不会对市场竞争产生任何实质性影响,甚至还有利于市场竞争。例如,可持续发展协议的内容可能未对当事人施加确定的个别义务,或者当事人只是笼统地承诺实现特定的可持续发展目标,相关主体仍有充分的自由去决定以什么方式实现该目标,这类协议就基本不会产生限制效果。[3] 此外,如果协议规定产品或者生产工艺的环保性能,但未明显地影响相关市场上产品或者生产的多样性,或者对购买决定未产生重要影响,这些协议也不会真正产生限制竞争效果。还有一些协议,是真正创造新市场的可持续发展协议,如循环利用协

〔1〕 Case IV/29.995 – *NAVEWA-ANSEAU*, OJ [1982] L 167/39, paras. 40, 41, 56, 59.

〔2〕 Joined Cases 96 to 102, 104, 105, 108 and 110/82, *IAZ v. Commission*, [1983] ECR 3369, para. 23.

〔3〕 在ACEA案中,欧盟委员会就认为,汽车制造商间达成的降低二氧化硫排放量的协议不构成限制行为,主要原因是,当事人仅同意降低排放量,而不包括一个确定的减排义务,且它们可以自由决定以怎样的技术方式来达成这一目标。参见European Commission, *XXVIIIth Report on Competition Policy*, p. 160 (1998)。

议,在当事人不能独立从事这类活动时,合作就是必要的,这类合作通常不仅不会限制竞争,还会创造市场竞争。

第三,豁免分析的主要标准体现为四个累积要件。这四个要件在《欧盟运行条约》第101(3)条中有明确规定,即经济效率、消费者分享、必要性和不能消除竞争。我国《反垄断法》第15条也采用了相同模式,但豁免标准的确立不够全面。首先是没有规定"经济效率"要件,而仅仅是列举了豁免情形,豁免情形与经济效率是两个不同的问题。其次没有规定"必要性"要件(或称"必不可少性"要件),该要件非常重要,要求当事人证明没有非限制性的措施或者限制效果更小的措施能够实现同样的效率目标。我国没有这种要求,这意味着即便存在多种可选措施,甚至存在非限制性的措施,企业也可选择限制竞争的方式。这是一个严重的立法疏漏。

第四,采用替代性方法进行可持续发展收益的评估。可持续发展收益效率化的一个操作障碍是量化问题。很多人可能会主张,可持续发展收益无法价格化。例如,我们无法给美丽的大自然估价,大自然的美是内在的,是难以衡量的。这种观点有一定道理,因为并不存在可持续发展收益的交易市场,也就不存在市场价格,但难以估计不意味着可持续发展收益的价值为零。为了将可持续发展目标整合到反垄断法中,我们可以采取工具论的方式,给可持续发展收益设定一个工具价值。荷兰ACM提出的"环境价格"标准就是一个很好的尝试。除此之外,还可通过其他方式实现量化目标。尽管环境收益本身不应被视为工具,但人们对不同的环境状况会显示出不同偏好,进而作出不同的选择,通过观察和测算人们的选择可以判断出环境收益对市场的影响。借鉴经济学中的"显示性偏好理论"(revealed preference theory),这种方法可称为"显示性偏好法"(revealed preference approach),即通过观测人们对环境产品作出的反应行为来评估环境产品的价格。例如,有学者主张,水质的改善会导致人们申请更多的捕鱼许可证,增加的许可证可用来评估水质改善的经济价值。[1] 此外,也可在其他条件基本相同的情况下,比较不同环境条件下的产品价格(如房产价格)来确定环境收益的大小。当然,也可通过直接调研来统计人们对环境收益的支付意愿。总

〔1〕 See Suzanne Kingston, *Greening EU Competition Law and Policy*, Cambridge University Press, 2012, p. 182.

之，环境收益的量化尽管很难，但并非完全不可行。

第五，坚持广义的消费者分享标准。首先，这里的消费者不能理解为消费者权益保护法上的消费者，而是包括协议所涉产品的所有直接或间接用户。直接客户即从协议当事人处购买产品的客户，包括将这些产品作为原料的生产商，产品的批发商、销售商及终端用户；间接客户即后续购买者，它们不是直接从协议当事人处购买产品，但产品来自协议当事人。也就是说，协议产品流通环节的所有购买者，都是这里的“消费者”。其次，消费者分享收益既包括特定主体受益，也包括消费者整体受益。荷兰 ACM 将这里的“消费者”扩大至产品用户之外的其他社会成员，是一种比较合理的处理方式，它考虑到了可持续发展协议的非经济性属性以及其收益的辐射性。将效率传递的对象限为特定消费者，可能会低估可持续收益的价值。因为既然对特定消费者有利的限制行为能够豁免，对消费者整体有利的行为更应能够豁免才对，因为后者可能会带来更大的价值。最后，对消费者公平分享的判断应坚持长期标准。有些情况下，效率传递可能需要一段时间才会发生，在此之前，限制行为可能只会有负面影响。效率传递的时滞性本身不能排除豁免规则的适用，但是，时滞越长，就越需要用更多的效率来补偿消费者在此之前遭受的损失。[1]

第六，反垄断执法机构可以给予企业明确指导。由于反垄断法的豁免分析是一项比较复杂的活动，企业自行评估不仅面临专业上的困难，也有较大的不确定性，这会影响企业通过可持续发展协议来实现相应的社会政策目标，因此，反垄断执法机构的指导非常重要。这种指导既可以通过个别的方式实现，即企业可以在个案中寻求反垄断执法机构的意见，也可以通过整体方式实现，如像荷兰 ACM 一样发布专门的可持续发展协议指南。

---

〔1〕 Guidelines on the application of Article 81 (3) of the Treaty (2004/C 101/08), OJ [2004] C 101/97, para. 87.

希腊、荷兰《可持续发展与竞争》调研报告介评

韩 伟 李子恒*

一、基本背景

2020 年 9 月 16 日，希腊竞争委员会(HCC)发布了《竞争法与可持续性》(Competition Law & Sustainability)调研报告初稿(draft staff discussion paper)。[1] 报告对可持续发展理念所引发的相关竞争问题进行了思考，围绕竞争执法对可持续性问题从不同角度进行了系统分析，探讨了二者的趋同与冲突领域。该报告发布的背景是近年全球对可持续发展问题的广泛关注——伴随 2016 年 4 月 22 日《巴黎协定》的正式签署，各国就 2020 年后全球应对气候变化行动达成了一致意见，2030 年全面实现可持续发展目标开始成为各国面临的重大挑战。2019 年 2 月欧盟委员会发布的文件《到 2030 年实现可持续性欧洲》[2]，即致力于执行 2030 年可持续发展议程，对经济、金融、制度、社会、环境

* 韩伟，中国社会科学院大学法学院副教授；李子恒，中国社会科学院大学法学院硕士研究生。

〔1〕 See Hellenic Competition Commission, *Competition Law & Sustainability*, HCC (Sep. 16,2020), https://www.epant.gr/en/enimerosi/competition-law-sustainability.html.

〔2〕 See Directorate-General for Communication (European Commission), *Towards a sustainable Europe by* 2030, EC (Feb. 13,2019), https://ec.europa.eu/info/publications/towards-sustainable-europe-2030_en.

等问题进行了细致探讨。可持续发展原则的兴起也使得各部门法在制定和修改时需要将其纳入考虑,因此这也引发了竞争政策该如何适用、协调可持续发展的争论。为了发展新的商业模式以及创造创新性经济生态系统,希腊竞争委员会主动采取行动,整合经济学及竞争法领域的评估工具,希望可以把握可持续发展问题的解决方法,从而确保所有利益相关方期待的法律确定性。该初稿发布后不久,希腊竞争委员会还在2020年9月28日举办了一次名为"可持续发展与竞争法:走向绿色增长的监管渗透"在线会议,就竞争法与可持续发展问题展开公开讨论,与会方包括来自欧盟委员会、经合组织、欧盟部分成员国竞争主管机构负责人、法官、学者等各界代表。

基于建议同时为了响应荷兰竞争当局发布的《可持续发展协议指南》,希腊竞争委员会又和荷兰消费者与市场管理局(ACM)联合委托专家(阿纳斯塔西奥斯·谢帕帕迪亚斯、埃夫提希俄斯·萨采塔基斯以及罗曼·内斯特三位教授)起草了一份调研报告:《可持续性与竞争》技术报告(Technical Report on Sustainability and Competition),该报告于2021年1月正式发布。[1] 报告主要利用环境经济学的概念与工具,回答在竞争法执行背景下,可以应用何种量化评估方法去考虑环境可持续性所带来的更广泛社会效益这一问题。

针对将可持续性概念纳入竞争法和竞争经济学的一系列问题,上述两份报告分别从不同层面进行了分析。第一份报告旨在关注实现可持续发展目标的同时,对一系列可能产生的反竞争行为加以规制,它从竞争法和竞争政策的语境下出发,通过研究希腊国内和欧盟层面的最新文献和相关案例,结合法律文本中相应的可持续性协议,呼吁各国从经济和社会等多个相互关联的层面采取行动,并切实制定出以可持续性为导向的竞争法和竞争政策,促进向绿色经济的过渡并支持创新。就后一份技术报告而言,其更关注通过下述方法去更好地促进环境评估实践:第一,使用特定案例数据的评估方法;第二,使用估算和汇总特定案例影响的评估方法;第三,使用来自现有研究和数据库数据的评估方法;第四,使用

[1] 参见 The Netherlands Authority for Consumers and Markets (ACM) & The Hellenic Competition Commission (HCC), *Technical Report on Sustainability and Competition*, 载 https://www.epant.gr/en/enimerosi/publications/sustainability/item/1284-technical-report-on-sustainability-and-competition.html, 最后访问日期:2021年2月3日。

来自既定政策目标的评估方法。

下文将对上述两份报告内容进行大致归纳与梳理,最后结合中国情况进行评价分析。

二、《竞争法与可持续性》调研报告主要内容

该报告的主体内容由四部分组成:第一部分对可持续发展原则的内容包括内涵、目标、执行现状等进行介绍,重点关注竞争法与可持续性之间的冲突协调问题;第二部分从《欧盟运行条约》和希腊第3959/2011号法律文件项下的具体条文入手,围绕可持续性问题进行梳理;第三部分着重讨论了可持续性与合并控制的问题;第四部分则提供了执法部门关于可持续性与竞争法问题的意见建议。

(一)可持续发展与竞争法:管理冲突

1. 可持续发展原则

报告指出,正如1987年世界环境与发展委员会(WCED)发布的《布伦特兰报告》[1]所界定的那样,"可持续发展是指既满足当代人的需要,又不损害后代人满足自身需要的能力的发展"。这一概念的提出确立了可持续发展问题的指导原则,为今后关乎可持续性的讨论确定了基准。考虑到人类所面临的环境、社会和经济限制,可持续发展理念的本质在于平衡当代人和后代人的需求。

自进入21世纪以来,各国纷纷采取各种内外政策以推动实现可持续发展,其中不乏各地区之间广泛开展的合作交流活动。早在2007年,欧盟委员会就提出了"20/20/20"目标,内容包括将欧盟成员国的温室气体排放量较1990年的水平减少20%,使其可再生能源占据资源消费的比例提升至20%,此外还有提高20%能源效率的要求;2015年9月,联合国大会官方通过可持续发展目标[2],涉及经济、社会、环境等可持续性问题的各个方面,为指导发达和发展中国家制定出更广泛的发展目标做出了巨大贡献;2016年关涉气候变化的《巴黎协定》的

---

[1] 该份题为"我们共同的未来"(Our Common Future)的报告后来以委员会女主席格罗·哈莱姆·布伦特兰的名字命名,因此亦被称为"布伦特兰报告"。

[2] 可持续发展目标:1. 消除贫困;2. 消除饥饿;3. 良好健康与福祉;4. 优质教育;5. 性别平等;6. 清洁饮水与卫生设施;7. 廉价和清洁能源;8. 体面工作和经济增长;9. 工业、创新和基础设施;10. 缩小差距;11. 可持续城市和社区;12. 负责任的消费和生产;13. 气候行动;14. 水下生物;15. 陆地生物;16. 和平、正义与强大机构;17. 促进目标实现的伙伴关系。

签署更是为可持续发展的国际合作构建了一个全球性框架。欧盟的行动计划就包括向循环经济过渡,确保从农场到餐桌的可持续性,建立持续的低碳和低投入经济,提高资源效率,降低能源消耗,扭转生物多样性和自然资源的损失,限制气候变化等方面,以此确保实现社会平稳转型。为了将可持续性的"核心要义"转化到具体的法律框架之中,通过影响公共和私人执行部门以使得所有政策和行动都能实现可持续性发展目标,近年来欧盟主要通过制定一系列统一的标准来确定某一经济活动是否符合环境可持续性要求,为资本流向可持续性投资的进程提供激励措施。尽管这些标准主要侧重于环境可持续性,但在某种程度上亦可帮助确定竞争法中的可持续性问题,其从定义上对可持续性涵盖的价值赋予了一定的可操作性。

2. 竞争法视角下的可持续性

在2020年新冠病毒引发公共卫生危机、气候变化和环境紧急事件频发、不平等现象加剧、全球发展面临不稳定性因素增多的背景下,2030年全面实现可持续发展目标也愈加成为各国面临的重大挑战。由于"不同的可持续性问题挑战和机遇之间的相互联系"多种多样,可持续发展目标彼此又难以分割,确保不同政策领域、部门和决策之间的一致性变得至关重要,而"全面影响评估"则可以对经济、社会和环境政策间的目标进行更好的权衡。对此,报告认为,欧盟竞争法应当评估不同领域的发展状况,以促进经济和社会组织转型。报告还提到,大量可持续发展目标在欧盟各条约中已被明确规定。比如《欧盟运行条约》(TFEU)第3(3)条强调了可持续发展的经济、社会和环境方面;第7条则为欧盟政策、活动及其所有目标之间的"一致性"建立了一个框架;第11条提及要将环境保护要求有效纳入旨在促进可持续发展的政策和措施之中。

报告指出,尽管有人认为,竞争法可能会抑制竞争者之间的"社会性合作责任",特别是为了解决全球环境问题而达成的某些协议极有可能涉及竞争问题。但是,竞争法与以公共利益为导向的企业间合作协议存在固有冲突的观点,自竞争法出现以来就一直存在,这反而表明竞争法需要不断丰富各种理论和加强政策工具的应用,以便提供必要的灵活性来实现这些公益目标,同时也强调了为了消费者和广大公众的利益还应保留一定程度的市场竞争。报告进一步提到,如何应用竞争法协调可持续性问题,其中需要考虑的点包括:(1)竞争对手之间或整个产业链中的企业之间为增强社会和环境可持续性而达成的协议在何种程度上才是正当的,要么不属于《欧盟运行条约》第101(1)条规定的范围,要么根据第101(3)条规定可予以豁免;(2)在评估并购时,怎样去审视可持续发展因素的大小;(3)根据第102条,滥用市场支配地位的公司行为是否也可以扩大到根据环境、社会或道德观点而被视为不公平的,或者是否应该对可能构成滥用支配地位的行为施以可持续性抗辩。对此,报告认为,该抗辩需要考虑新型商业模式的平稳过渡。在当前这个极具破坏性创新特征的时代,消费者和企业行为都发生了重大转变。对何为合法商业合作有失偏颇的看法和不确定性,都有可能影响企业参与以可持续性为驱动力的协作行为的积极性。经济的数字化转型,产业融合的过程将不可避免地改变公司的竞争地位,在试图制定经济上可持续性商业计划和应对气候变化或是循环经济的新挑战以及其他可持续性目标时,这也会导致它与以前的供应商或客户之间互相展开激烈竞争,产生新的问题。

同时,报告还将可持续性当作一种竞争优势,把向可持续经济和“绿色增长”议程的过渡视为未来市场机遇和经济发展的一个重要来源——可持续性并非一种负担或将产生的监管成本,而是一种获得“竞争优势”的机会,这种优势可使欧盟的产业较其全球竞争对手向前迈出一大步。企业应将可持续发展目标纳入其竞争力和发展战略之中,从而使其能在可持续转型进程中发挥“重要作用”。报告认为关键是要承认这样一个事实,即竞争是总体政策组合和可持续性转型的重要组成部分,不仅因为它能“导致更有效的资源配置”和推动创新,而且还在于其在社会层面上有助于“经济民主”、“平等”以及“使能负担得起的价格、更好质量和更多选择成为可能”,同时它也限制了“不以价值为基础所维持的根深蒂固的经济实力”。据此,只要可持续发展目标还纳入社会层面,竞争法就符合可持续性原则,原则上不会与注重可持续性的商业行为产生冲突。

3. 以可持续性为导向的竞争法和竞争政策

依据该报告,可持续性的不同维度使得其在竞争法标准及执法层面以不同形式呈现:首先,可持续性可能泛化为竞争执法中所应考虑的广泛外部因素或社会成本;其次,可持续性可能影响竞争法及竞争政策的目标;最后,可持续性可能为竞争执法中所应适用的各种标准和测试方法提供分析框架。

在将环境问题作为更广泛的外部因素纳入竞争执法方面,为了在关键可持续性领域实现有意义的变化，企业可能需要作出联合承诺或采取集体行动来实现可持续发展目标，但同时需要在不损害可持续性目标的情况下调整那些引发竞争关注的事项。报告认为，对此可以基于《欧盟运行条约》第101(1)条和第101(3)条进行审查。在方法采用上，可以将环境经济学与生态经济学相结合，前者主张将负外部性内在化，在成本效益分析中充分考虑到社会成本并将其货币化，以便使社会偏好正常化并实现社会最优结果；后者则研究生态系统和人类经济之间的相互作用，把个体偏好作为各种规范标准中需要考虑的一项因素。

在可持续性原则下，竞争法的目标也应该予以重新审视。随着社会、经济、政治和生活环境领域之间的联系日益增强，"级联效应"(cascade effects)[1]中那些发生概率低但具有高影响力的事件，逐渐成为需要重点考虑的因素。这一问题尤其在危机时期表现得更为明显，对系统灵活性的追求，开始成为公共政策包括竞争法在内的一个重要目标。

而竞争法标准和政策工具也需要适时得以调整。竞争主管机构必须积极主动地采取行动，政策制定应考虑更广泛的社会影响，以解决与商业合作有关的竞争问题，应对全球价值链中日益增加的协调成本，同时对企业滥用权利剥削消费者的行为也要予以回应。

(二)《欧盟运行条约》和希腊第3959/2011号法律文件下的可持续发展问题

依据法律，有些限制行为本质上就是反竞争的，而还有一些则需要基于更详细的效果分析进行衡量，这往往取决于对过度执法或执法不力所造成的错误成本的考虑。报告认为，在针对社会和环境可持续性等非经济利益时，如何与人们熟悉的经济利益(如价格效应)相对比以及最后如何根据竞争法明确协议的合法性，执法部门可以判断企业之间(可能还有其他利益相关方)加强社会和环境可持续性的供应链协议在多大程度上足以或应该被排除在反竞争协议原则禁止范围之外，针对具体协议对可持续性的积极利益能否抵消其成本(竞争减少和价格上涨)，设计一套法律标准。

报告指出，《欧盟运行条约》第101条和希腊第3959/2011号法律第1条为私人部门采取集体行动实施可持续发展目标提供了一定程度的灵活性，比如具

---

[1] "级联效应"是由一个动作影响系统而导致一系列意外事件发生的效应。

备限制竞争可能性的可持续性协议如果得到法规授权,可能构成《欧盟运行条约》第101(1)条的例外豁免,欧盟竞争法根据这一条确定了成员国强制性抗辩事由。但条约同时强调,如果一国法律仅仅是鼓励或使企业更容易从事自主的反竞争行为,那么这些企业仍然受《欧盟运行条约》第101条和第102条的约束,同样的原则适用于希腊第3959/2011号法律。此外,报告提到,并非所有的可持续性协议都会限制竞争,部分可持续性协议可能并不落入《欧盟运行条约》第101(1)条所禁止的范围,这就带来了对竞争对手或整个价值链中的公司之间的协议在多大程度上可以被批准,以增强环境可持续性和持续发展目标的思考。而在《欧盟运行条约》第101(3)条和希腊第3959/2011号法律第1(3)条规定下,企业达成的协议需累计满足四个条件才能获得豁免,其中一些条件可能使某些可持续性协定的豁免更加困难。在执行希腊第3959/2011号法律第1(3)条时,需要考虑更广泛的公共政策问题。

此外,报告提及的另一个值得思考的问题是,根据《欧盟运行条约》第102条的规定,拥有市场支配地位企业的滥用行为,是否也包括那些构成违反环境法的反竞争行为或限制可持续发展的行为。

(三)可持续性与合并控制

依据该报告,在现行欧盟合并控制制度下,存在多种选择来解决涵盖范围更广的可持续性问题:(1)深入研究根据欧盟《合并控制条例》第2条对并购所采取的实质评估方式,特别是在界定相关市场时考虑可持续性问题;(2)将这些关注纳入欧盟《合并控制条例》所审查的“效率”中;(3)在提供相关救济措施时考虑这些因素;(4)运用欧盟《合并控制条例》第21条第4款;(5)允许根据成员国竞争法对交易进行审查以评估本地问题。

报告还认为,在评估创新效果时,可持续性问题也可以被间接地考虑进去,并购控制可能适用于保护对实现可持续发展目标至关重要的实际和潜在技术竞争。此外,关于合并控制的问题,报告以希腊竞争委员会Case N. 615/2015、Case N. 682/2019、Case N. 694/2019三个案子为例,说明了在过去的并购案件中交易方也有参与到与可持续性相关的讨论,尽管这些因素在合并的竞争评估中最终并没有发挥直接的作用。

(四)报告的建议

报告认为,向可持续发展过渡非常重要,随着在国际、欧盟和成员国层面,竞争法与更广泛的宪法价值观和可持续性方面的纲领性目标更加一致,这不仅将作为一项有利于消费者和公民的以可持续性为导向的政策问题,而且也是企业获得竞争优势的一种手段。企业需要一定的法律确定性来进行必要的投资,但这同时需要一套复杂的促进与激励机制,以便将可持续性目标纳入其商业战略。考虑到可能的外部性因素,在这一过程中竞争主管机构应推进向绿色经济的过渡进程,以新的工具和方法来了解消费者的行为,对此需采取更具针对性的竞争法干预措施,提供一套明确的规则以供遵守;收集有关各种商业战略的信息以及它们在进行绿色经济转型过程中面临的问题,以便使竞争法律的执行适应具体情况;加强与其他监管机构的密切合作与充分讨论,以便就拟议的与可持续性有关的创新举措提供非正式协商,促进竞争者之间达成协议来实现环境目标,并同时加强竞争。这一进程具体可以通过制定竞争法可持续性监管"沙盒"得以促进,保障新业务模式的发展,从而更快、更有效地实现可持续性目标。

报告还指出,应由国家竞争主管机构发布一般性准则,澄清在何种条件下企业可以采取合作行动以促进实现某种可持续发展目标,以及应建立何种形式的公共问责机制而有利于竞争法的实施。在与业界和其他利益相关方进行协商后,希腊竞争委员会设想通过借鉴荷兰竞争管理机构非常具有前瞻性的可持续性指南草案,设计出自己的可持续性指南。

报告最后指出,成员国采取的这些措施,可能为欧盟竞争法和竞争政策的发展提供可行空间。最终,它们将从成员国层面上升到欧盟层面,为未来确定有用的先例,进而还可能影响竞争法的私人执行。

三、《可持续性与竞争》技术报告主要内容

该技术报告的主体内容由两部分组成。第一,背景:个人和社会偏好;第二,衡量方法。前一部分着重介绍了外部性相关的福利经济学核心概念,讨论了各种福利标准,并展示了如何进行分析以符合福利标准选择需要;后一部分则讨论了通过使用总经济价值(TEV)的概念,来衡量环境可持续性/环境损害变化的各种方法。

(一)背景:个人和社会偏好

该部分介绍了包括个人对环境质量选择在内的基本福利经济学内容,在关

键术语的定义上，其划定了相关研究范围，为后面各种衡量方法的讨论提供了背景参考。报告认为，竞争主管机构加强环境经济学中相关概念和工具的应用，对于正确估计和比较潜在的竞争损害与增加的可持续性社会效益，具有很强的实践价值。尽管其关注的重点是与环境可持续性有关的效益，但它所介绍的概念和工具也能更广泛地适用于可持续性问题的其他方面。报告强调，如果无法将一系列外部性因素内在化，即使是完全竞争的市场在可持续性问题上也会产生失败的后果，不论这些因素是影响到了当今社会的成员还是未来的子孙后代。借鉴环境经济学的理论，能够恰当地衡量由此实现的社会效益，并同时考虑到后代的效益多少。

报告指出，可持续性具备多种含义，范围从高度具体能够一直衍射到极其广泛的对象之中。它同时可能包括了从生态保护和动物福利到经济平等的许多领域。而侧重于生态可持续性的理由在于：①损害自然资源的外部性因素所造成的市场失灵是最直接的问题点；②凭借这一重点，我们可以立马应用大量的环境经济学文献，在此所有讨论的方法都是能够立即适用的；③公众对促进生态可持续发展的迫切性存在广泛共识。而对生态可持续性的密切关注也并非意味着竞争主管机构仅仅只限制在这个领域，保持经济发展与环境质量之间的内在平衡也相当关键。

为了审查关乎环境的政策决定，很多研究者认为必须首先考虑个人的偏好情况。尽管在许多经济学文献中，偏好通常被认为是一项直接赋予的条件，但在评价环境问题上并非那么直截了当，需要展开一些讨论。在审查了界定个人环境偏好的不同方法后，该报告分析与汇总了个人偏好相关的一些重要问题，其中选择财富最大化标准，特别是卡尔多－希克斯标准（Kaldor-Hicks）值得关注。当采用这种标准时，可以通过观察计算消费者福利及其变化，以及从福利角度出发对潜在减少的环境损害展开局部分析。个人对环境质量的偏好能够被定义和聚合进而实现社会福利功能，从而塑造出一个客观的总体衡量标准来帮助执法者进行社会决策。

基于对福利的关注是以个人偏好的总和来衡量这一前提，报告同时引入了帕累托最优以及潜在的帕累托最优标准，揭示了效率同帕累托最优的关系。在没有产权和市场的情况下，市场力量本身不会导致公共产品福利最大化的结果。

研究者首先选择从一般均衡框架对效率问题予以阐述,讨论了环境问题对效率实现所构成的相关挑战。然后从局部均衡模型的角度讨论了更接近于竞争政策的经济概念,把重点放在单一市场上以设计出一个能够帮助市场决策的衡量标准。在该框架下,个人需求以及由此引申出的消费者和生产者问题(如消费者剩余和生产者剩余)均被定义。

在提出消费者剩余和生产者剩余的概念后,报告指出,需援引外部性概念以检验环境质量与成本间的权衡问题。基于此,报告提供了简单的图解以说明企业间达成的可持续性协议存在的主要影响。此外,报告还指出,由于在处理成本和收益问题时具有不确定性,在考虑实现环境效益过程中的这类比较上,时间维度也是一项关键的考量因素。比如生产者之间达成的改善环境质量的协议可能为未来的社会成员带来巨大利益,但是如果不考虑协议可能为未来个人带来的利益,或许执法就会导致拟议的协定被放弃,特别是在当代人得到的利益低于其成本的情况下。

(二)衡量方法

该部分内容主要讨论了基于总经济价值概念,衡量环境可持续性减少(环境损害)的各种方法。总经济价值概念在这里用于体现环境质量改善带来的总体福利收益,指任何环境资产的使用和非使用价值。当限制竞争的措施导致消费者剩余减少时,竞争评估需要考虑可持续性效益方面的影响,此时衡量可持续性效益的方法便至关重要。

报告指出,在前述概念的分析基础上,研究人员关注的是福利的两个组成部分。具体而言,在考虑生产者协议时,其将相应的福利影响分为两大部分:(1)受影响市场中消费者的潜在福利损失;(2)由于环境稳定性得以改善(环境损害减少)而给社会带来的福利收益。环境可持续性改善带来的福利收益的一般分析方法是,比较两种情况下的总经济价值:一种考虑对竞争的限制;另一种不考虑竞争限制。出于实践目的,研究者将测量方法划分为两大类:第一类方法源自个人偏好,即总福利的变化是通过个人透露或表明的偏好所导致的支付意愿的总和来计算的;第二类方法依赖一种捷径判断,即从现有数据推断(如环境价值),或者假定一个政策目标(如排放上限),以此作为社会偏好的表现,然后从中推导出影子价格(最优计划价格),使资源得到合理配置。

考虑到消费者剩余及变化，报告详细介绍了个人评估环境商品的衡量方法，比如由市场揭示（行为调查），适用假设的选择情景，或基于陈述性偏好（意向调查）。报告还强调，当环境商品的使用在非环境商品的市场上留下行为痕迹时，显示性偏好方法也可用于估计使用价值，即使目标商品没有被直接用来交易。显示性或陈述性偏好方法的测量手段，基本都遵循了公共福利的思路，即计算个人偏好，然后进行汇总。此外，报告还强调了考虑未来社会成员的必要性，包括环境偏好的潜在变化，并介绍了如何综合不同时间产生的成本和收益的各种技巧。

报告认为，面向特定政策目标的衡量方法也相当重要。通过分析比较方案或政策，使用成本效果分析（CEA）工具，能够选择以最低成本达到某一目标或在某一成本水平上达到某一目标的方案或政策。一般来说，成本效益分析适用于难以确定产出价值但相对容易确定提供的产出成本的方案或政策的比较，也适用于确定了一个固定的目标并要求以最低成本方式实现这一目标的情况。在给定的政策目标（如减排目标）下，如何从节省的成本中获得特定措施的好处，对此报告在对 CEA 的讨论中进行了细致阐述，其中特别提到了 SCC（Social Cost of Carbon）评估。

在对方法的讨论中，评估所需信息得到了广泛关注。报告还强调了一份协议的净福利效益，可以使用研究者所描述的方法得到估算：（1）受协议约束的市场和产品的具体特征；（2）价格和需求将如何反应的信息；（3）可持续性效益的信息（如减少大气污染）。

此外，报告也提及，如果没有适当的替代市场存在，依靠估计和汇总从个人偏好中得出的支付意愿的方法可能需要收集适当的数据，例如进行调查或选择试验才能得出一系列结论。特别是当利益体现为有害物质减少的形式时，福利影响可以通过改变健康利益或节省医疗费用、生产率或个人愿意承担的避免有害接触的成本的经验性措施来进行评估。这些数据可以从现有的数据库中获得，研究人员也单独设计了一些方法，这些方法主要建立在现有研究和数据库的数据之上，然后根据需要转移到特定的案例中。然而，如果正在进行的分析不是依靠具体案例的数据，而是使用其他研究的数据或得出的环境价格，报告也指出必须注意确保这种“利益转移”仍然能够充分反映所审查环境的具体情况，包括有关个人的偏好。

四、评价与启示

希腊竞争委员会单独发布的《竞争法与可持续性》调研报告初稿，较为系统地从垄断协议、滥用市场支配地位以及合并控制三大反垄断核心规则的角度梳理了可持续性相关问题。整体而言，尽管该报告针对具体问题的讨论深度有限，但有些内容还是具有启发意义，特别是目前理论界讨论相对较少的滥用市场支配地位规则如何衔接可持续性理念的内容。希腊与荷兰竞争执法部门联合委托调研的《可持续性与竞争》技术报告，则主要聚焦如何在竞争执法中选择适当的经济分析方法对可持续性相关因素进行评估，从而提升竞争执法的科学性和可操作性，该报告第三部分介绍的具体方法便非常有借鉴价值。

值得注意的是，反垄断法的实施并不必然促进可持续发展，相反，反垄断法甚至有可能对特定可持续发展目标产生负面影响。比如，垄断协议相关规则可能对竞争对手之间提升工人工资、促进环境保护的合作行为，产生过度威慑的“寒蝉效应”。经济、环境、社会是可持续发展的三个主要方面，新冠肺炎疫情的暴发以及给经济、环境、社会等方面带来的长远影响，进一步凸显了人类社会可持续发展的重要性。反垄断法主要关注经济问题，其能否有效地作用于社会、环境问题，各界并未达成共识。

反垄断法促进可持续发展的路径大致可以区分为两类模式：(1)间接模式，即通过豁免规则，对产生环境保护、社会进步等方面积极利益的特定反竞争行为，在符合构成要件的情形下，将之排除在反垄断法律责任的适用范围之外。这种模式体现了竞争政策对环境保护政策、社会政策的妥协。(2)直接模式，即在反垄断规则中，特别是反竞争性行为负面清单中，直接纳入环保、社会政策等非经济类可持续发展目标，将其融入竞争损害理论的构成要件，比如作为非价格竞争维度予以理解。这种模式一定程度上体现了竞争政策对环保政策、社会政策的吸收。[1]

就中国的情况而言，1994 年 3 月，国务院通过《中国 21 世纪议程——中国

〔1〕 See Wei Han, Hazel Yin & Tracy Lu, *Mission Impossible? Promoting Sustainable Development through China's Anti-Monopoly Law*, CPI Antitrust Chronicle, Vol. 3:2, March(2021).

21世纪人口、环境与发展白皮书》,确定实施可持续发展战略。中国政府2016年发布的《中国落实2030年可持续发展议程国别方案》[1],对联合国2015年确立的17项可持续发展目标(SDGs)予以回应,在针对目标10“减少国家内部和国家之间的不平等”的落实方案中,该文件强调了“完善公平竞争、优胜劣汰的市场环境和机制,帮助有关主体公平地获得资金和市场机会”。中国共产党第十八届五中全会提出了创新、协调、绿色、开放、共享的发展理念。[2] 中国共产党第十九大报告则指出:“我国经济已由高速增长阶段转向高质量发展阶段。”[3]有观点认为,推动中国经济高质量发展,就是要围绕为实现更高质量、更有效率、更加公平、更可持续、更为安全的发展提供制度保障而推进全面深化改革。[4] 竞争政策在中国经济发展中的地位近年在不断地强化,中国政府于2020年3月30日发布的《中共中央、国务院关于构建更加完善的要素市场化配置体制机制的意见》[5],进一步强调了强化竞争政策基础地位,打破行政性垄断、防止市场垄断,体现了中国进一步发展市场经济的决心。作为竞争政策核心载体的反垄断法,在中国经济新的发展格局下,在可持续发展方面理应发挥必要的作用。

中国《反垄断法》在可持续发展中可以扮演何种角色?中国是成文法系国家,要具体讨论反垄断法在可持续发展中的角色,需要综合考虑中国法律体系中其他法律对可持续发展所起的作用。较之《反垄断法》,中国目前存在的很多法律对可持续发展中非经济目标的促进作用更为直接,比如《中华人民共和国环境保护法》《中华人民共和国清洁生产促进法》《中华人民共和国野生动物保护法》《中华人民共和国劳动法》《中华人民共和国就业促进法》《中华人民共和国

[1] 《中方发布〈中国落实2030年可持续发展议程国别方案〉》,载中国政府网:http://www.gov.cn/xinwen/2016-10/13/content_5118514.htm。

[2] 《八、以新发展理念引领发展——关于树立创新、协调、绿色、开放、共享的发展理念》,载中国共产党新闻网:http://theory.people.com.cn/n1/2016/0429/c40531-28313643.html?tdsourcetag=s_pctim_aiomsg。

[3] 周跃辉:《如何理解“我国经济已由高速增长阶段转向高质量发展阶段”》,载中国共产党新闻网:http://theory.people.com.cn/n1/2018/0131/c40531-29797885.html。

[4] 高培勇:《深刻认识“我国已进入高质量发展阶段”》,载中国共产党新闻网:http://theory.people.com.cn/n1/2020/0818/c40531-31825674.html。

[5] 《中共中央、国务院关于构建更加完善的要素市场化配置体制机制的意见》,载中国政府网:http://www.gov.cn/zhengce/2020-04/09/content_5500622.htm。

中小企业促进法》《中华人民共和国妇女权益保障法》《中华人民共和国促进科技成果转化法》等。中国《反垄断法》遵循负面清单规则,聚焦特定的排除、限制竞争行为。从《反垄断法》的立法目的可以看出,尽管涉及内涵丰富的“社会公共利益”,但整体而言《反垄断法》的适用领域主要是经济生活领域。因此,针对环保、社会政策方面的可持续发展目标,该法从立法目的来看处于边缘角色。此外,还需要考虑的是,中国反垄断法实施的经验仍然有限,加之包括人力资源在内的执法资源的约束,这些现实因素都会影响中国《反垄断法》在可持续发展方面的作用空间。实际上,不论是直接模式还是间接模式,《反垄断法》促进可持续发展目标均面临一定的挑战。我们认为,不论是基于直接模式还是间接模式,中国《反垄断法》在可持续发展方面的作用整体上属于辅助性角色。就直接模式与间接模式的选择而言,中国《反垄断法》整体仍应维系间接模式的主导地位。进一步来说,可以考虑在只针对涉及环境保护的非经济类可持续发展目标的例外情形下适用直接模式。[1]

---

〔1〕 See Wei Han, Hazel Yin & Tracy Lu, *Mission Impossible? Promoting Sustainable Development through China's Anti-Monopoly Law*, CPI Antitrust Chronicle, Vol. 3:2, March(2021).

英国《环境可持续发展协议与竞争法指引》介评

郭江兰*

一、指引背景

竞争法的根本目的是保护消费者福利。竞争政策制定者和监管者通过关注价格、质量和创新等因素，在很大程度上用严格的经济术语来衡量和解释"消费者福利"，而环境考虑通常被视为非经济和无法量化的因素，因此在评估"消费者福利"时被边缘化。然而，随着对气候变化一般认识的提高和气候变化有形影响变得十分明显，衡量气候变化的经济影响和可持续性倡议成为必然选择。近两年，欧洲、美国和其他地方的决策者越来越认识到竞争法可成为有效应对气候变化挑战的持续性解决办法。[1] 在欧盟委员会和成员国一级，"绿色竞争"问题在竞争政策优先事项清单中的地位越来越高。其中，环境可持续发展协议与竞争法的交叉问题正成为各竞争主管部门积极反思的重点。关于如何能更高地支持向可持续经济增长过渡，企业亟须获得相关的法律指引或指导。目前，成员

* 郭江兰，中国政法大学经济法博士研究生。

〔1〕 See Angus Reston & Mark Sansom: "*Green*" *competition law-a changing enforcement climate*?, Freshfields (May. 11, 2020), https://sustainability. freshfields. com/post/102g6wo/green-competition-law-a-changing-enforcement-climate.

国对环境可持续发展协议的竞争法探讨存在两种不同的观点。一种观点认为环境可持续发展协议可能会违反竞争规则,应像对待与竞争对手的任何其他合作一样,以同样的眼光看待竞争法的遵守问题。在此种观点下,不会将环境可持续发展协议置于现有竞争法框架之外,也不会改变现有竞争法规则,而是集中讨论现有竞争法规则如何适用于环境可持续发展协议。另一种观点认为竞争法规则不应该成为环境可持续发展协议的障碍。后一种观点获得越来越多的支持,欧盟委员会和成员国纷纷进行了相应的行动。

2019 年 12 月,欧盟委员会的主席乌苏拉·冯·德莱恩(Ursula von der Leyen)推出了欧洲绿色协议,即欧盟的长期增长战略旨在使欧盟经济可持续、资源高效和具有竞争力。欧盟的主要目标是到 2050 年实现气候中立,使经济增长与资源使用脱钩。2020 年 3 月,欧盟委员会提出了第一部《欧洲气候法》,旨在将 2050 年气候中立目标变成一项法律义务。2020 年 10 月 13 日,欧盟委员会就欧盟竞争规则如何才能更好地支持欧洲绿色协议展开了一场公开辩论,并呼吁各方在竞争规则和可持续发展政策如何相互作用这一基本问题上作出贡献。成员国也出现了类似的行动。荷兰消费者和市场局(ACM)发布《关于可持续性发展协议的指导方针(草案)》,建议为纯粹的可持续性协议提供一个免受禁止竞争规则的安全港。安全港列表包括约束性协议,能为激励企业可持续发展目标作出积极贡献。希腊竞争委员会(HCC)提出了可持续发展协议的"沙盒"并发布一般准则;希腊 HCC 还主张在国际和欧盟层面协调竞争规则,有针对性地进行竞争法干预,进一步明确适用规则,并与其他监管机构密切合作。2020 年 10 月 1 日,德国联邦卡特尔办公室邀请了 130 多名竞争法专家,就"开放市场和可持续经济活动——公共利益目标对竞争法实践的挑战"的主题举行了一次线上会议,进行了讨论并交换了意见。另外,法国竞争管理局将可持续发展作为各自 2021 年行动计划的优先领域。

与此同时,英国竞争与市场管理局(Competition & Markets Authority,CMA)积极支持向低碳经济过渡,认为企业为了减少碳足迹或改善其产品的环境标准而共同缔结"环境可持续发展协议",在不违反竞争法规则的情况下应该被支持,这是企业间为实现环境目标而做的共同努力。鉴于此,2021 年 1 月 27 日,CMA 发布了《环境可持续发展协议与竞争法》指引(Environmental Sustainability

Agreements and Competition Law),[1]旨在帮助企业在遵守竞争法的同时实现环境可持续发展目标。该指引概述了现行的竞争法风险自我评估框架,并列出了企业和行业协会在订立可持续发展协议时应考虑的要点。CMA 指出:重要的是,竞争法不应成为可持续发展的不必要障碍,也不应因担心违反竞争法而阻止企业参与合法的环境倡议;同样重要的是,要确保市场保持竞争力并对创新开放。

二、指引主要内容

CMA 编制该文件,是为了帮助企业和行业协会更好地了解竞争法如何适用于可持续发展协议以及可能出现的问题。该指引文件中提到的可持续发展协议,指的是企业之间为实现可持续性目标(如应对气候变化)而达成的合作协议(包括行业范围内的倡议和行业协会的决定)。例如,企业可能会结合专业知识决定使其产品更加节能,或同意使用符合一定标准的包装材料以促进包装回收和减少浪费。除了应对气候变化之外,可持续发展目标还可以包括一系列广泛的目标。CMA 当前的重点是从环境角度考虑可持续发展协议,特别是在考虑气候变化方面的战略优先事项。

(一)CMA 对可持续发展协议的方法

支持向低碳经济过渡是 CMA 的一个战略目标。作为这一工作领域的一部分,CMA 希望确保竞争政策不会对可持续发展造成不必要的障碍,让企业不会因误以为可能违反竞争法而不敢参加合法的可持续性举措。为此,CMA 列出了企业和行业协会在签订可持续发展协议时应考虑的一些关键要点,以最大限度地减少损害和竞争法的风险。该文件内容包括:(1)概述企业在签订可持续发展协议时应注意的关键法律问题;(2)概述企业与熟知竞争法的法律顾问应讨论的详细技术信息(特别是关于市场份额门槛和豁免)。

(二)企业概述

竞争鼓励企业为了客户的利益而改进技术和进行创新。鉴于此,竞争法旨

---

[1] See CMA, *Environmental Sustainability Agreements and Competition Law*, CMA (Jan. 27,2021), https://www.gov.uk/government/publications/environmental-sustainability-agreements-and-competition-law/sustainability-agreements-and-competition-law.

在保护消费者和其他企业不受可能的限制或削弱竞争的行为影响。其中,这些可能的影响包括:价格上涨,创新减少或产品数量、质量或品种减少。企业之间为实现可持续发展目标而开展多种形式的合作,不太可能引起任何竞争法问题。如果参与的企业没有市场力量,有益的合作形式通常不会损害竞争,例如企业联合起来共同投入或共同研发。[1] 只有当企业之间的合作严重限制竞争时,才最有可能出现竞争法问题。但即使在这种情况下,也必须在当前的经济背景下对该协议进行评估。在某些情况下,可持续发展协议带来的益处可能超过限制竞争的潜在后果。

在这些情况下,根据竞争规则获得豁免是可能的——要么满足个案豁免的要求,要么协议属于现有的豁免类别。可能限制竞争的企业之间的合作协议需要根据个案进行评估,建议寻求独立的法律意见,以帮助确定协议是否属于豁免范围。

CMA 认识到企业之间的合作协议有助于实现可持续发展目标。但是,可持续发展协议不得用作商业卡特尔或其他非法反竞争行为的掩护。违反竞争法的后果是严重的,因此,重要的是要知道应避免的反竞争行为的类型,如交换竞争敏感信息,特别是关于价格和产出计划的信息。

(三)使用公平的标准制定程序

许多可持续发展协议都是标准制定协议,即企业通常通过行业协会或标准化组织制定产品生产过程或生产中所使用资源的环境绩效标准。

在制定新标准时,企业、行业协会和/或标准化组织应遵循以下步骤,以遵守竞争法:

1. 允许利益相关者在开发标准的每个阶段及时有效地获悉即将进行的、正在进行的和最终的标准化工作。例如,通过定期在专门的期刊上发表更新。

2. 保证受标准影响的市场中的所有竞争者都能参与标准制定过程并加入协议。

3. 确保所有遵守该标准的企业都能以公平、合理和无歧视的条件获得该标准。

---

[1] 一个企业如果能够提高或维持价格,或在失去足够的顾客而使其无法盈利的情况下降低其商品或服务的质量、数量或种类,那么它通常就具有市场力量。

4. 如果标准的制定涉及知识产权(IPR),参与方必须善意地披露其对实施标准可能至关重要的知识产权。他们还必须主动提出以公平、合理和无歧视的条件向所有第三方许可其重要的知识产权。标准制定组织的知识产权政策应对此作出规定。

5. 确保标准制定组织的成员可以自由制定替代标准(包括更高的标准)或不符合商定标准的产品。

在制定标准时,企业、行业协会和标准化组织不应该:

1. 交换或披露超出制定标准所需的商业敏感信息。

2. 将遵守标准、标签或行为准则的义务(直接或间接)强加给不愿参与的企业。

3. 使企业难以制定替代标准(包括更高的标准)或不符合商定标准的产品。

4. 利用质量规范阻止技术或竞争者进入市场。例如:(1)制定标准,并向第三方施加压力,阻止他们销售不符合该标准的产品;(2)互相串通,将新技术排除在现有标准之外。[1]

(四)避免严重的限制竞争和反竞争行为

1. "按对象"限制

企业之间有某些形式的合谋,就其性质而言,最有可能阻止、限制或扭曲竞争。这些做法通常称为"按对象"限制,包括操纵价格、限制产量、市场和客户共享以及串通投标。必须在可持续发展协议中避免这些"按对象"的限制,因为它们几乎总是不符合竞争规则。特别需要注意:(1)含有一项或多项"按对象"限制的协议不能受益于有关次要协议或集体豁免协议的安全港规则(参见关于市场份额大小的信息)。(2)包含"按对象"限制的协议通常也不符合个案豁免的条件。

---

〔1〕 以帮助确保标准化协议不违反竞争规则,更详细的技术信息可参见《横向合作指南》(第55~72页)。贸易协会还可以在以下网页中找到更多有用的信息:(1)行业协会需要了解什么竞争法?参见CMA,载 https://www.gov.uk/government/publications/competition-law-dos-and-donts-for-trade-associations/what-do-trade-associations-need-to-know-about-competition-law,最后访问日期:2021年1月27日。(2)博客《贸易协会:你是否遵守竞争法?》,参见CMA,载 https://competitionandmarkets.blog.gov.uk/2018/03/06/trade-associations-are-you-complying-with-competition-law/,最后访问日期:2021年1月27日。

2. 商业卡特尔

可持续发展协议绝不能被用作商业卡特尔的掩护。卡特尔是竞争者之间最严重的反竞争行为。当竞争对手同意共同行动,而不是相互竞争,以使卡特尔成员受益时,就存在商业卡特尔。在这种行为中,参与者通常同意使用一项或多项"按对象"限制(同意固定价格、共享市场、串通投标或限制产量),以维持或抬高价格,同时保持竞争的假象。这些行为是非法的,参与其中的后果是严重的。被发现违反法律的企业可能面临巨额罚款、取消董事资格,在最严重的刑事卡特尔案件中,还可能面临监禁。因此,企业必须明确与他们所怀疑的以可持续发展协议掩盖反竞争行为的协议保持距离。

3. 分享敏感信息

必须始终避免与现有或潜在的竞争对手直接交换敏感竞争信息,特别是关于价格和产出计划的信息。如果这样做,即使仅在一次会议上,也可能违反竞争法,对有关企业造成严重后果。敏感竞争信息涵盖了有关企业、商业政策的非公开的战略信息,包括但不限于未来的定价和产出计划。

历史商业信息的敏感度较低(一般超过 3 年),特别是当其中无法识别出单个企业的商业活动时。可证,当历史商业信息被汇总后,就更不可能敏感。有时,企业与行业协会或市场情报公司等第三方分享敏感竞争信息(例如,关于投入和组件的容量、销售或成本的最新信息)是可以接受的,这样做是为了建立整个市场的综合统计数据,有利于供应商、客户和其他市场参与者能够更清楚地了解某一部门的经济状况。但是,整理数据的第三方供应商必须谨慎,不要向市场竞争的企业披露收到的个性化信息,也不要利用这些信息促进竞争对手之间的协调。[1]

---

〔1〕 可访问关于管理敏感竞争信息的页面,以获得关于什么可以和什么不可以共享的进一步建议。参见 CMA, 载 https://www.gov.uk/government/publications/limiting-risk-in-relation-to-competitors-information, 最后访问日期:2021 年 1 月 27 日。在"欺骗还是竞争?"活动页面上,可以了解更多关于反竞争行为是怎样的,以及违反竞争法的后果。参见 CMA, 载 https://cheatingorcompeting.campaign.gov.uk/, 最后访问日期:2021 年 1 月 27 日。在《竞争法风险:简要指南》中,找到更多关于遵守竞争法的信息。参见 CMA, 载 https://www.gov.uk/government/publications/competition-law-risk-a-short-guide/competition-law-risk-a-short-guide, 最后访问日期:2021 年 1 月 27 日。

(五)考虑现有的限额和豁免

1. 评估市场份额的大小

如果参与可持续发展协议的企业的总市场份额低于一定门槛,则该协议可享受竞争法的特别优待。各种竞争法准则确定了不同类型的协议的市场份额门槛(或"安全港")。一般认为,如果有关企业的市场份额不超过相关门槛,且该协议不产生任何严重的竞争限制(例如,操纵价格、共享市场、串通投标等,也称为"按对象"限制),则该协议不会违反竞争法。在评估市场份额之前,首先需要界定相关的市场(包括产品和地域市场),然后根据适用指南评估市场份额。如果市场份额较低,应考虑寻求独立的法律意见,了解可持续发展协议是否受益于为次要协议或为某些类型的合作协议设定的低市场份额门槛而提供的安全港。(见表3)

表3　市场份额安全港

协议类型	市场份额门槛
如果当事人是竞争对手(或者很难对当事方是竞争对手还是非竞争对手进行分类),则为次要协议	双方在受协议影响的任何相关市场的联合份额为10% *或更低[1]
如果各方当事人不是竞争对手,则为次要协议	各方在受协议影响的任何相关市场所占的市场份额为15% *或更低[2]
联合商业化协议(例如,联合销售、联合分销、联合广告和类似协议)	双方在相关市场的联合份额为15%或更低[3]
联合采购协议	双方在采购市场上的联合份额为15%或更低,在卖出市场上的联合份额为15%或更低[4]
生产协议[5]	各方在相关市场的联合份额为20%或更低[6]

注:(*)请注意,在某些情况下,上述市场份额门槛可降低到5%。[7]

[1]《关于次要协议的通知》第8段。

[2]《横向合并指南》第240段。

[3]《横向合并指南》第208段。

[4]《横向合并指南》第153段。

[5]《横向合并指南》第169段。

[6]《关于次要协议的通知》第10段。

[7]《关于次要协议的通知》第10段。

没有任何推定,当事人的市场份额超过规定门槛的协议违反竞争法。此类协议的潜在影响及其可能产生的利益需要根据个案进行评估。

2. 考虑协议是否符合豁免标准

(1)酌情使用现有的豁免

一些可持续性倡议可能属于一般协议类别(如研发或专业化协议),根据“整体豁免”,这些协议可能不受反竞争协议禁令的约束。可持续发展协议符合相关的《集体豁免条例》规定的条件,尽管它可能具有限制性影响,但仍可被视为符合竞争法。除其他外,这些条件包括最大市场份额要求,以及协议中不应包含或豁免不适用的具体限制。如果企业认为其协议可能会从现有的集体豁免中受益,应寻求独立的法律意见。[1]

(2) 证明符合个案豁免的条件

一些似乎限制竞争且不属于现有整体豁免的协议,只要产生的利益被认为大于限制竞争的不利条件,仍可能单独允许。如果协议可能影响竞争(例如,通过导致价格上涨或市场上产品选择减少),将需要能够证明协议符合以下每个单独豁免标准:第一,协议可提高效率。例如可提高产品质量。第二,这些效率无法通过其他经济上可行和限制性较小的手段实现。第三,这些效率使消费者受益。第四,该协议不会导致消除市场竞争。企业应就其协议是否符合个人豁免的条件寻求独立的法律意见。

(六)“评估框架”流程图

为了帮助考虑建立可持续发展协议所涉及的风险,CMA 提供了一个流程图,该流程图应与其他信息和已公布的竞争法指南以及 CMA 将如何执行该指南一起考虑。(见图 1)该流程图的结构是一组问题,可以了解可持续发展协议是否会违反竞争法。该框架适用于从事经济活动的自然人或法人(包括独资企

---

[1] 《欧盟集体豁免条例》所涵盖的协议自动豁免于《1998 年竞争法》第一章的禁止规定。过渡期结束后(2020 年 12 月 31 日),联合王国企业继续受益于纳入国内法的《欧盟集体豁免条例》(“保留豁免”)。

与可持续性协议最相关的整体豁免:

(1)《研究与开发协议整体豁免》(2022 年 12 月 31 日失效)——相关准则见《横向合作协议准则》。

(2)《专业化协议整体豁免》(2022 年 12 月 31 日失效)——相关准则见《横向合作协议准则》。

(3)《技术转让协议整体豁免》(2026 年 4 月 30 日失效)——相关指南见《技术转让协议指南》。

(4)《纵向协议和一致做法的豁免》(2022 年 5 月 31 日失效)——相关准则见《纵向限制准则》。

业、非营利组织、合作社、在市场上提供非免费商品或服务的公共组织）之间的任何可持续发展协议。

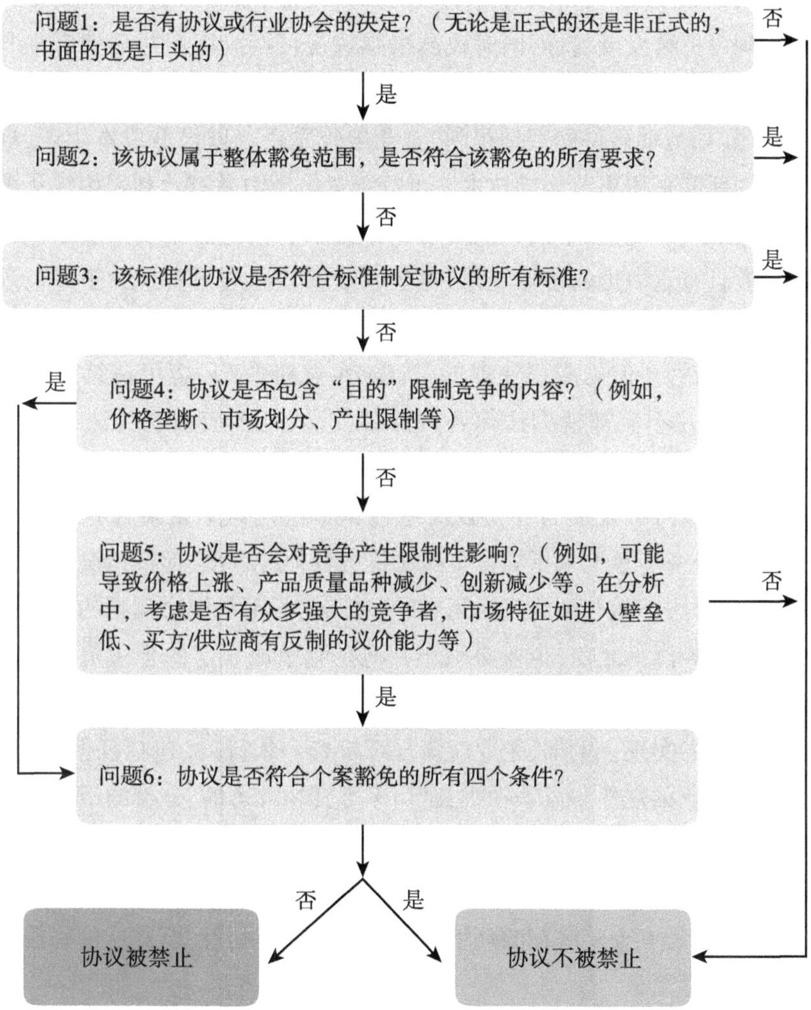

图 1　评估框架流程

需要注意的是，该流程图并不提供评估遵守竞争法的详尽框架。如果不确定可持续发展协议的合法性，应该寻求独立的法律建议。

三、评价与启示

一方面，CMA发布《环境可持续发展协议与竞争法》指引，表明其重视用竞争法来实现可持续发展目标，同时也越来越重视可持续因素对消费者福利的影响。消费者、企业和决策者正在意识到气候变化的规模性和严重性，以及其他可持续性问题（如劳动条件和劳动福利）。竞争鼓励企业以最低成本生产，进行有效投资并创新和采用更节能的技术。可持续竞争压力是有效利用稀缺资源的强大动力，补充了将环境成本内化的环境保护需求和气候法律规范要求。通过帮助实现有效且有竞争力的市场结果，竞争政策就其性质而言有助于绿色政策的有效性。在应对气候变化和保护环境方面，竞争政策相比税收、财政等其他政策，更能补充监管。但是需要注意的是，CMA发布的《环境可持续发展协议与竞争法》指引，并不应被视为法律咨询的替代品，也不应被视为法律的完整陈述。迄今为止，CMA尚未就绿色竞争法采取任何重大公共步骤，其中包含关于如何处理环境可持续发展合作协议。绿色竞争法是一个复杂且相对空白的领域，如果没有进一步意见来指导竞争执法机构在何种程度、何种情况下支持可持续性举措，竞争法反而有可能成为问题的一部分，而不是解决问题的办法。在等待进一步的指导意见之前，企业必须小心地在竞争法规定的合法范围内开展经营活动，以达到提高效率的目标。企业需要采取一些措施来确保竞争法不会阻碍其合法目标的实现。例如，企业应该仔细检查一致行动（包括任何结构协调）是否会限制商业独立性和竞争动机，密切审查交换现有的、分类的敏感竞争信息的举措，包括价格、客户、生产成本、数量、营业额、销售、能力、质量、营销计划、风险、投资、技术、研发计划及其结果。当可持续倡议可能涉及这些方面的交流或协调时，重要的是审查其潜在的环境或更广泛的社会利益，以及这些利益对企业合作有何内在意义。

另一方面，在可预见的未来，关于"环境可持续发展协议与竞争法"的讨论可能会继续下去。这是因为，企业会越来越多地寻求在可持续发展举措上进行合作，这种联合是因为可持续发展举措往往投资沉重，而且单个企业可能不愿意无利可图地单独开发，至少在中短期内是"先发不利"的。为了平衡可持续发展与竞争保护之间的矛盾，我国竞争执法机构也应有所作为。CMA《环境可持续发展协议与竞争法》指引的内容无疑会对我国可持续发展及未来国家有关绿色竞争政策的制定产生一定影响,同时这也是一次推动世界范围内可持续发展的良好契机。

首先,应明确竞争规则不应该成为可持续发展协议的障碍。CMA《环境可持续发展协议与竞争法》指引的出台,其主要目的是希望竞争政策不会对可持续发展协议造成不必要的障碍,确保参与竞争的企业不会因为误认为违反竞争政策而不敢参与和实施可持续发展的举措。鉴于此,应该重视可持续发展因素在竞争行为评估中的重要地位,必须首先意识到可持续发展的竞争价值。可持续发展协议虽然不能直接提高消费者利益,但可从更低排放、更少污染等方面间接为消费者带来"经济"利益。

其次,应划清可持续发展协议与反竞争行为之间的界限。除了借鉴CMA《环境可持续发展协议与竞争法》指引中的评价流程图外,鉴于当前执法技术有限,可通过具体行为类型的列举来判断可持续发展行为是否违反竞争法。目前,可持续发展协议的类型主要有:(1)联合研究可持续技术,例如旨在生产环保产品的技术。(2)致力于最低标准,例如与可持续制造方法、供应链或产品相关的标准。(3)整合资源,包括上游物流合作,例如协调库存、运输等。此外,还可借鉴国际上对环境可持续发展协议竞争问题的探讨。如通过对环境可持续发展协议(例如,以减少二氧化碳排放、增加生物多样性、减少废物的形式)所产生的效率进行评价和衡量,当有利于整个社会时,应支持企业开展环境可持续发展协议。

最后,应在环境可持续发展协议竞争法分析的全过程贯彻绿色原则。竞争政策虽不能取代环境法律和气候政策,但可以促进绿色政策的有效性。"绿色原则"为用"最严格的制度、最严密的法治保护生态环境"提供法律保障,实现了绿色发展从"理念"到"制度"的飞跃。"绿色原则"的落实涉及经济社会发展的诸多方面,核心点是实现经济发展与环境保护价值之间的协调与平衡。具体到市场竞争行为中,"绿色原则"鼓励企业之间展开"绿色竞争",在一定条件下允许企业因可持续发展目标而积极合作。此时,评估企业可持续发展协议是否具有损害竞争后果时,对竞争效果的评价不能仅狭隘地限于经济影响上(如在价格、质量和创新方面),而需要关注该协议是否具有更广泛、更长期的环境或社会影响。

欧盟《数字化及其对创新的影响》调研报告介评

刘雅甜*

一、报告背景

欧盟委员会科研与创新总司于2020年7月正式对外发布了一份调研报告《数字化及其对创新的影响》(Digitalisation and its impact on innovation),该报告委托阿里尔·托拉奇与莫里斯·斯图克两位专家撰写。本篇首先介绍该报告的基本内容,然后对其进行简要评价。

二、报告主要内容

(一)创新与数字经济之间的相互影响

1. 理论框架——熊彼特假说和阿罗假说

对于创新与市场结构之间的关系存在一系列理论假说。其中,根据熊彼特(Schumpeter)假说,市场集中能够通过增加垄断租金的方式内在化创新努力的回报。[1] 因此,熊彼特假说支持“创造性破坏”(Creative Destruction),即新技术替代旧技术的动态过程。学者认为熊彼特假说建立了竞争与创新之间的负相关

* 刘雅甜,经济学博士,中国政法大学法学博士后。

〔1〕 See Joseph A. Schumpeter, *Capitalism*, *Socialism*, *and Democracy*, Harper & Brothers, 1942.

关系。另一些研究则将该假说解读为更加严格的假设,即“一定程度的市场势力是创新的必要奖励,而不是创新的原因”[1]。与这一假设一致,数字经济中的市场势力被认为在本质上是暂时的,因此不会影响创新激励。根据这种观点,颠覆式创新、可逆的网络效应、新技术和被取代的威胁给主导平台和提供商带来了持续的竞争压力,从而确保了创新投资的持续性。[2]

此外,根据阿罗(Arrow)假说,竞争压力作为创新投资的关键影响因素,如果存在巨大的市场势力则抑制了企业进一步的创新投资。[3] 因为垄断企业很可能仅在新技术方面投资不足或者创新可以产生额外利润时进行投资,因此市场竞争必不可少。

相对于熊彼特假说和阿罗假说,实证研究表明市场集中与创新之间的实际关系更为复杂。其中,值得注意的是竞争和创新存在倒U形关系,即竞争的增加(从最初的低位开始)提高了创新,但当竞争水平超过一定阈值后则会减少创新。正如阿吉翁(Aghion)等人指出的,竞争可能会增加创新带来的增量利润(“逃避竞争效应”),但也可能减少落后者的创新激励(“熊彼特效应”)。[4] 也就是说,当竞争不激烈时,企业将缺乏创新动力。相应地,增加竞争会提高平均创新率。但当竞争变得激烈时,增加竞争却会导致平均创新率的下降。

更复杂的是,创新和市场结构之间的关系在不同行业中会呈现出不同的结果。[5] 当然,不同行业的研发投入水平和强度、对创新的保护力度和奖励分享程度也可能不同。此外,在行业内部,人们可以观察到企业在活动范围(国内或

---

[1] Giulo Federico & Horizontal Mergers, *Innovation and the Competitive Process*, Journal of European Competition Law & Practice, Vol. 8:10, p. 668 - 677 (2017).

[2] See David S. Evans, *Why the Dynamics of Competition for Online Platforms Leads to Sleepless Nights But Not Sleepy Monopolies*, SSRN(Jul. 25,2017), https://ssrn.com/abstract=3009438 or http://dx.doi.org/10.2139/ssrn.3009438.

[3] See Kenneth. J. Arrow, *Economic Welfare and the Allocation of Resources for Invention*, in R. Nelson, The Rate and Direction of Inventive Activities: Economic and Social Factors, Princeton University Press, 1982.

[4] See Philippe Aghion et al., *Competition and Innovation: an Inverted-U Relationship*, Quarterly Journal of Economics, Vol. 120, p. 720(2005).

[5] See Spencer Weber Waller & Matthew Sag, *Promoting Innovation*, Iowa L. Rev., Vol. 100, p. 2223 - 2226(2015).

国际)、成本水平和创新承诺方面的不对称性。[1] 创新结果的不确定性对于企业在投资新技术方面的战略决策也发挥着重要作用。最后,由于不同的经济发展水平、监管框架和金融可得性都会影响创新投入,因此政治或产业层面的因素也需要加以考虑。

2. 当前的竞争和创新水平

数字市场的创新水平如何？目前,创新看起来发展迅速。数字经济的特征是初创企业不断涌现、新技术陆续被采用和市场参与者的兴衰更替。例如,搜索引擎、社交网络、通信和购物平台。在这些市场中,创新有助于增加用户选择和市场透明度,改善市场进入机会,降低搜索成本,并实现较低的价格。在一些市场中,数字创新产生了积极的变革作用,为市场进入和扩张提供了新的渠道,刺激了市场竞争、经济增长和就业。[2]

然而,经济合作与发展组织(OECD)发布的《2017 年数字经济展望》[3] 虽然承认信息和通信技术是创新的推动者,但同时也指出商业活力和创业精神正在丧失其应有的潜力。OECD 进一步指出,虽然小型初创企业更能抓住数字技术提供的新机会,但如何获得资本和融资成本较高等问题却破坏了这一潜力。对于创新的众筹和点对点贷款都不能为企业融资提供有效的替代性选择。有限的资本可能会进一步削弱进入者引入新产品、技术和网络的能力。另外,如果新进入者能够获得资本,就可以补贴用户的转化成本,并防止在位企业对用户进行低效率的锁定。[4]

在美国,创新也未达到最优水平。2016 年,奥巴马政府经济顾问委员会指出,新企业的创立速度放缓,而且主导企业获得了更多的市场份额。实际存活下

---

[1] See Jan Boone, *Intensity of Competition and the Incentive to Innovate*, International Journal of Industrial Organization, Vol. 19, p. 705 – 726(2001).

[2] See Leonid Kogan et al., *Technological Innovation, Resource Allocation, and Growth*, Quarterly Journal of Economics, Vol. 132, p. 665 – 712(2017); Bronwyn H. Hall, *Innovation and Productivity*, NBER WPR 17178 (2011).

[3] See OECD, *OECD Digital Economy Outlook* 2017, OECD (Oct. 11, 2017), http://dx.doi.org/10.1787/9789264276284 – en.

[4] See, for example, strategies by Uber, Alibaba and Amazon, as discussed in E. Glen Weyl & Alexander White, "*Let the Right 'One' Win: Policy Lessons from the New Economics of Platforms*" (Coase-Sandor Working Paper Series in Law and Economics No. 709, 2014), https://chicagounbound.uchicago.edu/law_and_economics/719/.

来的初创企业越少,创新的重要来源就越少。此外,报告还指出,美国劳动力市场的流动性已经降低,工人在工作、行业、职业和地区之间转移的可能性也越来越小。美国最近的执法行动发现一些禁止偷猎协议(No-poaching agreement)破坏了就业市场,这些协议引发了反垄断担忧。阻碍工人流动的禁止偷猎协议也阻碍了工艺创新和渐进式创新,特别是在竞争者地理位置分散情况下。令人担忧的是,种种迹象表明,更高的资本回报率与投资增长其实并无关联。在市场集中度上升和竞争减少的情况下,企业投资却相对较少。

2018 年,美国国家经济研究局(National Bureau of Economic Research,NBER)发布的工作论文指出企业市场势力不断增加。一篇分析了 134 个国家的超过 7 万家企业的研究认为价格加成(Markups)即价格与边际生产成本的比率,呈现稳步提高的趋势。[1] 国际货币基金组织的一项研究也同样支持该观点,并进一步指出价格加成的提升与市场势力和市场集中度的增加有关。[2] 这项研究发现了市场结构与创新之间的倒 U 形关系。这种非线性关系对于那些更接近技术前沿的企业来说更为明显。产业集中度越高,加价率、投资和创新之间的负向关系也越显著。此外,美国国家经济研究局发布的另一篇工作论文比较了欧洲与其他发达经济体的情况。[3] 该研究指出美国市场经历了集中度和利润率的持续上升,而欧盟却没有。

总体来说,美国许多行业的竞争程度都低于最佳水平,欧盟更是如此。数据表明,许多市场正变得越来越集中,竞争力变得越来越弱。虽然利润率正在增加,而且少数企业获得了可观的市场份额,但创新并未达到最优水平。近期的一篇经济类文章指出,随着美国市场竞争程度的降低,劳动力收入在利润中所占的比例也在下滑,国内生产总值出现下降。由于在位企业设置了更高的市场壁垒,新企业的数量在减少,工资不平等的现象亦有所加剧。

---

[1] See Jan De Loecker & Jan Eeckhout, *Global Market Power*, NBER Working Paper 24768 (June 2018), http://www.nber.org/papers/w24768.

[2] See Federico J. Díez, Daniel Leigh & Suchanan Tambunlertchai, *Global Market Power and its Macroeconomic Implications*, IMF (Jun. 15, 2018), https://www.imf.org/en/Publications/WP/Issues/2018/06/15/Global-Market-Power-and-its-Macroeconomic-Implications-45975.

[3] See Germán Gutiérrez & Thomas Philippon, *How EU Markets Became More Competitive than US Markets: a Study of Institutional Drift*, NBER Working Paper No. 24700 (June 2018), http://www.nber.org/papers/w24700.

3. 数字领域的主要趋势

数字化转型可以提高动态效率，有利于商品、服务、工艺、商业模式和组织方面的渐进式创新和突破式创新，对商业、科学研究、卫生服务、农业和生活的各个方面都产生了显著影响。数字化促生了新的互连和不断发展的生态系统，以及一系列新技术和应用。[1] 这些过程通常很复杂，并且在不同行业之间存在差异。尽管如此，报告介绍了数字经济的8个重要特征，这些特征会影响当前和未来的创新。

(1)数据作为关键驱动力

数据是数字经济创新的关键资源。有了足够的数据，企业就可以改善自身的算法、生产、服务、商业组织和战略。对数据的获取、收集、组织和分析可以为企业和政府提供关于资源有效利用、市场条件、需求特征、研究路径和增长机会的重要见解。此外，值得注意的是在企业商业模式中的数据革命。大数据和人工智能在当前组织的战略决策中发挥着越来越重要的作用，其目的是获得超越竞争对手的“大数据优势”。数据被认为是“能够为企业创造显著竞争优势并推动创新和增长的核心经济资产”。最后，数字环境的特征之一涉及了个人数据的多样性或者范围。企业能够获得的数据越多，这些数据对于将来的计划就越有价值。

(2)数据进入壁垒

虽然数据是促进创新的关键，但数据障碍却会抑制这一过程。OECD指出，随着数据驱动服务的显著改善，正反馈使得强者变得更强，弱者变得更弱。[2] 公司收集的个人数据越多，数据的种类就越丰富，公司收集和处理数据的速度越快，数据的潜在价值就越大。因此，为了维持或提高自身的竞争优势，企业有强烈的动机去限制竞争对手访问数据，并且反对数据可移植性方面的政策。

(3)平台经济

除了数据，互联网和移动通信的指数级增长也见证了平台的激增——从在

---

〔1〕 See OECD Digital Economy Outlook 2017, supra note 20.

〔2〕 参见 OECD, *Data-Driven Innovation for Growth and Well-Being: Interim Synthesis Report*, 载 http://www.oecd.org/sti/inno/data-driven-innovation-interim-synthesis.pdf, 最后访问日期:2020年12月22日。

线社交网络、视频分享、通信、搜索引擎、购物网站,到移动和计算机操作系统。平台通常充当中介,因此成为用户和服务提供商的中心枢纽。以平台为中心的生态系统能够实现互联互通、用户接入和规模经济,因此具有增加透明度、提升竞争优势和创新潜力的作用。与传统的多边市场(如电视、广播和报纸)不同,在线平台可以收集个人数据,创建用户档案,用精准广告瞄准用户,甚至招募用户来推荐产品。因此,数据驱动的网络效应会更加动态,而且个人资料会加速网络平台的溢出效应。[1]

(4)网络效应和平台

数字经济的特点是网络效应可以提供独特的效率和规模经济。同时,网络效应会形成进入壁垒,降低在位厂商的竞争压力。进入者可以使用定价策略来抵御某些网络效应,例如补贴用户的转换成本。而且在一些情况中,网络效应可能会使得市场更为倾向于具有领先地位的供应商,这可能会使市场变得缺乏效率。

(5)障碍与转换成本

正在进行的数字化转型改变了人们传统互动和商业运作的方式。互联通过数字路径产生,继而在某种程度上被由提供路径或是在路径上操作的个人或组织所控制。为了增加对数据的获取和提高利润,控制用户界面的部分尝试涉及考虑延长用户停留在特定平台上的时间,从而最大化广告或服务的收入。因此,平台可能会寻求减少对外部选项的互用性和认知。例如,它们可能会排除某些服务,或者给用户访问第三方服务增加障碍。高昂的搜索成本和转换成本被用来"锁定"用户,降低竞争对手访问这些用户的能力。

(6)追踪与个性化

在多边市场中,常见的商业模式是公司利用其客户群产生潜在收益。特别是在数据驱动型经济中,关于用户行为、偏好、弱点和习惯的个人数据是依赖广告和营销的商业模式的收益来源。正如欧洲数据保护主管所观察到的,"政府和企业能够超越'数据挖掘',进入'现实挖掘',它渗透到日常体验、交流甚至思想中"。公司使用复杂的算法,从事数据挖掘、数据交易、在线营销、模式识别、

---

〔1〕 See For elaboration see Maurice E. Stucke & Allen P. Grunes, *Big Data and Competition Policy*, Oxford University Press, 2016, p. 285 -287.

需求估计和价格优化。[1] 这些信息是公司基于广告的商业模式的关键。与竞争对手相比,数据优势可以使公司实现规模经济,从而使数据和竞争天平向有利于自己的方向倾斜。

(7)赢者通吃

网络效应、进入与扩展使得一些企业免受竞争压力。而且,这些效应综合起来会使市场倾向于垄断,并巩固在位企业的市场地位。在网络和数据收集竞赛中获胜的企业可从以下几个方面受益:首先,改进他们的自主学习算法;其次,从数据中获取更大的价值;再次,利用利润扩大平台,从而吸引更多用户、广告商和更多的个人数据;最后,随着平台发展成为超级平台,其他应用程序对该平台的依赖能够有所增加,并且可以获取更多用户的个人数据和注意力。

(8)受控生态系统中的分权

人们曾经认为,互联网和技术将使权力去中心化,并且形成一个包容性的框架。端到端(End-to-end)技术的使用使得用户能够直接沟通,并控制用户界面的很多功能。这种去中心化的媒介削弱了传统守门人的权力,可能会促进对其他具有替代性的新闻和娱乐来源的访问。然而,重要的是,这些平台可能在相反的方向上运作,即对平台或界面的控制,这往往是集中的,可以影响用户行为。

4. 次优创新水平的含义

数字领域主要发展趋势的政策含义是什么?虽然在数字经济的某些领域,人们对创新的关注度不断提高,但对创新的投资却减少了。所以,这些领域缺乏动态竞争的特征。此外,某些行业中的高集中度可能反映出有价值的效率和规模经济,虽然这有利于大型企业,但却牺牲了动态性。如果创新水平保持在次优水平,将会产生什么影响?我们又需要付出什么代价?针对这一问题,目前存在两种截然不同的观点。

第一种观点是狭义的,该观点承认目前许多市场可能并未达到创新潜力所对应的创新水平,但认为这只是一种过渡状态。路径依赖起着次要作用,我们最终会达到相同的竞争均衡并享受相同的创新。因此,垄断不会造成任何长期损害,即当前的创新水平并不会显著影响未来的创新水平。因此,尽管垄断会造成

[1] See EDPS, *Towards a new digital ethics: Data, dignity and technology*, OPINION 4/2015, September 11, 2015, at 6.

暂时性损害,但动态竞争会把市场引导到其本应当在垄断不存在时达到的新竞争均衡状态。

第二种观点是广义的,该观点认为创新的水平和本质是受发展路径影响的,并不必然会回到它们的自然状态。在这种观点下,当前的创新不仅会影响未来的创新水平,也会影响创新的类型。总体来说,某些类型的创新可能会永远丧失。这种观点赋予决策者更大的责任去保护竞争性的门户网站,这些门户网站在未来创新的形成过程中扮演着至关重要的角色。首先,大型平台可能会变得更大。其次,具有竞争力的门户网站可能会由于数据驱动的网络效应和用户锁定而进一步关闭。最后,批评人士指出,美国的反垄断执法机构在保持竞争门户开放方面不够警惕。

无论政策制定者支持哪种观点,他们都不应该对当前的创新水平感到乐观。研究表明如今很多市场并未达到最优的创新水平。在某种程度上,第二种观点是正确的,随着竞争门户的关闭,政策制定者应该更加关注可能永远无法重新获得的创新。

5. 创新的供给

如果目前的市场并未达到最优创新水平,那么有利于创新的最佳市场条件是什么? 许多因素都很重要,因为它们能够直接影响政策制定者的决策。本部分考察了影响创新供给的四个关键因素:市场竞争性、专用性、协同性和创新的本质。

市场竞争性是指市场需要保持竞争性,才能使创新蓬勃发展。欧盟委员会认为,创新者之间的竞争可能会增强他们各自在研发方面的投入动机。《横向并购指南》指出,“有效的竞争为消费者带来好处,例如较低的价格,高质量的产品,广泛的商品和服务选择以及创新”。

专用性是指企业获取创新创造的价值和保护与之相关的竞争优势的程度将增加创新的动力。欧盟委员会试图在主导公司必须与竞争对手或客户打交道时取得适当的平衡,“必须特别注意这种干扰可能对投入动机和相关市场的创新产生影响”。如果在位企业对自己的创新不能拥有专有权,即不能避免竞争对手的搭便车行为,那么,在位企业的创新动机就会受到抑制。[1]

---

[1] See OECD, Roundtable on Refusals to Deal-Note by the European Commission (October 4, 2007).

协同性是指在从事研发过程中的必需的互补资产组合，可以提高创新能力。如果一个具有市场主导地位的企业可以通过任何理由拒绝与竞争对手打交道，那么这种自由度就会对其他公司的创新动机产生负面影响。[1]

除了市场竞争性、专用性和协同性外，创新的供应还受到创新本质的影响。关于创新的本质，欧盟委员会做出了如下分类：

第一，根据创新属于内部创新还是外部创新，可将创新分为产品创新和工艺创新。产品创新是指对商品或服务的特征或预期用途进行了新的或明显的改进。工艺创新是实施新的或显著改进的生产或交付方法。

第二，根据技术进步程度，可将工艺创新进一步细分为渐进式创新和突破式创新。渐进式创新是指技术水平的小幅提升，例如，盒式录像机（VCR）功能的更新；突破式创新涉及重大的技术飞跃，例如，用 DVD 取代 VCR。

第三，根据创新与价值网络的关系，可以将创新分为持续性创新和破坏性创新。持续性创新发生在价值网络内部，是指企业在为客户所重视的商品或服务属性方面增加更多或更好的东西，例如，DVD 便是持续创新的结果。破坏性创新则发生在价值网络之外，是指企业为商品或服务引入了不同的属性，例如，流媒体对 DVD 的取代。[2]

第四，根据创新来源的不同，可将创新分为生产者驱动的创新和用户驱动的创新。与生产者驱动的创新相比，用户驱动的创新是由用户自行开发和修改产品和服务的方式。[3] 同时，创新也可以来自具有互补产品的供应商和企业。[4]

第五，根据受益者不同，可将创新分为集中创新和分散创新。集中创新主要使多边平台上的一边或一组市场参与者受益。分散创新使多边参与人受益，包括平台多个方面的参与者。

第六，还可以根据创新对整体福利的影响进行分类，该报告在最后部分进行

---

〔1〕 See OECD, Roundtable on Refusals to Deal-Note by the European Commission (October 4, 2007).

〔2〕 参见 Competition Directorate-General of the European Commission, *Competition Policy Brief: EU Merger Control and Innovation*, 载 https://ec.europa.eu/competition/publications/cpb/2016/2016_001_en.pdf, 最后访问日期：2020 年 12 月 22 日。

〔3〕 See Eric Von Hippel, *Democratizing Innovation*, MIT Press, 2005, p. 19 – 20.

〔4〕 See Adam M. Brandenburger & Barry J. Nalebuff, *Co-opetition*, Currency Doubleday, 1996, p. 1 – 304.

了讨论。

因此,较高的市场集中度并不总是意味着较低的创新水平。市场竞争性、专用性和协同性对于创新的影响还会受到创新本质的影响。一定程度的市场势力,有时在某些行业可以作为一种激励来刺激创新(专用性)。但是,尽管更高的集中度可能来自一个公司的福利增强型创新,但并不能得出结论——市场集中度的增加本身就必然会刺激福利增强型创新。创新可以发生在高度集中的市场,但创新的本质可能会发生改变。例如,开放的系统依赖于用户驱动的创新,但可能会在一些公司获得特定行业的主导地位后发生转变。用户们开始依赖拥有支配地位的企业进行创新,而不是自发地开发和修改他们自己使用的产品和服务。最终,创新的主要受益者也可能会改变。创新可能只是简单地加强了拥有市场支配地位的平台的市场势力,并且将用户锁定。

6. 创新的需求

该部分从创新决策过程的角度,探讨了一些主导平台如何影响不同类型创新的需求和采用率。一方面,大型平台企业可以加快某些技术的采用速度,并且帮助用户做出创新决策;另一方面,大型平台企业也会在创新采用过程中设置障碍,阻碍技术的采用。

(1)大型平台企业如何影响创新决策

埃弗里特·罗杰斯(Everett Rogers)教授指出创新的采用通常需要经历五个阶段,分别是知识、说服、决策、实施和确认。[1] 为了说明平台如何影响创新需求,应先假设创新者希望潜在用户采用其技术。

首先是了解创新及其运作方式。从历史上看,创新者部分依靠报纸和杂志等传统媒体。发布者可以通过订阅数据了解目标用户。现在许多报纸和杂志依靠如脸书(Facebook)和谷歌等平台来获得网站流量,报纸和平台可以利用广告的创新来实现对用户的精确定位。例如,出版商可以使用 Facebook 工具了解其读者"喜欢"哪些文章。通过积累大量的个人数据,平台可以识别出与个人特定需求相关的创新,并且这些创新符合个人以往的态度和信念。因此,平台收集的个人数据可使广告商或平台本身识别可能的创新采用者,提高他们的创新意识,

---

〔1〕 See Everett M. Rogers, *Diffusion of Innovations*, 5th ed., Free Press, 2003, p. 216.

帮助说服个人使用创新。当个人对创新形成有利或不利的态度时,就会产生说服力。创新者不仅可能依靠大型平台来识别创新可能的早期采用者,而且还可以利用平台的帮助说服潜在用户尝试新产品或服务。在此,在线平台模糊了“大众媒体渠道”的功能,这些功能在历史上引起了人们对创新和“人际关系”的普遍认识,例如在劝说和决策阶段,朋友在历史上更为重要。平台可以针对最有可能最初采用该创新的用户,帮助那些早期采用者与同行就该技术交换信息,并说服他们采用该技术。

在决策阶段,用户会部分尝试创新,以决定是采用还是拒绝创新。在此,在线平台可以识别尝试过该产品的同龄人,从而可以提供“个人替代试验”。对于应用或游戏,这可能是 Facebook 上一位朋友的推荐。它也可以是油管(YouTube)上演示创新用途的视频。此外,用户可以试用该创新产品。

平台还可以促进创新的实施。平台收集的数据可以帮助创新者评估何时,如何和在什么情况下使用其创新,以及用户正在考虑或尝试的替代方法。平台还可以帮助将创新制度化,作为用户日常活动的一部分。例如,平台的数字个人助理是否结合了创新或开发了应用该技术的技能。实际上,数字助理可以针对用户的特定需求修改和定制化技术。

最后,在确认阶段,平台可以帮助加强创新的使用。例如,平台的数字个人助理可以使用个人数据告知用户使用创新型智能设备节省了多少钱。另外,数字助理还可以告诉用户使用新技术可以节省多少钱。

在过去,几项关键技术的采用花费了数十年的时间。好消息是,对于拥有支配地位的平台,一些技术的采用率可以缩短至几年,甚至几个月。

(2)大型平台企业如何阻碍创新决策

正如平台可以在决定采用创新的五个阶段指导用户一样,大型平台企业也可以在其中一个或多个阶段增加障碍,从而阻碍竞争技术的采用。

第一,关于创新的信息。大型平台可以限制潜在用户对技术的了解。例如,平台可以使消费者难以在搜索引擎、应用程序商店或其他地方找到该应用程序,从而降低或消除独立应用程序开发人员扩散其应用程序的能力。

第二,大型平台可以阻止用户使用创新。例如,它可以在平台上对创新进行负面评论,或者使他们自己产品的正面评论更为突出。或者,它可以为用户下载和使用该应用程序增加一些障碍。

第三，大型平台可以使用默认设置以利用现状偏见。因此，许多用户不太可能考虑或决定使用替代由平台所提供的默认设置的方法。例如，欧盟委员会调查了谷歌是否“通过要求或鼓励智能手机和平板电脑制造商专门预装谷歌自己的应用程序或服务，阻碍了竞争对手的移动应用程序或服务的开发和市场准入”。[1] 对此，欧盟委员会初步发现谷歌的行为具有反竞争效应。

第四，即使个人寻求创新，主导平台也会使个人更难获得和使用创新。这有助于该平台保持其数据优势和垄断地位，减少用户使用竞争对手应用的可能性。例如，平台可以将其应用程序与操作系统代码融合在一起，尽管它并没有实现任何真正的整合好处，但是许多用户将不再那么频繁地依赖其他供应商和技术。最后，平台可能会让个人对是否继续使用创新产品进行反思。一种方法是降低竞争对手创新的功能。

由上述分析可以得到以下两个结论：第一，不能只考虑影响创新供应的市场竞争性、专用性和协同性。创新的供给和对创新进行投入的动机还受到采用率的影响。第二，主导平台可以影响数字领域创新的供求。大型平台会试图阻止威胁其商业模式或市场力量的创新，甚至进行破坏性创新。主导企业拥有多种手段关闭具有竞争力的创新门户。但是，并非所有的创新都会受到抑制。在位平台会开发与平台服务互补，并且能够增加平台价值的创新。这些创新在主导平台的帮助下可以更快地被用户采用。大型平台会促进某些创新，尤其是那些有益于平台或支持其广告收入模式的创新，同时又会阻碍那些可以增加用户福利的创新。

7. 创新的本质与社会福利

到目前为止，报告考察了可竞争性、专有性和协同性对不同类型创新的影响。报告还分析了刺激或阻碍用户采用创新的各种因素。在进行上述分析时，潜在的假设是，创新越多，收益越高。在考虑了创新的供给和需求以后，本部分考察创新的本质。尽管“创新”一词通常会暗示积极的结果，例如商品创新和工

---

〔1〕 See European Commission, *Antitrust: Commission opens formal investigation against Google in relation to Android mobile operating system*, EU (Apr. 15, 2015), http://europa.eu/rapid/press-release_MEMO-15-4782_en.htm.

艺创新,然而创新并不总能增加总体福利。

与竞争一样,创新本身并不是目的,而是为了改善整体福利。因此,创新本身就是一个独立变量,与其他变量一起可以导致积极、消极或混合的结果。因此,在考察创新的影响时,应该首先关注市场特征的变化如何影响创新的性质,以及创新是否最终能够增加总体福利。

然而,增加创新并不总是好的。例如,对创新的过度投资可能会超过最佳水平,从而增加企业的市场势力和市场集中度。[1] 先进技术和规模经济可被战略性地用来阻止市场进入。在竞争有限的情况下,创新可能会被策略性地用于提高产品差异化和产量。[2] 当创新本身被用来排斥竞争对手,降低互操作性或提高竞争对手的成本时,就会具有排他性。创新可能会降低竞争对手采用技术的速度。企业可能会故意进行产品创新,从而使得产品难以维修,或者诱导消费者购买其他产品。最后,当新的发展旨在侧重于其他创新的相关性或削弱竞争对手创新的动力时,创新可能被用来蚕食竞争对手的创新。

当然,许多类型的创新是积极的,因为在许多情况下,这种创新会通过解决突出的社会需求或问题来提高整体福利。然而,有些创新是消极的,因为这类创新通常会损害消费者和社会的利益,降低整体福利。它包括旨在增加财富从消费者向公司转移的剥削因素。最后,混合创新可能对社会有利,也可能有害。

此外,消极的创新可被细分为三种类型,分别是:旨在将"同等效率的"竞争对手淘汰出市场的排他性创新(Exclusionary innovation);旨在削弱竞争对手通过创新开发竞争性产品和技术动力的同类相食创新(Cannibalistic innovation);以及旨在剥削用户的剥削性创新(Exploitative innovation)。

为了获得或者维持垄断势力,企业可能会从事消极的创新。从社会角度来看,对这种创新的投入不仅是一种浪费,而且可能是有害的。人们可以对消极创新是否算作创新提出质疑。无论分类如何,确定一项创新是积极的、消极的还是混合的,对政策制定者来说都是一项挑战。

---

[1] See Marc Escrihuela-Villar, *Innovation and Market Concentration with Asymmetric Firms*, CFS (February 2004), https://www.ifk-cfs.de/fileadmin/downloads/publications/wp/04_03.pdf.

[2] See P. Aghion, M. Braun & J. Fedderke, *Competition and productivity growth in South Africa*, Economics of Transition, Vol. 16, p. 741 -768 (2008).

由上述分析可以得到以下结论:第一,提高整体创新水平并不一定会增加社会总福利;第二,虽然政策制定者通常并不愿意抑制创新,但某些类型的创新确实应该被抑制;第三,政策制定者不能假定市场力量或监管机构一定能够阻止消极创新。某些消极创新超出了反垄断、隐私保护或消费者保护法的范围。即使不是这样,执法者也可能对所谓的创新持过于谨慎的态度。最后,通过开发工具确定何时创新是积极的、消极的或混合的,什么样的条件会促成多种形式的消极创新,以及实施政策来阻止消极创新将是非常重要的。

因此,决策者的目标不是简单地提高整体创新水平,因为这不一定会增加整体福利。在理想的情况下,监管框架应减少企业参与消极创新的动机和回报,同时促进或者至少不抑制他们投资那些通常能够促进整体福利的创新动机。

(二)执法挑战与政策建议

在理想的情况下,市场的动态性和存在的竞争压力将会优化创新的供给与需求,并且促进创新的采用,有利于实现社会福利最大化,同时抑制消极创新。然而,在现实的社会发展过程中,促进福利的创新有时要么被推迟,要么完全丧失,因此需要进行政策干预。该部分的报告研究了当前用于促进创新的几种主要的政策和法律手段。而且,由于创新的水平、性质和方向受各种监管政策的影响,包括在数字经济、消费者隐私、消费者保护、竞争和国家援助、教育、税收、财产和知识产权法,以及劳工等问题。因此,促进积极创新需要全面的政策方针。

值得注意的是,不断变化的监管框架可能会产生多种挑战性的影响。在保护消费者上,现有生产者或当前商业模式方面的现行法规可能会阻碍有价值的破坏性创新。[1] 当监管过度时,可能会抑制创新动机和投入。这可能会给规模较小的公司带来更大的负担,因为这些公司没有能力处理这些费用和资源,无法穿越错综复杂的监管迷宫,从而使得有些监管政策反而更加有利于规模较大的企业。

此外,当前的监管以静态监管为主,但是将静态监管应用到在数字经济背景下动态特征日趋明显的市场的另一个挑战是,监管可能没有考虑到行业内发生

〔1〕 See OECD, Directorate for Financial and Enterprise Affairs, Competition Committee, *Key Points of the Hearing on Disruptive Innovation*, 16 – 18 June 2015 (May. 11, 2017), https://one.oecd.org/document/DAF/COMP/M(2015)1/ANN8/FINAL/en/pdf.

的变化、技术进步和替代市场的兴起。虽然在许多情况下,监管是一种有价值的工具,当用来建立基本原则和限制时,它会得到优化,但当用来控制市场行为时,它可能会对市场动态造成负面影响,并抑制创新。

正如 OECD 所指出的那样,许多新的和破坏性的商业模式并不适合现有的监管框架,这可能需要采用新的和灵活的监管框架来涵盖这些新形式的竞争。在此过程中,竞争执法机构可以在向监管机构提供建议方面发挥重要作用,并且允许跨市场和跨边界的有利于竞争的改革。[1]

在探索这些工具时,必须谨记不干预和任何形式的干预如何影响市场动态和竞争平衡,竞争门户网站的关闭或扩大,未来创新的路径以及使创新陷入困境的风险等问题。任何影响市场和激励措施的监管干预措施都可能影响到可能的赢家和输家。它鼓励某些领域的创新,同时阻止其他领域的破坏。同样,不干预也不应被视为良性。它也反映了对现状下可能的赢家和输家的政策决定。过度干预和干预不足有时会减少整体福利。因此,应在评估法规对创新,投资和市场力量的影响的同时进行评估。尽管有时需要命令和控制法规,但应设计法规框架以提供必要的支架,同时保留竞争性门户网站,以进行实验,自由操作以及开发新技术和商业模式。

政策制定者在使用政策工具时,应该评估实施政策干预所面临的风险与挑战。因此,政策制定者应该采取谨慎的态度。一方面,过度干预会抑制创新,阻碍破坏性创新,削弱投资者的信心,增加较小规模经营者的负担,并影响市场竞争的结果。另一方面,不干预也不应当被视为是最优选择。因为当前的市场结构与竞争结果并非最优的,而且不实施任何干预措施可能不利于福利增强型创新。我们的目标是在考虑法律、商业、技术和市场环境的同时,最大限度地优化福利增强型创新的先决条件。

考虑到这些挑战,本报告认为今后最好将事前预防作为干预措施的重点,这些措施旨在创造一种监管和经济格局,从而帮助积极和促进福利的混合创新开辟具备竞争力的门户。即便如此,我们也应该意识到,任何形式的事前干预都会

---

〔1〕 See OECD, Directorate for Financial and Enterprise Affairs, Competition Committee, *Key Points of the Hearing on Disruptive Innovation*, 16 – 18 June 2015 (May. 11, 2017), https://one.oecd.org/document/DAF/COMP/M(2015)1/ANN8/FINAL/en/pdf.

影响未来的竞争格局。事后逐案干预应该主要限于企业行为明显违反现行法律规范的情形,如竞争法、隐私法、消费者保护法或知识产权法等。

（三）结论

本报告的一个重要结论是,如何促进积极创新并不能简化为简单的配方。在数字经济中,人们不能期望仅仅依靠市场力量就能达到最优的创新水平。不过,对于执法机构如何执法,也没有简单的规则。

首先,很多事情仍然未知。尽管有迹象表明市场变得更加集中,创新也未达到最优水平。然而需要注意的是,创新具有复杂性和不确定性,市场结构与创新之间的关系也不确定,某些消极的创新也难以识别。例如,竞争执法机构通常难以确认并购何时会促进创新或者阻碍创新。这并不是由于执法机构的关注不足导致的。OECD 指出,出现这一现象的原因是创新活动固有的不确定性,包括成本、时间、商业成功的可能性和程度,衡量创新本身的困难,如何从概念上将创新转化为某种福利措施,以及执法机构与并购各方之间信息不对称的问题。

其次,即使可以制定促进创新的相关政策,也需要在动态市场中定期进行更新调整。例如,在位平台及其破坏性技术的兴起已经影响到了传统的并购控制分析框架。因此,在位平台所带来的破坏性创新需要政策制定者需要重新审视现有的监管框架。

再次,由于监管权力通过分散在各个成员国之内,因此,任何在欧盟和成员国之间促进创新的战略都具有挑战性。就理论上而言,虽然通过专注创新问题的监管部门可以采取一些促进创新的措施,并遏制反创新的行为,但这却会孕育一些反民主措施。需要再次强调的是,创新本身并不是目的。公民有时可能会牺牲创新来促进其他更重要的价值。

最后,即使欧盟层面或者特定成员国任命了一位专注创新问题的官员,影响当今数字经济中积极创新的供求的因素也往往跨越各个辖区。首先,在位平台在一个市场上中的反竞争行为可以帮助他们在多个市场上保持垄断地位,消除竞争对手在多个司法管辖区进行创新的动机。其次,法律法规可能会抑制福利增强型创新。因此,不仅竞争、隐私、消费者保护和知识产权主管部门之间应该进行协调,而且还需与其他司法管辖区的相关部门进行协调。当不同的部门进行协调时,他们应该从笔者概述的多个角度出发,改善他们的政策工具,促进积极的创新。最后,政策制定者的目标不应仅仅是最大化云服务提供商或超级平台的数量,而应该是促进包容性的数字经济,保护公民的隐私权,并促进能够促进公民整体福祉的创新。

三、评价及启示

欧盟委员会发布的《数字化及其对创新的影响》调研报告考察了政策制定者如何在数字经济时代促进创新。该报告指出,由于创新活动具有高度不确定性的特征,因此,如何制定有利于创新的政策并没有放诸四海皆准的方法。该报告尝试从理论经济文献、当前的创新水平、数字经济领域的主要趋势、次优创新水平的影响、创新的供给和需求,以及创新的本质等七个方面详细探讨了创新与数字化之间的关系。该报告一方面能够让我们对数字化发展趋势,以及当前的创新水平、创新供求和创新本质有更为清晰的了解;另一方面也通过提出数字化创新存在的问题及相应的解决途径为政策制定者如何促进创新提供了政策建议,具有极高的理论与现实价值。关于该报告,尤其是在创新理论方面,笔者有以下感悟:

对于当前的数字化创新水平,可能会有很多人认为目前已经达到了前所未有的高度,并且仍然处于快速发展的阶段。例如,以算法、物联网、大数据和人工智能为代表的数字科技的蓬勃发展,以及在生产和生活领域的广泛与深度应用等。然而,《数字化及其对创新的影响》调研报告指出,由于市场集中度不断增加和利润率不断提升等原因,欧美等发达国家的创新远没有发挥其应有的潜力,即创新并未达到最优水平。该报告指出目前的创新处于次优水平也会影响未来的创新水平和创新类型。因此,相关政策制定者应该对这一现象和问题有所警惕,并通过相关政策推动创新发展。

关于数字化创新的供给与需求。就供给角度而言,政府部门可以从市场竞争性、专用性和协同性等角度为数字化创新提供有力的外部发展环境。而且,竞争执法机构需要特别关注大型平台企业的市场行为对创新需求的影响。因为,大型平台一方面可以加快对创新的投入和应用,另一方面可能会抑制创新。由此可以看出,大型在位平台企业的地位非常微妙。基于竞争与创新关系的视角,理论假说和实证研究均表明市场集中度与创新之间也存在复杂的关系,其中熊彼特假说支持大企业有利于创新的观点，而阿罗假说则反对这一观点，还有一些实证研究则认为两者是非线性关系。因此，考虑到大企业对创新可能存在的负面影响，笔者认为，如果大企业并不必然会促进创新的发展，那么对于大企业具有或者可能具有排除、限制竞争的行为应该采取严厉的反垄断规制态度。一方面，执法机构针对平台企业可能存在的“二选一”、大数据杀熟等有损消费者福利的行为应当从严处理；另一方面，由于平台企业的市场竞争行为和战略决策与其市场地位存在密切关系，因此执法机构对大型在位平台之间的并购，以及大型平台对初创企业的收购应该保持高度警惕，从而达到保持市场竞争活力和促进创新发展的作用。

关于创新的本质。该报告从创新的目的、技术进步程度、创新与价值网络之间的关系、创新的来源、收益主体和创新的性质六个角度阐释了创新的本质。值得注意的是，一般而言，我们认为创新都是有益的，并且往往基于这一潜在假设对如何刺激创新展开研究。然而，报告指出事实并非如此，即创新同样也有好坏之分，并且将创新分为积极创新、消极创新和混合创新三种类型。这一划分方式对于监管部门和平台企业非常重要，其原因在于，创新本身并不是目的，而是改善社会整体福利的重要途径。因此，对于以利润增长为主要经营目的的企业而言，存在为了自身利益最大化而进行消极创新的动机；对于政策制定者而言，在竞争评估过程中需要分析企业创新属于哪种类型，并在政策制定中考虑应当如何鼓励企业进行积极创新，抑制消极创新，以及引导混合的创新产生更为积极的影响。

由于数字经济具有动态竞争和颠覆式创新的特征，以及市场竞争和创新之间存在的复杂关系，因此，政府部门在制定相关政策时需要考虑到市场环境的高度不确定性特征，并且尽可能以动态而非静态的视角对市场结构进行分析，即不仅需要考虑当前的市场竞争状况，还需要预见到市场在一定长时间的范围内可能出现的变化，防止由于政策原因导致的市场扭曲。此外，在某项政策制定和实施以后，并不意味着便能一劳永逸，相关部门需要定期根据市场变化对政策进行调整和更新。最后，鉴于平台企业和数字化创新的跨区域特点，有必要加强在反垄断方面的国际合作，以提高反垄断执法效率。

OECD"可持续发展与竞争"论坛介评

朱战威*

一、论坛背景

在世界范围内,无论是公共机构还是私营主体,对联合国可持续发展目标的实现均承担着相应的责任。这些目标包括但不限于应对贫穷与不平等、推动可持续农业发展、支持低价清洁能源、促进负责任的生产与消费、保护劳工权利及应对气候变化。基于此背景,可持续发展目标的实现与保护竞争之间可能存在潜在冲突。

2020年12月,经济合作与发展组织(OECD)竞争委员会通过视频会议的方式,与各辖区竞争机构围绕更为宽泛的可持续发展与竞争法议题,主要讨论了三个问题:(1)竞争法与可持续发展目标之间是否存在潜在冲突?(2)目前在涉及可持续发展问题的案件中,竞争法如何发挥作用?基于现有分析框架,竞争机构如何将可持续发展问题纳入考量?(3)在处理可持续发展问题的过程中,可供竞争机构及其他公共机构使用的工具有哪些?

鉴于此,本论坛主要围绕竞争法律与政策同可持续发展之间的关系展开。首先,论坛梳理了可持续发展的历史,回顾了其环境、经济及社会三个部分的形

* 朱战威,西南政法大学经济法学院讲师,法学博士。

成过程。其次,论坛探讨了一个规范性问题,即可持续发展在竞争法律及政策中能否占有一席之地。论坛的主要内容也围绕规范性问题展开,深入讨论如何通过竞争法的实施促进可持续发展,并且进一步说明竞争法如何与助力可持续发展实现的商业活动之间实现更好的互动。最后,论坛讨论了一些程序相关的事项,比如竞争机构目标、优先事项、批准程序、案件处理能力、国际交流等。总体上,尽管仍然存在一些分歧,但是许多 OECD 国家已经开始有意无意地将可持续发展纳入竞争执法实践的范围。

二、论坛主要内容〔1〕

此次“可持续发展与竞争”论坛共讨论了四项具体内容:(1)国际法背景下的可持续发展;(2)竞争法律与政策是否应受可持续发展的影响;(3)相关技术问题;(4)相关程序问题。其中,第一部分在国际法背景下介绍可持续发展的内涵及外延,属于对可持续发展概念形成的历史回顾;后三个部分主要围绕可持续发展与竞争法的交叉与融合等相关问题展开,属于论坛的核心内容部分。

(一)国际法背景下的可持续发展

论坛首先梳理了可持续发展理念在历次国际会议和文件的内涵,明确了可持续发展的概念,并考察了其对世界各国发展的实际影响。本部分主要是对可持续发展与竞争法关系研究所做的铺垫。

首先是可持续发展概念内涵的初步确定及基本框架形成。1987 年,世界环境与发展委员会(World Commission on Environment and Development,WCED)发布《布伦特兰报告》(the Brundtland Report)〔2〕,将可持续发展定义为“既满足当代人的需求,同时又不损及后代子孙满足他们的需求”。该报告对可持续发展概念的界定最有影响力,也形成了最为广泛的共识。报告的卓越贡献在于,不仅仅将可持续发展问题视为简单的环境问题,而是认为经济、环境与社会发展之间相互关联、相互影响,从而关注焦点从环境问题本身转向探索环境问题形成的

---

〔1〕 OECD,Sustainability and Competition,2020.

〔2〕 《布伦特兰报告》又名《我们的共同未来》(Our Common Future),1987 年,该报告由公共卫生专家格罗·哈莱姆·布伦特兰(Gro Harlem Brundtland)代表世界环境与发展委员会在联合国大会上公开发表。

根源。比如,将贫困与环境问题相关联,认为贫困“既是导致环境恶化的原因,也是环境恶化的结果”。1990 年,可持续发展更侧重强调私有经济部门和自由贸易所做的贡献。这一时期,支撑可持续发展概念的“三根柱子”基本确立,即环境、经济和社会。三者之间虽然需要进行平衡,但并非意味着绝对的相互对立。相反,保护环境仍然能实现经济增长,经济增长能实际上促进生态保护和社会平等。

其次是最新可持续发展框架的提出与落实。2015 年,联合国大会通过第 70/1 号决议(UN Resolution 70/1),题为《变革我们的世界:2030 年可持续发展议程》(Transforming Our World: the 2030 Agenda for Sustainable Development, 2030 Agenda)。第 70/1 号决议为世界各国迈向 2030 年的可持续发展目标提供了路线图,具体而言,包括了 17 项可持续发展目标和 169 项与经济、社会及环境相关联的具体目标。该决议产生了重要的实质性影响。2019 年 OECD 报告表明,截至 2018 年,已有超过 78% 的成员国将决议目标纳入本国发展规划,仅有 4% 的成员国未在国家发展规划中融入决议所倡导的可持续发展目标。可持续发展的最新框架旨在提供具体的指引,在以环境保护为主体的同时,将社会、经济发展结合起来成为一个有机联系的系统。

(二)一个规范性问题:竞争法律与政策是否应当受可持续发展的影响?

竞争法是否应当将可持续发展问题纳入考量范围?这是一个涉及价值判断的规范性问题,并且能够与如何考量的技术性问题相区分。在规范性语境之下,该问题的争议点在于如何看待竞争法的目标,以及竞争法能否偏离消费者福利目标。从另一侧面看,争议点也在于涉及规范性问题的价值判断不应当由竞争执法机构作出。

非民选的官僚机构做决定可能会存在问题,应当将可持续发展纳入法律框架内解决。法律语境下的规范性问题,首先应诉诸法律框架解决。根据不同的法律规定,尤其是特定的宪法背景,每个辖区都会提出自己的方案。各法律辖区的法律可能会支持,也可能不支持可持续发展与竞争法之间的相互作用。在不同法律辖区,竞争法律与政策会受到不同的法律多种影响。因此,对于竞争法律与政策能否将可持续发展纳入考量范围的问题,并不能在抽象的语境下讨论,也难以获得一个各法律辖区通行的标准答案。每个辖区的答案,更多地需要综合考量竞争法目标、宪法及宪法性规定及相关问题的重要性等因素。欧盟及以外的许多国家均已经将环境保护或可持续发展纳入宪法规定，瑞士、俄罗斯及墨西哥宪法也作出了有关可持续发展的规定。超越国家的区域性法律（如欧盟法）及国际法（如联合国决议）均将可持续发展纳入了立法规定。

当可持续发展的立法要求落实于特定法律辖区的竞争法律与政策时，有两个问题殊值注意：一是遵从将可持续发展纳入立法的相应要求，并不意味着竞争法目标的改变；二是即便某些法律辖区存在对竞争法纯粹性的担忧，为确保立法者（有时是立宪者）对可持续发展要求的实现，仍应尊重并力图实现可持续发展同法律体系的融合。

（三）技术性问题

可持续发展与竞争的技术性问题可以分为两点，即与经济学的关系以及如何在可持续发展的目标下适用竞争法。为实现更为透彻的分析，笔者将对第二点即如何适用竞争法进一步展开讨论。不过，由于各种因素均可能会对工具运用和争议点的选择产生影响，应当考虑这些背景性因素。一方面，在处理可持续发展问题时，应当考虑竞争执法机构的职权范围、执法能力及竞争法规范的可操作性。另一方面，对可持续发展问题的解决，需要满足道德或不同辖区的法律要求。原因在于，解决可持发展问题经常涉及一些新方法的使用，比如生产效率、动态效率等分析方法。

1. 经济学视野下的可持续发展与竞争

关于可持续发展与竞争更为深入的研究，最先在经济学领域开展。之所以经济学对其展开最早关注，与可持续发展理念对资源利用效率、创新及私有部门的重视密不可分。尽管公共部门对可持续发展目标的实现具有直接推动作用，但由于传统的命令控制型规制方法已经成为低效率的代名词，其可行性及实效同样受到质疑。在此背景下，私有部门的行为逐渐受到重视，也开始与竞争法律与政策产生更多交集。经济学能够为理解市场势力提供有力工具，并且有助于认识可持续发展在传统经济学框架内的功能角色。埃莉诺·奥斯特罗姆对公共池塘的可持续利用问题展开研究，并因此获得了1993年经济学诺贝尔奖。奥斯特罗姆的研究显示，在不受约束的情况下，竞争以利润最大化为目标，对公共物品过度使用会产生严重的损害后果，合作行为反而可能实现更有效率的结果。

微观经济学理论对这类实践问题研究较少,仅有的成果认为,合作行为仅在偶发情况下产生积极结果,政府规制更有效率。然而,这种理论明显会受到实践条件的限制。其一,作为一种非价格性的质量维度,可持续发展表明虽然关于质量与竞争的讨论较少,但两者确实存在较大关联。围绕创新问题展开的"熊彼特－阿罗之争"(Schumpeter-Arrow Debate)需要依据具体情况判定,与之相类似,可持续发展中的创新角色也需要具体认定。其二,利润最大化理论是否为损害后果的决定性因素,仍然受到质疑。更为重要的是,利润最大化理论在可持续发展中的影响程度也颇受怀疑,比如企业社会责任内在地要求自愿牺牲一部分利润,企业对可持续发展与利润之间也会做相应权衡。

总体上,可持续发展与竞争问题的解决,需要经济学理论和模型进一步的研究助力。鉴于既有的传统假设和分析工具仍显得较为保守,如果能够借用"竞争—创新"或"竞争—质量"争论中产生的相关模型,将更有助于问题的解决。不过,传统经济学工具已经应用于可持续发展相关领域,并提供了有益指引。

2. 可持续发展与竞争法

对于竞争法适用与可持续发展相关联的问题,有必要从解释学角度进一步展开。竞争法条款的解释,可能会发挥两种不同的作用:一是通过解释,一定程度上能够减少或禁止损害可持续发展的行为;二是通过解释,一定程度上能够为促进可持续发展的行为提供活动空间。

首先,作为法律武器,竞争法可以有效阻止、减少对可持续发展造成损害的市场行为。可持续发展追求生产效率和动态效率,并力图实现对自然资源的最大化利用。此外,可持续发展也逐渐受到消费者的重视(Choi and Ng, 2011),同等价格下更支持符合可持续发展理念的产品。在此背景下,通过竞争法在特定案件中的适用能够不断促进可持续发展。易言之,反垄断法适用能够增强市场竞争,市场竞争进而推动可持续发展的实现。这种效果或多或少属于带有偶发性的竞争法溢出效应(Spill-over Effect),或者通过以可持续发展为目标的反垄断法执法实践实现。如果将可持续发展作为竞争的质量维度,就能够采取更有针对性的反垄断措施。基于研发(R&D)和生态创新(Eco-innovation)在促进可持续发展方面的重要性,针对损害创新的反竞争行为展开执法,是推动可持续发展的有效途径。对此,竞争执法机构可以更多地聚焦于技术获取的排他性行为和有损害可持续发展的卡特尔等垄断行为。同时，现有的垄断损害理论可以继续拓展其边界，比如剥削性滥用行为与贫困、针对农民的高价存在关联，不过仍应当注意个案的内在界限及其过度扩张的风险。

其次，竞争法是否会成为可持续发展的阻碍因素？这取决于可持续发展能够在多大程度上获得法律责任豁免，即对于市场主体促进可持续发展的行为，竞争法能够在何种程度上进行限制？除了应当保持竞争法与可持续发展之间的平衡之外，还要注意，若这些行为不落入竞争法的规制范围，则根本不涉及平衡问题，这点往往容易被忽视。许多旨在促进可持续发展的行为并不属于竞争法的规制范围，主要包括国家行为或国家强制事项、行业豁免、不违反竞争法的特定行为。其中一个典型例子是，符合法律要求的标准制定行为不受竞争法规制。

商业行为或经济行为往往被反垄断法所涵盖，非商业行为则可能被排除于规制范围之外。德国诉欧盟委员会案（Germany v. Commission）[1]最终认定非政府组织（NGOs）的特许授权行为不是商业活动，不属于竞争法的规制范围。针对经济行为，一些国家将特定经济领域或行业排除于竞争法的适用范围之外，比如日本将能源公司排除于竞争法适用范围。此外，将对农业免于适用竞争几乎已经是许多国家的通行做法，因为其不仅关涉环境保护、社会及经济可持续发展的三个维度，而且涉及粮食安全。企业促进可持续发展的行为，可能基于国家行为或国家强制的原因免于适用竞争法，这些行为要么基于法律的强制性规定而作出，要么与国家部门一道为实现可持续发展目标而采取。欧盟将其称为国家行为理论（State Action Doctrine），并要求这些行为必须是在受到直接强制或法律未留出自主选择空间的情况下做出。不具有限制竞争作用的标准制定行为，也不为竞争法所禁止。许多辖区允许公司从事促进可持续发展的标准制定活动。由于这些标准规定技术或质量要求，对技术创新具有重要作用，相对于其他横向协议通常受到更宽容的规制。类似地，专利池中所包含的与可持续发展相关的专利并不适用于竞争法的规定。最后，对于其他与可持续发展高度关联的领域，需要根据竞争受限制程度，以判断是否需要竞争法介入。比如，欧盟的“松散协议”（Loose Agreements）并不被认定为限制竞争，像英国酸奶生产商出

[1] See Case T－347/09 Germany v. Commission EU:T:2013:418.

于环保目的将瓶装酸奶统一替换为包装盒的行为也并未违反竞争法,此外,土耳其竞争主管机构的指南草案规定确保参与方遵守法律的协议并不属于限制竞争行为。

最后,应当实现竞争与可持续发展之间的平衡。竞争与可持续发展之间存在两种平衡方式,一种是通过抽象思辨的形式实现平衡,另一种是在竞争法的经济分析框架内实现平衡。对于第一种抽象平衡,典型情形是竞争法的公共利益条款或有相似功能的判例法。当运用于司法实践或"外包"给政府部门时,这种平衡方式通常需要通过比例原则进行衡量。比如,在新冠肺炎疫情危机(COVID Crisis)期间,英国就根据1998年竞争法的规定豁免了对特定行业(如超市)的适用。类似地,欧盟通过比例原则权衡可持续发展与限制竞争之间的关系,主要法律依据为《欧盟运行条约》第101(1)条和第106(2)条[Article 101(1) TFEU、Article 106(2) TFEU],实质上也是合理原则在欧盟辖区的适用。

竞争与可持续发展之间实现平衡的第二种方式是,在经济分析框架内聚焦竞争法与经济学中消费者福利之间的关系。在实践中,公共政策或非经济性问题通常可以转化为传统经济学的效率语言。所以,从质量提升的维度将可持续发展纳入竞争分析不存在任何争议。略有争议的是创新,不过仅仅在无法通过常规质量维度评估时才涉及创新问题。真正令人关注的争议是未来利益和其他市场利益。未来利益不仅涉及当前用户或消费者,更涉及未来消费者,比如对渔业资源的可持续开发即与未来利益相关。其他市场利益则涉及由可持续发展产生的利益是否必须在同一市场内体现,能否将其他市场的获益一并纳入考量。更进一步,是对其他市场的未来利益能否一并纳入考量。与创新性产品相类似,当下消费者可能愿意为可持续发展产品付出更高的价格,以使得未来消费者能够从市场整体水平提升或其他市场的新产品中受益。因此,可以进行代际关联性考虑。最具有争议性的可能是效率标准和消费者福利在竞争法中的应用,尤其是脱离特定辖区或个别案件所进行的抽象平衡更为棘手。与可持续发展相关联的一个拓展方向是,将经济收益纳入社会整体考虑。对此,有论者建议将可持续发展要求纳入包括竞争法在内的所有法律规定。更为常见的方法是,在竞争法分析中引入显示性偏好理论(Revealed Preferences)、估值法(Contingent Valuation)及成本—效益分析法(Cost-benefit analysis),以实现二者的融合与平衡。

（四）程序相关问题

程序相关事项主要包括竞争执法的目标及优先事项设置、批准程序、沙盘推演、证据相关事项、案件处理能力、罚款及国际合作等一系列事项，能够帮助竞争执法机构更好地推动可持续发展的实现。

在竞争法作为可持续发展助推工具的语境下，竞争执法目标及优先事项是执法机构考虑的重要内容。2020年，英国竞争和市场管理局（CMA）强调将“气候变化”“以‘绿色’为噱头的虚假宣传”等作为执法重要内容；法国竞争主管机构也宣布可持续发展属于2020年竞争执法的优先事项。同时，竞争执法机构所发布的正式及非正式指南，对于可持续发展同样发挥着重要作用。由于相关企业表达了因畏于竞争法而不敢从事可持续发展相关活动的担忧，需要考虑存在的竞争执法的过度威慑（Over-deterrence）效应。基于此，荷兰、日本、德国及美国公布了可持续发展活动相关的正式、非正式指南及优先事项的实施方式，其他辖区则以个案指导方式（而非一般性指引）完成非正式指引和优先事项实施。某种意义上，非正式指引仅仅是获得明确结果的一种方式，从法律确定性角度，同样需要进行更加明确的立法。

在竞争执法中，批准（豁免）程序、沙盘推演（Sandboxing）、案件处理能力、罚款以及国际合作等程序相关事项，对可持续发展活动同样发挥着重要作用。一个辖区的法律整体允许设定具有拘束力的前置批准程序，能够有效提升法律的确定性，比如欧盟在1/2003号条例（Regulation 1/2003）实施前已经建立相应的前置批准程序。在竞争执法中采用模拟性质的沙盘推演，是可持续发展领域一个相对较新的执法方式。此种方式下，相关公司能够在竞争机构的监督下开展相关实验性活动，不用担心因违法而遭受处罚。为推动可持续发展活动，何种证据被法律体系采信显得尤其重要。ACM起草的指南认为，可持续发展活动有时仅仅存在定性证据而缺乏定量证据，因此无论定量证据还是定性证据均应当被接受。而且，案件证据采信与竞争执法能力息息相关，应当通过与相关专业部门的合作增强竞争机构对可持续发展的理解。对可持续发展目标的追求，直接影响到竞争机构的罚款决定。罚款数额则关系到对促进可持续发展行为的过度威慑问题，对此，ACM规定在特定情形下对企业的可持续发展行为免于罚款，而对损害可持续发展的行为则从重处罚。最后,像 OECD 与 ICN 等论坛对国际合作与交流发挥着重要的作用,应当给予充分的重视。通过国际合作与交流,可以解决可持续发展面临的诸多跨国问题。比如,如果一种可持续发展活动在一个国家不违反竞争法,而在另一国违反,该活动很可能因范围限制而被迫终止。对此,通过国际礼让原则的合作行为,可以发挥与国家行为或不认定为限制竞争行为相类似的功能,以此发挥对可持续发展的支持作用。

三、介评及启示

可持续发展问题与竞争法的关联方式主要有两种:一是作为一种理念,通过指导竞争法制度的设计及实施,推动社会经济的可持续发展;二是直接涉及特定竞争行为的违法性认定,作为一种质量竞争维度与其他因素综合认定违法行为。我国竞争法已经开始重视与可持续发展的结合,不过还存在较大的发展空间。

(一)可持续发展与竞争法多元目标

可持续发展能否以及在多大程度上融入竞争法,与竞争法的目标设定密切相关。竞争法目标分为“一元论”与“多元论”两种不同主张。其中,“一元论”主要由经济学进路提出,并一直居于竞争法研究的主流地位。20 世纪 70 年代开始,芝加哥学派取代哈佛学派成为对反托拉斯法实施影响最大的流派,极力主张将效率作为反托拉斯法的价值基础,认为经济效率应当是竞争法唯一关注的目标。如果竞争法仅仅将经济效率作为唯一追求目标,显然过于狭窄,而且会冲击同样重要的其他社会目标。比如,“反垄断法的实施一旦过于强调经济效率目标,可能不利于企业通过环境协议来解决环境问题。”[1]效率“一元论”看似简洁,但却存在一个重要缺陷,即存在过多的“以后果为依据的”[2]个案经济效率分析,割裂了反垄断法与社会整体的有机联系。此种情况下,同样排除了可持续发展作为一种竞争法目标的指引作用。

“多元论”者认为经济效率虽然重要,但作为唯一法律目标显然过于狭窄,

---

〔1〕 焦海涛:《环境保护与反垄断法绿色豁免制度》,载《法律科学》2019 年第 3 期。

〔2〕 [美]戴维·J.格伯尔:《二十世纪欧洲的法律与竞争——捍卫普罗米修斯》,冯克利、魏志梅译,中国社会科学出版社 2004 年版,第 463 页。

应当更广泛地关注公正、平等、秩序等多元价值目标，并实现这些价值目标之间的平衡。多元目标之下，竞争法能够将其规制范围广泛地扩展至社会、经济、政治及文化等多个领域，可持续发展显然是其追求的主要目标之一。尽管理论上，环境保护、资源利用、农业、贫困等可持续发展问题，能够在竞争法中获取目标性地位，仍然存在一定争议。但从实践角度，将可持续发展与竞争法目标相互整合，能够有效地发挥竞争法制度的整体功能，体现出不同于传统私法的社会本位优势。从实践功能考虑，可持续发展广泛地包含了环境、生态、特定行业发展(如农业)，与企业的市场竞争行为密切相关，尽管不同国家或地区的做法有差异，我国也应当坚持竞争法多元价值目标，更好地发挥竞争法的实践功能。从可持续发展实现的角度，唯有在多元价值目标之下，可持续发展才能在竞争法中获得一席之地，也才存在二者协调、融合的空间。

(二)可持续发展的质量竞争维度及其豁免问题

在竞争法多元目标之下，可持续发展如何纳入竞争分析框架是需要进一步面对和解决的问题。长久以来，在芝加哥学派效率语境下，竞争法分析呈现出“价格为王”的明显倾向〔1〕，这种“价格中心型”分析框架主要体现在芝加哥学派对经济效率的关注与推崇。波斯纳法官曾在一部著作中坦言“这本书的第一版……带有一个副标题‘一个经济学视角’，暗示还有其他视角。……而今天，反托拉斯法变成了一套经济学的理性原则”〔2〕。在价格中心型分析框架之下，无法容纳环境保护、资源利用、农业、贫困等更为丰富的可持续发展问题。实际上，企业之间的市场竞争不仅仅体现在价格维度上，尤其是在数字经济迅速发展的当下，数据、算法、产品质量、消费者隐私保护也都构成了重要的竞争维度。其中，产品质量作为重要的竞争维度，一直以来都是竞争法关注的重点问题，而可持续发展则构成了质量竞争的重要内容。

可持续发展体现了产品的环保性、创新性以及对资源的合理利用，消费者在同等条件下倾向于选择更具环保性、创新性的优质产品，甚至愿意为之支付更高

〔1〕 参见[美]莫里斯·E.斯图克、艾伦·P.格鲁内斯:《大数据与竞争政策》，兰磊译，法律出版社2019年版，第126～128页。

〔2〕 参见[美]理查德·A.波斯纳:《反托拉斯法》，孙秋宁译，中国政法大学出版社2003年版，第二版序言。

价格。竞争法将可持续发展纳入分析框架,存在坚实的现实基础。从竞争法的实施过程来看,对环境保护、农业等特定领域,应当考虑以可持续发展为目标的反垄断豁免制度。如果经营者在生产过程中采用更加环保的标准,一定程度上会提高企业的生产成本,降低企业的相对竞争优势。为了实现可持续发展,企业之间要求同类产品均依照一定的环保标准进行生产,这就能够避免对环境的污染,不过却有可能涉及限制竞争的垄断协议问题。从价值层面,这属于竞争与环保两种价值在现实中所体现出来的分离和冲突,并要求竞争价值作适度退让。[1] 欧盟对环保协议规定了"绿色豁免"制度即是明证。此外,农业所包括的种植业、林业、畜牧业、渔业的初级农产品类型多,形成了市场化程度不同、品类多元的市场竞争格局,且家庭联产承包责任制下的生产主体较为分散。鉴于农产品的多元性和生产主体的分散性,农业的反垄断适用除外已经形成了较为广泛的共识。就适用范围而言,可持续发展的豁免或适用除外绝不限于环保和农业两个领域,而是通过"内设型"、"外接型"和"平衡型"三种制度辐射众多的特殊产业[2]。当然,在注重对可持续发展运用豁免或适用除外的同时,还应当注意相应的边界,避免过度放松标准对市场竞争造成的损害。

(三)可持续发展在我国竞争分析中的引入

我国竞争法尚未明确涉及"可持续发展"概念本身,但可持续发展所包含的主要内容已经纳入相应的竞争规范调整。比如,《反垄断法》第 15 条第 1 款第 4 项明确将"为实现节约能源、保护环境、救灾救助等社会公共利益"的协议作为垄断协议的豁免条件之一,实质上确立了我国包括环境协议在内的可持续发展豁免制度。此外,该款第 1 项"为改进技术、研究开发新产品的"以及第 2 项"为提高产品质量、降低成本、增进效率,统一产品规格、标准或者实行专业化分工的",与可持续发展紧密相关。同时,通过《反垄断法》第 15 条第 2 款确立了两项豁免条件,即不会严重限制相关市场的竞争,并且能够使消费者分享由此产生的利益。我国垄断协议对可持续发展的豁免与《欧盟运行条约》第 101(3)条规定较为类似,较大程度上借鉴了欧盟的做法。同时,我国《反垄断法》第 56 条农

---

〔1〕 参见张江莉:《论反垄断法中的绿色豁免——欧盟环境协议豁免实践对我国的启示》,载《中国地质大学学报(社会科学版)》2012 年第 5 期。

〔2〕 参见段宏磊:《中国反垄断法适用除外的系统解释与规范再造》,载《社会科学》2018 年第 3 期。

业的适用除外作出规定，即“农业生产者及农村经济组织在农产品生产、加工、销售、运输、储存等经营活动中实施的联合或者协同行为，不适用本法”。主要原因在于我国农业生产者及农村经济组织的分散性和农业经营活动的“弱自主性”[1]，更大程度上适用国家针对农业的产业政策。可持续发展涉及的领域广泛，不仅仅存在于《反垄断法》第15条及第56条，而是以产业政策的形式广泛地连接至各领域及行业。通过立法规定，竞争法已经开始关注促进可持续发展的相关问题。

不过，目前从可持续发展与反垄断法的衔接来看，仍存在两个如下问题需要解决：一是范围不明确，可持续发展并未形成内涵、外延明确的规范性概念；二是豁免或排除适用的正当性缺失，涉及产业政策与竞争政策更深层次的冲突与协调问题。实际上，我国对可持续发展的支持大多数产业政策实现，在竞争政策与产业政策的不断博弈的背景下，其合法性及正当性经常面临质疑。对此，首先，应当加强可持续发展规范性的研究，将可持续发展的相关内容从竞争法角度赋予或提炼出相应的规范含义，至少实现类型化的界定，为可持续发展融入相关竞争法律规范做铺垫。其次，将相关“外接型”关联转化为“内设型”制度规范。所谓“外接型”制度是指如果相关产业政策作出该领域不适用反垄断法的规定，那么反垄断法无力判定其规定的违法性，该产业政策则具有实质意义上的适用除外效力。而“内设型”制度属于《反垄断法》明文规定的适用除外，是在反垄断法制度规范意义上适用除外制度的全部范畴。[2] 比如，农业适用除外是“内设型”制度的典型。从可持续发展角度，应当在反垄断法法律规范中明确界定可持续发展的相关概念或类型，在竞争分析框架内实现二者的有效融合，以解决可持续发展的概念模糊及合法性问题。易言之，在竞争法的规范体系中，将涉及可持续发展的相关“外接型”关联转化为“内设型”制度规范。如果能够实现可持续发展大量“外接”规定的“内设化”，不仅有利于实现可持续发展与竞争的有效融合，而且能够为竞争政策与产业政策冲突问题的解决探索出一条可行道路。

---

[1] 参见李亮国：《农业反垄断法适用除外的农产品经营活动研究》，载《改革与战略》2017年第6期。

[2] 参见段宏磊：《中国反垄断法适用除外的系统解释与规范再造》，载《社会科学》2018年第3期。

OECD“性别与竞争”论坛介评

陈肖盈*

一、论坛背景

本篇对经济合作与发展组织(OECD)于2018年11月在巴黎召开的“性别与竞争”(Gender and Competition)论坛的主要内容和观点在论坛背景报告以及内容摘要〔1〕的基础上进行了大致归纳与梳理。本次论坛的召开,源于竞争政策研究领域对机构、社会和市场中普遍存在的性别问题的关注。当前,女性在家庭领域中仍处于劣势地位,〔2〕在劳动力市场上的参与程度和回报率仍然低于男性,在政治〔3〕以及企业管理〔4〕方面的参与程度更是远远落后于男性。在整个经济层面上,性别不平等已经被证明限制了GDP的增长,并使每个人的生活水平降低了12万亿美元(全球收入的16%)。然而,传统的竞争政策更多关注的是消费者的支付意愿、合理偏好、产品之间的替代能力等,其虽以客观性为荣,却

* 陈肖盈,华东政法大学经济法学院讲师,法学博士。

〔1〕 其中背景报告由Estefania Santacreu-Vasut和Chris Pike撰写,于2018年11月对外发布,内容摘要由秘书处撰写,于2020年8月对外发布。

〔2〕 根据秘书长关于实现可持续发展目标进展情况的报告(E/2017/66)及其2005年至2016年87个国家的数据。

〔3〕 2017年,妇女在国家议会中的比例从2000年的15%上升到25%。

〔4〕 联合国2009年至2015年对67个国家的调查显示,女性在企业中担任高级和中级管理职位的比例不到1/3。

在很大程度上是性别盲目的。因此,本次论坛希望围绕“性别与竞争”这一主题,探讨能否通过性别视角的引入来识别消费者和企业的行为、市场的其他相关特征以促进更为客观的竞争政策的制定,以及能否通过竞争观点的引入为性别平等政策的制定提供信息帮助。

本次论坛的讨论主要涉及以下四部分的内容。第一,性别不平等产生的主要原因;第二,性别与竞争的关系,包括竞争如何助力于性别不平等的减少以及性别如何影响市场竞争;第三,竞争政策中的性别因素考量,包括相关产品市场界定中的性别因素考量、举报机制设计的性别因素考量以及优先决策问题;第四,纳入性别因素的其他积极做法,包括对竞争当局实践中性别问题的纳入以及公共利益中性别平等的纳入的思考。

二、论坛主要内容

(一)性别不平等产生的主要原因

本次论坛以对性别不平等的原因讨论为展开,指出性别不平等的形成主要受到女性在家庭中的作用、女性参与经济的正式障碍以及女性参与经济的非正式障碍三个因素的影响。

首先,女性在家庭中的作用被认为是造成两性不平等的主要原因。女性在正规市场以外的社会中所做的无酬家务是男性的两倍,对社会的贡献更大,但在这一过程中,女性却得不到正规市场的劳动保护,或经常得不到报酬或仅得到较低的工资,而由于女性对工作的灵活性需求较高以及在一些国家受教育水平较低,女性很难在正规市场上获得成长。这些因素在相互结合的过程中又导致恶性循环,使女性在工作选择上更加依赖于非正规部门或非全日制工作。

其次,部分国家在法律法规中明文禁止女性从事部分行业的工作,或禁止她们设立或拥有企业,形成了对女性参与经济的正式障碍。例如,在一些国家,女性不被允许工作时间和她们的男性同事一样长,或不被允许在过于繁重或危险的行业工作。此外在一些国家,有关财产权或继承权的法律禁止女性积累抵押物,而在女性无法拥有财产的情况下,可能因无法提供银行所要求的抵押物而无法获得贷款。

最后,即使在不存在正式歧视性规定的国家,也可能存在导致严重性别不平等的非正式障碍。这些非正式障碍可能源自社会或文化因素,甚至植根于历史,影响女性对社会角色的期望。尽管其与正式障碍相比更难以确定,但也有可能限制或完全阻止女性作为企业的所有者进入市场,从而扭曲若干市场的公平竞争。

(二)性别与竞争的关系

本次论坛的讨论建立了一个关于性别与竞争之间双向关系的概念框架。一方面,竞争可能会对性别不平等造成影响;另一方面,性别不平等也可能对竞争产生影响,从而影响竞争当局的工作。

1. 竞争对性别的影响

竞争对性别的影响体现在市场竞争程度的提高对减少性别不平等的促进作用上。这一观点源自贝克尔在 1957 年所提出的歧视经济学理论,即存在性别歧视的企业所有者往往为了满足自己的偏好需要放弃一定的利润(或类似地,为与自己喜欢的社会群里互动而额外支付费用)。这意味着在激烈的市场竞争中,存在歧视的企业容易被效率更高的不存在歧视的企业所超越,因此企业的这种歧视行为往往是不可持续的。尽管也存在企业为了迎合这种偏见而竞争的情形,但是在大多数情况下,竞争当局性盲目地运用竞争政策有助于减少性别不平等。

而在某些特定的市场上,采取有利于竞争的干预措施将可能在促进性别不平等的减少上获得突出收效。这些市场主要集中于对女性而言更为重要的市场,例如,提供食品和清洁服务的市场,为儿童、老人、残疾人和病人提供护理服务的市场等。这是因为,在这类市场上相关服务已经(而且仍然)由女性在家庭中以无酬劳务的形式提供,这种无酬劳务的提供限制了女性参与有酬的正式工作的机会。因此,通过保护和加强该类市场的竞争,有利于提高市场替代品的供应和负担能力,从而为女性参与劳动力市场提供更有效的激励。

此外,对女性劳动力参与提供补充服务的市场采取有利于竞争的干预措施也可能有助于减少性别不平等。这类市场以金融市场和基础设施市场为典型。在金融市场上,许多国家,尤其是发展中国家,对女性的包容性普遍不高,在部分国家中仍存在通过法律限制使女性因缺乏抵押品而丧失获得信贷的机会、在贷款时对女性提出更为严格的条件甚至彻底的歧视等情形,这使得女性在获得资金上处于相对不利的地位,并进一步限制了女性的教育投资、劳动力参与以及创业。而在基础设施市场上,女性负担得起的、适当的基础设施,如照明设施、公共交通设施、水电设施、数字基础设施的有效供应对于鼓励女性参与劳动力市场工作、提高女性劳动力的流动性也至关重要。

因此,促进竞争可能会带来"双重红利":其一,有助于在特定市场上减少市场扭曲、带来效率提高;其二,有助于减少性别不平等,提高妇女实现工作生活平衡和参与劳动力市场的能力。

2. 性别对竞争的影响

性别对竞争的影响主要体现在对市场进入、市场结果以及交易成本三个方面的影响之上。

(1)性别对市场进入的影响

性别对市场进入的影响主要表现为对女性的工作、创业带来的性别障碍。这一障碍,一方面体现为正式的法律障碍。例如,一些国家在法律中明文规定禁止女性在建筑、运输或制造业等特定行业工作,或对女性获得资金设置障碍,甚至有少数国家禁止已婚妇女注册企业或是规定丈夫有权合法限制妻子的工作和创业。[1]对女性工作、创业的性别障碍另一方面体现为非正式的行为、文化、身份等障碍,例如,对女性工作时长的限制、对女性受教育年限的限制、在家庭中提供劳务的要求以及面临性骚扰的风险等。[2] 这些正式和非正式障碍的存在意味着竞争环境对女性而言并非公平。而在市场上,在位企业可能会填补由女性企业家领导的效率更高的企业所留下的空白,从而导致在位企业的竞争约束减弱,即使这些企业是有效率的,他们也可以利用市场力量设定更高的价格。从这种保护主义中获益的男性所拥有的企业也因此将获得更大的利润,而在这些企业中持有很少或根本没有股份的男性和女性消费者则可能因这些壁垒的存在而变得更穷。

---

〔1〕 根据世界银行2018年的报告,不丹、几内亚比绍、巴基斯坦和苏里南等存在上述规定。

〔2〕 报告中引入了McDevitt和Roberts 2014年的研究发现,指出,尽管30%的泌尿科患者是女性,但美国只有6%的泌尿科医生是女性,而且这些女性患者对女性泌尿科医生的就诊有强烈的偏好(有女性泌尿科医生的女性患者的死亡率远低于没有女性泌尿科医生的女性患者的死亡率)。这种不平衡意味着团体执业机构竞相招募少数女性泌尿科医生作为商业伙伴。然而,尽管竞争发出了一个信号,即需要更多的女性泌尿科医生的供应,但美国依旧未能培养足够数量的女性泌尿科医生,这可能表明她们在进入专业领域时存在非正式和行为障碍。

(2)性别对市场结果的影响

性别对市场结果的影响突出表现为对消费价格的影响,尤其是男性消费者和女性消费者在购买同一类型商品的男性版本和女性版本时常常存在价格差异。据介绍,女性产品的价格平均要比男性同类产品的价格高出7%,而当产品是个人护理品时甚至高出13%。女性基于性别差异而为同类产品支付的更高价格被称为“粉红税”。尽管价格歧视往往显得不公,但是基于性别的定价差异也可能是因为女性更看重这些产品且愿意为他们埋单。在这一情形下,企业为略有不同的产品(如颜色不同)设定不同的价格以吸引消费者的性别认同并由消费者自行选择,而消费者的选择和购买意愿则取决于其所感知到的身份,当其作出偏离身份的选择时就需付出相应的甚至高昂的代价。这样价格差异一般是可持续的。然而,价格歧视的持续存在,也可能表明市场对某些消费者群体(可能是女性,也可能是低收入家庭)并没有有效地运作。这时就有必要研究市场是否在尽其所能,这些消费者群体是否“落在后头”(left behind)并面临市场力量的威胁,以及市场的哪些特征推动着上述差异的形成并确保其持续存在?而在未来,随着个性化定价算法越来越多地被运用于在线定价,企业可能会更容易引导消费者购买性别化产品。

(3)性别对与市场参与相关的交易成本的影响

与市场参与相关的交易成本包括搜索成本、信息成本、讨价还价成本、监控成本和执行成本,而薪酬作为雇员的市场参与回报也影响着其市场参与的成本。论坛报告总结了一些研究中与搜索成本、信息成本和讨价还价成本相关的说明交易成本存在性别差异的证据。例如,在搜索成本方面,由于现有歧视的存在对女性的搜索费用往往更高,而考虑到女性在家务上的时间投入,她们的搜索成本也可能会更高,这容易导致雇主的权利垄断并因此降低女性的工资;[1]在信息成本方面,心理学和经济学的研究表明,女性和男性对信息的处理方式可能存在差异,包括对好消息和坏消息处理方式的不同、寻求反馈速度的不同等,[2]且女

---

〔1〕 See Black, D. A., *Discrimination in an Equilibrium Search Model*, Journal of Labor Economics, Vol. 13:2, p. 309-334(1995).

〔2〕 See Roberts, T. A. & Nolen-Hoeksema, S., *Sex differences in reactions to evaluative feedback*, Sex Roles, Vol. 21, p. 725-747(1989); Eil, D. & Rao, J. M., *The good news-bad news effect: asymmetric processing of objective information about yourself*, American Economic Journal: Microeconomics, Vol. 3:2, p. 114-138(2011).

性往往会更加详细而全面地处理信息；[1]而在讨价还价成本方面两性之间也存在差异，女性讨价还价平均获得的盈余比男性少，这意味着两性在相似的竞争条件下可能获得不同的结果。

女性和男性在作为市场参与者时所面临的上述差异可以为女性企业家、员工和消费者为何不能与其他市场参与者平等竞争提供解释。竞争当局在面对上述差异时还可以进一步追问，上述差异的存在是否反映了一个运转良好的市场，或者需求方的补救措施是否可以提高竞争性激励并获得更好的市场结果。而在测试补救措施的有效性时还应当意识到，歧视、讨价还价方法或信息处理策略的差异可能导致某些类型的补救措施对女性会比对男性更加有效，这可能表明有必要采取不同的补救办法相互补充，甚至可能还需要针对不同群体采取不同的补救办法。[2]（见表4）

表4　市场参与和女性进入市场的决定因素

女性经济参与	
正规市场中的女性经济参与可能受到阻碍或减少的原因	女性参与经济时可能会遭受痛苦
障碍（例如，法律、监管、缺乏抵押品） 错误的激励措施（例如，不适当的补充基础设施服务、负担不起的家务劳动替代服务，如护理服务、非正规经济中的机会） 行为和文化因素（例如，竞争趣味、性别规范和性别认同）	歧视（例如，物价上涨、性别工资差距） 交易成本（例如，讨价还价、信息处理等） 行为和组织因素（例如，同性风险厌恶、灵活性需求）

（三）竞争政策中的性别因素考量

本次论坛对如何有效地将性别视角引入竞争政策提出了三类应用上的建议，其目的就是促进竞争当局制定更具“性别包容性”的竞争政策。这里所建议的应用，既涉及直接的反垄断法执法，又涉及市场研究以及更为广泛的反垄断宣传。

---

〔1〕 See Meyers-Levy, J., & Maheswaran, D., *Exploring differences in males "and females" processing strategies*, Journal of Consumer Research, Vol. 18:1, p. 63 – 70 (1991).

〔2〕 参见 CMA/FCA 关于面对消费者的补救措施的报告，载 https://assets.publishing.service.gov.uk/government/uploads/system/uploads/attachment_data/file/744521/UKCN_consumer_remedies_project_-_lessons_learned_report.pdf，最后访问日期：2020 年 12 月 19 日。

1. 相关产品市场的界定

在相关产品市场的界定上，如果竞争当局只是局限于作为“一个整体”的消费者的角度判断如何在不同的产品之间切换，那么可能会忽视基于性别（或其他方面）身份的偏好所带来的影响。在某些情况下，这方面的影响可能大到需要为不同性别的产品界定一个单独的市场，否则将可能导致减少性别产品竞争的合并等逃避反垄断法的约束、价格差异的增加或是因对“其他性别”产品生产商的假想竞争限制而允许排他性行为的实施。

在界定相关产品市场时，假定垄断者测试（又称“SSNIP 测试”）被视为最佳的实践方法。该方法通过小幅度但显著的非临时性价格上涨测试来试探在价格上涨可能导致替代品出现的情况下企业可能选择的有利可图的最高价格。《美国横向合并指南》指出，如果一个假定垄断者以利润为目标针对部分客户实施涨价行为，那么竞争当局在认为相关行为可能对目标客户群体产生不利影响的情况下可以围绕这些目标客户界定相关市场，这一为目标客户服务的市场即“价格歧视市场”。据此，如果假定垄断者掌握了有关客户的信息，并可能从中识别出可能会为相关产品支付更高价格的客户，那么执法机构可以确定该市场为“价格歧视市场”。在这一过程中，假定垄断者可能通过市场调查确定哪些是女性愿意支付更高价格的产品以及多少是女性会愿意支付的价格。[1] 相反，拥有这些信息又可能促使假定垄断者生产出特征几乎相同（因此在成本和竞争价格上也几乎相同）但根据性别特征而专门向女性消费者推销的（例如，通过改变颜色，甚至改变它们在购物通道或网站上的位置进行推销）的产品。当然，这种在性别间存在价格差异的“粉红税”可能是可持续的，因为对部分女性消费者而言她们愿意选择针对自己性别的产品来识别自己，并具有以更高价格进行支付的意愿。尽管如此，就性别化产品而言，竞争当局应当明白某些产品的特征不仅仅是物理性的而且是象征性的，因此，仅仅基于物理性特征对此类产品进行相关市场界定是不可取的，而应当将性别如何对需求替代性产生影响并允许企业以女性消费者为目标作为一个重要的考虑因素。

---

〔1〕 除此之外值得注意的是，在数字市场中，公司拥有大量关于消费者及其支付意愿的信息，这使得他们能够对价格进行个性化设置，并导致在线销售产品的相关市场可能与个人消费者一样窄（使市场界定变得毫无意义）。

然而,相关产品市场的界定在某些情况下也取决于基本的文化规范,且性别规范和身份也不是一成不变的,会随着时间的推移而发生改变,这意味着企业可能无法依赖过去的界定。竞争当局有必要意识到这种差异,不能简单地将性别化产品视为天生的性别化,而应当研究一类性别的消费者在多大程度上会转换并以更低的价格消费针对另一类性别的同等产品。因此,任何事前规则都不允许竞争当局规定性别不同的产品总会(或永远不会)属于不同的市场。

2. 遵守竞争法的督促

论坛报告中引用了“采用性别视角可能有助于理解企业在遵守竞争法上的差异”的假设。[1] 如果这一差异确实存在,那么鼓励或要求董事会或高级领导职位上的性别均衡政策将被认为可能产生有利于竞争的效果,并有利于决策者制定更为有效地促进遵守竞争法的政策。根据研究,两性在遵守竞争法上的差异在举报和参与卡特尔方面表现得较为明显。

首先在举报方面,女性与男性相比更有可能就企业的不当行为或财务欺诈等向竞争当局举报。[2] 其原因是多方面的,可能是女性具有不同于男性的道德和伦理立场,[3]可能是女性具有比男性更为突出的利他主义[4]和不公平厌恶[5],可能是女性更加倾向于规避风险[6],甚至在谈判风格上的两性差

---

〔1〕 See Pike, C., *What's gender got to do with competition policy*?, SSRN (Dec. 1,2019), https://papers.ssrn.com/sol3/papers.cfm? abstract_id = 3487588.

〔2〕 See Feldman, Y. & Lobel, O., *The incentives matrix: The comparative effectiveness of rewards, liabilities, duties and protections for reporting illegality*, Texas Law Review, Vol. 88:6, p. 1151 - 1161 (2010).

〔3〕 See Brabeck, M., *Moral development: Theory and research on differences between males and females*, Developmental Review, Vol. 3, p. 274 - 291 (1983); Brabeck, M., *Ethical characteristics of whistle blowers*, Journal of Research in Personality, Vol. 18, p. 41 - 53 (1984); Miethe, T. D. & Rothschild, J., *Whistleblowing and the control of organizational mis-conduct*, Sociological Inquiry, Vol. 64:3, p. 322 - 347 (1994).

〔4〕 See Croson, R., Marks, M. & Snyder, J., *Groups Work for Women: Gender and Group Identity in Social Dilemmas*, Negotiation Journal, Vol. 24:4, p. 411 - 427 (2008).

〔5〕 See Fehr, E., Naef, M. & Schmidt, K. M., *Inequality aversion, efficiency, and maximin preferences in simple distribution experiments: comment*, American Economic Review, Vol. 96, p. 1912 - 1917 (2006).

〔6〕 See Croson, R. & Gneezy, U., *Gender differences in preferences*, Journal of Economic Literature, Vol. 47:2, p. 1 - 27 (2009).

异[1]都可能影响女性对企业不当行为的态度,并使她们更加关注对不当行为的潜在惩罚。而在一些企业的董事会中由于女性代表的人数较少,女性也可能成为产生共谋行为或不利于举报共谋行为的俱乐部或非正式网络圈子的局外人。如果上述解释得到证实,那么这其中每一个因素都可能对竞争当局设计和调整举报机制产生影响,竞争当局可以据此强调和加强对个人的制裁、主张提高女性在董事会和高级领导职位上的比例等。此外,已有证据证明男性和女性对举报激励的反应也不尽相同。有研究发现,如在举报政策中列入反报复条款、保密约束条款以及举报义务条款(包括对不举报者实施制裁)能在一定程度上对女性的举报意愿带来影响,而男性对上述条款内容的反应就不那么强烈,相反,他们对举报的财务激励的反应要明显得多。[2] 但对于财务不当行为,不论性别差异如何财务激励都有望发挥作用,因为这类行为与举报医疗或安全问题相比道德约束较弱,而财务激励的力度甚至还可能影响威慑的效果。

其次在参与卡特尔方面,女性的参与度远低于男性。根据对 Connor 私人国际卡特尔数据库的分析,在 2010 年至 2016 年因参与国际卡特尔而被起诉的高管中女性所占的比例不足 5% 。其原因可归根于女性在她们原本应有机会和责任参与卡特尔协议的职位上任职人数的不足,且有证据表明女性比男性更不容易串通。

总之,探讨有关举报、参与卡特尔的性别差异,将有助于竞争当局确认在两性之间更为有效的激励措施。尽管财务激励已经被证明是成功的,[3]并值得引入反垄断法,但是从性别的角度来看,在设计举报机制时,竞争当局还应注意纳

---

[1] See Bowles, H., Babcock, L. & McGinn, K., *Constraints and Triggers: Situational Mechanics of Gender in Negotiations*, Journal of Personality and Social Psychology, Vol. 89, p. 951 – 965 (2005); Bowles, H., Babcock, L. & Lai, L., *Social Incentives for Sex Differences in the Propensity to Initiate Bargaining: Sometimes It Does Hurt to Ask*, Organizational Behavior and Human Decision Processes, Vol. 103, p. 243 – 273 (2007); Croson, R. & Gneezy, U., *Gender differences in preferences*, Journal of Economic Literature, Vol. 47:2, p. 1 – 27 (2009).

[2] See Feldman, Y. & Lobel, O., *The incentives matrix: The comparative effectiveness of rewards, liabilities, duties and protections for reporting illegality*, Texas Law Review, Vol. 88:6, p. 1151 – 1161 (2010).

[3] 美国《多德—弗兰克法案》(Dodd-Frank Act)的经验证明了这一点,该法案说明了这些财务激励措施的有效性。See Tilton, C., *Women and Whistleblowing: exploring gender effects in policy design*, Columbia Journal of Gender and Law, Vol. 35:2, p. 338 – 368 (2018).

入有利于提高女性举报卡特尔行为的鼓励政策,例如,设置反报复条款、保密义务条款、举报义务条款、对未遵守前述条款要求的人员的惩罚条款等,以提高竞争法的遵守程度。

3. 优先决策

论坛报告中引入了英国竞争与市场管理局(CMA) 2016 年对英国老年人护理院的研究以及日本公平贸易委员会(JFTC)2014 年对日本儿童保育行业的市场研究。CMA 在 2018 ~2019 年度计划中将帮助弱势消费者以及提高市场信任作为其优先任务。CMA 指出,之所以对老年人护理院予以关注,是因为市场失灵对弱势消费者的伤害相对更大,而需要老年护理的个人往往是在非常脆弱的情况下做出选择的,所以有必要借此研究与脆弱性相关的环境如何影响市场参与。尽管 CMA 在定义“脆弱性”的过程中并未将性别作为“视为脆弱”的一个考量因素,但是由于女性老年人所作的选择可能在某种程度上不同于男性老年人,从性别的角度可能会发现潜在影响市场参与的信息,例如,不同类型的养老院间(自筹资金机构、地方政府资助机构)的替代性、对家庭护理的偏好等。JFTC 则通过对日本儿童保育市场的调查研究指出,促进竞争对于提高服务的质量和可获得性至关重要,并建议通过取消限制营利性机构进入儿童保育市场的规定、改变对不同类型服务提供者的补贴和税收政策来实现这一目标,而这从另一个侧面也反映出在不同类型服务提供者之间存在的市场进入壁垒可能是该市场服务供应短缺的原因之一。因此,通过促进可替代家庭中无酬劳动的服务市场的竞争,既有助于提高市场效率,又有助于实现消费者剩余的最大化,并促进女性劳动力的参与,获得“双重红利”。

此外,论坛还强调了对小额信贷行业的关注。小额信贷行业兴起于 20 世纪 70 年代末,其初衷是帮助无法获得银行贷款的无银行账户的穷人(主要是女性)获得信贷,因此该行业最初多由非营利性机构参与,这些机构依靠捐款为贷款提供资金,并采用联合负债的方式发放贷款。然而自 21 世纪起该行业内营利性机构的占比开始增加,小额信贷行业的竞争也因此不断加剧。竞争对小额贷款行业带来的影响是双向的。一方面,市场上机构数量的增多可能增加女性获得小额贷款的机会,降低交易成本,扩大该行业为女性服务的范围;另一方面,竞争也不断促使小额贷款机构提高对还款绩效的重视程度、[1]提高对其盈利能力的要求,[2]并开始挑剔并瞄准更为富有的“低风险”客户,即竞争对小额信贷履行其社会使命产生了有害的后果,影响了无法获得银行贷款的穷人和妇女获得小额信贷。因此,尽管竞争在一般情况下可能有助于减少性别不平等,但是在一些具有特定特征的市场,在促进市场竞争的同时,可能还需要采取平行的干预措施,以纠正竞争加剧可能带来的意外后果。

(四)纳入性别因素的积极做法

1.竞争当局实践中性别问题的纳入

本次论坛还提出了将性别问题纳入竞争当局实践的方法建议,并列出了如下可供竞争当局选择的菜单选项(见表5)。论坛希望竞争当局在从政府获得注重效率收益的任务的同时,也不可忽视公平收益的影响,以确保不偏离消费者福利的标准。这个菜单应用了前文所介绍的概念框架,并据此识别出可能带来双重红利的选项。

表5 竞争当局的菜单选项

		后果		双重红利①
竞争当局的活动	菜单选项	效率	公平	是/否/也许?
竞争法与合并控制				
反垄断执法	根据性别标准检验相关产品市场的界定,以评估反竞争行为	X	?	也许④
	在有关性别价格歧视的案件中考虑适用滥用支配地位的法律条文		X	
	在设计鼓励个人举报卡特尔的激励措施时考虑性别差异	X		

---

〔1〕 See Kar, A. & Bali Swain, R., *Competition, Performance and Portfolio Quality in Microfinance Markets*, The European Journal of Development Research, Vol. 30:5, p. 842 – 870 (2018).

〔2〕 See McIntosh C., de Janvry, A. & Sadoulet, E., *How Rising Competition among Microfinance Institutions affects Incumbent Lenders*, The Economic Journal, Vol. 115:506, p. 987 – 1004 (2005).

续表

		后果		双重红利
竞争当局的活动	菜单选项	效率	公平	是/否/也许?
合并控制	根据性别标准检验相关产品市场界定,以评估合并后果	X	?	也许④
	考虑合并产生的垄断市场力量对女性员工的影响	X	X	是
竞争倡导				
市场研究	研究跨性别的进入壁垒,包括交易成本和行为因素	X	X	是
	研究对女性而言的重要市场是否运转良好	X	X	是
	提供考虑交易成本和行为因素中性别差异的消费者救济措施	X	X	是
特别倡导	在就法规或政府政策提供意见时,各机构可确认其发现的任何反竞争关注对性别不平等产生的额外后果	X	X③	是
消费者保护②	检查性别是否是特定市场中消费者脆弱性的一个维度		X	

注:

①双重红利:该行动是否可以提高特定市场的效率(第一红利)并有助于减少性别不平等(第二红利)。

②消费者保护只涉及那些拥有消费者保护授权的机构。

③虽然特别倡导可能不会对公平产生直接影响,但它可能会间接促进公平。

④这可能会影响决策,从而阻止性别市场的价格上涨。

一般而言,竞争当局对市场研究和宣传等优先事项拥有较大的自由裁量权,而在反垄断执法领域的案件选择上尽管自由裁量权较低但也有一定的优先决定权,因此,竞争当局在拥有对案例选择或市场研究等的自由裁量权的情况下,可以根据效率后果以及可能伴随的双重红利决定优先次序,并可以按照性别主流化[1]和性别预算编制方法,以相对较低的成本补充或促进致力于消除性别不平等的政策的制定和完善。而评估案件优先次序与性别的关系,有助于竞争当局了解性别不平等带来的影响。但这一过程中,评估案件优先次序在一定程度上也可能会受到特定选择偏差的影响(如与性别有关的偏见),这时便需要竞争当局在实践中把性别问题纳入对案件优先次序的评价中。

此外,还有关于政策后果的评价考量。如今,在政策领域内评价政策后果的努力日益增多。这种事后评价往往更侧重于评价执法决定的直接后果,通过评价相关政策能否正确预测市场发展、是否依赖有关市场运作的相关假设等对政策是否良好进行判断。[2] 而除直接影响外,由于间接影响(如威慑、宏观经济因素等)能够通过实质性的事实对竞争机构干预措施的受益者是否存在差异提供说明,对政策所带来的间接影响的关注也受到重视。但无论评价的是政策的直接后果还是间接后果,论坛认为将性别问题纳入竞争当局定期进行的事后评价中是有必要的。

2. 公共利益中性别平等的纳入

全球各竞争当局的任务异中有同,其中,多数是以实现消费者福利最大化为目标,部分是以实现总福利最大化为目标,也有一些任务中还包含了对公共利益的考虑并以此补充对消费者福利的关注。受此影响,全球多数竞争政策更加注重效率和福利,即便在消费者福利模式之下,也仅侧重于让消费者在总财富中享有公平份额,却不涉及消费者群体内部分配的问题。相较而言,公共利益则考虑了分配问题和(或)市场中的弱势部分。论坛指出,虽然尚不清楚是否有必要在竞争法中进行一般公共利益测试,但如果各国政府决定在竞争当局的任务中增加一项,那么就有理由在这些公共利益中纳入"性别平等",而这也意味着承认女性一直以来在许多国家和社会经济环境中处于不利地位。尽管如此,盲目应用竞争政策并无助于减少基于性别的歧视,且这类问题可以在大多数国家的消

---

[1] 1997 年 6 月,联合国经济及社会理事会给社会性别主流化下了定义,其内容如下:"所谓社会性别主流化是指在各个领域和各个层面上评估所有有计划的行动(包括立法、政策、方案)对男女双方的不同含义。作为一种策略方法,它使男女双方的关注和经验成为设计、实施、监督和评判政治、经济和社会领域所有政策方案的有机组成部分,从而使男女双方受益均等,不再有不平等发生。纳入主流的最终目标是实现男女平等"。

[2] 如新西兰商务委员会,也会评估在作出执法决定时所持的假设是否正确。

费者保护法的现有框架中加以解决,因此无须通过扩展竞争法予以调整。此外还必须注意的是,在竞争当局的任务中列入任何公共利益都有可能降低执法的可预测性,从而增加法律的不确定性,并可能导致一定程度的政治压力,影响竞争政策的时限效果。

三、评价与启示

本次论坛以“性别与竞争”为主题探讨了二者之间的双向关系,认为性别不平等可能导致市场规模较小、人才配置不当,造成低竞争力和低竞争效率,且无法保证较高的消费者福利,而更大程度的性别平等有利于促进整体经济的平等和效率,并获得市场效率与消费者剩余最大化、提高女性劳动力参与度的双重红利。因此,承认性别差异和采用性别视角有助于竞争当局提高竞争政策在改善消费者福利方面的有效性、确保正确相关产品市场界定、构建更有效的面向消费者的补救措施、鼓励举报人和改进合规流程。而本次论坛除反思和明晰在竞争政策中提高性别意识的潜力和价值外,也指出每一个国家都可能通过改善竞争对减少性别不平等作出反馈,因此鼓励更多的国家对性别与竞争问题予以关注,并制定性别包容性竞争政策以获得效率和公平效应的双重收益。事实上,在本次论坛召开之前,加拿大、印度、南非等国家就已经开始关注竞争政策改革对性别平等的影响。反观我国,有关性别平等的问题尽管在社会学、经济学、心理学、法学、教育学等领域已经有所讨论,但是对于性别与竞争之间的关系以及性别包容性竞争政策等问题的则鲜有涉及。

对于我国是否有必要纳入性别包容性竞争政策问题的讨论,一个重要的前提就是需要对我国是否存在性别不平等进行确认。新中国成立伊始我国就将保障性别平等的条款写入了1954年《宪法》,[1]在此基础上还颁布了《妇女权益保障法》《就业促进法》等100多部法律法规进一步确立了女性在政治、文化教育、劳动和社会保障、财产、人身、婚姻家庭方面的基本权益。与一些国家相比,我国对于女性的经济参与展现了更为开明的态度,也正是得力于此,我国取得了基本消除义务教育的性别差距、女性在社会就业人数占比超四成等可喜成绩。

---

[1] 1954年《宪法》在第96条中规定“中华人民共和国妇女在政治的、经济的、文化的、社会的和家庭的生活各方面享有同男子平等的权利”,该条款内容在现行《宪法》第48条中予以继承。

但即便如此,并不意味着我国已经消除了性别间的不平等,相反,我国女性与男性在社会参与方面的差异问题非但依旧存在,甚至在一些领域较其他国家更为深刻。

根据世界经济论坛(World Economic Forum)2019 年 12 月发布的《2020 全球性别差距报告》(Global Gender Gap Report),我国存在的性别差距在被调查的 153 个国家中排名第 106 位,即便在经济参与、政治、教育、卫生这四个细分领域的排名也不容乐观,分别列居第 91 位、第 95 位、第 100 位以及第 153 位(末位)。而进一步细看我国女性在经济参与方面的现状,同样可以发现两性之间存在的明显差异。首先,以女性提供家庭无酬劳务的现状为例,据统计,我国女性在无酬劳动上所付出的时间是男性的两倍多,她们的一天中有更多的时间被消耗于家务劳动、陪伴照料孩子生活、护送辅导孩子学习、陪伴照料成年家人等无酬劳动之上,[1]而我国女性未参与有酬工作的首要原因就是"料理家务",[2]这一现实情况也充分验证了论坛所指出的"女性因家庭无酬劳务的提供而使其参与有酬的正式工作的机会受到限制"的观点。其次,在作为雇员市场参与回报的薪资方面,2019 年我国城镇就业女性平均薪酬尽管较前年有所上升,但薪酬均值也仅为城镇就业男性的 81.6%,且相较于男性更多从事技术、销售、工程等薪酬回报高但工作压力大、工作时间长或体力消耗大的岗位,更高比例的女性倾向于选择行政、运营、市场等相对稳定但薪酬回报较低的岗位。[3] 可以说,薪酬差距背后所蕴含的"母性惩罚""玻璃天花板"等在我国也同样存在。而作为反映市场结果的商品价格中的"粉红税"等问题,在我国的存在也早已毋庸置疑了。这些问题都说明,我国女性现有的竞争环境与男性相比仍存在较大差距,女性在市场竞争中仍处于相对劣势的地位。

正如论坛所指出的,性别差异往往是多方作用的结果。我国性别差异的存在亦可以归结为两方面的原因。一方面,该差异源于女性自身的内在特性,是她们与生俱来的与男性在生理、心理、思维上的差异所导致的在经济行为上的天然差别;另一方面,该差异又源于女性所处的外部环境,是法律等正式障碍以及东

---

〔1〕 根据国家统计局《2019 年中国人口和就业统计年鉴》中有关"居民一天的时间分配"等的统计。

〔2〕 女性未参加工作的原因前三位分别为料理家务、因个人原因失去工作以及毕业后未工作。

〔3〕 参见 BOSS 直聘《2020 中国职场性别薪酬差异报告》。

方传统文化、家庭背景下社会性别角色、家庭及职场分工固化伴随的非正式障碍对她们的经济参与带来的限制。要改善性别差异的现状,所能进行干预的不是也无法是女性的天性,而应当通过对女性所处的外部环境的干预尽可能地消除不利于性别平等的障碍。尽管我国对于女性的经济参与未设置明显的正式障碍,但不可否认的是,在文化、家庭等非正式障碍影响下我国的市场环境(包括市场竞争环境以及市场企业行为等)对女性的经济参与设置了更多基于女性性别身份的无形限制。因此,要改善现有性别差异的状况,除在法律法规上予以女性权益的保障外,通过有效政策的引导尽可能减少甚至消除不利于女性参与经济的非正式障碍、营造有利于女性参与经济的竞争环境也尤为重要。本次论坛,突出强调了基于性别与竞争双向关系理论的性别包容性竞争政策对于解决因性别歧视或对女性参与经济的限制而带来的反竞争问题、促进开放公平和有效市场的建立,以及促进两性平等实现的积极作用。[1] 应当说,论坛所倡导制定的性别包容性竞争政策与我国建设两性平等、包容发展的社会之目标相统一,对于在性别差异上依旧存在深刻问题的我国的相关政策完善提供了重要的参考,而我国也具备了纳入性别包容性竞争政策的环境前提和实际需要。

对于如何制定切实可行的更具性别包容性的竞争政策的问题,论坛所提出几项方法建议值得我们借鉴。首先,在界定相关产品市场时应提高对性别化产品的关注,在性别偏好达到足够强烈的程度时有必要为性别化产品界定一个单独的市场;其次,在督促遵守竞争法规的过程中应当认清两性间的行为差异,除充分发挥财务激励在两性间无明显差别的激励效果外,还可以在设计举报机制时适当纳入反报复、保密义务、举报义务、惩罚条款等有利于提高女性举报卡特尔行为的鼓励政策或主张增加女性在董事会或高级领导职位上的占比;最后,有必要关注在部分特殊市场上性别因素带来的影响及对该特殊市场上性别平等的促进和保护,例如,在老年人护理等与脆弱性相关的市场上有必要关注性别因素对脆弱性的认定以及市场进入的影响、在替代无酬劳动的相关服务市场上有必要关注竞争激励对促进女性经济参与的效果、在小额信贷等以为穷人或女性提供帮助为初衷的特殊市场上有必要应需采取平行的干预措施以防止竞争加剧带

---

〔1〕 See Pike, C., *What's gender got to do with competition policy*?, SSRN (Dec. 1, 2019), https://papers.ssrn.com/sol3/papers.cfm?abstract_id=3487588.

来的不利后果等。此外,本次论坛还提出了对是否有必要将性别平等纳入公共利益的问题讨论。不可否认,这是通过将性别平等上升至竞争立法执法目标予以保障的积极尝试,然而同样不可忽视的是,这一措施在促进消除性别不平等的同时,也可能伴随市场上性别化产品的减少或性别化产品价格的整体上涨等不利于消费者的后果。相比之下,将性别间的偏好差异纳入相关市场的界定并在此基础上探索相关市场上市场力量的成因等,或许更利于竞争当局依据具体市场的情况作出有利于消费者以及促进性别平等的决策。

正如《2020年全球性别差距报告》所指出的,性别差异并非个体问题,而是在被调查国家中普遍存在的问题。[1] 在此背景下,《联合国2030年可持续发展议程》将"实现性别平等,增强所有妇女和女童的权能"作为今后各国可持续发展目标中的一项重要内容。早早将男女平等作为基本国策的我国,也一直在保障女性权益的法律体系建设上做着积极的努力。如今,我国女性的事业发展状况较之前发生了改变并达到了一个全新的水平,但是在性别平等上存在的问题依旧突出,而新冠肺炎疫情的全球蔓延更是加剧了女性所面临的挑战。习近平主席在联合国大会纪念北京世界妇女大会25周年高级别会议上提出了"帮助妇女摆脱疫情影响""让性别平等落到实处""推动妇女走在时代前列""加强全球妇女事业合作"的主张,这是我国响应联合国号召为实现性别平等而积极奋斗的目标展现。[2] 这一目标的实现,需要社会、企业、个人长期的共同努力。而在竞争政策中合理纳入性别视角,通过竞争政策的努力和基于市场效率的呼吁营造促进性别平等的竞争环境,鼓励企业承担尊重女性权利的基本责任、创建性别包容性的商业模式,可以认为是在追求减少反竞争行为对消费者福利和社会公共利益的影响这一目标的同时为消除性别不平等作出积极反馈的有效方式。笔者也希望通过对本次论坛的介评,吸引我国学者和竞争当局对性别与竞争问题、性别包容性竞争政策的关注,并在此基础上展开进一步的深入研究。

---

〔1〕《2020年全球性别差距报告》显示,要彻底消除性别差距所需的时间约为99.5年。其中,在政治领域消除性别差异需要95年,在经济领域消除性别差距需要257年,而在教育和卫生领域消除性别差距仅需要12年。

〔2〕《习近平在联合国大会纪念北京世界妇女大会25周年高级别会议上的讲话》,载中国政府网:www.gov.cn/xinwen/2020-10/01/content_5548947.htm。

OECD“竞争对社会公平的贡献”论坛介评

郝俊淇*

一、论坛背景

经济合作与发展组织(OECD)竞争委员会2018年召开了聚焦公平问题的论坛。[1] 经济不平等已经成为许多发达国家公众辩论的中心话题。过去几十年,特别是过去10年,在欧洲、美国和世界各地的金融和经济危机之后,人们的不安和不满与日俱增。部分消费者、企业和公民都秉持一种看法,认为“游戏被操纵了”,或者“这个体系是为少数人服务的,而不是为多数人服务的”。知识分子、政治家和公众人物逐渐认识到不平等是一个必须解决的重大问题,他们提出了一系列可能的解决方案。经常提到的建议包括改革税收制度、加强劳工组织、修订国际贸易和投资协定以及缩小金融部门的规模等。经济不平等以及广泛存在的不安和不满,对于负责维护“不受扭曲的竞争和消费者福利”的竞争主管机构来说,是一个特别的挑战,尤其是对如下信念的挑战:不受扭曲的竞争所保护的分配过程是促进消费者福利的最佳工具。此外,对于竞争法中包含公平诉求

* 郝俊淇,中国社会科学院法学研究所助理研究员,法学博士。

[1] OECD, 2018 OECD Global Forum on Competition Discussed Competition and Fair Societies, OECD (Nov. 29, 2018), http://www.oecd.org/daf/competition/how-can-competition-contribute-to-fairer-societies.htm.

的司法管辖区(如欧盟)来说,这是一个更大的挑战——其法律文本将公平以及公平竞争确定为竞争主管机构必须争取和捍卫的基础。如果从本质上加强竞争的政策有助于减少不平等,而不平等(inequality)被视为对公平(fairness)的一种理解,那么,加强竞争政策的实施将有助于减少社会中的不平等。但是,这并不是说竞争法和竞争政策应该专门针对日常竞争行为中的不平等或不公平现象。

二、论坛主要内容

(一)公平与竞争政策的相关性:市场势力的再分配效应

一些人认为,竞争政策与公平或平等无关,任何建议竞争政策应该关注公平的建议,都等于使用错误的工具来解决问题。另一些人则认为,竞争政策应该明确反映对公平的关注,并应该保护企业、消费者免受不公平竞争的影响。实际上,由于不正当的市场势力本身会扭曲市场,并向较富裕的人群进行再分配,竞争政策是防止这种倒退式再分配(regressive redistribution)的工具,因此在解决不公平或不平等问题上可以发挥重要作用。[1]

1. 市场势力的再分配效应

一些政策推动经济增长,一些政策对收入或财富进行再分配,然而很少有政策工具能同时做到这两点。旨在提高劳工技能和教育水平的社会政策就属于这一类。OECD的一项研究表明,竞争政策也可以帮助政府同时实现这两个目标。竞争政策旨在促进市场竞争。[2] 有证据表明,竞争不但可以推动经济增长,而且也会对收入或财富分配造成影响。

市场势力之所与不公平或不平等相关,原因很简单。在缺乏竞争的情况下,市场势力将价格推高至成本之上,这些更高的价格增加了每个人的消费支出,并将额外收益分配给企业主和金融资产持有者,他们绝大多数都集中在收入分配的顶端。这一双重效应,增加了上层人群的收入,同时减少了其余人群的消费能

〔1〕 See Sean F. Ennis, Pedro Gonzaga & Chris Pike, *The Effects of Market Power on Inequality*, CPI (Oct. 14, 2017), https://www.competitionpolicyinternational.com/the-effects-of-market-power-on-inequality/.

〔2〕 所谓竞争政策,是指保护、维持和发展竞争性市场机制所采取的各种政策措施和制度体系,包括反垄断政策、私有化政策、放松管制政策、对外开放政策、贸易自由化政策、垄断行业的竞争性改革、行政垄断的竞争性规制、经济政策的竞争性评估等。

力和储蓄。长期来看,从消费者向企业的资金转移,可能会帮助最富有的人积累财富,提高他们的收入,同时使最贫穷的人更难积累储蓄或减少对信贷的依赖。[1]

OECD 最近的一些研究对市场势力和不平等之间的关系进行了更深入的分析。恩尼斯等人于 2017 年提出了一个稳态模型,通过模拟更高价格对实际收入和储蓄行为的影响,试图估计市场势力的衡量如何影响收入和财富的长期分配。初步结果表明,在样本国家的平均水平上,市场势力会使最富有的 10% 人群的财富增加 17% 。经济合作与发展组织国家的另一个样本表明,最富裕人群的 10% ~24% 的财富可归因于市场势力。恩尼斯和金姆 2017 年的研究也发现了大致相似的结果。

市场势力的再分配效应的大小,可以在整个经济的总体水平上,通过确定赚取垄断租金的群体和被收取较高价格的群体来粗略估计。换言之,通过考虑企业所有权(business ownership)和消费如何在人群中分布,就有可能确定谁从市场势力中获益,谁损失以及损失多少。假设,经济中的一半人群负责所有消费,而另一半人群拥有经济中的所有垄断。在这样一个简单的例子中,市场势力会导致 100% 的垄断利润的再分配,即前一半人群的剩余全部转移到后一半人群。相反,假设消费和企业所有权在全体人群中是平均分布的,市场势力的再分配效应将接近于零,因为所有人将受益于更高的利润,并同时被收取相同数量的更高价格。因此,在一个企业所有权和消费平均分布的经济体中,市场势力会降低效率,但不会影响公平或平等,因为所有的垄断最终会相互抵消。

在现实中,相关人群的受益大小与他们所拥有的垄断份额成比例,受害大小与他们的消费水平成比例。虽然有关消费分布的数据随处可见,但要确切知道谁拥有产生垄断租金的企业却很难。尽管如此,企业所有权的分布很可能与财富的分配很接近,财富的分配反映了每个人拥有的资本份额,也可以说是垄断利润的份额。基于这一推理,OECD 以 12 个经合组织国家(澳大利亚、加拿大、法国、德国、希腊、日本、韩国、墨西哥、葡萄牙、西班牙、英国和美国)为样本,按五分位数分类,收集了最富有的 1% 、5% 、10% 人口的消费和财富数据。平均而

---

〔1〕 如果企业将市场势力带来的额外利润(租金)分配给其员工,而不是股东,市场势力的影响是模糊的,并取决于如何在员工之间分配利润。

言,最富有的1%人群只消费了总产出的3%左右,却拥有25%以上的总财富。对于最富有的前10%人群来说,这一差距也相当大,他们占总消费的20%,但占总财富的近60%。观察到的数据表明,市场势力具有不可忽视的再分配效应。事实上,虽然消费是合理平均分布的,但财富绝大多数集中在人口的顶层,这表明最富有的个人能够获得不合比例的垄断利润份额,而不会受到更高价格的负面影响。为了更好地了解再分配效应的总体规模,可以进一步利用收集到的数据,通过衡量各群体的财富和消费份额之间的差异,得出各群体在市场势力下的"输赢"程度的近似值。调查结果显示,平均每1美元的垄断利润中有0.37美元是90%最贫穷的人向10%最富有的人的转移的。分配上的损害在12个经济体中的系统分布是相同的:处于底层的人群(占总人口数80%)通常是那些因市场势力而变得更穷的人;市场势力对"中产阶级"(占总人口数21%~60%)的影响更大,他们在消费中占有相当大的份额,但在财富中所占比例却很小;市场势力基本上有利于最富有的5%人群,尤其有利于最富有的1%人群。

尽管各国在谁受益、谁受害方面的结果是相似的,但总体影响的大小仍可能有所不同。调查发现,对于每1美元的垄断利润,从底层90%人群到顶层10%人群之间的实际再分配数额可以在0.32美元至0.51美元。这是因为在一些国家,财富更多地集中在高收入群体,而不是其他群体,这进一步分裂了那些赚取更高垄断利润的个人与那些遭受更高价格的个人。不过,应当指出的是,在公共政策过度限制竞争的国家,垄断利润可能会高得多,即从穷人向富人转移的总金额更大。归根结底,不仅要确定垄断利润从底层90%人群转移到顶层10%人群的份额,还要衡量垄断利润在经济中的总体规模。虽然目前没有这样的数据,但仍然可以提供一个例子,说明一个普通人会在多大程度上受到任意水平的市场势力的影响。例如,如果市场势力的加价幅度在10%~20%,那么平均而言,处于底层90%的个人预计每年损失1600美元至3200美元,而处于顶层10%的个人的收入是该数值的9倍(14,400美元至28,800美元)。

减少面向穷人的高消费产品的市场势力,对不平等的影响也可以从墨西哥最近的一个例子中看出。2013年至2016年,墨西哥移动电话服务的零售价格下降了61%~76%。2014年,移动电话服务支出占墨西哥最贫穷的10%人口收入的6.2%,占最富有的10%人口收入的1.2%。降价的影响在许多方面对最贫穷的10%的人比最富有的10%的人更为明显。最贫穷的家庭支出占收入的比例将从6.2%下降到平均2.2%(下降4个百分点),而最富裕的家庭支出占收入的比例将从1.2%下降到0.3%(下降0.9个百分点)。在国际上,其他具有类似性质的商品可能包括食品、住房、能源、水、医疗保健、宽带和电视服务。

事实上,日益严重的不平等降低了经济增长:首先,不平等与金融困难、信贷市场的不完善等结合在一起,降低了人们(尤其是穷人)投资教育和培训、更换工作、学习新技能的能力,从而导致人力资源的浪费,而这种浪费将导致生产率和收入增长的降低。其次,不平等还导致公共产品的提供效率低下,而这些公共产品有利于穷人,如交通和教育。再次,不平等可能带来政治两极分化和社会凝聚力的崩溃,破坏社会秩序的合法性。最后,不平等使公共政策倾向于富人的利益,这可能造成一个恶性的公共政策循环,使不平等和市场势力永续存在,并威胁到民主。事实上,市场势力会加剧政治的不平等,而政治权力会重塑或强化导致经济不平等的游戏规则,使之有利于经济精英(economic elite)。这个问题在一些亚洲国家正变得越来越突出。例如,20世纪90年代末以来,菲律宾经济增长强劲,成为亚洲乃至世界增长最快的新兴经济体之一,但从社会指标来看,其增长的包容性却很弱,实际工资几乎没有变化,绝对贫困率仍然很高。

2. 打击不正当的市场势力来源

以上分析不是在暗示从市场势力获得的财富在任何意义上都是不正当的。来自市场势力的部分利润(很可能是大部分),可能基于市场势力的合法来源,比如专利、商标和品牌差异化。在这些领域,市场势力的价值在于它能创造源源不断的利润,激励人们投资于创新产品和服务。没有市场势力,许多投资不会产生积极的财务回报。特别是,从投资的角度来看,来自市场势力的部分利润可能会被最终不成功的创新的研发损失所抵销。此外,考虑到利润的净现值(the net present value of profits)是激励投资的必要因素,不仅加价(markup)水平很重要,而且市场势力周期的长短也很重要。如果创新周期变短了,那么在其他条件不变的情况下,需要更高的加价才能提供相同的利润净现值。

虽然许多市场势力的来源是基于正当和可取的经济目的,但也有一些市场势力的来源,存在很大问题。例如,市场势力来自企业的反竞争行为、过度集中、保护主义或给予企业市场势力的政府规定(这是游说的结果,而不是通过竞争赢得的产品优势)。因此,竞争政策一般不禁止市场势力本身,而是设法消除或防止非法的或不正当的市场势力。例如,竞争政策的重点是打击卡特尔、排他性行为、减少反竞争的管制措施或贸易壁垒、防止产生市场势力的并购。打击非法的市场势力会带来有益的效果,即确保通过生产性投资获得市场势力的机会,不会被寻租的投资者排挤或忽视(这些投资者发现通过非法方式获得市场势力比冒险获得市场势力更容易)。

以上分析表明,竞争政策(反垄断法)并非一概适用于所有不同来源的市场势力。实际上,不平等有很多原因,市场势力是促成因素之一。史蒂夫·萨洛普(Steve Salop)和乔纳森·贝克(Jonathan Baker)为竞争主管机构应对不平等现象提出了不同的选择:(1)第一类措施涉及全面加强竞争,这有望通过普遍削弱市场势力来间接减少不平等。加强竞争可以通过赋予竞争主管机构更多的资源或改革规则(reforming the rules)来实现。(2)第二类措施指出了竞争主管机构在执法中应对不平等的两种方式:案件选择(case selection)和救济(remedies)。执法机构可以优先处理有利于弱势群体和中产阶级的案件。例如,打击食品制造、零售、燃料和保健领域的反竞争行为,打击针对工人和小企业行使垄断势力的行为。此外,执法机构还可以针对有线电视或宽带供应商的合并,附加限制性条件,比如要求合并后的企业为低收入用户提供补贴。(3)第三类措施是重新校准竞争政策的目标。首先,竞争政策不应仅关注价格和产量,还应关注质量和创新。其次,竞争政策不应仅关注卖方市场势力的行使,也应关注买方市场势力的行使。换言之,竞争政策不仅应关注市场势力对买方的损害,不论他们是中间买家还是最终消费者;也应关注市场势力对卖方的损害,不论他们是工人还是中小微供应商。最后,还有一种选择是将减少不平等作为明确的竞争政策目标。虽然这样做有直接针对不平等问题的优势,但将减少不平等作为目标也可能有很大的劣势。因为实施减少不平等的目标需要进行极为困难的分配分析,特别是当竞争损害涉及中间产品时,很难确定一项行为的分配影响。追求平等作为一项目标,可能需要对企业及其所有者所支付的税收情况进行复杂的分析。将减少不平等作为目标的另一个缺点是,它需要在不同群体之间进行明确的权衡,但这可能是有争议的,涉及回答一些非常困难的问题:比如,对穷人的损害比对中产阶级的损害更值得重视吗?富人得到的利益能大于穷人的损失吗?

综上所述,竞争政策即使不把减少不平等(财富公平分配)作为明确目标,其实施仍将影响财富分配,因为它具有防止倒退式再分配的作用,即预防和矫正不正当市场势力的再分配效应。当使用消费者剩余检验(consumer surplus test)作为决策标准时,这种作用更为显著。换言之,由于不正当的市场势力本身会扭曲市场,并向较富裕的人群进行再分配,竞争政策是防止这种倒退式再分配的工具,因而在解决不平等问题上可以发挥重要作用。进一步看,竞争政策有助于实现经济包容性发展和增长。实际上,想要解决不平等问题,政府可以选择一系列不同的方法:一方面,可以选择传统的、回应性的再分配政策,比如通过征税和财政支出来实现公平分配;另一方面,可以选择积极的政策,如通过竞争政策来防止市场扭曲,即防止不正当的市场势力从一开始就递减地分配收入和财富。鉴于预防和消除不正当的市场势力可以在不造成税收无谓损失的情况下,解决人们对不平等的担忧,并提升生产率,因此,希望减少不平等的政府应优先考虑加强竞争政策。这可以从投资于有力的竞争执法着手。

(二)竞争政策与公平:劳动者的视角

竞争政策旨在保护市场竞争机制,而充分的市场竞争一般被假定能够为人们带来更低的价格、更高的质量、更多的选择、更大的物质进步。换言之,竞争一般被假定为符合所有市场参与者的利益。但是,经济合作与发展组织竞争委员会主席、法国埃塞克工商学院教授弗雷德里克·珍妮(Frederic Jenny)指出,在欧洲,甚至可能在其他发达国家,劳动者会对这一论断提出质疑。

1. 竞争对劳动者的影响

在讨论竞争(竞争政策)与公平时,劳动者是不可回避的重要主体。实际上,当前的“竞争模式”是以效率为导向的模式。在这种模式下,企业要么变得更有效率,要么被市场淘汰。换言之,不能提高效率的企业会在市场中消失,其资源会被其他部门循环利用,而该等部门可以自由进入和退出。并且,由于效率、较低的价格等因素,对消费者来说存在一个均衡。然而,以上模式有一个严格的假设:在产品市场竞争的背后,存在一个无差别的、竞争激烈的、庞大的劳动力市场,劳动者如果由于竞争而失业,可以在其他地方找到工资水平相同的工作。事实上,劳动力市场不是这样运作的。很多情况下,劳动者在地域和技能上都是分散的,不具有流动性。其结果是,劳动者很多时候会因为竞争而陷入困境,这削弱了竞争(竞争政策)符合所有市场参与者利益的主张。当失业的人群无法重新找到一份新工作,他们就不相信竞争能达到他们的目的。竞争往往有利于资本,因为资本是流动的。竞争对高技能的劳动者来说也是有效的,因为这部分劳动者更容易找到工作。但是,对于那些缺乏技能的劳动者来说,竞争很大程度上是行不通的。

美国和欧洲的大量研究表明,数字经济的发展进一步拉大了劳动者技能的差距。当竞争主管机构声称劳工问题与其无关时,要么是天真,要么是被误导了。如果竞争导致劳动者无法重新装备(retool)自己,便将被市场抛弃。一项关于美国联邦政府帮助失业工人的项目研究得出的结论是,政府帮扶措施的效果非常糟糕。在法国,通过成人教育来改造失业人员的效果也不好。贸易辩论表明,当存在激烈竞争时,劳动力市场不会像经济理论假设的那样进行有效调整。输家是那些低技能的工薪阶层。资本和高技能的劳动者则是赢家,因为其流动性非常强,高技能的劳动者往往能够重新装备自己。被迫失业人群遭受的经济不平等,日益引发出一种强烈的诉求:劳动者免于竞争应当被作为社会经济契约的一部分。

2. 纵向公平问题及其潜在应对方案

公平是什么?或者说竞争主管机构适合关注何种公平?珍妮教授认为,真正的问题是纵向公平(vertical fairness):被雇佣者与雇佣企业之间的关系。纵向公平也可以发生在合同双方之间,即谈判合同的人和提供服务的人之间。赛勒和卡尼曼指出,人们会对参考交易(reference transaction)做出反应。例如,一个商店给劳动者的工资是每小时 9 美元,如果另一家类似商店将工资从 9 美元降至 7 美元。这种工资减少被认为是不公平的,因为有一个 9 美元作为参考交易。行为经济学告诉人们,公平至关重要,忽视公平问题是有代价的。很多国家在政治上非常脆弱,因而对于公平问题讳莫如深。不过,从竞争政策的角度看,有一些可能的解决方案:(1)竞争主管机构应关注竞争机制对劳动力市场的影响。(2)具有倡导职能的竞争主管机构应考虑通过倡导使竞争发挥作用。竞争主管机构可以在教育、地域流动性等因素方面发挥作用,这些因素将使劳动力市场更加灵活。(3)竞争主管机构可以优先处理那些明显不公平的案件,比如有关药品定价过高的案件。假设,一家制药公司把药品价格提高数倍甚至几十倍,这种提价通常被认为是不公平的，甚至是对病人的“劫持”。竞争主管机构可以制定执法案件的优先标准，着重关注涉及药品定价过高的案件，以维护消费者和劳动者的基本生活利益。(4)竞争执法决定应把对劳动者的影响纳入考量。以一个假设的合并为例，如果合并被批准，将会有 5000 人下岗，竞争主管机构可以表明，如果不能提供支持帮助劳动者找到其他工作，该合并可能会在市场上造成不信任，并可能导致效率低下。这样，竞争主管机构可以考虑禁止合并。

行为经济学还不够先进和成熟，未能提供把“公平”作为分析和判断反垄断案件的标准。最近的两个事例说明了处理公平问题的复杂性：(1)目前有一场关于大型零售商对农民施加压力的辩论。农民在地理和职业上的流动性都不是很大。政策制定者打算对大型零售商设置维持转售价格的条件，以阻止它们在食品价格上进行竞争。这个条件规定，零售商不能以低于购买价格 10% 的价格转售食品，目的是缓解下游的激烈竞争，从而减轻农民的议价压力。然而，一些辩论指出，这些对农民福利的让步，虽使其免于竞争压力，但最终会减少消费者福利。但事实上，竞争会使农民变得更糟，而这种局面在政治和社会上似乎更加不可接受。(2)有两家法国公司在罐头食品领域进行横向合并，其处于法国一个衰退的市场。排名第一的公司破产了，被排名第二的公司收购。竞争当局禁止了合并，但经济部长却介入并推翻了该决定，其声称：破产的公司将解雇大量员工，他们处于劳动力市场不景气的地区，很难找到替代就业机会。经济部长把劳动力市场的不景气作为颠覆竞争执法决定的理由。如果竞争主管机构考虑到该决定对劳动者的影响，会做出不同的决定吗？不过，从制度的角度来看，让一位经济部长推翻竞争主管机构的决定是值得怀疑的。

(三)“公平”应否以及如何融入竞争执法的过程

竞争执法是否应当考虑公平以及如何考虑公平，在理论和实务中一直存在很大争议。利兹大学法学院商业法中心主任皮纳·阿克曼(Pinar Akman)教授认为：程序公平是竞争执法必须考虑的，而实质公平在竞争执法中发挥的作用有限，竞争主管机构应当谨慎考虑实质公平。

1. 竞争执法必须考虑程序公平

当涉及程序上的公平以及竞争主管机构如何执行法律时，公平肯定应该被考虑在内。在竞争法中，许多规章和指南明确了执法程序方面的公平性要求。

例如,企业的陈述权、听证权、查阅权等。这些措施旨在确保通过公平的程序达致“公正”的结果。

实际上,公平深深根植于欧盟委员会的执法程序中,指引着欧盟委员会的工作。例如,在欧盟并购控制中,申报当事人(提交并购计划接受审查的企业)在委员会作出任何不利的决定之前,有权被听取意见。这一权利在欧盟并购控制的程序框架中以不同的方式得到体现。申报当事人有许多机会行使他们的权利。例如,在进展情况会议上(a State-of-Play meeting),他们会被口头告知审查的情况,并有机会发表自己的意见。当委员会决定展开第二阶段审查时,对于委员会作出的决定,当事各方可以作出书面答复。如果在第二阶段程序之后,仍存在竞争问题,委员会会发出反对声明(a Statement of Objections)。在这一步后,申报当事人也有更多的机会被听取意见。他们可以查阅委员会的档案,并以书面形式或在口头听证会上陈述自己的观点和意见。此外,程序上的公平并不局限于直接参与交易计划的企业。第三方可以对委员会公开发布的通告作出反应,并在委员会对救济措施进行市场调查和测试的框架内发表意见和论点。具有合法权益的第三方可以请求获取反对声明的非机密副本,并参加口头听证会。实际上,委员会还公布了几份关于如何进行评估的指南,如横向并购指南、非横向并购指南、并购救济通告等。这些指南对于确保可预测、严格和一致的程序至关重要。

2. 竞争执法对实质公平的考虑及其限度

公平的概念不仅涉及程序问题,在很多时候还会以实质性的方式涉及调查和决策。这一点,在欧盟竞争法中尤为明显。在涉及国家援助、卡特尔、滥用市场支配地位等案件中,公平是潜在的考量因素。

从国家援助案件来看,比如爱尔兰当局批准的税收安排,其允许苹果公司每盈利 100 万欧元只需缴纳 50 欧元的税款。显然,苹果公司所享受的待遇,对其他在爱尔兰支付标准企业税率的竞争对手来说,是不公平的。欧盟委员会对比利时超额利润计划(Excess Profit scheme)的调查是另一个例子。根据该计划,同意在比利时投资或转移业务的跨国集团将获得 50% ~90% 的税收减免。自 2016 年 1 月欧盟委员会做出这一调查以来,35 个受益企业共被追缴了近 7.5 亿欧元的未缴税款。这两起案件都提出了法律推理之外的公平问题。多年来,苹果公司一直享受竞争对手无法享受的税收优惠,这是否公平?某些跨国企业将业务转移到比利时或在那里开展业务时获得税收优惠,而它们的比利时竞争对手却必须支付全额税款,这是否公平?与此同时,这些案例都很好地说明,欧盟委员会的决定并非基于“公平推理”本身,而是基于对以公平为依据的具体法律规则的评估。在国家援助控制制度下,委员会只能在表明某一企业或一组企业获得了不合理的选择优势的情况下,才可以发动案件。如果无法证明这一点,欧盟委员会必须认识到,税收减免即使被认为是不公平的,也不在国家援助控制的范围之内。这个问题最终可能会通过竞争法以外的其他法律来解决。

在涉及卡特尔案件时,公平问题也会被提出来。涉及固定价格、限制产量、划分地域、串通投标的卡特尔,被视为核心限制(hardcore restriction),构成欧盟委员会优先考虑的执法事项。这些卡特尔被认为是不公平的是因为:第一,通过协调定价、产量、销售地域等方面的行为,而不是彼此竞争,这些卡特尔的成员可能获得了高额利润;第二,与卡特尔成员进行交易的企业,会承受更高的成本;第三,这些额外成本中的一部分可能会转嫁到终端消费者身上,使消费者支付更高的价格。不过,与国家援助案件的情况类似,对卡特尔案件的处理,委员会不能依赖公平的直觉或概念本身,而必须建立在“目的限制竞争”或“效果限制竞争”的经济分析和具体证据的基础上。

与公平具有更为紧密联系的是滥用市场支配地位案件。《欧盟运行条约》第 102 条禁止具有市场支配地位的企业“直接或间接施加不公平的购买或销售价格或其他不公平的交易条件”。从相关判例来看,这些案件中的价格是不公平和过高的,“因为它与所提供产品的经济价值没有合理的关系”,为此,需要进行两步检验(“United Brands 检验”):首先,确定实际产生的成本与实际收取的价格之间的差额是否确实过高;其次,分析强加的价格本身是否不公平,或者与竞争产品相比是否不公平。然而,欧盟法院的判例法和欧盟委员会的裁决实践,在如何判定价格本身是否不公平方面,没有提供太多指导。这一禁令本身也存在许多问题。企业的定价之所以高于边际成本或可变成本,是因为利润是经济活动的驱动力。“不公平价格”或“过高价格”的限制可能会抑制企业的投资动机。阿克曼教授认为,理解价格不公平的方法之一是观察程序,看看其中是否有导致价格不公平的因素。另外,公平价格可能需要区别对待,尤其当公平价格是基于个人的支付意愿设定的,因而适用于每个人的“公平价格”都不同。换言之,为了公平定价,一家企业必须实行差别定价。然而,这在滥用支配地位的背景下会造成“抓住 22 种情形”(catch 22 situation)的窘境,因为欧盟滥用市场支配地位的规则不仅禁止不公平定价,而且禁止价格歧视。因此,如果公平价格是歧视性价格,试问具有市场支配地位的企业该如何同时遵守禁止不公平定价和禁止价格歧视的规定?

尽管包括欧盟在内的许多司法辖区的竞争法明确提到了“公平”或“不公平”的概念,但在阿克曼教授看来,这些概念不应取代对行为反竞争效果的评估,换言之,公平推理不能取代经济分析。竞争主管机构以某种行为似乎不公平为依据来追究案件,并不一定是恰当的,不管这种行为看起来多么不公平,多么违背人们的公平直觉。特别是在竞争法评估中,公平或不公平不应该被用来保护企业的竞争对手免受竞争。阿克曼教授进一步指出,基于不公平的某个方面来裁决案件的法官,更习惯于仔细审查程序上的公平,而不是实质上的公平(结果的公平)。其他领域的法律,如合同法、消费者法甚至不公平商业行为法,一般不会审查结果的公平性。在某些情况下,当结果对一方极不公平时,法律可能会要求仔细审查谈判的某些方面,例如,在合同法中,审查可能会考虑讨价还价能力不对等或经济胁迫等因素。即使法律对结果感兴趣,它也通常运用间接手段来审查达成该结果的过程。更进一步讲,一旦涉及公平的评估从程序层面转向实质层面,就会面临巨大的困难和障碍。因为“公平”不具有确切的含义和指向。对竞争对手的公平可能是一种选择,但公平也可能意味着对客户或对消费者的公平,这可能导致不同的结果和利益冲突。例如,一个支配企业的客户利益,不一定与产品的最终消费者的利益一致,损害支配企业客户利益的行为甚至可能使该产品的最终消费者受益,反之亦然。

最后,阿克曼教授强调了公平和福利之间的区别。法律规则的选择应该基于其对个人福祉(well-being)的影响,而不是基于公平的概念。在竞争政策和执法的背景下,当竞争主管机构考虑采用基于公平概念的规则或决定时,法律确定性必须处于首要地位。基于公平概念的竞争执法,可能对企业的预期和法律确定性构成严重挑战。法律确定性不仅是现代法律的基本原则,在许多法律中,也是一项人权。市场动态不一定是可预测的。竞争法不是不公平竞争法,即使是富有经验的主管机构也时常落入这种陷阱。公平显然是一项指导原则,但不是竞争主管机构处理案件的适当工具。正如韦斯塔格尔(Vestager)委员所言,多数情况下,竞争主管机构仅通过保持市场的竞争性就能让消费者获得更公平的待遇。

三、评价与启示

公平观念的内容涉及社会、经济、政治、法律、文化、道德等各个方面,是人们在一定的社会现实的基础上概括和提升出来的一套有关社会关系的理想模型或原则。公平是一个历史的范畴,是随着社会的发展变化而发展变化的。[1] 然而,无论公平的概念和轮廓如何演变,它都是法所追求的永恒目标,而法则被视为实现公平的可靠保障。[2] 尽管自20世纪六七十年代以来,一些自由主义经济学家竭力鼓吹经济效率是竞争法或反垄断法的唯一目标,美国反托拉斯法也一度被这种“效率范式”所支配,但是,作为法体系的组成部分,竞争法或反垄断法不可能孤立于公平这一基本法律价值之外,其制定和实施应当贯彻、体现公平的价值及原理。[3] 事实上,OECD“竞争对社会公平的贡献”论坛,对竞争政策、法律与公平之间关系,提供了诸多方面的启示。

(一)公平是竞争政策和法律的抽象原则

长期以来,“竞争损害”“效率”“福利”等技术性词汇在竞争法中的广泛使用,极大地压缩了“公平”在竞争法中的话语空间。近年来,“公平”在竞争政策的话语体系中有所复苏。尤其是欧盟委员会委员韦斯塔格尔在不同场合,多次强调了竞争法与公平之间的联系:“任何竞争执法行动都从根本上涉及一组复杂的平衡,即保持企业追逐成功(卓越)的动机与确保消费者能够在竞争性产品或服务之间进行选择。公平是这些执法行动的结果——国家援助、卡特尔、滥用支配地位、并购所造成的反竞争效果是不公平的,因为它们最终剥夺了消费者对市场进行公断的权力(the power to arbitrate the marketplace)。换言之,市场的普

---

[1] 参见谢鹏程:《基本法律价值》,山东人民出版社2000年版,第57页。

[2] 法的公平宏观上包含两层含义:第一层是指权利与义务设定与分配上的公平;第二层是冲突与纠纷解决上的公平。参见齐延平:《法的公平与效率价值论》,载《山东大学学报(哲学社会科学版)》1996年第1期。

[3] 社会公平和竞争自由是反垄断法的核心价值,并且是经济效率的上位价值。参见李剑、王茜:《论反垄断法在市场经济中的价值意蕴》,载《当代法学》2012年第5期。

遍存在意味着,失去这种公断的权力可能会导致社会以及将其联系在一起的各种制度普遍失去信任,从而产生不可预测的后果。"[1]由此可见,政策话语中的"公平",更多是在揭露竞争规则背后共通的公平原理。对"公平"的强调,目的可能还在于促使人们退后一步,不再纠缠于个别法律测试方法的细微差别,也不再讨论经济模型的各自优点,而从更广泛的背景来认识竞争政策,认识到公平概念所传达的正义原则可以在竞争法的范围内规范有关行为和结果。不过,强调公平是竞争政策、法律的抽象原则,不是要取代对个别案件严格的、基于证据的分析。公平要作为竞争法或反垄断法上的操作性概念,需要发展出更具体的规则、标准。

(二)反垄断法不应忽视市场势力造成的经济不平等

在经济学中,市场势力是指企业通过有利可图的方式在相当长的一段时间内把价格提高到竞争性水平(基准价格/边际成本)以上的能力。[2] 市场势力的持续存在,会造成配置效率损失(福利无谓损失或净损失)、企业内部生产效率损失("X—非效率")、租金耗散或寻租的成本(企业将垄断利润用于巩固既得利益而从事非生产性的寻租活动)等经济损失。在经济学的视角下,反垄断被认为是一套治理市场势力的规范体系,其目的在于促进经济效率(配置效率、生产效率以及动态效率)、防止市场势力不正当变化。但实际上,市场势力的"损害",不仅限于经济学意义上的效率损失,还可能对其他公共价值或利益造成消极影响,比如对竞争过程之独立价值的威胁,对分配公平的扭曲,对经济自由以及中小经营者、劳动者权益的冲击,对思想或文化多样性的减损,对政治民主性的侵蚀等。

OECD"竞争对社会公平的贡献"论坛,用大量例证揭示了市场势力与经济不平等之间的联系。市场势力的再分配效应,加剧了富裕人群与工薪阶层、贫穷人群之间的财富差距,是造成经济不平等的一个重要原因。尤其当市场势力是源于垄断协议、滥用市场支配地位、反竞争的经营者集中以及政府的限制竞争措

[1] See Damien Gerard, *Fairness in EU Competition Policy: Significance and Implications*, Journal of European Competition Law & Practice, Vol. 9, p. 211 (2018).

[2] 参见[美]欧内斯特·盖尔霍恩、威廉姆·科瓦契奇、斯蒂芬·卡尔金斯:《反垄断法与经济学》,任勇、邓志松、尹建平译,法律出版社 2009 年版,第 90 页。

施时，由此造成的倒退式再分配效应，需要反垄断法及时关注并予以矫正。这即是说，即便反垄断法不应把公平分配或经济平等作为一个明确的目标，但反垄断法的有效实施可以在防止“倒退式再分配效应”的意义上，保障公平分配和经济平等，维护贫穷群体和工薪阶层的正当利益，促进经济包容性增长和社会和谐。这一点对于中国经济社会的现代化建设来讲，尤为重要。因为，经济平等、公平分配等所构筑的“社会公正”，是事关整个现代化建设的基本目的、基本宗旨、基本定向的大问题。[1]

（三）反垄断执法应当将劳动者的公平利益纳入考量

在具体的反垄断执法中，考虑公平具有许多维度。例如，具有市场支配地位的企业实施掠夺性定价、排他性交易、搭售、忠诚折扣等行为，可能会对具备相当效率的竞争对手产生排挤效果，进而引发竞争者之间的横向公平问题。再如，具有市场支配地位的互联网平台企业，运用大数据和算法预测不同消费者的支付意愿，并对他们购买的相同商品收取差异性价格（个性化定价），进而引发消费者之间的横向公平问题。又如，具有市场支配地位的零售商或中间商，对中小微供应商、农民等施加剥削性的购买价格或其他不合理的交易条件，由此引发经营者与交易相对人的之间的纵向公平问题。

实际上，纵向公平问题时常引发反垄断法关注，其情形不仅包括具有卖方市场势力的经营者对终端消费者、中间客户的盘剥、压榨，也包括具有买方市场势力的经营者对中小微供应商、农民乃至工人的盘剥、压榨。传统上，人们习惯从卖方的角度来考虑反垄断问题，但买方重大市场势力的存在及行使，同样会带来效率、公平等方面的担忧。近年来，由于经济全球化以及经济危机的冲击，美国、欧洲等发达经济体的劳动力市场并不景气。一些在竞争中失业的劳动者，缺乏必要的技能，很难重新装备自己并找到新工作。劳动者群体也缺乏有效的抗衡力量，很难制约以股东为中心的商业部门。如何保障劳动者的公平利益尤其是纵向公平利益，成为许多国家的共同的政策难题。从反垄断执法的角度看，论坛提供的以下思路是富有启发的：(1)竞争主管机构应关注竞争机制对劳动力市场的影响。(2)竞争主管机构可以在教育、地域流动性等因素方面发挥作用，这

---

[1] 参见吴忠民：《社会公正与中国现代化》，载《社会学研究》2019年第5期。

些因素将使劳动力市场更加灵活。(3)竞争主管机构可以优先处理那些明显不公平的案件,比如与消费者和劳动者利益紧密相关的药品过高定价案件。(4)反垄断执法决定,尤其是经营者集中审查决定,应把对劳动者的影响纳入考量。

(四)探索构建以公平为基础的反垄断法规则

公平不应仅仅作为竞争政策和法律的抽象原则,探索构建以公平为基础的反垄断法规则,具有重大的理论价值和实践意义。实际上,已有敏锐的学者指出:"一项舍弃公平的反垄断政策,如果只专注于狭隘地解释经济效率的概念,就会走向灭亡,而且不足以控制不受约束的市场势力所造成的恶劣后果。与此同时,为了确保法律确定性和避免反垄断被滥用,必须解决考虑公平所带来的不可预测性的风险。这是法律体系中一个复杂而又非常有价值的部分,如果充分利用它的潜力,可以使有效率的企业免受'不公平的竞争扭曲'(unfair distortions of competition)的风险,从而蓬勃发展。"[1]

我国《反垄断法》在考虑经济效率的目标之外,涵盖了"公平竞争""消费者利益""社会公共利益"等多元目标。《反垄断法》第1条规定:"为了预防和制止垄断行为,保护市场公平竞争,提高经济运行效率,维护消费者利益和社会公共利益,促进社会主义市场经济健康发展,制定本法。"此外,《反垄断法》第17条为规范不公平定价、不合理的交易条件、价格歧视等剥削性滥用行为保留了空间。这表明,在美国反托拉斯法所主导的"效率范式"之外,[2]中国可能有潜力发展出某种基于公平的反垄断法范式。这对于防止市场势力的倒退式再分配效应,保障经济平等,维护劳动者、农民、中小微企业的利益,具有重大意义。与此同时,以公平为基础的反垄断法范式,连同其具体对策和规则,可能促进世界竞争政策的发展,对其他司法辖区的反垄断法产生积极影响,有助于在公平竞争和法律确定性之间找到最佳平衡。

---

〔1〕 Sandra Marco Colino, *The Antitrust F Word: Fairness Considerations in Competition Law*, Journal of Business Law, The Chinese University of Hong Kong Faculty of Law Research Paper No. 2018 -09, p. 329 - 345(2019).

〔2〕 美国学者对这种"效率范式"的反思、质疑和批判,参见 William E. Kovacic, *The Chicago Obsession in the Interpretation of US Antitrust History*, University of Chicago Law Review, Vol. 87, p. 459 - 494(2020); Lina Khan & Sandeep Vaheesan, *Market Power and Inequality: The Antitrust Counterrevolution and its Discontents*, Harvard Law & Policy Review, Vol. 11, p. 235 - 294(2017)。

OECD“劳动市场中的竞争问题”论坛介评

张素伦　张　璐*

一、报告背景

近年来,有研究数据表明有些国家劳动收入份额下降,在欧洲、美国、加拿大和澳大利亚等地,劳动者对工资下降的反应水平总体较低,他们不能轻易地因为工资下降而改变工作。在某些司法管辖区,劳动市场集中度较高,其中,美国大多数地区的劳动市场高度集中,赫芬达尔－赫希曼指数(Herfindahl-Hirschman Index,HHI)已高达2500,市场的高度集中已经影响到了17%的劳动力。虽然这些研究结果可能因所采用的劳动市场界定方法而有所不同,但这种市场集中度已引发一场关于买方垄断和雇主市场力量的讨论,讨论的重点是竞争执法机构在确保劳动市场有效竞争方面所起的作用。

经济合作与发展组织(OECD)2020年召开“劳动市场的竞争问题”(Competition issues in labour markets)论坛主要出于以下几方面的考虑:第一,劳动市场与传统产品市场存在诸多不同的特征,劳动市场存在许多导致“雇员和

* 张素伦,郑州大学法学院副教授,法学博士;张璐,郑州大学法学院经济法学专业硕士研究生。本篇基于经济合作与发展组织(OECD)论坛发布的《劳动市场中的竞争》报告整理而成。《劳动市场中的竞争》报告由OECD秘书长发布,报告所表达的观点和论据不代表OECD或其成员国政府或欧盟的官方立场。

雇主不匹配”的因素，可能会大大提高雇主的市场力量，使劳动市场比产品市场更容易形成垄断。第二，传统的竞争执法标准在劳动市场存在一定的误导性，雇主的反竞争行为在产品市场未能获得或体现垄断力量，但在劳动市场可能会获得垄断势力，进而侵犯劳动者的权益。第三，传统的竞争执法分析工具未能有效解决劳动市场的问题。各国竞争执法机构亟须完善竞争执法标准与分析工具，以评估本国劳动市场雇主行为的反竞争效果，并采取有效措施预防和解决反竞争行为给本国市场带来的负面影响。

本次 OECD 论坛主要讨论了以下几方面的问题：一是劳动市场的垄断势力产生的经济驱动力及其对劳动者和消费者的影响；二是雇主获得或行使垄断势力的行为在什么情况下会违反竞争法；三是竞争主管机构如何利用其执法权力来防止劳动市场中垄断势力的产生；四是传统的竞争执法分析工具在这些市场中所面临的一些实际挑战与克服这些挑战的方法。此外，此次论坛还研究了在数字市场如何行使垄断势力，并考察了一些大型数字平台的垄断势力如何对自雇的平台劳动者（self-employed platform workers）的工资和工作条件产生负面影响。

此次论坛发布的《劳动市场中的竞争》（Competition in Labour Markets）报告，主要从劳动市场的垄断力量、劳动市场中存在的反竞争行为、劳动市场中竞争执法所面临的挑战、解决劳动市场垄断的非强制手段等方面对劳动市场中存在的竞争问题进行了分析。

二、论坛主要内容

（一）劳动市场中的垄断力量

1. 劳动市场需求侧的竞争

在劳动市场中，居于买方垄断（monopsony）[1] 地位的雇主能够将工资降低到竞争水平以下，从而减少就业或限制其他工作条件。在传统的经济模式中，买方垄断通常被认为仅存在于特定行业单一雇主的劳动投入市场（labour input

〔1〕“买方垄断”一词最初在 1933 年由琼·罗宾逊在《不完全竞争经济学》一书中使用，与“垄断”一词平行，用以表示市场中某一特定商品或服务的单一购买者的存在。通常是指只有一个买者而卖者很多的市场类型，在这种情况下，买者就具有了垄断性。

markets),而新的买方垄断模式表明,由于许多因素会使雇主获得、巩固市场力量或行使市场力量,买方垄断可能没有通常认为的那么罕见。在一个名义上竞争激烈的劳动市场中,如果劳动者承担着金钱或非金钱上的工作变动成本,那么一个雇主就可以对他目前的劳动力拥有买方垄断力量。

劳动供给弹性水平(the level of labour supply elasticity),被定义为劳动者对工资变化的敏感性,通常用来作为劳动市场买方垄断的证据。虽然,衡量劳动供给弹性水平在方法上存在一定困难,但广泛的研究表明在许多市场中存在很大程度的雇主垄断势力。从地区上来看,欧洲劳动市场的剩余劳动供应弹性水平高于美国、加拿大、澳大利亚,但就总体而言,欧洲劳动者对工资下降的反应水平被认为是较低的。墨西哥、德国的实验研究表明其国内劳动供给弹性水平较低,并指出女性的劳动弹性低于男性。OECD 论坛报告指出,上述研究中劳动供给弹性水平偏低的原因很多。有一种可能的解释是竞业禁止条款在某些司法管辖区的广泛使用限制了劳动者的流动性。除此以外,其他原因可能还包括劳动者对非工资性工作(non-wage job)的敏感性、寻找和更换工作的成本、信息有限、工资差异微不足道以及普遍的风险规避等。

OECD 论坛报告认为,买方垄断可能对劳动投入市场的竞争产生重要影响,导致经济效率低下。在竞争激烈的劳动市场中,企业向劳动者支付的是其劳动力的边际收入,即劳动者创造的额外收入。在买方垄断的情况下,当劳动力的边际成本等于边际收入产出时,雇主会从这种投入中实现利润最大化。但是,如果该单一雇主打算雇佣新员工,则必须提高边际工资,其结果是劳动力的边际成本高于平均劳动力成本。为了降低平均劳动力成本,买方垄断者只能降低劳动者的实际工资。雇主对劳动力影响的大小取决于剩余劳动供给弹性和垄断者工资歧视的能力,即垄断者向不同劳动者支付不同的薪酬水平。

买方垄断的一个重要的负面影响是,缺乏诸如规模经济或范围经济的真正效率,导致生产和就业的低效率损失(inefficient losses)。如果垄断者不实行工资歧视,那么下游产品市场的数量或质量的下降可能会被降低的工资成本所抵消。如果垄断者在下游市场有市场力量,那么产量减少可能会导致消费者需要支付更高的价格。但如果垄断者面对一个竞争激烈的下游市场,消费者需要支付的价格则不会改变。如果垄断者能够实行工资歧视,那么它可以把工资水平降低至每个劳动者的最低工资（而不是他们的边际收入）。虽然总福利并未减少，但这样会降低劳动者的福利。

2. 消费者福利标准下的垄断力量

由于劳动市场买方垄断力量对最终产品价格（the price of the final output）的影响有限，从竞争法的角度来看，需要解决的一个根本问题是，劳动垄断对劳动者工资和工作条件的负面影响是否值得关注。消费者福利标准（consumer welfare standard），文义上解释为消费者和顾客剩余，在行为或交易对产品市场的影响最小的案件中，该标准被视为对雇主买方垄断势力适用竞争法的障碍。根据传统方法，雇主垄断只有在产品市场受到影响时才会受到惩罚。然而，劳动垄断力量取决于产品市场的竞争程度，如果下游市场是竞争性的，垄断对产品价格的影响可能是有限的。因此，根据对消费者福利标准的严格解释，竞争执法者应聚焦于本身违法和目标违法的行为，如固定工资协议（wage-fixing agreements）和不挖角协议（no-poaching agreements），而在合并控制中，应专门评估产品市场集中度的影响。

然而，一些评论员指出，劳动力垄断可能不会对产品市场产生重大负面影响，这一事实不应妨碍竞争主管部门彻底调查反竞争行为和滥用行为，并评估劳动力投入市场的合并效果。消费者福利标准可能是误导性的，其意味着竞争政策的主要关注点是消费者福利或与被调查企业相关的消费者福利。因此，消费者福利标准若想有效适用于劳动投入市场中的竞争执法，需要对其作更广义的解释。

"消费者福利标准"中的"消费者"一词不够全面，无法涵盖市场的供给方主体，间接购买者也应与直接购买者一样有资格成为"消费者"。值得注意的是，劳动供给方在传统用法中显然不是"消费者"，但买方垄断行为所造成的损害与垄断类似，其最终结果都是产出减少和效率低下，随之而来的是买家支付的价格上涨、对供给方的支出减少。一个在劳动投入市场中拥有市场力量的企业，即使在下游产品市场展开竞争，受抑制的产出对劳动供给方的损害同样是消费者福利的损害。因此，传统意义上要求保护消费者的逻辑同样要求保护投入市场中的供给方。"消费者"这一标签在广义上应当涵盖"因买方垄断性减产而受到更高购买价格或更低销售价格的伤害"的主体，包括雇员，这是因为伴随产出减少的工资下降对雇员造成了损害。

有的学者认为，将消费者福利严格解释为保护下游买家或最终消费者，并不符合美国的司法实践。在美国的反托拉斯诉讼中，必须证明对下游买方或最终消费者造成损害的观点并不可取，为了维护投入市场（input markets）的竞争，证明对投入市场中的卖方造成损害便足以支持反垄断责任的确立。美国冰糖公司案[1]表明，美国法院倾向于承认，在产出市场（the output market）没有受到不利影响的情况下，也可能会确立反垄断责任。即使下游买家没有受到伤害，买家之间的竞争减少也应被视为违法，反垄断法在保护竞争的过程中，同等维护交易各方的福利，不管其是购买者还是销售者。

关于消费者福利标准，竞争执法部门之间没有对这一概念的解释达成共识，也没有在是否将其作为竞争法最终目标的问题上达成真正共识。狭隘地构建消费者福利标准并不能成为禁止固定工资协议、不挖角协议或其他买方卡特尔的理由。基于此，有学者建议，放弃不适合分析劳动市场的消费者福利标准，并提出一个与之不同的“有效竞争标准”，即维持竞争性市场结构，保护个人、购买者、消费者和生产者，为竞争对手保留机会，促进个人自治和福利，分散私人力量。特别是维持竞争性市场结构，应包括对上游供应方和劳动者的保护。然而，目前还不清楚，保持一个特定的市场结构是否能成功地保护劳动者或消费者免受竞争的失败，虽然保持一个特定的市场结构可能为竞争对手提供机会，但也存在该机会是从消费者和劳动者身上创造的风险。

OECD 论坛报告强调，尽管竞争执法机构在规制垄断力量的负面影响方面可能存在一些亟待完善的问题，但在特定情况下，一旦认为劳动市场需求方限制了竞争，竞争执法部门对其适用竞争法应该没有障碍。论坛报告援引了美国反托拉斯法的案例，在美国诉嘉吉公司和大陆谷物公司案[2]中，美国哥伦比亚地方法院在合并不可能对消费者造成垄断损害的情况下阻止了这项交易，并指出其“在不影响消费者利益的情况下，可能存在买方垄断损害”。在 2016 年，当时的司法部代理部长海塞在一次演讲中申明，“如果一项合并赋予一家公司压低

---

〔1〕 See Mandeville Island Farms, Inc. v. Am. Crystal Sugar Co., 334 U.S. 219 (1948).

〔2〕 See United States v. Cargill Inc. and Continental Grain Co., U.S. District Court D.D.C., case number 99 1875 (GK), final judgement 29 July 2000.

工资或薪金或降低投入的价格的市场势力,无论合并是否使也赋予该公司提高下游价格的力量,这项合并都是违法的。”因为美国反托拉斯法广泛地保护“美国经济中的参与者,而不仅仅是商品和服务的消费者”。[1] 到目前为止,欧盟还没有出现解决劳动市场中雇主买方垄断的案例,但是欧盟将竞争法的目标确定为保护竞争过程,这表明在类似的标准下考虑劳动垄断的负面影响有充分的余地和足够的灵活性。无论是在劳动市场上对被视为核心卡特尔的固定工资和不挖角协议充分追究侵权行为,还是防止可能对下游消费者产生负面影响的市场力量集中在雇主手中,对竞争监管机构的重要性的认识是没有分歧的。然而,竞争当局和法院是否会更加积极地在劳动力市场的执法中发挥作用,还需要时间来证明。

3. 作为公共利益目标的就业保护

传统的竞争目标是保护消费者福利或有效的竞争过程,但许多法域都有一些超越经济效率的公共利益目标。这些公共利益目标往往包含在竞争法或者其他法律中,以确保在分析合并影响时考虑到竞争法经济目标之外的其他因素。在 OECD 国家,这些条款通常被狭义地解释并被谨慎地采纳。

对劳动者权利的保护可以是适用合并控制法的例外之一。根据相关法律规定,竞争主管机构可采取最后措施,以确保在就业保护利益(the interest of employment protection)与竞争执法相抵触的情况下,保障就业保护利益。这些规定并不直接涉及劳动市场竞争的减少,也不涉及影响劳动投入市场的合并所导致的工资下降。实际上,许多国家的判决案例中都侧重于创造和维持就业机会,在确有必要时甚至会以牺牲竞争效率为代价。

虽然合并控制中的公共政策例外可以提供一种有效的方法来维护就业和保障劳动者的权利,但并没有足够细致灵活的规范来解决劳动投入市场中出现的问题。即便竞争主管机构被给予分析工具,但这些工具主要适用于特殊情况,并不适合系统地解决劳动市场中的垄断问题。

---

〔1〕 See DOJ, *Acting Assistant Attorney General Renata Hesse of the Antitrust Division Delivers Opening Remarks at* 2016 *Global Antitrust Enforcement Symposium: And Never the Twain Shall Meet? Connecting Popular and Professional Visions for Antitrust Enforcement*, GOV. US (Sep. 20, 2016), https://www.justice.gov/opa/speech/acting-assistant-attorney-general-renata-hesse-antitrust-division-delivers-opening.

4. 劳动市场中的垄断力量来源

(1)劳动市场集中

劳动市场的集中是可能减少劳动市场竞争的首要因素之一,在实际减薪方案被提出时,会限制劳动者的跳槽机会。重要的是要认识到,劳动投入市场的市场界定与雇主也可能参与竞争的产品市场的不同。产品的地理市场可能较宽,而劳动市场可能更窄。劳动市场可能会延伸到提供非竞争产品的公司。例如,在合并的情况下,企业的分支机构可能分布在一个或多个国家,每个国家都可能是一个当地的劳动市场。此外,不同类别的劳动者可能有不同的选择,因此属于不同的市场。

(2)匹配与其他劳动市场摩擦

第一,匹配与协调摩擦。匹配与协调摩擦(matching and coordination frictions)是垄断势力最重要的自然驱动力之一。在大多数产品市场中卖家往往对买家的身份漠不关心,劳动市场与产品市场不同的是,雇主们会像求职者寻找适合自己喜好的工作场所和工作条件一样,寻找具有特定技能和个人特征的雇员。因此,招聘需要匹配由雇主和雇员所表达的两组复杂偏好和特征。此外,员工不具备预测其他员工将在何处申请的能力,企业也无法估计他们打算雇用的员工向其他公司提交申请的数量。这种缺乏协调的情况可能导致某些工作收到的申请过多,而另一些工作收到的申请却太少。这些匹配和协调困难所产生的低效率从根本上阻碍了劳动者的搜索,增加了劳动者的惰性,强化了雇主的垄断力量。

第二,信息不对称与搜索成本。劳动市场中典型的搜索成本是与搜集职位信息和比较替代方案相关的成本。一个人在劳动市场上所掌握的信息就是资本,信息是以搜索为代价产生的,它带来的工资率比没有它时的平均工资率要高。在劳动市场中,雇员们通常会被提供有关空缺职位的工资信息,但是他们对于工作环境和其他福利条件可能不太了解,从而导致雇员们比较各种选择的困难度增加。[1] 此外,工作岗位缺乏标准化,加上员工技能的异质性以及许多工作中雇主和雇员之间的个人因素权重,构成了额外的劳动市场摩擦。虽然互联

---

〔1〕 See Council of Economic Advisers Issue Brief, *Labor Market Monopsony: Trends, Consequences, and Policy Responses*, obamawhitehouse (Oct. 25, 2016), https://obamawhitehouse.archives.gov/sites/default/files/page/files/20161025_monopsony_labor_mrkt_cea.pdf.

网和在线求职工具的广泛使用在一定程度上缓解了这些信息不对称的情况,但并没有真正地解决这些问题。

第三,转换成本。劳动市场的转换成本(switching costs)可能高于消费品,例如,一份新的工作需要搬家。与限制劳动者流动性和降低劳动者跳槽动机的其他因素一样,转换成本间接地为雇主提供了垄断力量。此外,雇主提供的健康或退休福利也可能构成影响劳动者流动性的阻碍,特别是在那些就业期间的不连续性会影响医疗保险覆盖率或养老金水平的国家。

第四,劳动力流动的监管壁垒(regulatory barriers to labour mobility)。劳动市场垄断力量的另一个来源是劳动力流动的监管壁垒。例如,对于质量控制、健康或安全目的而言,非必要性的或过于昂贵的许可证规定会对劳动者的新职业构成重大障碍。此外,司法管辖区之间对持证专业的承认缺乏对等性也可能进一步阻碍劳动力的流动性,增加雇主的垄断力量。

(二)劳动市场需求侧的竞争执法

1. 反竞争协议

(1)固定工资和不挖角协议

共谋是劳动市场中最有害的反竞争行为,典型的共谋形式是通过协议确定工资或工作条件,或交换信息以协调这些竞争参数。其具体表现为,在同一劳动市场中竞争的雇主就薪金和工资达成一致,或就雇员的薪酬政策的任何方面达成一致,从而控制工资或福利水平或其范围。有一种特殊类型的共谋行为是不挖角协议,根据该协议,公司同意不招揽、雇用或招聘彼此的雇员,基本上放弃对雇员劳动力的竞争。公司根据这些协议剥夺了劳动者的就业机会,也剥夺了他们增加工资或改善工作条件的可能性。因此,在许多司法管辖区,对劳动市场中这类行为的执法已成为主要指导方针。

正如美国《人力资源专业人员反垄断指南》指出,“从反垄断的角度来看,那些为了雇佣或留住员工而竞争的公司,无论是生产同样的产品还是通过竞争提供同样的服务,都是就业市场中的竞争对手”[1]。该指南还规定,直接的固定工

---

〔1〕 US Department of Justice Antitrust Division and Federal Trade Commission, *Antitrust Guidance for Human Resource Professionals*, 载 https://www. justice. gov/atr/file/903511/download, 最后访问日期:2020 年 11 月 26 日。

资协议或不挖角协议,即雇主之间直接或通过中介达成的对另一项交易不具有辅助性或合理必要性的独立协议,本身是违法的。换言之,不考虑协议本身是否有利于竞争,因为“它们与分配客户或市场的协议一样以不可挽救的方式消除竞争”。美国司法部一直站在反对不挖角协议和固定工资协议的最前线,其打算未来对直接的固定工资协议或不挖角协议进行刑事制裁,犯罪者可能面临高达1亿美元的罚款和最高10年的监禁。此外,英国、法国和意大利最近对时装模特行业的固定工资协议进行了罚款。

关于这种行为,日本公平贸易委员会(JFTC)的人力资源和竞争政策研究小组作如下评论:“通常情况下,没有考虑这种行动是否具有促进竞争的效果、是否具有公益目的、或其手段是否适当的弹性空间”〔1〕。香港竞争事务委员会(HKCC)亦认为这些雇佣做法的目的是损害竞争的。

(2)特许经营人—被特许经营人—不挖角协议

在美国,超过一半的特许经营公司在其特许经营协议中包含不挖角条款,而且这些协议更多地是在低工资行业中被采用的。由于这些协议是在特许人和被特许人之间签订的,因此这些协议可能被认为是纵向的,并且有促进竞争的正当理由,例如保护专有技术、与特许人和被特许人之间的关系有关的任何知识产权和准知识产权。但是,一旦该协议也包含横向限制,就将影响对竞争效率(pro-competitive efficiencies)的分析。有评论员指出,有充分理由认为,在特许经营权中加入不挖角条款将会减少竞争。在一个单一的劳动市场中,不同的特许经营者可以通过不挖角协议集体行使垄断力量。他们的目标是通过增加同一连锁店中每个特许经营商的垄断地位,在特定的特许经营店留住员工,这可能将导致劳动供给弹性水平降低,并使雇员工资低于劳动边际产出。

美国司法部最近在三个快餐特许经营案例中提供了指导。〔2〕美国司法部指出,大多数特许经营人—被特许经营人—不挖角协议通常是纵向限制,因此应根据合理原则进行分析,充分考虑此类限制对竞争的有利和有害影响,尤其是要

〔1〕 Japan Fair Trade Commission: Competition Policy Research Center, *Report of the Study Group on Human Resource and Competition Policy*, JFTC (Feb. 15, 2018), https://www.jftc.go.jp/en/pressreleases/yearly-2018/February/180215_files/180215_3.pdf.

〔2〕 See US District Court Middle District of North Carolina, *Statement of Interest of the United States of America*, GOV. US (Mar. 7, 2019), https://www.justice.gov/atr/case-document/file/1141756/download.

考虑品牌间竞争的增加可能会超过限制所造成的品牌内竞争的减少。然而,如果在特许经营范围内的不挖角协议实际上是赤裸裸的横向市场分割协议,则要根据本身违法原则来处理。具体来说,主要分以下几种情况:协议由同一连锁店中的独立特许经营商签订;协议是由属于不同连锁店的特许经营人缔结的,这些特许经营人实际上存在争夺雇员的可能;当特许人和被特许人在同一地域的劳动市场中成为竞争对手时,这些协议应被视为本身非法。

一些评论员甚至建议,无论这些协议是在不同的独立特许人之间签订的,还是在同一连锁中的特许人和被特许人之间订立的,都应被视为违法,因为这些协议很少会因为保护投资而合理。

(3)竞业禁止协议

另一个可能对劳动市场产生负面影响并造成类似垄断局面的是竞业禁止协议(non-compete agreements)。与不挖角协议不同,这些协议是雇主和雇员之间订立的,通常是在有限的时间内或在某个地区,防止雇员为雇主的竞争对手工作。与不挖角协议一样,这些协议有利于竞争效率的提高,特别是为了防止竞争对手在专有技术、培训和商业秘密方面"搭便车"。然而,这些协议也会限制劳动者为雇主的竞争对手工作的选择。因此,竞业禁止协议可能会压低工资、减少工作岗位的流失,从而阻碍更有效的劳动分配。

在一些国家,限制就业的竞业禁止条款通常是不允许强制执行的,如墨西哥。在美国的一些州,此类条款被认定为无效或不可强制实施,但存在一定的限制条件。但在其他国家,如意大利、比利时、卢森堡、德国、法国、英国等,如果竞业禁止条款的期限、地理范围和受限活动所受到的限制是合理的,则可以强制执行,但有些情况必须提供补偿。此外,一项研究表明,竞业禁止与职业绕道(career detours)之间存在关联,即受竞业限制的劳动者可能会因为害怕违反竞业禁止协议而转移到不同的技术领域。

在竞业禁止协议的合法性和可执行性受制于管辖权时,违反竞争法的企业可能会利用竞业禁止协议,减少劳动者的流动性,并在某些市场上取得垄断力量。一些评论员建议在特定国家应禁止为那些收入低于平均工资的雇员签订竞业禁止协议,也有评论员建议应将任何形式的竞业禁止协议视为本身违法。

2. 合并控制

截至目前,竞争主管机构对劳动市场中的合并控制关注甚少,许多评论员呼吁竞争主管机构在合并审查活动中考虑其对劳动市场的影响。劳动市场并购审查的缺失,可能会鼓励企业进行默契协调或反竞争合并以实现减少工资的目的,同时避免了执法机关采取更有力的执法活动规制企业达到上述目的的串通行为。诸多文献,特别是美国的文献,为合并审查提供了法经济学的框架及分析工具。

(1)影响劳动市场需求侧的合并

虽然对买方垄断力量的不良效应适用合并控制法通常是没有争议的,但竞争主管机构似乎没有对限制产品市场竞争的买方垄断行为给予太多关注。例如,欧盟注意到了市场需求侧和买方市场力量,但还没有在劳动市场背景下进行过分析。美国司法部和联邦贸易委员会从未因为合并可能会对劳动市场产生反竞争的影响而对其提出质疑,甚至没有像对待产品市场效应那样严格分析合并对劳动市场的影响。到目前为止,没有发现法院认为合并导致非法劳动市场集中的案例。

许多合并控制制度都采用了一种实质性测试方法(a substantive test),当合并大大削弱或严重阻碍有效竞争时就禁止合并,以阻止能够使合并方有能力行使市场力量的合并。同一劳动市场中两个实际或潜在竞争对手之间的合并,不管合并公司是否是产品市场的竞争对手,同样应被视为形成横向垄断。

(2)合并控制分析与挑战

虽然用于产品市场合并分析的传统工具与用于劳动市场合并分析的工具之间存在重要的对称性,但必须改变视角重新审视这些市场的买方,这就需要调整现有的合并分析工具。

第一,市场界定。对合并进行实质性评估的第一步是市场界定。在劳动市场中,相关市场可以通过调整假定垄断者测试(hypothetical monopolist test)提供的框架和使用假定垄断者测试来界定。这项测试采用一个小而显著且非暂时性的工资减少(SSNDW)——学者们建议将降幅固定在一年内5%左右,检验是否有大量继续在假定垄断的公司工作,从而确定劳动市场的界限。虽然假定的垄断者并不一定适用于产品市场,而是作为一个概念框架使用,但在界定劳动投入市场时，它同样可能是一个侧重可替代性的概念框架。

在新的框架下，专业化程度高的劳动者可能比才能较全面的劳动者的市场更狭窄，因为他们的经验和技能可能适用于范围较小的工作，从而面临较少的选择。此外，在劳动市场中，低技能劳动者的流动性可能较低或者更倾向于规避风险的工作。与产品市场一样，地理和时间因素也界定了相关市场。从地理的角度来看，市场是由劳动者搬迁或通勤的意愿以及他们可用的交通工具的可替代性来界定的。劳动者的偏好在地理市场界定中也起着重要作用，个人特征也影响着技能相对同质的劳动者的选择。

解释劳动者的偏好是一项复杂的挑战，因此论坛评论员建议制定和应用经验法则（rules of thumb），以便随后通过计量经济学研究加以验证。其他可以用来验证或证实计量经济学研究结果以确定工作之间可替代性的方法，可能是使用在线求职平台上的员工搜索数据。雇主调查也有助于形成关于雇员转移率（diversion ratios）的假设。作为 SSNDW 测试的替代方法，且为了在竞争法私人实施中为原告提供证据，有学者建议引入基于工作特征的推定方法。该方法将基于以下两个条件之上：其一，最优的职业分类，几乎可以将所有职业分为不同类别。其二，一个通勤区（a commuting zone）。与基于产品特性的产品市场界定一样，这种分析会存在错误的风险，但对于必须快速做出决策的执法机构来说，这些也是可以接受的。此外，地理市场也可以被界定为劳动者可以以合理的成本找到类似工作的区域。被告则有权提供证据，证明应当对劳动市场进行不同的界定。

第二，评估市场力量。传统并购分析的核心是对市场力量的评估。这通常是从评估合并主体在市场中的市场份额开始的，市场份额是衡量市场力量的第一重要指标。对于劳动市场集中度的分析，可以采用传统的 HHI 来表示市场中所有雇主个人市场份额的平方和。HHI 在 1000 ~ 1500 则表明市场集中度较低，如果在 1800 ~ 2500 或以上则市场集中度较高。HHI 同样适用于劳动市场。但是，劳动市场份额可以不基于劳动力份额，而基于雇主在特定劳动投入市场中的职位空缺份额（the share of vacancies）来计算。职位空缺份额既可以作为公司增长率的一个指标，也可以作为特定市场中劳动者替代品的可用性指标。

有学者提出一种与“向上定价压力”（upward pricing pressure，UPP）测试对应的测试方法,即向下定价压力测试法(downward wage pressure,DWP)。他们还建议用合并模拟(merger simulation)来模拟雇主在劳动市场的行为,这种方式与模拟其定价行为的方式相同,可以作为一种改进的工具从产品市场分析转换到劳动投入市场。此外,工会化和集体谈判也是一个需要考虑的相关因素,因为这将降低工资下降压力所带来的刺激作用。

第三,效率。合并分析的一个基本要素是考虑合并的具体效率。在劳动市场中,由于基于更多的专业化机会而更好地利用劳动力或更好地利用闲置产能等,生产效率会有所提高。这在某种程度上增加了劳动者的边际收益产出(marginal revenue product),这些效率的部分价值会使劳动者产生收益,而其他部分则可能降低消费者支付的价格。

与合并成本一样,评估劳动市场效率的一个重要挑战是消费者福利标准问题,尤其是合并的效率是否能抵消合并可能对“消费者”福利造成的损害。这里需要明确的问题为,是否有必要通过降价将效率收益转移给最终消费者,或者由于效率提高而导致的工资增长或就业增加是否有意义。如果采纳对消费者福利的广义解释,即以与产品市场效率损失相同的方式看待劳动投入市场的效率损失,在能证明效率是由特定合并引起的情况下,上述广义解释将要求竞争主管机构充分考虑这种促进竞争的效率。

另一个棘手的问题是,合并提高了消费者福利但减少了争夺劳动者的竞争。考虑到垄断对产出的影响,这些情况很少见。然而,这种情况在纵向合并中也有可能发生,该纵向合并在消除了双重边缘化(double marginalisation)的同时,也减少了企业之间在两个生产阶段争夺劳动者的竞争。在这种情况下,对交易进行分析所运用的方法类似于下述方法,即合并对某一产品市场的消费者福利有害但对另一产品市场的消费者福利有利时所采用方法。在这些情况下采取救济措施时,应尽可能在不限制其好处的情况下处理其有害影响。

第四,救济。为了解决人们对劳动市场垄断地位的担忧,行为救济可能与产品市场一样无效且难以监督,但结构性救济也需要仔细设计,并充分考虑其对产品市场的影响。在某些情况下,结构救济和行为救济的结合可能更加合适。行为救济可包括承诺资助劳动者的教育和再培训方案。有证据表明,较高的教育水平与降低垄断力量和增加劳动市场份额之间存在联系。职业培训计划也具有特殊意义,该计划允许专业劳动者发展更通用和更广泛适用的技能,从而有助于抵消垄断势力。

3. 滥用垄断力量

劳动市场的单方行为(unilateral conduct)可能采取的一种潜在形式是掠夺性招聘(predatory hiring)。当新公司进入劳动投入市场时,劳动市场中通常支付给员工低于市场的工资的垄断者,将工资提高到边际收入产出以上,从而将新公司赶出劳动市场并消除争夺劳动力的竞争,这时便会发生掠夺性招聘。如果能够十分肯定地预期到,这种行为会使垄断者有能力随后以降低工资或提高消费者价格来弥补先前因提高工资而造成的暂时性损失,则这种行为可被视为排斥行为。同样,竞争主管机构也需要考虑,那些对消费者设定掠夺性价格的公司,一旦成功地将竞争对手排除在外,随后将会通过降低工资来弥补先前这种损失。然而,在产品市场的垄断案中,美国最高法院要求提供下游产品价格上涨的证据。

劳动市场中,其他可能的滥用形式还包括:(1)采用竞业禁止条款和其他旨在减少或阻碍劳动者流动的条款;(2)防止劳动者披露有关工资和工作条件的信息;(3)不当劳动行为;(4)错误地将雇员视为自雇职业者;(5)防止劳动者提起团体诉讼或其他集体诉讼。

也有学者建议,对于那些更容易对单个垄断者而不是多个串通雇主提起诉讼的案件,滥用支配地位条款应涵盖被禁止的反竞争协议,如由占支配地位的参与者签订的固定工资或不挖角协议。例如,克罗地亚就在专业信息技术服务市场滥用支配地位案中仔细审查了不挖角协议的影响。

4. 数字平台的垄断力量

劳动市场中一种特殊形式的市场力量是某些平台所拥有的“中介力量”(intermediation power)。数字化和共享经济的出现为消费者和整个社会以及劳动市场带来了可观的利益。然而,平台模式也给平台劳动者(workers)和合同工(contractors)带来了问题,特别是平台通过不断增加提供劳动力,给在职劳动者和合同工的收入带来了压力。在某种程度上,平台的出现迫使公司退出或改变其结构,改变了市场所需劳动力的性质,并使工作更加不安全。由于科技创新和生产力的发展,这些平台比以前的商业模式更有效率,劳动力需求性质的变化并不意味着减少了争夺劳动力的竞争。然而,这并不代表平台不会形成垄断地位,尤其是多边平台存在交叉网络外部性(the cross-platform network externalities)的情况下。

首先,关于平台劳动者的资格。一般而言,竞争法对集体谈判的豁免并不适用于自雇劳动者(self-employed workers)。但为了平衡数字平台的力量,有人呼吁将竞争法对集体谈判的豁免扩大到某些非传统类型的劳动者,特别是自雇的平台劳动者,他们具有自雇劳动者和受雇劳动者(employed workers)的共同特征。但也有人担心,如果将这些平台的劳动者视为独立的合同工,并对平台从宽适用竞争法,这意味着一些大型科技公司将游离于制度之外,从而能够逃避劳动和反垄断监管。

其次,关于竞争倡导的作用。OECD 论坛报告认为,将包括集体谈判在内的劳动权赋予自雇的平台劳动者,是政策制定者用于抵消平台垄断力量的一种方式。在一些司法管辖区,政府提议或已经对某些类别的自雇劳动者予以豁免,允许他们参与集体谈判。如爱尔兰 2017 年修订的《竞争法》允许自由记者、临时乐师等类别的劳动者从豁免中受益;澳大利亚《竞争和消费者法》在集体谈判能够带来整体公共利益的情况下,将允许企业与劳动力供应方或消费者进行这种谈判。《经合组织就业展望(2019)》[The OECD Employment Outlook (2019)]提出,根据劳动法,雇员的地位应扩大到处于雇员和自雇职业者之间“灰色地带”的特定劳动者群体。在这些职业中,劳动者讨价还价的能力很弱,对合同条款的内容没有影响,或者很少有其他的工作机会。如果政府正在考虑对自营职业者或者特定行业或职业实施集体谈判豁免,竞争主管机构应当对市场进行分析,以了解是否有必要用豁免来抵消劳动市场需求侧的垄断力量。各机构还需要确信,任何豁免都不会损害竞争法在其他市场的效力。

(三)解决劳动垄断的非强制手段

OECD 论坛报告认为,形成或维持垄断力量的反竞争行为可以通过竞争执法来解决。然而,竞争法执法框架可能不适合解决雇主买方垄断势力的一些“自然”来源,例如不是由合并行为造成的市场集中。因此可以适用市场研究、事后合并评估、人力资源专业人员指南和其他倡导活动等非强制手段解决劳动市场中的垄断问题。

1. 市场研究

竞争主管机构掌握着许多倡导工具,例如指导说明、意见、政策文件以及向政府或利益相关方宣传。其中,在产品市场中,当市场失灵且事实不清、根源不明时,市场研究或调查是一种有效的调查工具。市场研究使竞争主管机构能够采取整体和中立的方法来了解特定市场的性质及其缺陷。这种非强制手段还有助于竞争主管机构提出基于证据的建议,或者在存在垄断势力的司法辖区实施救济措施,以解决可能限制、防止或扭曲市场竞争的行为。鉴于劳动投入市场中的市场力量往往不是来自企业的行为,市场研究有助于了解特定劳动市场中垄断势力的程度、原因及其静态和动态影响。

在选择劳动投入市场进行优先研究时,各竞争主管机构将考虑不同部门的劳动收入份额及其随时间变化的情况。那些认为自己可以在支持包容性增长方面发挥作用的机构,还会考虑候选市场劳动者的社会人口构成。此外,也可以优先研究对各种对劳动投入市场产生影响的市场,例如调查教育、技能和住房市场中可能降低劳动者地域或工作流动性的低效率因素。对特定劳动投入市场的市场研究得出的建议包括采取一系列措施加强雇主之间争夺雇员的竞争。

如果在市场研究过程中确定了买方垄断势力,则可以呼吁为劳动者创造制衡买方力量的议价能力。在某些情况下,可以为劳动者提供建议,帮助他们联合起来抵消买方的垄断力量。竞争主管机构最好将受雇员工和独立的自雇员工区分,避免鼓励后者采取联合行动。市场研究可以建议政府进一步厘清这些劳动者之间的区别,以降低地位不明确的主体之间达成反竞争协议的风险。

2. 事后合并评估

在劳动市场,为了理解合并引起问题的严重性及未来合并案件符合竞争损害理论的重要性,首先要通过对过去的合并决定进行事后评估来研究劳动垄断的影响。事后合并评估(ex post merger assessments)有助于竞争主管机构判定以下问题:劳动市场垄断效应是否被忽略?这种合并风险可能存在什么?对产品市场采取的救济措施在什么情况下能够解决或已经解决劳动市场的问题?竞争主管机构将收集随时间而变化的证据,以确定合并活动是否会比过去更频繁地产生垄断势力,以及相关原因是什么。

3. 人力资源专业人员指南和其他宣传活动

OECD论坛报告指出，竞争主管机构为人力资源专业人员制定建议或指导方针也可能是有价值的。如美国司法部（DOJ）和联邦贸易委员会（FTC）于2016年发布了《美国人力资源专业人士反垄断指南》（Antitrust Guidance for Human Resource Professionals），旨在提醒注意影响人力资源的反竞争行为。该指南面向人力资源专业人士，承认这些专家在公司内部最有能力发现和预防有关违反竞争法的雇佣和赔偿决定。无独有偶，日本公正贸易委员会于2018年发布《人力资源和竞争政策研究小组报告》（Report of the Study Group on Human Resources and Competition Policy）、香港竞争事务委员会于2018年4月9日发布《咨询报告》（Advisory Bulletin），都旨在为竞争法在劳动市场的适用提供一个理论框架。所有这些指南都描述了有关雇佣和雇佣条件的主要反竞争行为，并列举了涉及这些行为的案例。一种建议认为，竞争主管机构应调整其合并指南，以便清晰阐明劳动市场的交易将受到仔细审查。当然，还可以采取其他举措，提高劳动者特别是未参加工会劳动者（non-unionised workers）对签署竞业禁止协议和仲裁条款的风险的认识。

三、评价及启示

虽然迄今为止竞争法在劳动市场的实施还很有限，但竞争当局将在这一市场中扮演越来越重要的角色，特别是在处理人为制造垄断力量的反竞争协议、滥用垄断力量的行为以及导致垄断力量增加的并购交易方面。OECD《劳动市场中的竞争》报告对我国反垄断法实施的启示如下。

（一）反垄断法主要适用于劳动市场的需求侧

在劳动市场，“买方垄断”一词被定义为“企业拥有某种劳动市场力量，使其能够确定工资的任何情况”。[1] 在劳动市场的需求侧，如雇主购买劳动力的劳动投入市场，会有一些拥有巨大市场力量的雇主（劳动市场的需求方），他们能够通过雇佣更少的劳动者来支付低于竞争水平的工资。当雇主或劳动力的买方

〔1〕 See Council of Economic Advisers Issue Brief, *Labor Market Monopsony: Trends, Consequences, and Policy Responses*, obamawhitehouse (Oct. 25, 2016), https://obamawhitehouse.archives.gov/sites/default/files/page/files/20161025_monopsony_labor_mrkt_cea.pdf.

有能力通过减少就业来恶化就业条件,从而使工资低于竞争水平时,劳动投入市场便存在垄断。然而,即使在劳动投入市场不存在较高集中度的情况下,雇主也可能通过反竞争手段,例如,通过签订降低工资或劳动者流动的反竞争协议,人为地再现类似于垄断力量的情况。此外,雇主也有可能因为劳动力的非工会化而获得市场力量。人们普遍认为,竞争法同样适用于对市场供求双方的竞争限制,并应采用"类似的法律标准"。然而,在劳动市场上,雇员出售其劳动力,他们为改善工作和就业条件而订立的协议通常不适用竞争法。这种排除的目的是根据集体谈判活动所追求的社会目标,使其不受竞争法的约束。需要明确的是,将竞争法排除在外的做法并不适用于有资格成为企业的个体经营者,也不适用于一般情况下不以改善工作或就业条件为目的的劳动者之间的任何集体协议。

(二)劳动市场的竞争执法应集中在核心卡特尔

劳动市场上的竞争执法虽然不是闻所未闻,但是在大多数司法管辖区依然很少。迄今为止,劳动市场的竞争执法主要集中在核心卡特尔,如固定工资和不挖角协议。在兼并控制活动中,竞争主管部门似乎没有对劳动市场的垄断势力进行深入分析。例如,美国竞争主管部门从未因为并购对劳动市场的影响而阻止并购,也从未详细分析过这种影响。在劳动投入市场,反对滥用垄断力量的活动也很少,甚至没有。尽管如此,一种趋势似乎正在出现,即竞争执法应更彻底地解决劳动市场需求方面的垄断力量问题。OECD《劳动市场中的竞争》报告表明,世界主要司法辖区的竞争主管机构最近已将劳动市场作为其重点关注的对象,美国执法者也确认他们愿意系统地审查合并对劳动市场的影响。对我国而言,劳动立法采取了有利于劳动者的政策,《劳动合同法》也确立了向劳动者倾斜的双保护立法宗旨,这预示着在不久的将来,劳动市场的竞争法问题会成为反垄断执法机构关注的对象。由于合谋是劳动市场上最有害的反竞争行为,我国劳动市场竞争执法的重点应为固定工资和不挖角协议。

(三)调整劳动市场反垄断的分析工具和分析方法

在竞争法实施中,尤其是针对合并和滥用垄断力量,传统的分析工具在劳动市场面临着现实挑战,为了应对这些挑战我们调整反垄断法的传统分析工具和分析方法。首先,在相关市场界定方面,应调整假定垄断者测试的框架,采用一个小而显著且非暂时性的工资减少,学者们建议在一年内将其固定在5%左右,检验是否有大量劳动者继续在假定垄断的公司工作,从而确定劳动市场的界限。而且,由于竞业禁止条款、对非工资工作特征的敏感性、寻找和更换工作的成本、雇员不愿意跳出某些距离、信息有限、工资差异微不足道、与雇主的个别谈判缺乏谈判能力以及普遍的风险规避等多种原因,劳动供应的弹性较低。其次,在市场力量认定方面,劳动市场与产品市场的不同之处在于,劳动市场具有一定“摩擦”属性,即导致“雇员和雇主不匹配”的因素。劳动市场的摩擦可能会大大提高雇主的市场力量,使劳动投入市场比产品市场更容易垄断。劳动市场的份额可以不基于劳动力份额,而基于雇主在特定劳动投入市场中的职位空缺份额来计算。最后,在效率分析方面,消费者福利标准可能不适合分析劳动市场,狭隘地构建消费者福利标准并不能成为禁止固定工资、不挖角协议或其他买方卡特尔的理由。在劳动市场应构建“有效竞争标准”,具体包括保持竞争性市场结构、为竞争对手保留机会、促进个人自治和福利、分散私人力量。

（四）运用非强制手段解决劳动市场的垄断势力

形成或维持垄断力量的反竞争行为可以通过竞争执法来解决。然而,竞争法执法框架可能不适合解决雇主买方垄断力量的一些“自然”来源,例如不是由合并活动引起的市场集中。竞争倡导或其他政策倡议可能更适合于解决来自其他垄断力量来源的垄断,如劳动市场摩擦导致的垄断。竞争倡导、市场研究和其他工具有助于解决垄断力量的一些动因。如美国的《人力资源专业人士反垄断指南》,告知人力资源专业人员关于雇主在雇佣和薪酬方面的风险;日本的《人力资源和竞争政策研究小组报告》,旨在探讨反垄断法在人力资源竞争中的适用;香港竞争委员会的《咨询公报》,用以提高对人力资源管理相关竞争风险的认识。因此,对劳动市场的垄断行为,既要靠行政执法的惩罚形成威慑效果,也要通过非强制性手段形成合规指引。在反垄断执法实践中,各执法机构普遍采取引导企业自主建立反垄断合规制度的方法来克服威慑陷阱,合规指引已经成为反垄断法实施的一大趋势。[1] 在未来劳动市场的实施反垄断法时,执法机构除了要适时调整传统反垄断法的分析工具和分析方法,还要善于运用竞争倡导、市场研究、事后合并评估、人力资源管理反垄断指南等非强制性手段,从而提升反垄断法的实施效果。

---

〔1〕 参见喻玲:《从威慑到合规指引——反垄断法实施的新趋势》,载《中外法学》2013 年第 6 期。

OECD“竞争与减贫”论坛介评

韩 伟 谷 月 邢 润*

一、论坛背景

减贫问题一直是经济合作与发展组织（OECD）重视的领域，该问题的处理涉及各类政策，竞争政策在其中所能发挥的作用也值得关注。OECD 在 2013 年召开的全球竞争论坛中，便设置了“竞争与减贫”（Competition and poverty reduction）子论坛〔1〕。为确保该论坛的顺利召开，OECD 竞争委员会准备了一份翔实的背景报告〔2〕。围绕此次论坛，世界多个国家与辖区都提交了书面材料，既有美国、欧盟、日本这类发达经济体，也涉及墨西哥、秘鲁、巴西、印度、巴基斯坦、刚果、肯尼亚、摩洛哥、纳米比亚、赞比亚等国家。此外，此次论坛还邀请了埃莉诺·福克斯等著名专家参与研讨。本篇重点就该论坛的背景报告作一梳理。

---

* 韩伟，中国社会科学院大学副教授；谷月，中国社会科学院大学博士研究生；邢润，中国社会科学院大学法学硕士。

〔1〕 参见 OECD，*Competition and poverty reduction*，载 http://www.oecd.org/daf/competition/competition-and-poverty-reduction.htm，最后访问日期：2021 年 1 月 3 日。

〔2〕 See OECD，*Directorate for Financial and Enterprise Affairs Competition Committee*，OECD（Feb. 8，2013），http://www.oecd.org/officialdocuments/publicdisplaydocumentpdf/? cote = DAF/COMP/GF(2013)1&docLanguage = En.

二、论坛主要内容

论坛背景报告的核心内容涉及贫困的界定方法、竞争对贫困人口的影响、竞争对贫困的混合影响、竞争执法部门针对减贫的措施等内容。下文就报告的核心内容进行归纳和梳理。

(一)贫困体现于多方面,并非仅以低于特定水平的收入来界定

报告指出,尽管人们对减贫达成了广泛的共识,但对贫困的定义一直存在争议,任何定义都必须结合具体的政治、经济或社会背景来理解。一些简单的贫困衡量标准,比如生活在贫困线以下的人数,无论是以相对收入的中位数表示,还是以每天1.25美元这样的绝对基准来衡量,都具有误导性。这些指标并没有反映出贫困人口实际的平均生活水平。例如,贫困在发展中国家和发达国家普遍存在,但发达国家官方的贫困线通常会更高。2005年《经济学人》杂志中的一篇文章比较了美国阿巴拉契亚地区煤矿业一名失业卡车司机和刚果(金)一名医生的生活。两人的月收入大致相当,分别为521美元和250~600美元。但美国卡车司机被认定为极度贫困,而刚果(金)医生却被认为非常富裕。在美国,2004年的年收入的中位数为44,389美元。即使是“贫困”的美国家庭,基本的衣食住行也往往能得到保障,相比之下,刚果(金)的平均年收入为673美元,基础设施也非常匮乏。[1]

依据该报告,贫困可以通过三个概念来界定:收入、基本需求和能力。其中,最常用的概念是收入,即当一个人的收入低于一定数额时便属于贫困人口。发展中国家和发达国家分别使用绝对贫困线、相对贫困阈值来衡量贫困。绝对贫困线通常由国家或国际组织确定,是指没有达到适足生活的最低要求的水平。例如,1990年,世界银行将贫困界定为无法达到最低生活标准,并确定了每天1美元的国际贫困线,以帮助追踪全球极端贫困的发生率。相对贫困线因国家而异,也随时间变化,通常定为全国收入中值的40%~60%。[2]

---

[1] See Hazard, Kentucky & Kinshasa, *The Mountain Man and the Surgeon: Reflections on Relative Poverty in North America and Africa*, The Economist (Dec. 20,2005), www.economist.com/node/5323888.

[2] See World Bank, *World Development Report on Poverty* (1990), worldbank (Jun. 1,1990), http://documents.worldbank.org/curated/en/424631468163162670/World-development-report-1990-poverty.

OECD 发展援助委员会(DAC)指出,贫困使特定人群无法达到经济、社会和其他福利标准,其多维性已被广泛接受,涵盖了以儿童和婴儿死亡率等标准衡量的绝对贫困以及根据每个社会的不同标准所定义的相对贫困。[1] 此外,联合国也先后制定了多个标准来衡量一个国家的生活水平,比如人类贫困指数(HPI)、多维贫困指数(MPI)以及人类机会指数(HOI)。报告还指出,除了极低(或没有)的货币收入外,绝对贫困还意味着对人的尊严的侵犯,使人缺乏有效参与社会的基本能力。比如无法获得必要的诸如医疗和教育的社会服务,以及充足的食物、住所和通信信息;比如选择和机会被剥夺,物质和经济安全丧失。这一类人(如偏远农村地区自给自足的农民),基本上生活在市场经济之外,竞争政策可能对他们的生活影响不大。久而久之,在这些人之间会形成一种贫困文化,使他们与社会上的其他人脱节。奥斯卡·刘易斯曾这样形容:"生活在贫困文化中的人们有一种强烈的边缘感、无助感和无归属感,以及普遍存在的自卑感和无价值感。生活在贫困文化中的人们对地位差别非常敏感,但却没有阶级意识,深信现有的机构不符合他们的利益和需要。只有当他们有了阶级意识、形成一种国际主义的世界观时,才可以认定他们已经摆脱了贫困文化。"[2]

依据该报告,除了生活在绝对贫困中的人外,还有更多的人生活在该水平之上,但他们仍然没有很好地融入国家或全球经济,他们很容易因财务或医疗问题陷入深度贫困。这些人的生活水平直接受到竞争水平的影响。低水平的竞争往往会不同程度地损害包括贫困消费者在内的所有消费者。克里迪和狄克逊研究了某些商品市场上垄断对澳大利亚不同收入家庭的影响,通过对比澳大利亚不同家庭在食品、非酒精饮料和住房成本等 14 类商品中的支出比例,计算出了垄断造成的消费者剩余的静态损失。结果表明,所有的消费者都不同程度地受到了市场垄断的损害,且低收入家庭的损失占消费者剩余的相对百分比要高于高收入家庭。克里迪和狄克逊得出结论,在所有市场中,不论垄断造成的福利损失的绝对规模如何,它对贫困消费者都造成了不同程度的影响。[3]

---

〔1〕 See OECD, *The Development Assistance Committee Guidelines: Poverty Reduction*, OECD(Nov. 30,2001), http://publications.oecd.org/acrobatebook/4301091e.pdf.

〔2〕 Oscar Lewis, *The Culture of Poverty*, Society, Vol. 35, p. 7 – 9 (1998).

〔3〕 See John Creedy & Robert Dixon, *The Relative Burden of Monopoly on Households with Different Incomes*, Economica, Vol. 65, p. 285(1998).

（二）竞争可以导致更快增长与更低价格，但单靠这些不能消除贫困

报告认为，更激烈的竞争会带来更低的价格，这将使包括贫困人口在内的消费者受益。从微观经济学的角度看，竞争推动市场走向供需平衡、消除低效率，最终导致价格等于最有效率企业的边际成本。如果某市场从一开始就不是完全竞争的，那么更激烈的竞争会给包括基本商品和服务市场的所有市场都带来更低的价格、更高的产量、更好的质量，甚至更多的创新，而且这会使包括贫困消费者在内的所有消费者受益。例如，如果一个大米卡特尔组织因竞争当局的干预而瓦解，卡特尔成员不再相互协调以限制产量并人为地保持高价，贫穷的消费者或许将从大米市场的低价和高产量中受益。从长远来看，竞争还可能导致生产率的提高，从而导致相对较低的价格，因为企业会通过创新来降低成本，提高服务和质量。

此外，报告指出，贫困人口也可以从更激烈的竞争中间接受益。当承包商们不在政府采购中串通投标，而是投入到激烈的市场竞争中时，政府将节省下来的资金重新纳入政府预算，贫困人口也会从中受益。值得注意的是，竞争还有一种净化作用，可以消除裙带关系和其他形式的徇私舞弊等腐败和低效行为所造成的危害。有效的竞争可以减少公司内部任人唯亲的现象，优化公司管理组织结构。报告还强调了更激烈的竞争对经济增长的强大动力。麦肯锡公司的威廉·刘易斯和同事花了 12 年时间研究为何接受大量国际援助的国家会呈现出繁荣昌盛和依然贫穷的两种不同的发展状态。证据表明，政府的直接干预减缓了较贫穷国家经济竞争政策的制定与实施。这说明，经济进步取决于生产率的提高，当政策阻止效率更高的公司取代效率低下的公司时，生产率就不会得到提高。

另外，竞争加剧的国家创新能力以及出口市场竞争力更强，GDP 增长速度也更快。随着就业和创业机会的扩大，数以百万计的人摆脱了贫困。更快的经济增长还会产生资源，可以用来为蓬勃发展的社会政策提供资金。经济增长率停滞不前或低增长率会造成贫困，但是，短期内 GDP 的高增长也会加剧贫困。英国国际发展部 2011 年的一份报告指出，经济增长减轻了贫困，且有大量证据表明经济增长是减贫的主要动力。从长期来看，几乎所有的贫困变化都是由平均收入的增长驱动的，即 GNP 与减贫之间有很密切的联系，贫困人口也会从更激烈的竞争对 GNP 的积极影响中受益。但是该报告也指出，仅靠经济增长和降

低价格并不一定能消除贫困。即使在经济增长、基本商品和服务市场竞争激烈的国家,收入分配仍可能导致发展中国家的一些人生活在绝对贫困中,或使特定国家中的一些人生活在相对贫困中。例如,在超过3/4 的 OECD 国家中,贫富差距一直在扩大,而不是缩小。即使经过数十年总体上积极的宏观经济增长,许多国家仍然拥有与过去 30 年里完全相同的绝对贫困人口比例。在过去的 50 年里,美国 GNP 年增长率为正的次数要多于为负的次数,然而,自 1966 年以来,官方公布的贫困率基本保持不变。从长期来看,美国经济总体上实现正增长,并没有对消除贫困起到很好的作用,甚至还加剧了贫困,这与美国的收入、收入增长以及财富分配方式也有很大关系。也就是说,尽管竞争对经济增长、就业和工资的净效应总体上是积极的,但竞争总体上推动了这些好的结果是一回事,说它在很大程度上减少贫困则是另一回事。贫困人口需要包容性增长,需要更多创业、就业机会以及更高收入的增长。

(三)更激烈的竞争造就了输家和赢家

报告认为,更激烈的竞争对贫困也可能产生负面影响。例如,当卡特尔和垄断企业受到制裁或解散时,会造成人员过剩,或者使工人遭受经济损失。又如,劳动力市场供应方的激烈竞争往往会压低工资;在产品和服务市场上,激烈的竞争有时会促使雇主通过裁员或减薪等方式削减成本;当效率更高的竞争对手进入并与之竞争时,企业最终会完全退出市场,导致短期内的失业。另外,竞争驱动的创新短期内会淘汰旧技术,把小企业家和老技术企业赶出市场,从而减少就业机会,损害贫困的企业家和生产者。此外,如果更激烈的竞争实现的方式是取消对基本食品、能源或租金的价格管制,取消对这类商品的补贴,或以人为高价购买农业产出,那么至少在短期内,社会最贫穷的一部分人将遭受更大的损失。政府干预往往会采取实施价格管制或贸易壁垒、给予补贴或设立政府所有的企业来服务于贫困市场等形式,而不是借助市场竞争力量。政府最初的动机可能是善意的,或是消除贫困、稳定价格,又或是帮助国内企业增长、改善贫困消费者的生活,但长远来看,干预主义的政策扰乱了价格对市场参与者产生的信号效应,并非自由竞争市场的最优选择。

关于竞争损害贫困消费者,玻利维亚存在一个有争议的例子。20 世纪 80 年代玻利维亚恶性通货膨胀危机后,强有力的结构调整政策催生了银行和非银行金融中介机构。但20世纪90年代末,玻利维亚的消费信贷公司进入市场之后,由于银行监管不力,信贷公司对客户的支付能力和信誉缺乏必要的审查,导致很多客户贷款之后无力偿还。他们中的一些人延迟还款或者通过申请新的贷款偿还旧的贷款。高风险贷款使得玻利维亚社会动荡加剧和经济衰退,水电等基础设施价格上涨引起大规模抗议;小额信贷机构与客户的关系恶化,矛盾升级。在这种人人自危的形势下,两个借贷协会应运而生。“只要缴纳8.5美元的会费就可以通过借款人抗议来减免债务”的承诺吸引了大量会员的加入和支持。借贷协会希望免除债务,并禁止某些催收行为、延长宽限期、贷款期限以及2%的年利率,甚至还一度影响到市政选举。这场悲剧的发生主要是由于银行机构监管不力以及审慎贷款政策的缺失,将其归咎于竞争是不公平的,竞争只是鼓励更多的信贷公司进入市场。

报告指出,竞争可以导致输家和赢家,特别是在过渡时期,一些贫困人口更有可能会成为输家。更激烈的竞争不仅会导致价格下降,还会在创造就业机会的同时摧毁其他就业机会。但创新不应因为特殊利益或保护主义而受到阻碍。从历史上看,支持农业和制造业等行业机械化的经济体比那些因担心工业化造成失业而机械化较慢的经济体成长繁荣得更快。虽然短期失业会造成严重的困难,但这样的牺牲是值得的。经济增长和技术变革总是伴随着创造性破坏,这一过程显然会在一段时间内造成经济和政治上的输家和赢家。较低的价格不一定会对个人及家庭的消费产生重大影响,但失业却是灾难性的。从历史上看,失业与贫困之间的联系是毋庸置疑的。[1] 目前,发达国家的失业率很高(介于5% ~20%)。[2] 发展中国家的情况通常更糟(10% ~95%,但往往得不到准确的数据)。[3] 认识到竞争的这些特性,发展中国家的很多人担心竞争会加剧国内和全球的不平等。如果政府想在减少补贴的情况下帮助失业者,把省下

---

〔1〕 See Christopher Johnson & Patrick Mason, *Theories of Poverty: Traditional Explanations and New Directions*, in Philip Jefferson (ed.), Oxford Handbook of the Economics of Poverty, Oxford University Press, 2012, p. 111.

〔2〕 参见 United Nations, *World Economic Situation and Prospects* 2012,载 https://www.un.org/en/development/desa/policy/wesp/wesp_current/2012wesp.pdf,最后访问日期:2021年1月4日。

〔3〕 参见 CIA, *US Central Intelligence Agency: The World Factbook*,载 https://www.cia.gov/library/publications/the-world-factbook/fields/2129.html,最后访问日期:2021年1月4日。

来的钱用于创建或改善社会保障网络或许是最好的选择。为贫困或陷入贫困危险的失业工人提供临时性收入支持、职业培训和就业安置服务,帮助人们从一种工作转向另一种有更好就业前景的工作等配套政策,都有利于解决贫困问题。此外,竞争倡导者应该诚实地面对短期内可能给某些人带来的负面后果。

(四)竞争法的实施有助于贫穷的生产者和贫穷的消费者

报告指出,许多发展中国家的某些市场往往只存在一两家大企业,竞争法的实施有助于打破市场垄断,促进市场竞争,减少小企业进入市场的壁垒。更多的市场进入给贫困人口带来了双重利益,不仅通过降低价格减轻他们作为消费者的压力,还为他们增加了就业和商机。竞争性市场迫使企业将社会资源配置到生产效率最高、利润最高的活动上。这一过程淘汰了一些公司,但也使幸存者能够更好地竞争,促进宏观经济增长。反过来,更高的宏观经济增长可以帮助增加就业。随着产出的增加,更多竞争产生的宏观经济增长也可以提高工资,从而减少贫困。另外,竞争执法还可以通过阻止反竞争性合并,分解卡特尔以及停止滥用支配地位,从而帮助贫困人口获得更多收入。相关证据表明,反竞争行为在发达国家和发展中国家都存在,缺乏竞争会损害贫穷消费者。埃莉诺·福克斯表示,发展中国家的消费者面临价格卡特尔、兼并和垄断行为,一些反竞争行为通过影响基本的商品和服务损害了贫穷消费者。珍妮则认为“发展中国家反竞争做法的范围和严重性令人震惊”。将这一发现与贫困、更激烈的竞争以及如何减轻贫困联系在一起,他指出:零售或消费品部门通过人为地提高基本必需品的价格给消费者(特别是最贫穷的消费者)造成了巨大的成本。如果大部分商品因为竞争问题而多收10%~15%的费用,贫困人口的生活就会更糟。因此,打击勒索性反竞争策略应该成为扶贫政策的一部分。

(五)技术进步与竞争相结合,有利于贫穷消费者与生产者

报告指出,只要手机制造商和服务提供商之间的竞争使价格保持在足够低的水平,贫困人口就能从中受益,那么手机就可以被巧妙地用作提高贫困人口收入和福利的有力手段。针对低收入消费者的竞争性交易很大程度上促进了贫困消费者中手机用户的增长,使贫困人口从激烈的竞争中获益。非洲移动用户数量从2001年的不足2500万增加到2012年的近6.5亿,成为世界上手机服务增

长最快的地区。如今,非洲移动用户数量已经超过美国和欧盟。[1] 世界银行对手机服务提供商进入市场的许多实证研究表明,市场竞争越激烈,供应商挖掘潜在客户群的可能性就越大。与没有竞争相比,竞争能为更多的人提供手机服务。[2] 在这一过程中,技术发展充当了催化剂。

报告还指出,“移动货币”即通过手机应用程序发送小额款项,使得个人之间的转账速度更快、更安全、更可靠,这比将资金托付给公交车司机等方式要快得多。发展中国家很多人仍然把钱委托给公交车司机进行长途转账。现如今约2/3 的肯尼亚成年人使用几家由店主和车库主作为运营商提供的移动货币服务。随着技术的进步,超过 10 亿的人在使用手机,但却没有银行账户,这为以移动技术为基础的市场进入者创造了与正规银行在贫困人口市场竞争的机会。贫困消费者通过手机预付费收发短信来完成金融交易,如果没有银行账户,可以将汇款金额转换成预付费借记卡进行消费,也可以在当地零售商店开设消费信贷额度,并通过短信提供密码保护。南非等国政府提倡将这些制度用于多种支付方式,并有条件地向低收入者转移。例如,2007 年,萨法瑞公司推出了名为 M-PESA 的移动支付系统,实现了低成本、无须银行账户、基于短信的人对人转账服务。发送方可以在任何一家 M-PESA 代理商处购买数字基金,并向肯尼亚的其他手机用户线上转账。接收方可以用短信兑换现金,也可以用带有 M-PESA 功能的手机作为电子钱包。加强竞争促进了技术创新和进步,将金融服务更大程度地辐射到贫困人口领域,金融机构和贫困人口也可以达到双赢的效果。

移动货币不是银行业务(它针对那些没有或不能拥有银行账户的人),一些国家的老牌银行也一直不提供这类服务。不过至少在一个案例中,银行成功地确保了服务是由他们提供的,而不是由手机运营商提供的。移动货币提供商由于交易规模普遍较小,且没有信贷发放,监管应该从轻。另外,通过允许贫困生

---

〔1〕 See The World Bank and the African Development Bank (with the support of the African Union), *The Transformational Use of Information and Communication Technologies in Africa*, Site Resources (Sep. 6, 2012), http://siteresources.worldbank.org/EXTINFORMATIONANDCOMMUNICATIONANDTECHNOLOGIES/Resources/282822 – 1346223280837/MainReport.pdf.

〔2〕 See World Bank, *Global Economic Prospects and the Developing Countries*, Site Resources (Jan. 31, 2003), http://siteresources.worldbank.org/INTGEP/Resources/335315 – 1257200391829/gep2003complete.pdf.

产者(如渔民或偏远地区的水果和蔬菜的小规模生产者)实时获取市场信息,竞争性供应的手机服务可以优化他们的时间和精力,并降低中间商的市场力量。例如,在移动服务运营商进入之前,印度喀拉拉邦的渔民由于运输成本高、市场开放时间有限、储存费用昂贵,只能就近出售捕获物,市场非常低效。但到2001年,当渔民和批发商开始使用手机时,市场信息获取的改善使他们能够极大地减少鱼类价格的变化,消除浪费。这表明,小型初级产品生产商可以从竞争性移动电信服务的进入和发展中获益,这种连锁反应最终将有利于贫困人口。

(六)竞争法和竞争政策的重点在发达国家和发展中国家之间有所不同

报告指出,绝对贫困在发达国家几乎不是问题,相对贫困也可以通过社会政策解决。竞争法和竞争政策最初是为了打破核心卡特尔而提出的,很多国家已经实行了数十年。它们主要被视为保护消费者免受生产者造成或维持的市场扭曲,降低市场进入壁垒的手段。竞争政策刺激了增长并提高了物质生活水平,但它们对贫困人口的收入或就业的影响却是次要的考虑因素。

此外,发达国家的竞争执法部门通常拥有独立于政府的经济学家和法律专家团队,并具有足够的权力打击违法者。这种体制框架有助于在发达国家产生"竞争文化"。相比之下,一些发展中国家的竞争执法部门,因为缺乏训练有素的法律和经济学专家,他们的权力往往很弱。另外,发展中国家的首要政策重点是发展,即让绝大部分人口摆脱绝对贫困,并使更多的人口能够获得教育、医疗、清洁水资源等基本必需品。

报告认为,在贫穷的小生产者和消费者与为数不多的非常富有的地主和实业家同时存在的情况下,这些国家的竞争执法部门的政治信誉在很大程度上取决于他们如何帮助减少贫穷和创造就业机会。竞争当局若只把消除生产者对竞争的损害作为唯一目标,将无益于减少贫困和不平等的影响。它们往往在相对规模较大、行业管制主导且有坚实政治支持的企业环境中运作。这些国家的市场规模可能很小,贫困人口中的最贫穷者往往生活在市场体系之外。在这种情况下,宣传倡导通常是竞争执法部门影响政府决策和教育公众的最有用的,甚至是唯一的工具。

(七)是否存在"有利于贫困人口"的竞争法律与政策?

报告指出,竞争本身不是目的,而是实现目的的一种手段,即增进消费者的福利，并最终提高生活水平。因此，竞争政策目标与减贫之间没有内在的冲突。在贫穷普遍存在且较为严重的国家中，竞争执法部门处理问题时要考虑对贫困人口的影响。值得注意的是，基本食品和其他基本必需品的销售和分销链往往是卡特尔式的，对这些卡特尔采取行动有助于贫困人口的利益。较之调查奢侈品卡特尔，特定竞争执法部门应当优先调查基本必需品卡特尔。报告还提到了其他的一些对贫困人口产生有害影响的卡特尔，包括农业投入要素、面包、鸡肉、玉米饼、糖、公路运输和药品市场等。

另外，政府对国际贸易的限制以及不合理的商品市场管制，是造成高价格和进入发展中国家的高壁垒的主要原因。比如，通常只有少数几家公司以及只有国内公司，才可以投标公共采购合同。赫马尼在对发展中国家的一项研究中指出，大公司由家族所有或由少数有权势的投资者控制是很正常的，这些公司和家族可能以金字塔式的所有权结构或连锁董事结构控制多个公司。[1] 这种少数人控股或家族集团对特定市场甚至是整个经济，都有很大的影响。福克斯也指出，发展中国家企业和政府之间关系过于紧密是很严重的问题。政府的干预和控制，可能使国有企业、获得国家许可或特权的企业任人唯亲，破坏市场竞争。

报告指出，腐败的范围很广，但是即使竞争执法部门证明缺乏竞争，救济措施也很少见，地方官员通常都没有受到惩罚。腐败阻碍了国内外投资，提高了经商成本。操纵投标可以使政府支付的价格提高20% ~30%。不过，对某些竞争执法部门来说，宣传倡导远比案件调查更为有效。腐败、寻租以及不尊重人权等因素助长了贫困的产生和长期存在。世界银行前行长保罗·沃尔福威茨曾指出：“社会的精英阶层往往掌握着经济博弈、政治权力集中的地方，经济权力也往往集中。”[2] 推动经济增长和创造就业机会的企业和创新，就会因此被扼杀。政府保护现有企业的策略（比如，对新入者设定无意义的许可、昂贵的申请费或大量的文书工作等烦琐的规章和制度），其设计和实施的目的就是将潜在竞争

〔1〕 See R. Shyam Khemani, *Interplay and Implications of High Product*, *Ownership and Financial Market Concentration* in The World Bank, Competition Policy and Promotion of Investment, Economic Growth and Poverty Alleviation in Least Developed Countries, ch. 2 (2007).

〔2〕 Mark Palmer, Patrick Glen & Paul Wolfowitz, *How About Some World Governance Goals*?, Wall Street Journal (Apr. 4, 2012), http://online.wsj.com/article/SB10001424052702303816504577312104045133344.html.

对手排除在市场之外。例如,在乌干达,企业家能够合法进入企业之前,必须面临 18 个不同的程序,这需要花费近一个月的时间和超过人均年收入 90% 的费用。而在英国,创业仅需要办理 6 个手续,耗时 13 天,耗费还不到平均年收入的 1% 。[1] 研究表明,开办企业的烦琐规定与腐败有关。[2]

另外,报告也指出,当政府采购官员将合同直接交给受青睐的老牌企业,而不是通过合法的竞争性招标程序来选择赢家时,政府就会丧失扶持初创企业以及消除收入不平等的机会。长此以往,会造成竞争价格的持续上涨、质量低劣以及扼杀创新的后果。值得注意的是,埃利斯和辛格指出,被保护公司的命运往往取决于和政府关系的维持,而不是市场竞争的考验。这种关系极不稳定,享受政府保护和资助的公司可能会因为某些做法不当而被新的公司所取代,这说明竞争本身已经变成了政府和企业之间权力博弈中讨价还价的筹码。此外,报告还指出,出口卡特尔增加了进口国的成本和价格。一些进口国可能缺乏查处这些卡特尔的手段和力量。为了对减轻贫困做出贡献,竞争执法部门应提高对核心出口卡特尔对其他国家贫困人口所产生影响的认识。

三、评价与启示

中国是世界上最大的发展中国家,也是世界减贫事业的积极倡导者、有力推动者和重要贡献者。党的十八大以来,经过这些年的精准扶贫、精准脱贫,中国减贫事业的成就举世瞩目。2021 年 2 月 25 日,全国脱贫攻坚总结表彰大会于在北京人民大会堂隆重举行。习近平总书记发表重要讲话,庄严宣告,经过全党全国各族人民共同努力,在迎来中国共产党成立一百周年的重要时刻,我国脱贫攻坚战取得了全面胜利,现行标准下 9899 万农村贫困人口全部脱贫,832 个贫困县全部摘帽,12.8 万个贫困村全部出列,区域性整体贫困得到解决,完成了消除绝对贫困的艰巨任务,创造了又一个彪炳史册的人间奇迹!这是中国人民的伟大光荣,是中国共产党的伟大光荣,是中华民族的伟大光荣![3]值得注意的是,

---

〔1〕 See Department for International Development, supra n. 17 at 18.

〔2〕 See World Bank, *Doing Business in* 2004, Doing Business (Sep, 2003), www. doingbusiness. org/ ~ /media/GIAWB/Doing% 20Business/Documents/Annual-Reports/English/DB04 – FullReport. pdf.

〔3〕《庄严宣告!》,载中国新闻网 2021 年 2 月 25 日,http://www. chinanews. com/gn/2021/02 – 25/9418808. shtml。

尽管前期取得了突出的成绩，当前我国发展不平衡不充分的问题仍然突出，巩固拓展脱贫攻坚成果的任务依然艰巨。比如2021年2月21日发布的《中共中央、国务院关于全面推进乡村振兴加快农业农村现代化的意见》便强调了“实现巩固拓展脱贫攻坚成果同乡村振兴有效衔接”[1]。这种背景下，结合OECD针对竞争政策与减贫关系的探讨，思考我国竞争政策与反垄断执法在减贫中所能发挥的作用具有重要的意义。

OECD论坛及相关研究向我们很好地展示了竞争政策与减贫之间的复杂关系以及竞争执法在减贫中可以发挥的积极作用。竞争政策在我国的地位近年在不断提升，不过竞争政策在减贫事业中所能发挥的功能国内还缺乏充分的讨论。如前所述，我国巩固拓展脱贫攻坚成果的任务依然艰巨，竞争政策在其中所能扮演的角色值得我国学界以及反垄断执法部门关注。结合OECD的梳理、我国竞争政策与反垄断法实施的现状以及当前面临的突出问题，我们认为以下几方面值得重视：

第一，重视竞争政策在减贫方面所能发挥的作用，同时也要注意竞争政策的功能边界。很多情形下反竞争行为对贫困人口的危害性可能会更大。正如OECD的研究指出，竞争本身只是实现目的的一种手段，即增进消费者的福利，最终提高生活水平。因此，竞争政策目标与减贫之间没有内在的冲突。反垄断执法往往可以带来更低价格、更高产量、更好质量，甚至更多创新，这些结果会使得包括贫困消费者在内的所有消费者受益。因此，我国扶贫政策中应重视竞争政策的功能，有效打击相关的反竞争行为。第二，在有限的反垄断执法资源配置中，执法部门应优先关注那些关系国计民生的行业。OECD报告指出了发展中国家普遍面临的竞争执法资源不足以及执法环境严峻的问题。就我国的情况而言，我国反垄断行政执法资源的确非常有限，下一步我国反垄断执法部门应继续优先重视那些关系国计民生的行业，因为这些行业的反竞争行为往往对贫困消费者的影响很可能更为严重。第三，继续做好支持疫情防控和复工复产中的反垄断执法工作。新冠肺炎疫情暴发后，国家市场监督管理总局在2020年4月4

---

[1] 《中共中央、国务院关于全面推进乡村振兴加快农业农村现代化的意见》，载新华网2021年2月21日，http://www.xinhuanet.com/politics/2021-02/21/c_1127122068.htm。

日发布了《关于支持疫情防控和复工复产反垄断执法的公告》[1],涉及依法豁免涉疫情防控和复工复产的经营者合作协议等内容。疫情对我国及全球经济发展均产生了深远影响,在一定程度上提升了部分人群返贫的风险。因此,接下来一段时间在反垄断执法中仍需适当考虑疫情对经济产生的长远影响以及部分人群的返贫风险,比如可以体现在执法中对中小企业发展的关注,对就业影响的关注、针对特定垄断协议的豁免以及破产抗辩的适用等。第四,进一步发挥竞争倡导的作用。OECD 报告指出,一些发展中国家的竞争执法部门往往面临很大的执法困境,贫困人口中的最贫穷者往往生活在市场体系之外,宣传倡导通常则是竞争执法部门影响政府决策和教育公众的最有用的,甚至是唯一的工具。OECD 报告还指出,更激烈的竞争也可能恶化贫困现象。竞争倡导者应该诚实地面对短期内竞争可能给部分人群带来的负面后果。我国反垄断执法部门近年来非常重视竞争倡导的作用,不过目前的工作重点主要是企业,基于竞争政策在减贫中可能发挥的积极作用,我国反垄断执法部门在竞争倡导工作中也应重视与减贫工作的衔接以及重视对贫困人群、贫困消费者的宣传教育工作。综上,整体来看,我国对竞争政策与减贫的关系探讨仍处于起步阶段,相关研究还待深入开展。

---

〔1〕《关于支持疫情防控和复工复产反垄断执法的公告》,载国家市场监管总局官网 2020 年 4 月 5 日,http://gkml. samr. gov. cn/nsjg/fldj/202004/t20200405_313859. html。

第三编　医药行业的竞争与管制

欧盟《医药行业竞争执法报告》介评

曾　雄*

一、报告背景

欧洲理事会要求欧盟委员会准备一份自 2008 年至 2009 年行业调研后近期发生的竞争案件的报告。因为它担忧病患获得廉价和创新的药物时可能因以下行为而受阻:(1)很高的价格水平;(2)市场退出或者医药企业采取其他的商业策略;(3)国家政府对于医药企业有限的谈判能力。欧洲议会也表达了类似的担忧,因此该份报告目的在于答复欧洲理事会和欧洲议会。

医药行业和医疗保健行业通常都对社会和经济非常重要。保持健康和获得廉价、创新的药物关系到大多数人的利益。2008 年的国际金融危机和经济衰退,疾病给公共卫生预算带来显著的限制。最近十几年,欧洲国家用在公共卫生方面的公共开支上涨到 GDP 的 5.7% ~11.3%,而且预计还将上涨。药物上的花费占了政府公共卫生开支的很大比重。因此,药物的高价格对于国家卫生系统而言是一项很重的负担。

此外,持续创新和投入研发对于开发新的治疗方案或改进治疗方案而言是重要的,但是创新的动力可能因合并和反竞争行为而被阻止。这份报告显示竞

* 曾雄,清华大学公共管理学院助理研究员,法学博士。

争执法，比如执行欧盟反垄断规则和欧盟合并规则，有助于让欧洲的病患获得廉价、创新的药物。对此，欧盟委员会与28个成员国的国家竞争执法机构展开了密切合作。[1]

欧洲竞争执法机构通过密切合作执行竞争法，同时也持续监督医药行业。这份报告说明了竞争法规则禁止滥用市场支配地位和限制竞争的协议，其目的在于：其一，医药行业的价格竞争不被人为地减少或排除。其二，反竞争行为不会限制该行业的创新。对医药企业合并的审查也是为了实现这两个目的，以避免合并对竞争产生负面影响。该报告也描述了欧盟在特定案件中如何适用欧盟合并控制规则，以保障病患获得廉价、创新的药物。

反垄断调查是复杂的，而且需要动用大量资源。这解释了欧洲竞争执法机构重点关注那些最重要的案件，包括那些能为市场参与者提供指引和威慑市场主体不再从事类似行为的案件。“预警性竞争法审查”（Vigilant Competition Law Scrutiny）可以通过调查案件和引导企业行为的方式促进医药行业的竞争。近年来，欧洲竞争执法机构已经处理了多个开创性的案例，澄清了欧盟竞争法在医药行业新问题的适用原则。这些标杆性的决定通常是基于对医药行业的完整调研而作出的。欧洲竞争执法机构持续地保证竞争法规则能在医药行业有效、及时的被执行。

二、报告主要内容

（一）报告摘要

欧盟委员会2019年发布了调研报告［Competition Enforcement in the Pharmaceutical Sector（2009－2017）］。自2009年欧盟对医药行业进行了行业调研起，医药行业便成为欧盟竞争执法的重点。这份报告概述了2009年至2017年，28个欧盟成员国在医药行业的竞争执法情况。这份报告响应了欧盟理事会和欧盟议会关于医药企业反竞争行为导致患者无法获得实惠、创新的基本药物的担忧。欧盟区域所有竞争执法机构密切合作共同维护医药市场的有效竞争。自2009年，执法机构共计作出29起反垄断决定：有些决定施加了罚款处罚（罚

［1］ 在此报告中，欧盟委员会与成员国竞争执法机构统称为欧洲竞争执法机构。

款总数高达 10 亿欧元);有些决定施加了有约束性的救济承诺;有一些决定解决了此前无法通过欧盟竞争法解决的反竞争行为。这些先例给了行业参与者更广泛的指引,告诉他们如何遵守法律。

2009 年至 2017 年,欧洲竞争执法机构还调查了 100 多起其他案件,其中有超过 20 件可能产生竞争损害的案件还在调查中。为了保障医药行业不会因合并而过度集中,欧盟委员会审查了超过 80 件合并交易,在 19 件交易中发现了竞争担忧。欧盟委员会在合并企业提供解决担忧的措施后才予以批准。总之,医药行业需要严密的竞争法审查。

在医药行业实行严密的竞争法审查,有利于以下几个方面。

1. 获得更廉价的药品

高价药品导致国家医疗系统承受高昂的成本,医药开支占各国医疗系统花销的很大比重。仿制药的有效竞争,特别是近期的生物仿制药成为医药市场价格竞争的重要来源,导致价格大幅地下降(仿制药导致价格平均下降 50%)。这不仅让患者容易获得治疗,而且节省的开支能花在更新的、更创新的药品上。为了缓和仿制药进入的影响,如导致收入大幅减少,发明药品的企业通常采取策略延长早期药物的商业生命周期。这些策略可能影响价格竞争,会受到竞争法审查。

欧洲竞争执法机构积极调查和处罚那些导致更高价格的商业行为。基于欧盟委员会 2009 年的行业调研,执法机构作出了一系列决定,瞄准了那些阻碍市场进入或阻碍仿制药扩张的行为。典型的案例包括欧盟和英国执法机构针对延迟支付(pay-for-delay)进行的执法(灵北制药案、芬太尼案、施维雅案)。在这些延迟支付交易中,专利药企业对仿制药企业支付款项让对方放弃或延期进入市场的计划。通过这种方法,仿制药企业可以从高价中“分得一杯羹”。

法国竞争执法机构率先作出多个决定禁止在位企业消极接受最新推出的仿制药,其他一些竞争执法机构惩罚了那些滥用监管程序阻碍仿制药进入市场的在位企业。

此外,近期有多个案件调查非专利药(off-patent medicine)的定价行为(如价格上涨至 2000%),多个执法机构发现此类定价行为是不公平的而且是滥用的,包括意大利的爱斯本案、英国的辉瑞/费林案、丹麦的 CD 医药公司案。同时，执法机构还在调查一些传统的违法行为，比如招投标卡特尔或者联合一致阻止竞争者获得关键投入品或客户。

医药企业之间的合并也可能导致更高的价格，因为合并主体增强了定价权。欧盟委员会对多个合并案件进行了干预，因为它们将导致价格上涨，特别是涉及仿制药产品（如梯瓦/艾尔健案）或生物仿制药（如辉瑞/赫开瑞案）。只有当合并主体承诺剥离旗下部分业务至合适的买家之后，欧盟委员会才予以批准，以保证应有的价格竞争。

2. 获得创新的药品

在医药行业，创新是至关重要的，医药企业在研发投入上都属于领军者。但是，市场参与者有时可能从事一些影响创新动力的行为（如收购竞争性技术）。在合并控制中，欧盟委员会禁止那些可能就研发努力进行妥协或者延长使用现有药品的交易。欧盟委员会在一系列案件中采取干预措施保护创新竞争，例如涉及威胁阻止先进的关于抗癌药物的研发项目（如诺华制药/葛兰素史克肿瘤案）或者威胁阻止开发处于早期阶段的失眠药品（如强生/爱可泰隆案）。在辉瑞/赫开瑞案中，欧盟委员会担心合并交易将废掉两个平行进行的开发竞争性生物药品的项目。只有在合并企业提供救济措施以保证进行中的项目不会被废掉而且找到新的运营者继续推进这些项目的情况下，欧盟委员会才批准交易。

竞争规则要求企业共同努力、推进创新。但是，有时企业试图阻碍竞争者创新或者放松促使他们投资创新的竞争压力。例如医药企业试图不合理地拖延仿制药进入市场，而仿制药实际上可以有效防止专利药企业独占市场。为了保障创新，反垄断执法机构应该干预诸多排他行为，包括折扣，因为折扣被用于排挤竞争者。此外，还包括传播关于药物在核准标示外使用（off-label use）安全性方面的误导信息的行为，只有这样才能保证病患拥有多种多样的选择。

3. 进一步执法行动的范围

这份报告中的案例表明了竞争执法机构在调查反竞争协议、滥用市场支配地位行为和合并审查方面是高效的。但是竞争法所能实现的效果也存在局限性，需要所有利益相关者持续地努力应对社会挑战，以确保病患持续获得价廉、创新的药物。过去的执法案例为竞争执法机构继续、重点开展执法活动奠定了扎实的基础，在医药行业有效地执行竞争法仍是重点工作。执法机构将继续监督,针对反竞争行为积极开展执法行动。

(二)对医药行业、卫生健康领域的市场监督和倡导

除了直接的执法活动以外,2009 年至 2017 年,竞争执法机构开展了超过 100 次市场监督和倡议活动。市场监督活动包括行业调研、市场研究和问卷,以识别竞争机制正常运行的障碍。倡导活动包括提供咨询建议、特别建议和其他推进立法的措施。当价格僵化或有其他情形表明竞争受到限制,竞争执法机构可能会采取市场监督调查活动。通常行业调研和其他监督活动为市场参与者提供指引,也可能引发正式的反垄断执法行动。一些成员国甚至有影响广泛的权力,他们可以对企业进行问询,以为立法或出台监管措施为企业提供建议,这些立法或监管措施将对行业的竞争环境产生影响。

欧洲竞争执法机构开展了 30 次行业调研或市场研究活动,其中 1/3 聚焦于药品的零售领域,另外 1/3 聚焦于药品的批发环节,包括平行贸易或定价问题。市场监督活动的 1/3 聚焦于仿制药的市场进入方面,这也是欧盟委员会开展医药行业调研的重点关注问题。欧洲竞争执法机构有超过 70 次倡导活动,包括为起草的立法建议或修法建议提供意见,建议报告涉及的问题包括:(1)排除创新药物进入市场的障碍;(2)放松在线药物销售的管制;(3)更好地获得医疗设备;(4)排除专利药与仿制药厂商的竞争障碍。这些倡导活动有助于维护医药行业的公平有效竞争,同时让病患更好地获得药品。

(三)医药行业的市场竞争特点

为了保障执法的有效性,执法机构需要考虑医药行业的特性、竞争动态性。这些特性包括涉及多方利益相关者的特殊需求和供应结构,各成员国综合性的立法和监管框架。

1. 医药市场特殊的供应和需求结构

在竞争法框架下分析市场运营和评估具体行为都需要考虑供应和需求结构。医药行业中多个利益相关者有各自的利益追求,需求侧受消费者(病患)、开药者、药房和卫生保险计划的影响:(1)病患是药品的最终使用者。他们只为药品支付一小部分,大部分支出由卫生体系覆盖。(2)开药者通常指医生。他们决定病患该使用什么药品,不负担药品费用。(3)药房也可能影响药品需求。如药剂师可能会分配最便宜的药品(仿制药或平行进口药)。(4)私人和公共卫

生保险体系由成员国国家支持，能覆盖病患大部分的医药开支。一个国家的药品报销制度将影响开药者的行为和病患对药品的需求。

从供应侧看，有以不同商业模式运营的制造商（专利药生产商、仿制药生产商等），不同种类药品的批发商，具体包括线上药房、邮购药房、传统的线下药房和医院的药房等：(1)专利药生产商指研发、生产、销售和供应创新药品的企业。他们“为市场而竞争”，致力于发现新药物，但也会“在市场竞争”，特别是当不同药品之间存在替代时。(2)仿制药供应商是指供应非创新的仿制版药品的企业，因为专利药生产商失去了对专利的独家控制权，所以仿制药的价格比较低。仿制药产品与专利药具备相同的质量和数量的成分，而且药品形式也一样（如药片或注射剂）。仿制药用于治疗同样的疾病，通常与专利药产生竞争。(3)有的制造商同时供应专利药和仿制药，并为不同种类的药品实施不同的商业策略。(4)批发商组织药品的分销，并将药品销售给药房和医院。(5)药房同时承担两种角色，即为病患提供用药建议和分配他们所需要的药品。

最后，成员国政府在这个高度管制的行业中也发挥着重要作用。有不同机构管理药品市场、定价、采购和报销等。通过监管，政府希望实现多个目标：(1)保障高质量、安全、有效的药品；(2)让每个人支付得起药品价格，包括商谈价格和设定公共卫生保险机制；(3)促进行业创新。

2. 立法和监管框架影响竞争动态

医药行业的竞争取决于多个因素，包括研发活动、市场授权要求、获得资本、知识产权、价格监管、促销活动、商业风险等。其中需要注意的是，药品创新特别是生物制药的创新，正从大型制药公司转移至小型制药公司，核心创新越来越多地由中小企业完成。与此同时，大型制药公司继续在临床试验上投入巨资，并为市场带来重大创新。欧洲的创新型中小企业面临融资挑战，部分原因在于欧洲呈现出分散的公共市场。完整理解这些因素是评估特定行为或特定交易是否反竞争的关键。同时理解相关市场也很重要，相关市场是竞争法中的重要概念。

3. 药品的相关市场界定

界定相关市场就是识别竞争压力的来源，包括产品市场界定和地理市场界定，为了理解哪种药物属于同一市场，执法机构需要同时评估需求侧替代（病患或药剂师是否能从一种药品转换至另一种药品）和供给侧替代（现有的供应商是否开始生产特定药品)。通过市场界定,执法机构评估被调查企业是否有市场势力,相关行为是否可能带来竞争损害,而不是被其他竞争者所抵消。

识别相竞争的药品的第一步是看替代性,只有那些改变市场条件后能实际相互替代的药品才能算是在同一产品市场。例如,如果改变一种药品的属性(价格、质量、创新活动、促销活动等)而失去药方,而且药方转移到另外一种药品上,这两种药品尽管药物分子结构不同,也可能处于同一相关市场中。但是,如果主要的竞争威胁来自仿制药,仿制药有同样的药物分子结构,来自具有其他药物分子结构的药品的竞争压力更弱,这意味着市场更窄,应限制在被调查的药物分子结构这种药品上。一种药品的竞争压力程度是随着时间变动而变化的,这不仅取决于替代药品的可获得性,还受到价格和报销监管制度的影响。

4. 产品周期和由监管驱动的演进竞争

合并控制或反垄断调查中所关注的重点取决于产品周期所处阶段,药品的生命周期相对较长,主要包括三个阶段:产品发起(product launch)、市场独占(market exclusivity)、独占到期(exclusivity expired)。一种新的药品的生命周期自一种新的化学化合物开始,通常在专利药研发者或独立的第三方机构(大学、实验室等)的基础研究中被发现,且通常由公共基金支持。接着由专利药研发者测试一种药品所包含化学化合物是否安全和有效。在开发阶段,候选药品首先在实验室被测试(包括动物),此阶段被称为临床前阶段,然后是临床试验(对人)。一旦研究发现一种新的药品是有效且安全的,公司便可向监管机构申请市场授权(marketing authorisation),监管机构通常为欧盟药品局(European Medicines Agency)或成员国的监管机构。创新药品的研发周期通常是有风险的,而且耗时较长,需要较高的研发成本。此外,只有很少量的候选新药品能通过研发阶段并最终上市。在发起前的阶段,包括临床前和临床试验期间,开发新药会对现有的药品带来竞争压力,也给其他在研发中的药品带来竞争。一旦出现在市场上,新药品就能通过转移其他药品的需求或增加市场对自己的需求的方式获得药方。在此阶段,竞争压力主要来自其他类似药品。当专利药接近到期时(如失去专利保护),来自仿制药的压力开始出现。一旦仿制药进入市场,专利药企业可能失去大量销售量且药品价格大大下降。

5. 开发新的药品:在创新上的竞争

药品行业是欧洲甚至全球研发投入最大的行业。创新主要由对新的、更有效的且更安全的治疗需求所驱动,也包括药品的生命周期驱动、竞争威胁的驱动以及由仿制药带来的竞争。因为病患逐渐转向新的替代性治疗方法或更便宜的仿制药,专利药企业无法永久地从过去创新药品中获利,而是需要投入到新产品研发中,以免被竞争者的创新所超过。由竞争刺激的持续研发投入带来新的药品,对病患和整个社会都有利。

6. 新药品的市场独占期是有限的

考虑到高的开发成本,而且考虑到一种新的药品开发后容易被竞争者仿制,立法者授予专利药企业不同的独占机制,以激励企业投入新药研发。这些独占机制的共同特点是一旦独占到期就允许仿制药进入市场。在一种专利药中的实质内容(有效成分)可能被授予专利,这种专利被称为化合物专利。如果是这样,竞争者不可销售那些包含同样成分的药品。因为获得监管机构的市场授权需要较长一段时间,专利保护期限也可能相应地延长。同时,也有其他一些保护工具保证独占性。尽管药品已经在市场销售,制造企业通常会继续提升制造流程,包括药品形式或成分。这些改进可能由可专利性的创新导致,这种专利通常被称为辅助专利(secondary patent),可能造成仿制药更难快速进入市场,尽管有效成分不再被授权专利。

7. 失去保护和仿制药竞争

所有保护工具在时间上的限制是保证动态竞争的关键,因为它平衡了通过创新获得市场独占的激励与仿制药带来的竞争威胁。来自仿制药的竞争压力可能比来自其他专利药的竞争更强劲。与那些基于不同化学分子的药品竞争不同,仿制药有同样的成分,仿制药与专利药的竞争是同质产品的竞争。大多数成员国都有监管机制来鼓励使用仿制药。一旦仿制药进入市场,将带来更强劲的价格竞争,这是推动卫生系统节约成本的关键驱动力。尽管专利生物药与仿制生物药之间的竞争动态类似于专利药与仿制药,但生物药品有一些独特性。除了促进价格竞争外,仿制药和仿生药的市场进入也会推进创新。首先,保护期到期后,创新背后的知识将自由地被其他创新者使用来开发类似或无关的新产品。其次,更便宜的仿制药或仿生药进入市场影响了专利药企业因市场独占获得高收入,因而鼓励专利药企业继续投入研发。因此,仿制药或仿生药的竞争不仅可以带来更低价格的药品,而且能作为一种驱动力让专利药企业继续创新。

企业可能滥用监管机制获得额外的保护期限。除了司法和监管控制外,竞争执法机构还需要确保创新的动力不被破坏,而且确保整个卫生医疗体系不会因企业不合理延长市场独占期而变坏。最后,关于专利的透明度和独占制度在促进竞争和仿制药的进入上发挥了重要作用。欧盟委员会目前对欧盟的医药激励机制进行全面评估,同时对医药领域的创新激励进行内部研究分析,发布了相关报告。评估的目的在于判断现有机制是否实现了专利药企业持续创新的动力与提供更多有效药品的利益之间的平衡。

8. 定价与偿付规则深刻地影响了药品间的竞争

在大多成员国内,制药商在上市药品之前必须经过定价和偿付程序。定价与偿付规则仍是成员国的内部权利。监管、公共采购和相关谈判都会影响药品的价格。成员国有多种不同的定价机制:(1)参照其他成员国的药品价格;(2)经过"卫生技术评估"(health technology assessment)后考虑药品额外的收益;(3)综合上述因素进行考虑。尽管初始价格不会受到特定机制的影响,但是只有在药品采购量达到一定数量后才能给偿付。为了节省成本,成员国采取各种措施鼓励药品之间的价格竞争,如设定规则要求医师开仿制药的药方或授权药剂师分配最便宜的仿制药。在仿制药市场,医疗保险公司也可能组织投标人选择最便宜的药品作为指定药物。监管者可以促进可替代的药品之间的价格竞争,如仅对最便宜的药品进行偿付成本。这些措施可能深刻地转变可替代药品之间的竞争性质和激烈度,因为供应商不再受到价格竞争的保护。

9. 竞争促进药品可获得性

竞争执法活动致力于持续为欧洲病患和卫生系统提供廉价的药品,特别是打击那些隐藏或延迟仿制药进入市场和影响价格竞争的行为,打击那些滥用市场支配地位实施超高定价的行为。此外,欧洲的竞争执法机构也处理其他一些反竞争行为(如串谋投标、划分市场、限制平行进口等),这些行为直接或间接导致药品更高的价格。最后,欧盟的合并控制制度重点关注促进仿制药和仿生药进入市场,特别是通过救济的方式实现。

(四)反垄断执法促进廉价的仿制药快速进入市场

有效的仿制药是促进药品价格下降的重要因素。例如,最近一项研究报告发现一旦仿制药进入市场，专利药价格便会平均下降40%。仿制药进入市场后，其价格比专利药平均低50%。从欧盟竞争执法实践看，对于那些大卖的“拳头药品”，仿制药进入市场后价格下降最激烈。例如在灵北案中，欧盟委员会发现在仿制药进入市场的13个月中，英国西酞普兰药的价格平均下降了90%。因此，仿制药进入市场有益于病患和国家卫生系统，同时也将明显地降低专利药企业从专利药产品中获得收益。为了缓解仿制药进入市场带来的影响，专利药企业通常设计并执行一些策略延长创新药品的商业周期（比如，专利申请策略、专利纠纷和就专利提出反对意见、和解协议、跟进产品的生命周期策略等）。尽管这些行为并非都是违法的，但通常是竞争执法机构重点审查的对象。

1. 延迟支付协议

延迟支付协议包含了专利药企业与仿制药企业间各种协议，是指仿制药企业同意限制或延迟其独立进入市场，条件是获得专利药企业的收益，即专利药企业向竞争者支付款项，让竞争者不再进入市场。延迟支付协议对于专利药企业和仿制药企业而言可能都是有利的，因为专利药企业可以延长市场独占期而获得额外利益，仿制药企业可以直接从专利药企业处分享收益。如果专利药企业给仿制药企业转移的收益远远低于仿制药进入市场造成的利益损失，专利药企业就会以支付的方式阻止一种或多种仿制药企业进入市场。一个仿制药企业也可能发现延迟支付协议更具有吸引力，因为不需要进入市场就能获得大量收益。这两类市场参与者都可以以损害卫生系统和纳税人为代价获得收益。因延迟支付，病患和卫生系统都遭受到损失，因为本来仿制药进入市场可以节省成本。考虑到仿制药进入市场可以导致药品价格下降，尽管短期的延期对竞争也产生明显影响。

因为延迟支付协议涉及竞争性企业之间的协调，将受到《欧盟运行条约》第101条的规制。延迟支付协议的反竞争性质并不取决于其签订的形式。这种协议通常是在专利药企业与仿制药企业间存在专利纠纷时签订的。延迟支付协议也可能以其他商业协议的形式签订。例如，在芬太尼案中，强生＆强生和诺华双方签订相互促进协议以同意延迟仿制的止痛药芬太尼进入市场。[1]

---

〔1〕 See Commission Decision of 10 December 2013 in case COMP/AT. 39685 – Fentanyl.

在其他一些情况下，延迟支付协议也被认定为反竞争。在 2013 年的灵北案中，欧盟委员会对灵北制药公司处以 9380 万欧元罚款，同时对四家仿制药生产商罚款 5220 万欧元，因为它们之间签订协议推迟仿制的西酞普兰上市。后来法院也支持了欧盟委员会的决定，并认为延迟支付协议类似于市场分割，违反了《欧盟运行条约》第 101 条。

延迟支付协议还可能违反《欧盟运行条约》第 102 条，比如当专利药企业具有市场支配地位时，签订延迟支付协议作为一种推迟仿制药进入市场的策略。2014 年，欧盟委员会对法国药企施维雅和五家仿制药生产商处罚 4.277 亿欧元罚款，因为它们签订一系列交易旨在保护施维雅销量最好的血压药免受仿制药价格竞争的影响。施维雅采取的延迟仿制药进入市场的策略还包括收购竞争性技术和连续达成专利和解协议。2018 年 12 月 12 日，欧洲初审法院确认欧盟委员会在此案中对施维雅等企业违反《欧盟运行条约》第 101 条的认定，但是不同意相关市场界定，因此不认为施维雅违反了《欧盟运行条约》第 102 条。2016 年 2 月，英国竞争执法机构认定葛兰素史克与仿制药竞争者签订延迟支付协议滥用市场支配地位。葛兰素史克通过支付款项和其他方式诱导三家潜在竞争者推迟仿制药进入市场。英国竞争执法机构最后认定葛兰素史克违反了《欧盟运行条约》第 101 条。

2. 其他阻碍仿制药进入市场的行为

除了延迟支付外，还有其他一些行为推迟仿制药进入市场。这些行为阻止了仿制药导致的价格下降，从而损害病患的利益，并对卫生医疗系统造成损害。具体包括：(1)滥用监管框架。欧洲法院在阿斯利康案中确认，误导公共机构和滥用监管程序作为发起跟进药品的商业策略可能构成滥用市场支配地位行为。在此案中，欧盟委员会认为阿斯利康案通过阻止或延迟奥美拉唑药物的仿制药进入市场构成滥用市场支配地位，因为阿斯利康案向专利机构提供误导信息延迟奥美拉唑药物专利保护期，而且滥用国家药品机构的规则和程序选择性地撤销奥美拉唑药物胶囊的市场授权，这样让仿制药和平行进口药都无法进入市场与之竞争。(2)贬低和其他阻碍对仿制药需求的行为。一些具有市场支配地位的企业还采取另一种影响仿制药竞争的策略，即贬低或诋毁仿制药。欧洲法院近期就哪类贬低信息提供至执法机构、卫生专家和普通大众在欧盟竞争法规则下可能有问题提供了指引,法院确认企业不得在科学上未有定论的情况下贬低仿制药,比如发表关于某种药品在标识外使用的不良反应的误导信息。法国竞争执法机构查处了一些从事贬低行为的企业,包括发布和传播不完整的信息和误导的信息,阻碍竞争性药品进入市场或扩大市场份额。与延迟支付类似,贬低行为通常是药企为了阻碍仿制药竞争的商业策略的一部分。

最后,仿制药的需求也可能受到其他一些市场参与者的影响。2009 年西班牙竞争执法机构处罚了多个药师协会,因为他们不建议使用达乌里制药公司的仿制药。这些协会构成联合抵制交易,西班牙竞争执法机构对其处罚 100 万欧元。

3. 对具有市场支配地位的企业收取过高价格的执法

(1)禁止具有市场支配地位的企业不公平定价

《欧盟运行条约》第 102 条(a)项禁止剥削性定价行为,欧洲法院在案例中对一个具有市场支配地位的企业的价格是否应认定为不公平设定了一系列条件。对不公平定价行为调查时,竞争执法机构将仔细权衡动态效率与损害。此外,他们将考虑价格和利润可能带来的创新。欧洲竞争执法机构在有必要确保有效竞争时会毫不犹豫地进行干预,但最近的案件表明执法机构对医药行业的定价行为保持高度警惕。

(2)涉及不公平定价的案件

欧洲竞争执法机构就已过专利保护期的药品的高价进行多次执法行动。2016 年 12 月,英国竞争执法机构发现辉瑞和费林各自滥用市场支配地位对苯妥英钠胶囊(一种癫痫药品)收取不公平高价。在该案中,辉瑞和费林于 2012 年签订协议,并约定辉瑞将药品市场授权转让给费林(以 Epanutin 作为品牌名销售),同时继续生产和向费林供应药品,由费林在英国境内进行批发。给费林的供应价格比之前辉瑞向批发商收取的价格高出 780% ~1600%。市场授权后,费林利用法律漏洞以仿制药为名销售药品,而不用品牌名,这样不需要受到任何价格限制(品牌要需要受到价格限制)。费林向批发商收取的价格是之前以品牌名销售价格的 2600%。英国竞争执法机构分别对辉瑞和费林处罚 1.03 亿欧元和 632 万欧元。2018 年 1 月,丹麦竞争执法机构认定 CD 医药公司(一家药品批发商)滥用市场支配地位就催产素收取不公平价格。执法机构查明 2014 年 4 月至 2014 年 10 月,该批发商将催产素的价格提高了 2000%。执法机构对竞争者的药品价格和丹麦境外的药品价格进行了对比,认为实际产生的成本与价格之间的差异过大。最后,执法机构认为该批发商的定价不公平。

4. 其他推高价格的反竞争行为

(1)协同作为提高价格的一种手段

2014 年,意大利竞争执法机构发现罗氏和诺华签订反竞争协议,目的是限制罗氏肿瘤药物阿瓦斯汀的核准标识外使用。罗氏旗下的公司研发了两款药品阿瓦斯汀(被批准治疗肿瘤疾病)和诺适得(被批准治疗眼科疾病),其中诺适得被授权给诺华营销。实际上这两款药物的主要成分类似,阿瓦斯汀经常被用来治疗眼科疾病,因为它比诺适得价格低廉。意大利竞争执法机构发现这两家医药公司签订协议对阿瓦斯汀和诺适得进行人为地区分,实际上它们都可以用来治疗眼科疾病。协议试图宣传阿瓦斯汀用来治疗眼科疾病存在安全担忧,将需求转移到更昂贵的药品诺适得上。执法机构提出,该共谋导致意大利卫生系统 2012 年多花费 4500 万欧元,因而对罗氏罚款 9060 万欧元,对诺华罚款 9200 万欧元。在此案的后续上诉程序中,意大利就《欧盟运行条约》第 101 条若干解释应用问题寻求欧盟法院的参考意见,欧盟法院在答复中明确:首先,原则上一款药品在标识外使用和另一款药品在标识内使用治疗同一症状,可以归属为同一市场。其次,向执法机构、医药专家或普通大众宣传关于一款药品标识外使用不安全的误导信息可能构成目的违法的限制竞争行为。

(2)让竞争者更难参与竞争

欧洲竞争执法机构对一些企图排挤竞争者或限制竞争者参与竞争能力的行为进行了处罚,包括妨碍竞争者获得客户或产品投入品,从而影响他们长期销售更便宜药物的能力。2015 年,意大利竞争执法机构接受了 ICE 医药公司的承诺,其以合适的价格供应胆酸(用来生产治疗肝病的药)。因为执法机构怀疑 ICE 医药公司滥用市场支配地位利用排他行为妨碍牛胆汁的供应(生产胆酸的原料),因而阻碍竞争者有效地参与竞争,损害了病患利益。为了解决执法机构的竞争担忧,ICE 医药公司承诺向市场以合适价格供应特定数量的牛胆汁。

5. 合并控制和廉价药物

(1)合并如何影响药品定价?

药企合并可以增强合并主体的市场力量,消除合并双方的竞争压力,减少市场竞争。合并导致的市场力量越大,越可能导致更高的价格。对合并进行控制的重要目标是确保市场结构的变化不会导致价格上涨,比如一家专利药企业与仿制药企业的合并可能妨碍专利药与仿制药的竞争,而仿制药是专利药的替代者,两者之间存在激烈的价格竞争。

(2)合并控制如何阻止价格上涨

以梯瓦/艾尔健案为例,欧盟委员会有条件地批准了该交易,并密切关注救济措施的实施情况。在监督受托人的帮助下,找到合适的买方购买被剥离的资产,以确保整个被剥离资产的有效性和竞争力。在此案中,欧盟委员会通过剥离资产的方式避免集中影响价格。

(3)合并控制帮助维持生物仿制药带来的价格压力

生物药是最昂贵的治疗方法,且越来越多地被利用,全球销售金额高达十几亿欧元。随着生物仿制药进入市场,生物药的价格大幅下降。因此,生物仿制药带来的竞争可以为卫生系统节约大量开销,欧盟委员会对辉瑞收购赫开瑞的干预即是例证。

(五)竞争驱动创新和增加药品选择

1. 反垄断执法促进创新和选择

(1)对阻碍创新或限制选择的行为执法

市场参与者并不总是欢迎创新,他们可能阻碍竞争者的创新,或者让用户更难获得创新产品。反垄断执法是确保企业不滥用市场力量或签订协议阻碍创新。2011 年,欧盟委员会调查了德国药企勃林格殷格翰,因为该药企涉嫌滥用专利系统以阻碍或延迟竞争者艾美罗的药品上市。调查后,该药企与欧盟委员会达成和解,扫除了竞争性药品上市的障碍。反垄断调查可以提供更多药品选择,例如葡萄牙竞争执法机构于 2012 年调查了罗氏,该药企涉嫌滥用市场支配地位向医院提供多种产品的折扣,被罚款 90 万欧元。在该案中,罗氏给予折扣的要求是搭售其他药品,将特定药品的市场势力传导至其他产品,从而排除竞争者的产品。葡萄牙竞争执法机构调查后认为,罗氏的反竞争性折扣计划阻碍了竞争者参与医院投标,影响了他们进入市场的动力,影响了医院和病患的药品选择。

(2)竞争规则支持创新合作

竞争执法机构调查一项行为时不仅关注其潜在的负面影响,也考虑其可能带来的正向影响。大量竞争规则认识到企业的行为可能带来效率或鼓励创新，这些规则帮助企业设计一些合作项目以遵守竞争规则避免受到执法调查。例如欧盟关于企业研发活动的集体豁免条例(EU Block Exemption Regulation)为竞争者间的协议提供了安全港制度。

2. 合并控制维持药物创新方面的竞争

(1)合并如何损害医药行业的创新?

行业整合可能促进竞争,因为它可以整合互补资源,增强创新能力。同时,合并也可能抑制创新的范围或规模,如合并中的一个企业正在研发的产品与合并的另一个企业所销售的产品存在竞争,合并企业可能不再研发或延迟研发新药品。因此,合并可能降低企业平行研发的动力。降低创新的竞争意味着病患未来无法获得创新和廉价的药物,将失去更好的治疗,面临更高的价格。此时,如果没有合适的救济措施,欧盟委员会将选择禁止交易。

(2)合并控制如何维持创新的条件?

近期的调查案件显示执法机构关注专利药、生物仿制药、生物药方面的创新,在一些案件中,欧盟委员会维持还处于早期研发阶段的药品的竞争。当两个合并的专利药企业可能在创新和生产新产品方面的竞争减少时,欧盟委员会将进行干预,如在诺华/葛兰素史克肿瘤案中,欧盟委员会担忧该交易对癌症药物的研发动力产生负面影响。

三、评价与启示

(一)欧洲竞争执法机构对医药行业执法的规律与特点

从此份报告可以看到欧洲竞争执法机构针对医药行业进行执法的一些规律与特点,通过梳理这些规律与特点能为我国保障医药行业公平竞争秩序提供有益参考。

1. 调查典型案件为医药行业确立合规标准

此报告强调反垄断执法复杂,需要耗费大量资源,因此需要集中力量调查最重要的案件,即能对企业产生足够威慑和为企业未来的行为提供指引的重大案件。相较而言,我国的竞争执法资源更加稀缺,更需要提高执法的有效性,特别是需要通过执法活动形成行为指引,为企业合规提供参照。

2. 高度关注医药企业的定价行为

医药行业的暴利现象也是欧洲竞争执法机构的关注焦点，从过高定价的执法案例可以看到执法机构对医药行业的价格竞争高度敏感。尽管在市场经济成熟的欧洲区域，企业的自主定价权利理应也受到极大尊重，但是在医药行业，执法机构会从成本对比、国外价格对比、历史价格对比等角度评估医药企业的定价是否属于不公平高价行为。

3. 执法对象深入到非传统的反竞争行为

欧洲竞争执法机构对延迟支付行为进行过密集调查，这是一种竞争法规则未明确规定过的行为，但是因妨碍仿制药进入市场，不利于价格竞争，执法机构通过执法行动确定此类行为违法，有助于仿制药进入市场参与竞争。除了延迟支付，欧洲竞争执法机构还就滥用监管框架的行为、贬低或诋毁仿制药的行为进行过执法，因为这些行为也妨碍了仿制药进入市场。

4. 将创新作为竞争分析的重要因素

医药行业是一个创新密集型的行业，而且创新的周期较长、成本较高，药品专利制度为药企开展创新活动提供了激励，但是过度保护之后，可能不利于创新。现有企业可能因之前的创新获得稳定高收益后，不仅自己不愿意再创新，而且采取措施妨碍竞争者创新，因而需要执法机构及时介入。为了保障企业创新活动，欧洲竞争执法机构还确立了研发活动的集体豁免制度，能为竞争者间的协议提供安全港。

（二）中国竞争执法机构对医药行业执法的经验与特点

在我国，竞争执法机构一直关注社会民生领域的执法效果，医药行业一直是执法重点，尤其在原料药领域。2020 年 7 月，国务院办公厅《深化医药卫生体制改革 2020 年下半年重点工作任务》指出，"做好短缺药品保供稳价工作。推进短缺药品多源信息采集平台和部门协同监测机制建设。实施短缺药品停产报告制度和清单管理制度。建立健全药品耗材价格常态化监测预警机制，加强国内采购价格动态监测和国外价格追踪。加大对原料药、进口药等垄断违法行为的执法力度。"

1. 执法案件涉及垄断协议、滥用市场支配地位、违法集中和行政垄断

在滥用市场支配地位方面，2015 年 10 月，重庆执法机构认定重庆青阳药业

公司构成滥用市场支配地位行为中的拒绝交易，该案被称为原料药第一案。在垄断协议方面，2016 年 7 月，国家发展和改革委员会查处了华中药业公司、山东信谊制药公司和常州四药制药公司三家公司，对三家公司就艾司唑仑原料药达成“联合抵制交易”的垄断协议和就艾司唑仑片剂达成“固定或者变更商品价格”的垄断协议的垄断行为进行处罚，合计罚款约 260 万元。2016 年 12 月，国家发展和改革委员会对美敦力与交易相对人达成纵向价格垄断协议进行查处，该案被称为医疗器械第一案。在集中方面，2015 年 9 月，商务部对上海复星医药产业公司收购苏州二叶制药公司 35% 股权涉嫌未依法申报进行立案，认为其违反了《反垄断法》关于经营者集中的申报要求，处以 20 万元人民币罚款。在行政垄断方面，2015 年 8 月，国家发展和改革委员会对安徽省蚌埠市卫计委在药品集中招标采购中涉嫌滥用行政权力排除限制竞争的行为进行调查，认为其违反了《反垄断法》第 32 条关于禁止行政垄断的规定，应予整改。因此，中国竞争执法机构对医药行业的执法是全面和深入的，已经触及各类垄断行为。

2. 执法机构灵活运用共同支配地位理论

医药行业属于密集度较高的行业，容易形成寡头垄断市场格局。以原料药为例，药厂生产原料药需对原料药的安全性、有效性、可控性等进行论证，并取得食药监部门颁发的《药品注册批件》、《药品生产许可证》和《药品 GMP 证书》方能生产，需投入大量的人、财、物和时间。因此，市场上少数企业仅需要释放一些经营信号，根据博弈策略就很容易彼此达成合意，如果所实施的行为落入滥用市场支配地位的行为范畴中，即可以被认定为滥用共同市场支配地位。中国《反垄断法》第 19 条以法律推定的方式对共同市场支配地位进行了明确规定，执法机构也在实践案件中运用了共同市场支配地位理论。如在扑尔敏案中，竞争执法机构首次运用“共同支配”的表述，除了分析市场结构，执法机构还分析了主观意图，即湖南尔康对河南九势的潜在收购意图和实际效果。最后根据当事人间相互协调配合实施的一致性行为，综合认定当事人共同支配扑尔敏原料药市场。

3. 执法机构重视查处行政机构的行政垄断

医药产品事关百姓生命健康，属于监管密集型领域，相关监管部门对医药的市场准入、价格、资质等有严格规定。医药监管部门适当干预是医药行业发展所必需,一些地方监管机构的过度干预可能涉嫌违法,容易导致行政垄断和地域封锁,比如在药品招标采购环节的各种行政干预有行政垄断的问题。2015 年以来,国家发展和改革委员会依据《反垄断法》对安徽省蚌埠市卫生和计划生育委员会(现已整合为卫生健康委员会)、四川省卫生和计划生育委员会、浙江省卫生和计划生育委员会及深圳市卫生和计划生育委员会的招标采购政策进行了调查,纠正了由于一些行业监管部门的行政权力导致的排除、限制竞争状况。

(三)中国竞争执法机构保障医药行业市场竞争的工作展望

虽然我国竞争执法机构在医药行业的执法取得了不错的成绩,但是执法深度和广度还不足,一些国际上普遍认定为反竞争的新型垄断行为尚未被认定和查处。另外,为了提升执法的有效性,有必要依据过往执法经验总结执法指南,为企业提供更加明确的行为指引。

1. 关注医药行业可能存在的延迟支付协议等新型垄断行为

从过往的执法案件看,被查处的垄断行为类型相对全面。但是在医药行业一些特有的垄断行为尚未被发现或查处。如此报告中重点提及的专利药企业与仿制药企业间时常签订的延迟支付协议,其目标是延迟仿制药进入市场,让专利药企业持续获得垄断利润。我国执法机构尚未查处此类案件,不代表我国医药行业就不存在此类违法行为,因而需要执法机构开展密集的调研活动,发现相关线索。

2. 在竞争分析中重点考虑创新因素

2020 年 10 月,党的十九届五中全会提出“坚持创新在我国现代化建设全局中的核心地位,把科技自立自强作为国家发展的战略支撑,面向世界科技前沿、面向经济主战场、面向国家重大需求、面向人民生命健康,深入实施科教兴国战略、人才强国战略、创新驱动发展战略,完善国家创新体系,加快建设科技强国。要强化国家战略科技力量,提升企业技术创新能力,激发人才创新活力,完善科技创新体制机制。”创新是医药行业发展的灵魂,为了保护企业创新,需要在竞争分析中提高创新的权重,避免执法给创新带来负面影响,因而需要在长期效益和短期收益之间比较。

3. 及时总结经验未来出台医药行业的执法指南

我国执法机构密集研究知识产权领域、汽车领域、平台经济领域的反垄断指南，指南的出台有助于企业实现自我合规，降低执法成本。医药行业属于一个特殊行业，既重要又复杂，需要根据医药行业自身的特点，制定明确的评估标准，避免执法的随意性和非专业性。

OECD“药品市场过高定价”论坛介评

杨莉萍*

一、论坛背景

以往针对药品行业过高定价的竞争执法案件数量较少，也未引起社会的广泛关注。2011 年经济合作与发展组织(OECD)曾组织一次“过高定价”圆桌论坛，当时仅有三起案例与药品有关。[1] 然而，近年来针对药品过高定价行为实施竞争执法的呼声却越来越高。欧盟已出现多起关于药品过高定价的竞争执法案例。虽然美国尚未出现此方面的案例，但对药品价格过高的担忧也促使其采取了多项干预措施。为了充分展示各成员国关于药品过高定价行为的竞争法执法动态，OECD 竞争委员会于 2018 年 11 月组织了一次圆桌论坛，讨论药品行业过高定价问题。

(一)美国药品过高定价竞争执法情况

在美国，过高定价行为本身并不违法。不过，急剧提高价格的行为可能是引

* 杨莉萍，福州大学法学院讲师，法学博士。

〔1〕 这三个案例分别是德国的安定药物案，参见 BGH [Federal Court of Justice], decision of 16. 12. 1976, KVR 2/76 – Valium; BGH [Federal Court of Justice], WuW/E 1445 ff., 1454 Valium Ⅱ;英国的吗啡药品案，参见 OLG [Higher Regional Court] Frankfurt a. M., decision of 21. 12. 2010, 11 U 37/09 (Kart)-Arzneimittelpreise;南非的抗艾滋病毒药品案，参见 OFT, Case CA98/2/2001 Napp Pharmaceutical Holdings Ltd (30 March 2001)。Competition Appeals Tribunal judgment, following appeal: Napp Pharmaceuticals Holdings Limited and Subsidiaries and Director General of Fair Trading, January 2002, 1001/1/1/01.

发私人反垄断诉讼和竞争执法的诱因。2016年,联邦贸易委员会(Federal Trade Commission,FTC)就迈兰公司突然提高肾上腺素药品价格行为是否违反反托拉斯法进行了相关调查。[1] 同年,两名国会议员要求司法部(Department of Justice,DOJ)和FTC共同调查有关胰岛素药品价格的共谋行为。[2] 2017年,四十多位州检察长对诸多仿制药企业提起诉讼,指控这些药企一致同意提高仿制药价格。[3] DOJ也对许多企业的执行董事提出了刑事指控,认为他们从销售盐酸多西环素(doxycycline hyclate,一种抗生素)和格列本脲(glyburide,一种抗糖尿病药)中非法获利。另有一案涉及《谢尔曼法》第2条的单方违法行为,涉案药企是美国境内唯一获得食品药品监督管理局(Food and Drug Administration, FDA)批准销售有关药品的公司,因此其能够利用100%的市场份额将药品价格提高26倍。[4] 此外,经过2013年、2014年仿制药协会会议上的集体讨论之后,很多仿制药企业突然提高了其药品价格,这也导致2016年以来美国接连出现了一系列有关仿制药共谋定价的私人反垄断诉讼。

2016年年底,美国参议院老龄化专委会(US Senate Special Committee on Aging)发布了一份关于药品定价的报告,披露了某些药企突然大幅提价的四个案例。[5] 这些案例与欧盟药品过高定价案件(特别是英国和意大利的有关案

---

〔1〕 See David McLaughlin, Sara Forden & Jared S. Hopkins, *Mylan Faces U. S. Antitrust Investigation on EpiPen*, Bloomberg (Jan. 30, 2017), https://www.bloomberg.com/news/articles/2017-01-30/mylan-faces-u-s-antitrust-investigation-onepipen-practices.

〔2〕 See Rep. Sanders & Rep. Cummings, *Letter to DOJ and FTC*, Freepdfhosting (Nov. 3, 2016), http://freepdfhosting.com/81a7a67226.pdf.

〔3〕 See In Re: Generic Pharmaceuticals Pricing Antitrust Litigation/In Re: State Attorneys General Cases (2:17-cv-03768-CMR), Eastern Dist. of Penn, 载 http://ag.nv.gov/uploadedFiles/agnvgov/Content/News/PR/PR_Docs/2017/2017-10-31_State. AGs_ Proposed AmendedComplaint. PV. pdf,最后访问日期:2021年1月6日。

〔4〕 See Fresenius Kabi USA LLC v. Par Sterile Products LLC et al., 16-cv-04544 Dist. of New Jersey.

〔5〕 See Turing's drug Daraprim, a toxoplasmosis treatment, went from USD 13.50 a pill to USD 750 a pill; the price of Retrophin's drug Thiola, a treatment for a rare kidney disease, was raised from USD 1.50 a tablet to USD 30 per tablet; the price of Rodelis's medicine Seromycin, a tuberculosis drug, increased from USD 500 for 30 capsules to USD 10,800 for 30 capsules; and Valeant raised the price of four drugs (thirty-day supplies of Cuprimine and Syprine were increased from approximately USD 500 to USD 24,000; the prices of each of Nitropress and Isuprel, previously USD 2,000, were raised to USD 8,800 and USD 17,900, respectively).

件)有很大相似之处。报告围绕“黄金标准”药物(gold-standard drugs,即某种疾病的最佳治疗方法)展开调研,指出药企“使用一种市场很小的独家来源黄金标准药物,建立封闭的分配渠道以对抗竞争对手,实施价格欺诈,从专利过期数十年的救命药品中牟取暴利”。[1] 不过,由于目前美国尚无关于过高定价行为的竞争执法案件,因此尚不清楚这些药企是否违反了反托拉斯法。

(二)英国药品过高定价竞争执法情况

在英国,药品价格设定机制主要有自愿定价和法定价格两种。在自愿定价机制下,药企有权自主设定药品价格,但是其利润上限为使用资本回报率(Return on Capital Employed)的21%或销售利润率率(Return on Sales,ROS)的6%。该利润上限适用于药企在国家卫生系统(National Health Service,NHS)整个药物组合中获得的总回报。未实施自愿定价机制的药企则受法定价格机制约束。根据该机制,国务卿(实际上是卫生部)有权分别:(1)对特定药品实行直接价格控制;(2)引入全行业的法定价格机制,以控制自愿定价机制未涵盖的药品价格。

2017年,英国竞争管理局(UK's Competition and Markets Authority,CMA)处罚了一起关于抗癫痫药依帕图宁过高定价行为的案件。[2] 依帕图宁药物最初由辉瑞公司研发,其有效成分是苯妥英(phenytoin),其早就过了专利保护期。CMA认为费林公司和辉瑞利用监管漏洞,实施了如下行为:首先,辉瑞大幅提高了药品的批发价格。辉瑞销售给费林的药品价格是之前销售给NHS价格的8~17倍。其次,费林大幅提高了药品的零售价格。费林公司以比先前药品终端价格高25倍和27倍的价格转售药品。因此,CMA认为辉瑞和费林的价格过

[1] See Senator Susan M. Collins (R-ME) & Senator Claire McCaskill (D-MO), *Sudden Price Spikes in Off-Patent Prescription Drugs: The Monopoly Business Model that Harms Patients, Taxpayers, and the U.S. Health Care System*, United States Senate Special Committee on Aging (Dec,2016), https://www.aging.senate.gov/imo/media/doc/Drug%20Pricing%20Report.pdf; See also Senator Susan Collins, *Senate Aims to Stop Firms From "Buying Up Drugs and Jacking Up Prices"*, NY Times (Dec. 21,2016), https://www.nytimes.com/2016/12/21/us/politics/prescription-drug-prices.html.

[2] See Flynn Pharma Ltd and Flynn Pharma (Holdings) Ltd v. Competition and Markets Authority [2018] CAT 11, para. 48.

高且不公平。[1]

为了确定价格是否过高,CMA 采用了成本加成法,根据销售回报率,并通过交叉检验使用资本回报率来计算最终合理的回报率。CMA 综合考虑了以下因素:(1)使用价格与基准价格之间的严重失衡;(2)相关市场的运营方式;(3)药物的年限(不存在任何研发努力或商业风险);(4)费林和辉瑞意识到价格上涨对最终消费者的不利影响;(5)辉瑞将费林引入药品供应链,是为了避免不利的宣传和声誉受损,而不是改进药物本身;(6)其他欧盟成员国并不存在类似的提价行为。

案件上诉中,竞争上诉法庭(CAT)认为,CMA 未正确适用有关过高定价的分析方法。特别是,CMA 不应该仅仅依靠成本加成法从而排除其他分析方法。CAT 否定了 CMA 提出的“没有必要比较被调查产品价格与其他可比较产品价格的主张”。英国还有其他使用相同苯妥英钠分子的药物,其定价与费林设定的价格也很相近。尽管它们不在同一产品市场,但 CAT 认为 CMA 应该将此类药品作为比较药品的价格,该比较分析对于分析费林的价格是否不公平特别重要。[2] 因此,CAT 要求 CMA 进行进一步调查。CMA 正针对阿特维斯公司将 10 mg 氢化可的松片去品牌化,并将价格提高 120 倍的行为进行调查;以及针对康考迪亚公司购买专利药许可,将其去品牌化并将价格提高至 6 倍的做法进行调查。毫无疑问,CAT 的这一决定不仅对本案产生重要影响,也将对上述正在进行的调查产生重要影响。

(三)意大利药品过高定价竞争执法情况

2016 年,意大利竞争管理局处罚了阿斯彭(Aspen)药企针对某癌症药(宇宙药物,Cosmos drugs)的过高定价行为。[3] 作为利基产品[4],宇宙药物是用于治

---

〔1〕 See Case 27/76 United Brands Company and United Brands Continental BV v. EC Commission ECLI:EU:C:1978:22, paras. 250 – 252; under section 60 of the Competition Act 98, questions in relation to competition within the UK must be dealt with in a manner which is consistent with the treatment of corresponding questions under EU law in relation to competition within the EU.

〔2〕 See Flynn Pharma Ltd and Flynn Pharma (Holdings) Ltd v. Competition and Markets Authority [2018] CAT 11.

〔3〕 See Autorità garante della concorrenza e del mercato (ICA), decision No. 26185, Sep. 29, 2016.

〔4〕 利基产品是指该产品表现出来的许多独特利益有别于其他产品,同时也能得到消费者的认同。每一种产品被消费者接受都有它的利益所在,利益表现出来是多方面的。

疗特定群体癌症患者(老人和儿童)必不可少、不可替代的基本药物。与其他癌症药相比,宇宙药物的副作用更低,且医生和患者对治疗方法多具有偏好选择,因此缺乏可替代性,也缺乏需求价格弹性。

葛兰素史克公司(GSK)早在20世纪五六十年代就已研发出来了宇宙药物。长期以来,市场上只有GSK销售宇宙药品,相关市场规模较小,潜在竞争者几乎没有机会、也没有投机激励进入该市场。后GSK将这些宇宙药物的商标和市场销售权出售给了阿斯彭公司,且出售时这些药物的专利权早已到期。2013年,阿斯彭公司开始与意大利监管机构(Agenzia Italiana del Farmaco,AIFA)进行谈判,坚持将宇宙药品归为不可报销的类别,这意味着药品将不再受价格管制,药企可自主决定价格。阿斯彭公司还威胁要从市场上撤回宇宙药品,并在价格谈判期间故意造成该药在意大利市场短缺的现象,从而迫使AIFA同意将价格提高15倍。

为了确定阿斯彭公司的价格是否过高,意大利竞争管理局采用了多种方法将阿斯彭公司的价格与药品的合理经济价值相比较。首先,分析了毛利率的百分比(毛利率/收入的百分比),认为新价格将利润率提高了3~15倍;其次,收入比成本加价(基于产品的直接可变成本、间接固定成本以及衡量获利能力的指标、销售回报率等确定)高出1.5~4倍;最后,对比分析了该药品20年间的净现金流量与2009年阿斯彭收购该药品之后的现金流量,认为阿斯彭的收益率是仿制药平均收益率(8%)的2~4倍,因此阿斯彭的价格过高。意大利竞争管理局认为,阿斯彭药品过高定价不存在任何正当化理由(比如,为提高质量或服务水平,未增加任何研发或营销成本),是对国家卫生系统有限资源的滥用。诉讼中,意大利第一行政法院(Italian First Grade Administrative Court)支持了意大利竞争管理局的决定。[1] 欧盟委员会于2017年5月也对阿斯彭进行了正式调查,以评估其在除意大利以外的整个欧洲经济区行为是否构成了不公平和过高定价行为,是否阻碍了成员国之间的平行贸易。[2] 这也是欧盟委员会对药品行

---

〔1〕 See Tribunale Amministrativo Regionale del Lazio, s. I, Judgment No. 8945 of 26 July 2017.

〔2〕 See Case COMP/40394 – Aspen. For the archiving of the procedure in Spain, see Resolución (Expte. S/DC/0601/17) de la Sala de Competencia de la Comisión Nacional de los Mercados y la Competencia.

业过高定价行为的首次调查。此外,2017 年 6 月,南非竞争管理当局也开始对阿斯彭以及其他药企的过高定价行为进行调查。

(四)丹麦药品过高定价竞争执法情况

丹麦竞争委员会(Danish Competition Council,DDC)于 2018 年 1 月对 CD 医药公司(一家药品分销商)滥用市场支配地位,就 Syntocinon 药物(一种含有促进孕妇分娩的催产素活性物质药物)收取不公平价格行为作出了处罚决定。[1] 催产素药物自 20 世纪 50 年代就已经在丹麦公立医院中广泛使用,其专利早已过期,而 CD 医药公司一直以来都是该药品的独家经销。

艾莫各柔医疗机构是向医院批发药物的买方,艾莫各柔医疗机构通过招标确定了 CD 医药公司的平行进口商和竞争对手奥瑞法慕两家企业,以购买缩宫素药品。但由于奥瑞法慕无法为艾莫各柔医疗机构提供所需的全部缩宫素药物。因此,艾莫各柔必须从 CD 医药公司购买剩余数量的缩宫素药物。2007 ~ 2014 年,缩宫素药物的价格稳定在 44 丹麦克朗(5.9 欧元)左右。从 2014 年 4 月 28 日至 2014 年 10 月 27 日,CD 医药公司将缩宫素的价格提高到 945 丹麦克朗(合 127 欧元),提价高达 20 倍。在这六个月中,艾莫各柔支付了近 600 万丹麦克朗(约合 780,000 欧元),超出了与奥瑞法慕签订的原始合同中规定的价格。DCC 认为 CD 医药公司并没有增加投资和研发成本价格,其大幅提价行为没有客观依据,因此构成滥用支配地位。

上述药品行业过高定价行为有许多相似之处。首先,案件均涉及过期专利,因此不存在投资研发成本方面的正当抗辩理由,对其实施竞争执法也不会损害创新。其次,过高定价行为是药企一直以来价格稳定的药品所实施的突然的、大幅度的提价行为。再次,涉案药物对患者而言必不可少,且囿于供应、监管或市场规模等限制因素,缺乏可预期的替代性药品进入市场,缺乏需求价格弹性。最后,行业监管无法对过高定价行为进行适当或及时的规制。[2] 当然,上述案例

---

〔1〕 参见 Danish Competition and Consumer Authority,载 https://www.en.kfst.dk/nyheder/kfst/english/decisions/2018 - cd-pharma-has-abused-itsdominant-position-by-increasing-their-price-by - 2 - 000 - percent/,最后访问日期:2021 年 1 月 6 日。

〔2〕 See Colangelo, M. & C. Desogus, *Antitrust Scrutiny of Excessive Prices in the Pharmaceutical Sector: AComparative Study of the Italian and UK Experiences*, World Competition, Vol. 41:2, p. 240 (2018).

也反映了反垄断法对药品行业过高定价行为进行规制的严格标准,以确保其干预仅仅限于那些不得不进行的情况。[1] 然而,反垄断规制措施并不能解释为什么最近几年药品行业过高定价行为激增,而要了解这一点,还应该对药品市场进行更加详细地研究。

二、论坛主要内容

(一)药品市场的特殊性

药品市场不同于一般商品市场,具有很强的特殊性。

1. 药品使用的决策者、消费者与费用承担者存在不一致性

在药品市场中,医生开处方决定使用何种药品,消费者是药品的最终使用者,而药品费用却一般由第三方机构(国家医保机构或医疗保险公司)负担。消费者、药品使用决策者和费用承担者三者角色的分离从根本上影响了药品的需求。首先,消费者缺乏控制药品支出数量和质量的动力,也缺乏有关药品使用的必要知识,如此一来药品就会给公共预算带来负担。这也是为什么政府可能会在竞争过程中进行干预以支持使用低价仿制药的原因。[2] 药品对患者的必不可少性也导致市场缺乏需求弹性,尤其是对那些没有可替代品的药物而言。人们为延长生命或改善生活质量而付出高价的意愿可能导致药品价格需求缺乏弹性,特别是对基本药物而言尤为如此。[3] 其次,医生开处方时可能仅考虑治疗效果,而忽视药物成本,由此也会导致更高的药品价格。最后,医疗保险公司和国家医保机构是药品费用的承担者,但其控制药品消费和选择的工具却非常有限。[4] 由于一些药企依靠专利药获得市场支配地位,且该地位在仿制药或生物

---

〔1〕 See Jenny, F., *Abuse of Dominance by Firms Charging Excessive or Unfair Prices: An Assessment*, in Jenny, F. and Y. Katsoulacos, eds., Excessive Pricing and Competition Law Enforcement (forthcoming), Springer, 2018, p. 40.

〔2〕 See OECD, *Competition and Regulation Issues in the Pharmaceutical Industry*, OECD Journal of Competition Law and Policy, Vol. 4:3, p. 4 – 123 (2002).

〔3〕 See Beikert, F. et al., *Willingness to pay and quality of life in patients with rosacea*, Journal of the European Academy of Dermatology and Venereology, Vol. 27:6, p. 734 – 738 (2013).

〔4〕 See Olivier J. Wouters & Panos Kanavos, *Competition Issues in the Distribution of Pharmaceuticals* (paper represented at the OECD Global Forum on Competition, Paris, France, February 2014), p. 5.

仿制药进入市场之前通常都不会受到挑战,[1]因此国家医保机构讨价还价的能力非常有限,通常情况下并不存在可以替代性选择的药物。

2. 药品行业研发成本高,需要保护药企的投资激励

药品行业的研发非常消耗成本,而且持续时间很长。成功研发上市一种新药平均需要10年到15年的时间。几乎进入临床试验药物的90%最终都以失败告终,进入临床试验Ⅰ期的药物获得市场销售许可的可能性仅为7%~45%,但是开发这些药物的成本药企却不得不承担。美国于1991年至2009年研发的466种新型活性物质中,有一半药品的终身销售额不到15亿美元,并且只有约10%的销售额超过100亿美元。[2] 药企利润的75%来自其10%的药品,对于一些大型药企而言,三种产品占药品总销售额的70%~80%。[3] 巨额的研发成本使得药企必要依靠药物专利权保护以回收投资成本。

3. 药品行业具有高度受监管性

当前各国一般都规定了"基本药物"制度。[4] "基本药物"制度也成为指引国家药品报销药物报销和医疗保险制度设计的工具。这也从侧面反映了当前行政法规(而非竞争政策)是解决药品可负担性的主要手段。[5] 价格监管可在某种程度上抵消垄断力量,减轻药品市场竞争不足的消极影响,控制药品成本。理论上来说,其他的非报销药品不会获得政府报销或补贴,其不可报销的事实也通常意味着它们不是必不可少的,或者市场上存在替代性药品,因此受监管程度较

---

〔1〕 See Fonteijn, C., I. Akker & W. Sauter (2018), *Reconciling competition and IP law: the case of patented pharmaceuticals and dominance abuse'-Google Search*, ACM, 载https://www.google.fr/search? q = Chris + Fonteijn%2C + Ilan + Akker + and + Wolf + Sauter + %E2%80%98Reconciling + competition + and + IP + law%3A + the + case + of + patented + pharmaceuticals + and + dominance + abuse%E2%80%99&oq = Chris + Fonteijn%2C + Ilan + Akker + and + Wolf + Sauter + %E2%80%98Reconcili,最后访问日期:2021年1月6日。

〔2〕 See OECD, Sustainable Access to Innovative Treatments DELSA/HEA(2017)17. p.3.

〔3〕 See OECD, Competition and Regulation Issues in the Pharmaceutical Industry, OECD Journal of Comp¬ e¬ tition Law and Policy, Vol.4:3, p.4 – 123(2002).

〔4〕 世界卫生组织(WHO)也制定了"基本药物"清单,以协助成员国选择、采购药物,并确保质量合格、费用合理。自1977年以来,WHO每两年修订一次清单以增加新药。名单上的基本药物分为"核心"(core)药物和"补充"(complementary)药物两类。"核心药物"是指那些适用于特殊情况的安全、有效、具有成本效益的药物;"补充药物"则适用于那些经过专门诊断、检查,需要特殊护理疾病的基本药物。

〔5〕 See UNCTAD, *The role of competition in the pharmaceutical sector and its benefits to consumers*, UNCTAD (Apr. 27,2015), https://unctad.org/system/files/official-document/tdrbpconf8d3_en.pdf.

低。然而,考虑到转换成本和/或医生对价格不敏感等因素,非报销药品的市场运作并不像人们预期的那样好。如果消费者需要花时间寻找替代性的处方药物,或者药品监管机构不鼓励医生将处方换成便宜的药物,那么当消费者持续不断地需求药物时,非报销药物的价格上涨也可能会有利可图。药品行业受严格而全面的监管,这意味着通过竞争执法降低药品价格的能力有限。

(二)竞争法干预药品过高定价行为的时机

在缺乏排他或共谋行为的情况下,过高定价通常被认为是暂时的市场失灵现象,可通过市场自我矫正;或者可通过部门监管来解决该问题。目前世界各国对过高定价的竞争执法均受到或多或少的限制,有些国家甚至并未将其纳入竞争法的规制范围。即使在竞争法对其规制的国家,"过高定价"的概念也并未得到充分发展,实践中被规制的概率也非常有限。尽管如此,过高定价一直以来仍然是竞争机构的执法主题。一方面,对过高定价的竞争执法可能会带来"Ⅰ类错误"(干预过度)。错误的干预可能减损投资激励、降低动态效率,导致高额社会成本。另一方面,对过高定价的竞争执法也存在"Ⅱ类错误"(干预不足)。这类错误则可能会导致资源分配效率低下。不过,因此这类错误的成本较低。

1. 专利保护期内的药品过高定价行为竞争法不应干预

一般认为,如果药品在专利保护期内,竞争法不应该干预其过高定价行为。实际上,目前尚未有针对受专利权保护的药品过高定价行为进行竞争执法的案例。其原因主要在于,垄断价格是对企业风险投资的最好回报,不当的竞争执法可能会直接阻碍创新,因此不应干预药品专利期内的过高定价行为。[1] 目前,人们普遍认为不应干预专利有效期内的创新药品过高定价行为。

当然,也有观点认为,完全排除对专利保护期内药品过高定价进行竞争法干预可能是错误的。[2] 不过,为了最大限度地降低竞争法干预对药品创新和投资

〔1〕 See Fletcher, A. & A. Jardine, *Towards an appropriate policy for excessive pricing*, in Claus-Dieter Ehlermann Mel Marquis ed., European Competition Law Annual 2007: A Reformed Approach to Article 82 EC, Hart Publishing, Oxford, 2006, p. 541 – 542.

〔2〕 See The same reasoning applies to orphan drugs, which enjoy a ten-year period of exclusivity on the specific disease (the "indication") that they treat.

的影响,也有学者提出可考虑药品成功的事先概率。[1] 该方法要求将新药品成功的可能性整合到被调查公司的成本和利润率分析之中。成本包括药品的研发成本、临床实验成本以及潜在的失败率,是一个综合的风险因素。除此之外,学者也提出了其他替代性的方法以将风险因素纳入对价格是否过高的分析之中[2]。不过,由于估算新药上市的成本及其方法备受争议,其结果也往往千差万别,目前该观点并未被广泛接受。因此,人们也可能会怀疑竞争机构是否能够真正合理地确定价格是否过高这一根本问题,也由此认为还是药品行业监管机构解决此类问题更为合适。

2. 过期专利药品的过高定价行为需要竞争法干预

一旦药品超过专利保护期且市场独占期届满,仿制药进入市场对药品价格竞争将产生重大影响,并增加人们获得安全有效治疗的机会。第一个仿制药企业进入市场之后,仿制药价格通常比原研药低 20% ~30% ,并能在短时间内瓜分原研药的相当一部分市场份额。药品专利到期后,仿制药企业将进入市场与原研药形成竞争,药品价格将在竞争中降低。由于仿制药比原研药价格便宜,大多数国家都致力于积极促进获取和使用仿制药。[3] 因此在仿制药与原研药相互竞争的市场中,通过对阻止或延迟仿制药上市的行为实施竞争执法也是政府促进药品市场价格竞争的重要方法。只要符合特定条件,就可以对专利到期后的药品过高定价行为实施竞争法干预。当前针对药品过高定价行为的反垄断执法案例以及诸多文献,也反映了以下共通之处:(1)违法企业拥有显著的市场力量,甚至接近完全垄断地位。市场结构越趋近寡占状态,占支配地位的企业拥有足够市场力量在一段时间内成功维持过高定价的可能性就越小。此外,违法企业的市场力量越强大,市场在一定时间范围内成功自我矫正的可能性就越小。一些学者还主张,市场力量必须是当前的、过去的排他性或特殊权利,或过去未受到规制的排他性反竞争行为的结果。(2)存在持久的高进入壁垒,以至于市

[1] See Abbott, F. , *Excessive pharmaceutical prices and competition law: doctrinal development to protect public health*, UC Irvine Law Review, Vol. 6:3, p. 281(2016).

[2] See Abbott, F. , *Excessive pharmaceutical prices and competition law: doctrinal development to protect public health*, UC Irvine Law Review, Vol. 6:3, p. 303 -305(2016).

[3] See OECD, Competition and Regulation Issues in the Pharmaceutical Industry, OECD Journal of Competition Law and Policy, Vol. 4:3, p. 37(2002).

场不太可能自我矫正。只要市场能够自我调整,高价格和高利润率就是短暂现象,竞争法也就没有干预的理由。(3)考虑到竞争执法“干预过度”的高额成本,在可能给研究和创新带来不利影响时,不应采取干预措施。(4)不存在替代性监管措施或采取其他替代性监管措施不适当。

(三)竞争法干预药品过高定价行为的途径

1. 进行深入的市场调查,为竞争执法提供重要支撑

药品市场具有很强的特殊性,要正确理解竞争法在该领域如何实施就需要对相关药品市场结构、监管措施有深入的理解。深入的市场研究是帮助竞争执法机构了解药品市场发展规律的最佳措施,有助于确定药品市场失灵的根源,并提出或采取适当的补救措施,因此可为竞争执法提供重要支持。[1] 目前已有部分国家已经对药品市场进行过深入的研究:(1)英国。2007 年,英国公平交易局(OFT)审查了药品价格监管计划(Pharmaceutical Price Regulation Scheme, PPRS)[2],经过市场调研发现,设定利润上限或降低价格都不能反映药物的治疗价值,因此建议以价值为基础的定价方法替代此类价格控制机制。(2)加拿大。同样是 2007 年,为了对仿制药市场进行研究,加拿大竞争局聘请外部专家对相关数据进行了分析,并对参与调研企业和利益相关者进行了访谈。最终发现,仿制药企业虽然通过大量折扣活动参与竞争,但这种竞争的好处并未使地方政府医保机构、消费者或医疗保险公司受益。究其根源乃不合理的地方公共药品计划限制了药店将折扣转移给消费者的动力,加拿大也据此提出了修改地方药物医保计划的建议以使消费者受益。(3)荷兰。2017 年 1 月,荷兰 ACM 发布了一份关于健康保险市场公司进入、扩张壁垒的研究,发现清偿资本要求、知识产权许可要求以及监管的不确定性成为保险公司市场进入、扩张的重要障碍。该研究为减少市场进入壁垒提出了相关建议,包括调整资本要求比例、让保险公

[1] See Opinion 03/2013 on purpose limitation, Article 29 Data Protection Working Party, Apr. 2, 2013.

[2] 药品价格监管计划(Pharmaceutical Price Regulation Scheme, PPRS)是英国用来控制原研药支出成本的主要手段之一,其运作流程如下:(1)设定药企向英国国家卫生服务局(National Health Service, NHS)提供原研药所获利润的最高水平;(2)规定企业可自由设定药品的原始价格,但对随后的价格上涨设定限制标准;(3)药企可以在重新谈判时降价。如果药企不希望受到 PPRS 机制的控制,那么其药品将受到法定价格制度销售。

司更加自主决定其利润使用方式等措施。

2. 探索多种干预措施,与药品监管机构合作执法

针对过高定价案件的竞争执法是一种在特定事实基础之上的事后监管措施,可能存在较高的错误风险和成本,且很少有精确价格的指导标准。因此人们普遍认为,仅在特殊情况下才应对过高定价行为适用竞争法。不过有迹象表明,药品过高定价案中企业的定价背景和条件可能是系统性的,因此其他形式的干预措施可能更加适当。另外,在竞争法未禁止剥削型过高定价的司法管辖区内并不能对其进行竞争执法。

一方面,竞争机构可以对共谋和其他排他行为进行执法来抑制高价现象。当前,药品行业的竞争执法主要集中于阻止或延迟仿制药参与竞争的企业行为,如药品专利反向支付协议、药品行业产品跳转行为等。另一方面,考虑到药品高价现象可能引发广泛的社会和政治问题,监管机构和政治程序也许可以更好地解决这些问题。如果市场研究发现,只能通过部门监管增加市场竞争,那么竞争机构可交由药品监管机构来解决该问题,也可以公开呼吁建立这样的监管机构。总之,对药品行业过高定价适用竞争法要求对市场动态和行业监管措施进行深刻了解。因此,在实施竞争执法活动中,可与行业监管机构合作,探索多种干预渠道。

(四)竞争法干预药品过高定价行为的标准

近年来,人们要求采取干预措施来阻止药品高价现象的呼声越来越高,且已有许多关于药品行业剥削型过高定价竞争执法的案件。这些案件符合竞争执法中有关过高定价的审查标准。首先,此类案件主要针对的是已过专利期保护的药品,不必考虑保护投资和研发激励因素,因此不用担心竞争执法会干扰创新。其次,过高定价为一种突然提价行为,即“对长期以来一直在市场上销售的药品突然大幅度提高价格的行为”。再次,药物对于患者来说必不可少,且负责提供这些药物的机构(通常是负担药物成本的政府和国家卫生服务机构)没有不采购它们的合理预期。又次,竞争机构一致认为,由于供应限制、监管措施或市场规模有限等原因,替代性药品无法及时进入市场。最后,既有药品行业监管措施无法对突然提价行为提供适当或及时的回应,因此竞争法有干预的必要性。总之,上述案件一方面反映了竞争执法机构对药品过高定价案件所采取的严格审

查标准，另一方面也反映了他们为确保在有必要的情形下才进行干预、并将其作为监管缺位时的替代性措施所做的努力。

三、对我国的启示

药品是治疗疾病、保持健康的重要供给品，因此药品价格是关系民生的重大社会问题。

（一）我国药品价格监管制度演变

我国药品价格监管制度经历了从计划经济体制下的严格管制到市场经济体制下逐步放松管制的过程。

1. 严格管制下的政府定价阶段

既往计划经济体制下，药品的审批、生产、销售等均由政府主管部门依照行政命令严格确定。当时政府以划拨实物指标如“箱”“件”来平衡药品供求关系，同时规定药品出厂价为其成本价的105%，批发价为其出厂价的105%，零售价为其出厂价115%的加成幅度。[1] 后随着市场经济体制的建立，政府逐步放开了对药品价格的行政管制。

2. 差异化机制下的政府限价阶段

以2009年的新医改为标志，我国进入了探索药品价格差异化形成机制的阶段，确定了政府定价、政府指导价和企业自主定价模式，重点通过对最高零售限制和医院集中招标采购价格的限制实施价格监管。此时公立医院销售的药品价格都为加成后的最终价格，因此往往药品高于市面上的价格。

3. 竞争增强背景下的市场化定价阶段

随着社会主义市场经济体制的逐步完善和医药卫生体制改革的深入推进，药品价格管理面临的体制机制环境已经发生深刻变化。药品市场竞争增强，公立医院销售药品价格全部通过集中招标采购确定，医保控费能力和药品价格市场监管能力也明显增强。这些变化，为取消药品最高零售限价创造了条件。根据《关于印发推进药品价格改革意见的通知》（发改价格〔2015〕904号）文件：“自2015年6月1日起，除麻醉药品和第一类精神药品外，取消原政府制定的药

〔1〕 李悦：《新中国成立70周年以来药品价格法律监管：历史回眸、现状检视与未来方向》，载《中国卫生经济》2019年第7期。

品价格。麻醉、第一类精神药品仍暂时由国家发展改革委实行最高出厂价格和最高零售价格管理。”[1]这意味着我国取消了药品最高零售限价管理,药品价格全面迈入市场化定价阶段。

另外,各省应根据《国务院办公厅关于完善公立医院药品集中采购工作的指导意见》(国办发〔2015〕7号)和《国家卫生计生委关于落实完善公立医院药品集中采购工作指导意见的通知》(国卫药政发〔2015〕70号)文件,重新制定规则,开展新一轮药品招标采购。[2] 当前药品价格主要由招标采购形成,其中带量采购更是新的医改突破渠道,也是探索和完善药品集中给采购机制和以市场为主导的药价形成机制的重要途径。在本次“六省二区”[3]药品带量采购中,中标的15个药品品种和最高优先申报价格比较,平均降幅58.05%,最高降幅91.69%。[4]

(二)我国药品过高定价行为反垄断执法现状

2015年之前,我国药品过高定价反垄断执法案件较少。2015年之后,随着药品价格市场化改革,我国取消绝大部分药品政府定价,一些原料药价格不到两年内上涨幅度高达31倍。[5] 此外,我国反垄断执法机构也查处了一批此方面的典型案件。(见表6)

---

〔1〕 国家发展改革委:《关于印发推进药品价格改革意见的通知》(发改价格〔2015〕904号),载国家发展改革委官网2015年5月4日,https://www.ndrc.gov.cn/xxgk/zcfb/tz/201505/t20150505_963815.html。

〔2〕 国务院办公厅:《关于完善公立医院药品集中采购工作的指导意见》(国办发〔2015〕7号),载中国政府网2015年2月9日,http://www.gov.cn/zhengce/content/2015-02/28/content_9502.htm;国家卫生计生委:《关于落实完善公立医院药品集中采购工作指导意见的通知》(国卫药政发〔2015〕70号),载中国政府网2015年6月19日,http://www.nhc.gov.cn/yaozs/s3573/201506/36a74780403d4eed96ca93b665620941.shtml。

〔3〕 “六省二区”指四川省、山西省、内蒙古自治区、辽宁省、吉林省、黑龙江省、海南省、西藏自治区。

〔4〕 医药云端工作室:《集采结果成片出炉:六省二区平均降幅58.05%;上海集采信谊、人福、亨达拟三家拟中选》,载微信公众号“医药云端工作室”2021年2月3日,https://mp.weixin.qq.com/s/1_QQ3wRnlbJkEW5K3ExcWA。

〔5〕 万静:《医药监管与反垄断执法关系亟待理顺》,载《法制日报》——法制网2017年1月18日,http://www.legaldaily.com.cn/Food_Safety/content/2017-01/18/content_6984162.htm。

表 6　药品过高定价反垄断典型案例

案件序号	年份	案件名称	具体违法行为
1	2011	山东顺通与山东华新盐酸异丙嗪原料药案	滥用市场支配地位:以不公平高价销售盐酸异丙嗪原料药,拒绝交易
2	2015	重庆青阳别嘌醇原料药案	滥用市场支配地位:拒绝交易,提高别嘌醇原料药近两倍
3	2016	重庆青阳、重庆大同、江苏世贸天阶等别嘌醇片案	垄断协议:协商统一上涨别嘌醇片的销售价格、分割销售市场、约定招投标区域
4	2016	华中药业、山东信谊等艾司唑仑原料药、艾司唑仑片垄断协议案	垄断协议:实施价格协同行为,在相同时间段内大幅度提高药品价格
5	2016	重庆西南制药二厂苯酚原料药案	滥用市场支配地位:拒绝交易
6	2017	武汉新兴精英公司要用水杨酸甲酯原料药案	滥用市场支配地位:附加不合理交易条件
7	2017	浙江新赛科、天津汉德威医药级异烟肼原料药案	滥用市场支配地位:不公平定价、拒绝交易
8	2018	台山新宁、四川金山等冰醋酸案原料药案	垄断协议:固定或变更商品价格
9	2019	湖南尔康、河南九势扑尔敏原料药案	滥用市场支配地位:不公平高价销售、拒绝交易和搭售
10	2020	山东康惠与潍坊普云惠公司葡萄糖酸钙原料药案	滥用市场支配地位:不公平高价销售、附加不合理交易条件
11	2021	先声药业巴曲酶原料药案	滥用市场支配地位:拒绝交易

资料来源:http://jjs. ndrc. gov. cn/fjgld/(发展和改革委员会价格监督检查与反垄断局网站);http://home. saic. gov. cn/fldyfbzdjz/(国家工商总局反垄断和反不正当竞争执法局网站);http://www. samr. gov. cn/fldj/(国家市场监督管理总局反垄断局网站)。

以上 11 起案件,当事人均通过反竞争行为导致原料药价格上涨。不过在具体实施的行为方式上存在区别:3 起案件以单纯的拒绝交易形式间接导致原料药价格上涨;3 起案件以垄断协议的方式直接固定或变更价格;1 起涉及附加不合理交易条件;4 起案件涉及不公平高价销售,并同时涉及附加不合理交易、拒绝交易或搭售等。

以不公平高价案件而言：

(1)在盐酸异丙嗪原料药案中，两家公司通过销售代理协议直接控制了国内盐酸异丙嗪原料药来源。后两家销售企业将异丙嗪原料药价格从每公斤不到200元，提高到300～1350元不等，国家发展和改革委员会认为两家企业行为构成不公平定价行为。

(2)在异烟肼原料药案中，新赛科公司2017年销售异烟肼原料药的平均价格是2016年平均价格的3.52倍[1]，2015年汉德威公司销售异烟肼的价格为上一年度最高价格的19倍[2]，销售价格明显超过正常幅度，两家公司不能给出因生产成本上涨、市场供需变化进而导致原料药价格大幅上涨的充分依据，国家发展和改革委员会认为不公平高价销售和拒绝交易行为。

(3)在扑尔敏原料药案中，尔康公司以2940元/公斤的价格向下游经营者销售扑尔敏原料药，该价格是其平均采购成本的3～4倍。当事人以2940元/公斤的价格对外销售扑尔敏原料药，价格增长明显超过正常幅度，且缺乏正当理由，明显不公平，国家市场监管总局认为构成不公平高价行为。[3]

(4)在注射用葡萄糖酸钙原料药案中，国家市场监管总局从三个方面认定了不公平高价行为。[4] 首先，与购进成本相比，当事人的销售价格明显不公平。2017年当事人采购注射用葡萄糖酸钙原料药的价格多为80元/公斤左右，销售价格多为760～2184元/公斤，提价达9.5倍至27.3倍。其次，与历史价格相比，当事人的销售价格明显不公平。2014年注射用葡萄糖酸钙原料药的市场价格为40元/公斤左右。当事人控制销售市场后，与2014年相比，2017年注射用葡萄糖酸钙原料药销售价格上涨达19倍至54.6倍。最后，当事人内部层层加价以不公平的高价销售原料药。当事人通过内部流转过票的方式，提高销售价

---

[1] 参见国家发展和改革委员会行政处罚决定书〔2017〕1号，载市场监管总局官网2017年12月31日，http://www.samr.gov.cn/fldj/tzgg/xzcf/202101/t20210126_325536.html。

[2] 参见国家发展和改革委员会行政处罚决定书〔2017〕2号，载市场监管总局官网2017年12月31日，http://www.samr.gov.cn/fldj/tzgg/xzcf/202101/t20210126_325536.html。

[3] 参见国家市场监督管理总局行政处罚决定书国市监处〔2018〕21号，载市场监管总局官网2019年2月16日，http://www.samr.gov.cn/samrgkml/nsjg/bgt/201902/t20190216_288679.html。

[4] 参见国家市场监督管理总局行政处罚决定书国市监处〔2020〕8号，载市场监管总局官网2020年4月14日，http://gkml.samr.gov.cn/nsjg/fldj/202004/t20200414_314248.html。

格。如2017年2月,康惠公司向上海锦帝九州(安阳)有限公司(以下简称安阳九州)销售注射用葡萄糖酸钙原料药5300公斤,康惠公司要求普云惠公司和太阳神公司分别按流程完成该笔原料药销售,首先由普云惠公司开票至太阳神公司,单价是100元/公斤,再由太阳神公司开票至安阳九州,单价是760元/公斤,通过当事人内部流转,价格上涨达7.6倍。

(三)我国药品过高定价行为竞争执法总体特点

通过梳理以上案例,我们可以发现目前我国针对药品过高定价行为的反垄断执法存在以下特点。

1. 药品过高定价集中于原料药领域,尚未出现关于药品专利过高定价的执法案例

我国目前的药品过高定价案件主要是集中于原料药领域,而其根本原因是经国家批准的药品生产商或经销商数量非常有限,使得他们具有市场支配地位。企业占市场支配地位,即在当其交易对手在市场上没有选择权的情况下,它们的市场交易行为不能一概适用合同自由原则,也不能一味考虑机会成本。[1] 因此,我国竞争执法机关为了维护市场竞争秩序和消费者利益,依据反垄断法对原料领域的垄断行为进行了重点查处。这里面既涉及对药品生产企业过高定价行为的处罚,也涉及对药品销售企业过高定行为的处罚。不过,此种行为的根源在于药品产业政策的管制,并非因为药品专利过期而仍然坚持过高定价实施的不公平行为。这一点与欧美目前药品过高定价行为的表现完全不同,欧美均是涉及药品专利到期之后,仍然通过各种反竞争方式对药品实施过高定价。在我国,经国家审批的药企资源匮乏,导致原料药市场缺乏竞争,因此也为药企实施不公平定价行为提供了制度便利。我国虽然放开了药品市场价格,但原料药市场并没有全面放开,部分原料药品仍然控制在中间商手中,他们依靠垄断价格获得垄断利润,由此直接推动了药价居高不下。[2] 此种行为也是产业政策与竞争政策冲突的典型表现。由此不得不思考一个问题,竞争法在干预此类产业政策导致的药品过高定价行为时,其所能发挥作用如何及其实施的边界又是如何?

[1] 参见王晓晔:《中国电信、中国联通涉嫌垄断案的再思考》,载《交大法学》2013年第2期。
[2] 参见刘洪峰:《论药品价格垄断及其法律规制》,载《价格理论与实践》2018年第6期。

2. 过高定价行为均伴随着拒绝交易、搭售或附加不合理交易条件等排他性行为

在盐酸异丙嗪原料药案、异烟肼原料药案、扑尔敏原料药案、注射用葡萄糖酸钙原料药案四起案件中，经营者除实施不公平高价行为外还伴随拒绝交易、搭售等排他性滥用行为。从行政处罚决定书来看，除注射用葡萄糖酸钙原料药案中执法机构关于药品不公平定价的说理较为充分之外，其他案中关于排他性行为的分析较多，对于过高定价行为欠缺充分的论证（例如，如何界定价格是否“过高”“不公平”等问题）。分析药品过高定价行为的核心在于什么是“过高定价”以及“不公平定价”。然而，由于信息不对称问题，竞争执法机构通常处于信息劣势地位。被监管者一般拥有更多关于药品原料成本、生产技术、生产成本、流通成本、真实采购成本等多方面的信息，同时具有充分的动机向监管机构隐瞒这些信息，或者通过提供尽可能多的信息以掩饰有效信息的方式来减少监管机构的有效信息。[1] 竞争执法机构的信息劣势加大了如何界定价格是否“过高”和“不公平”的难度。

（四）OECD“药品过高定价论坛”对我国的启示

药品过高定价行为以及引起社会各界广泛关注。虽然我国药品市场监管与竞争状况与英美等发达国家显著不同，但域外针对药品行业的反垄断执法经验也对我国具有重要的启示意义。

1. 加大对药品专利领域过高定价行为的竞争关注力度

当前我国对药品过高定价行为的竞争执法主要集中于原料药领域，对药品专利领域的过高定价行为缺乏关注。这与 OECD 药品过高定价论坛中所呈现出的竞争执法案例存在明显差异，后者均是关于药品专利过高定价问题的案件。事实上，我国市场近年来大量临床有效的低价药“消失”，同时以“新药”形式出现，实质仅是变化剂型、规格、包装而变相涨价的现象多有发生。[2] 2020 年《中共中央、国务院关于深化医疗保障制度改革的意见》中也明确提出：“支持优质

---

〔1〕 参见黄萍、曾靓、艾贺玲：《药品价格放开后药品市场价格行为的监管》，载《南京中医药大学学报（社会科学版）》2017 年第 3 期。

〔2〕 参见苏华、徐新宇：《英国药业反垄断执法经验借鉴（二）：辉瑞案的再思考》，载《中国价格监管与反垄断》2017 年第 1 期。

仿制药的研发和使用,促进仿制药替代”[1],表明现阶段我国生产和研发仿制药已成为社会迫切需要。仿制药的发展离不开专利药,二者之间一直存在共生与竞争的关系。[2] 我国作为仿制药大国,随着越来越多的国外原研药到期,必然会出现越来越多的过期专利药品过高定价问题。虽然目前国家医保集中采购制度对降低药品价格起到很大的作用,但是降价集中于仿制药领域。大部分原研药因报价过高而未中选,被国内仿制药替代。[3] 在集采制度降价有限的情况下,竞争执法机构应当加大对药品专利(特别是过期)过高定价行为的关注力度。如果既有药品行业监管措施无法对那些突然大幅度提价的药企行为提供适当或及时的回应,则竞争法便具有干预的必要性,以保护市场竞争秩序,提升消费者福利。

2. 探索与药品监管部门合作执法

正如 OECD 论坛所指出的那样,药品过高定价行为发生的背景和条件可能是系统性的。这也意味着竞争法对其干预的空间有限,因此执法机构探索与药品监管部门合作执法的行为可能更加适当。政府产业规制部门的执法优势在于:一些产业的技术性、专业性日趋复杂,处理这些领域的竞争规制问题,只有通过长期、密切的管制,掌握特定产业领域的历史数据,理解相关技术应用对该产业竞争秩序的影响,才能准确的进行反垄断执法中活动。[4]

首先,界定药品价格是否过高这一核心问题本身要求竞争执法机构与药品监管部门密切合作。对药品行业而言,衡量价格是否合理除了要考虑药品性质的差异、企业的投入、承担的风险之外,可能还要考虑药品研发成本和对创新的奖励,因此界定药品价格是否过高这一问题本身就要求极强的专业知识以及对特定药品价格纵向及横向数据的准确掌握。如与药品监管部门密切合作,则有助于获取上述精准数据。

---

〔1〕 新华社:《中共中央、国务院关于深化医疗保障制度改革的意见》,载中国政府网:http://www.gov.cn/zhengce/2020-03/05/content_5487407.htm。

〔2〕 参见杨莉萍:《欧美药品行业产品跳转行为的法律规制及其启示》,载《电子知识产权》2020 年第 12 期。

〔3〕 参见夏金彪:《国家药品集采加速高价原研药出局》,载《中国经济时报》2020 年 8 月 27 日,https://baijiahao.baidu.com/s?id=1676104666223932535&wfr=spider&for=pc。

〔4〕 参见孟雁北:《管制行业反垄断执法问题研究》,法律出版社 2020 年版,第 1~309 页。

其次,某些药品价格过高并非单纯的市场竞争问题,也可能涉及药品监管制度的不合理或监管存在漏洞。如我国当前原料药价格过高问题,从表面上看是企业之间控制相关市场,滥用市场支配地位实施的不公平高价行为。但究其根源,也在于特定原料药市场经国家审批合格的药企数量太少,从而造就了其控制相关市场的背景和条件。由此,反垄断执法可能仅仅只能针对某一特定行为实施处罚,若想从根本上增加原料药市场的竞争性,则应该从药品监管制度着手,放松管制,引入竞争。

最后,药品专利过高定价案件多涉及知识产权、行业监管与竞争执法的交叉领域,需要竞争执法与监管部门加强合作。大多数滥用类案件涉及知识产权法执法、竞争法执法和/或管制干预之间的“界线”问题,竞争执法有时似乎是知识产权或管制体系缺陷的补充。因此,竞争主管机构应该与管制部门合作,在竞争案例表明管制改革势在必行时,竞争执法部门的竞争倡导值得鼓励。[1] 如英国在药品价格设定机制修改之前,仿制药未被纳入监管范围,这也导致辉瑞和费林利用监管漏洞,乘机将过期专利药改头换面为仿制药之后实施过高定价行为。为了从根本上解决这一问题,英国除了对药企实施反垄断处罚之外,还修改了国家药品价格设定机制,将仿制药定价也纳入监管范围之内,杜绝药企利用监管漏洞实施反竞争行为。

总之,对药品过高定价行为进行反垄断规制要求执法机构深刻了解药品行业的监管措施,并竞争执法活动中与药品监管机构充分合作,探索各种干预渠道。

3. 加强对药品市场的深入调查

每一个具体市场都有其特殊的发展特点,对于创新性强的市场尤其如此。基于市场深入调查基础之上的竞争执法能够采取更加合理的救济措施,并减少不当干预的损害程度。药品市场的创新性,高度受监管性,药品决策使用者、使用者与费用承担者之间的不一致性都决定了药品市场很强的特殊性。深入的市场调查有助于反垄断执法机构了解药品市场的发展规律和具体监管措施,从而对过高定价行为采取适当的补救措施。从OECD“药品过高定价的论坛”介绍来

---

〔1〕 参见王蕾、韩伟:《OECD“竞争与仿制药”论坛摘要》,载微信公众号“数字市场竞争政策研究”2018年7月5日,https://mp.weixin.qq.com/s/oimENd4dTTnh2UG4XMspDw。

看,当前英国、加拿大、荷兰都已开展过相关的药品市场调研,从而有确定合理的药品定价方法、医保药品报销机制以及市场进入条件等。我们也可借鉴相关经验,对药品市场进行深入调查,从而有助于确定竞争执法与行业监管的具体边界,厘清相关市场的范围以及确定药品价格比较的基准价格。

OECD“设计公共资助的医疗服务市场”论坛介评

李慧敏　陈　光*

一、论坛背景

获得高质量的医疗服务是人们开展生产生活、追求充实幸福人生的重要基础性投入。世界各国政府都在尽力为医疗服务提供强大的公共资金支持。然而,伴随老龄化发展程度的不断深化,医疗服务行业的市场需求不断增长。金融危机后,挥之不去的预算紧张局面,使得经合组织各成员国的医疗服务体系正面临前所未有的挑战。完全依靠政府的公共资金保障并不能保障高质量、高效率医疗服务的持续稳定提供,更无法完全解决医疗服务市场中出现的各类不确定风险和问题。在医疗服务市场中引入一种“有管理的竞争机制”,成为很多经合组织成员国家的选择。目前,大多数经合组织成员国家已经放弃完全的政府规制和监管体系,将政府作为医疗服务购买方的角色和医疗服务提供方的角色予以分开,放开医疗服务市场进入,并寻求各种积极举措来激励医疗服务提供者不断提高服务质量、提升服务效率。同时,这些成员国家进一步调整政府监管职

---

* 李慧敏,中国科学院科技战略咨询研究院,副研究员;陈光,中国科学院学部工作局,副研究员。本篇的完成还应感谢北京师范大学法学院张江莉副教授、北京师范大学法学院硕士生张镭、张震、张维敏、高艺璇、阮琳锟等同学的大力支持。

能,即将政府角色定位为医疗服务最低可接受质量和服务水平的制定者和监督者,同时增加患者选择权,引入竞争机制,激励医疗服务提供者进一步提高效率,将更多投资用于提高医疗服务质量方面。

但是,从经合组织成员国医疗服务系统运行的实践来看,医疗服务市场无法避免地要走向开放市场进入、设计更有效竞争激励措施的路径。但是,需要注意的是,即使这种"有管理的竞争机制"正在被普遍接受和认可,仅仅为患者提供更多选择和引入更多竞争激励措施,并不能在提高医疗服务质量和效率方面发挥明显作用。甚至可以说,为患者提供更多选择和促进竞争的激励措施的实际作用可能被边缘化,特别是当一国政府预算较为紧张和以病人为中心的护理(以病人的需要为侧重的护理)被视为一种昂贵的奢侈品时。具体来看,医疗服务市场中应该设计怎样的竞争激励机制,以有效提高医疗服务提供者的服务质量和效率?政府监管是否还具有必要性、应匹配怎样的科学监管方式等一系列问题,仍需要详细论证和谨慎设计。

在这样一个大背景下,经济合作与发展组织(OECD)"设计公共资助的医疗服务市场"论坛于2018年11月26日召开。该论坛是第2号工作组在"竞争和管制"主题第66次会议上,围绕医疗服务市场中"竞争和管制"问题展开的一次系统考察和讨论。围绕上述问题,论坛明确强调了竞争执法机构需要在促进公共资助医疗服务市场竞争方面,发挥更多的积极作用,积极倡导在医疗服务市场上为患者提供更多选择和促进竞争激励等制度设计的必要性及其重要意义。同时,本论坛还建议不应仅仅主张针对医疗服务市场的放松管制,强有力监管的必要性在医疗服务市场中并不会萎缩或者消失,监管者更需要积极主动地制定更明智的规制措施。但是,前提是,这些规制举措应以解决市场失灵的核心问题为基础,致力于为患者提供更多的选择和更有利于促进竞争,以解决单纯的监管政策未能实现的预期目标。本论坛详细考察了经合组织主要国家(比如,法国、韩国、挪威、美国、荷兰、英国、德国)在医疗服务市场中促进竞争和推行监管改革的不同做法,并在参考借鉴其在引入市场竞争机制的实践经验基础上,进一步归纳总结了有利于更好在医疗服务市场中引入"有管理的竞争机制"的具有重要影响的10项关键性决定。论坛内容丰富、探讨细致,对于指导我国构建适合本国国情的医疗服务市场也具有重要的启示和借鉴意义。

二、论坛主要内容

（一）对医疗服务市场监管模式的探索

对医疗服务市场的经济学研究早在20世纪五六十年代就已经开始了，然而，经济学家长期以来一直认为，一个自由竞争的市场不能提供社会所需要的医疗服务产品，即医疗服务产品具有公共品属性和普遍存在的不确定性，存在一系列医疗服务市场的特殊性，也就是医疗服务领域的“市场失灵”问题[1]。另一方面，当政府采取命令指挥和监管控制等方式来提供医疗服务时，通常会导致医疗服务提供者对患者服务需求反应迟缓或者服务效率和质量低下的问题，即“政府失灵”。最终，政府对医疗服务市场的监管朝着更加务实的第三种方式——“有管理的竞争机制”迈进。在这种方式中，政府通过提供补贴、适用最低监管标准以及谨慎设计竞争机制，为患者提供更多选择和促进竞争等手段来创建和塑造医疗服务市场。

在过去20年中，在公共资助的医疗服务市场上，世界各国通过不同方式利用市场机制实现更有效和更公平的市场效果，在激励竞争和规制改革方面取得了许多进展和有益经验。这些改革举措加强了竞争性激励措施，使医疗服务提供者和医疗保险公司能够对这些激励措施作出反应。比如，他们将医疗服务提供者与医疗费用支付者分开，使医疗服务提供者（或医疗保险人）的收入取决于病人自身和/或其转诊医生的选择；赋予国有属性的医疗服务提供者拥有更大的经营自主权，以应对这些竞争性激励措施；放宽医疗服务市场进入、减少医疗服务提供者扩大服务范围的相关限制；向病人提供更丰富的医疗相关信息，以帮助他们选择更好的医疗服务提供者，并使医疗保险公司能够有选择地与医疗服务提供者签约等。同时，他们还在不断寻求制定新的激励措施，以鼓励医疗服务提供者能够在患者和医疗费用支付者最关心的医疗服务质量方面开展竞争。比如，通过设定医疗费用付款单位，设置适当的医疗价格水平，并给予患者更加准确详细的医疗相关信息和就诊指导，以便于他们可以更好地选择医疗服务提供者，同时确保医疗提供者不能肆意选择他们的患者。

---

〔1〕 阿罗于1963年发表在《美国经济评论》上的论文《不确定性和医疗保健的福利经济学》（*Uncertainty And The Welfare Economics of Medical Care*）。

(二)竞争执法机构应发挥积极作用

一个无法忽视的现象是,竞争执法机构在提倡和建议医疗服务相关改革的设计方面一直保持缄默,至少在公开场合并没有发表相关主张。这也导致一些学者,反对通过提供更多选择和促进竞争的举措来改善医疗服务市场,认为其是建立在所谓的“新自由主义”信念之上的做法,即认为市场是对所出现的每一个政策问题的答案〔1〕。因此,这些学者主张应该采取更具有“家长式”的监管方法。这种批评之声忽视了这样一个事实,即在医疗服务领域实施推进竞争的改革者们,已经敏锐地意识到了医疗服务市场失败产生的不同原因。虽然这些有利于竞争的改革举措并没有质疑、挑战或否定国家或政府在资助医疗服务方面必须发挥的基本性作用。事实上,这些有关竞争激励的改革举措与经合组织国家在扩大全民医疗保险方面取得的进展是同步的。因为这些竞争举措的改革重点是寻找一种方法来解决命令指挥和控制监管等方法在提供医疗服务方面出现的明显的“政府失败”问题,比如,在服务质量、服务获取和服务效率低下等方面存在的问题。同时,这些改革举措也注意不影响各国为解决阿罗所提出的医疗服务市场“市场失灵”问题而制定的其他有效解决方案。从本质上讲,国家在购买医疗服务方面的作用至关重要,而且不会发生根本改变,因此,采用国家干预的方式解决一级市场失灵的做法已经被普遍接受。但是,目前政策争论的焦点转向了如何以更好的方式来解决政府监管的实施伴随而来的“政府失败”问题。但是对政府监管问题展开讨论的最终结论并不是为了消除监管,而是加强和提高政府在医疗服务监管中相关举措的实际效力。

通过吸取已经进行的改革经验和教训,竞争执法机构应该能够更加自信和有效地在医疗服务市场规制中进行积极倡导和宣传。虽然医疗服务市场规制领域可能是一个“政治雷区”,但是,正因如此,才需要竞争执法机构发出更强有力的声音,以实现更加有效的监管成效,助力相关决策的积极执行。此外,如果竞争执法机构在关于公共资助医疗服务的竞争改革中一直保持缄默,将会在这场关于医疗体制改革的公开辩论中逐渐失去信任,从而破坏社会公众对经济体制需要尊重市场机制的支持和信念,而将政府监管的方式作为首要而不是最后的

〔1〕 事实上,正如雷恩·刘易斯(2016)所指出的,“将促进NHS(即英国国家医疗服务体系National Health Service)内部的竞争描述为新自由主义是令人难以理解的”。

选择。从这个角度来说,竞争执法机构需要克服任何不积极发出声音、不主动做出回应甚至放弃医疗服务改革参与权的各种理由。

(三)竞争执法机构应考虑的关键内容

竞争执法机构在医疗服务市场中需要积极倡导为患者提供更多选择和强化竞争激励。但是,由于在医疗服务市场上实施强有力的政府监管依然具有必要性,因此,这种倡导不应仅仅侧重于放松管制。相反,需要倡导设计更明智的监管措施和市场竞争机制,这些设计应以解决市场失灵的关键问题为前提,围绕解决政府规制手段所未能实现的预期目标,从而构建一套连贯体系的激励措施。同时,竞争执法机构也应当认识到,在医疗服务市场中科学合理的监管模式并非只有唯一的正确答案。他们也应当听取宏观决策者的意见,并与之进行合作和探讨,并根据决策者的目标不断调整对策建议。比如,医疗服务质量、服务效率和成本控制是否是优先考虑事项?增加患者获取医疗服务的机会或减少不平等问题是否也是重要目标?以病人为中心的医疗护理是否是优先考虑事项?是否需要以实现服务质量的基本标准为首要目标?此外,竞争执法机构还应该实际了解医疗服务体系在实践中是如何运作的,并在提出的相关对策建议中对其运作方向作出预见。比如,非常重要的一点是,需要了解决策者能够承受多大的医疗服务提供商风险,以及对医疗服务提供商规定的医疗需求保障措施是否足够有力。具体来说,本论坛希望竞争执法机构在提出相关竞争倡导和对策建议时,可以重点考虑以下六项关键内容:

第一,给予患者在可能的情况下做出有意义选择的权利,而不是让医疗服务采购者代替他们做出选择。这可以在医疗服务领域产生更强的竞争激励,从而使医疗服务以患者为中心。赋予患者更多选择空间,不仅意味着需要为患者提供帮助其选择的相关信息,还意味着提供更具有个性化的选择建议。考虑到在跨国医疗服务市场中,交通差旅费对患者选择的影响,可以考虑部分报销跨国医疗差旅费。

第二,应当尽可能保持并加强医疗服务采购者和医疗服务提供者之间的分离。如果要给予医疗服务提供者部分承担医疗服务采购者的身份,这些医疗服务提供者之间的竞争必须得到保证。竞争执法机构可以在这个方面发挥主导作用,帮助区分公立医院是否是单一的经济实体,或者是否就是企业,以及哪些竞争规则适用于公共资助的医疗服务市场。这有助于教育或引导医疗服务提供者(特别是初级的医疗服务从业人员)遵守并履行竞争法的相关义务。

第三,在医疗服务的价格管制中,重要的是能够在竞争的环境中确定医疗服务的支付主体,以促进医疗服务资源的有效利用。任何受管制的价格都应设定在确保医疗服务提供者有动力去竞争每一位患者的水平上,这将需要详细的患者成本数据分析,并应禁止医疗服务提供者选择患者。

第四,对于不同类型的医疗服务,其最佳解决方案不尽相同。比如,紧急医疗服务的固定价格采购。在这种情况下,医疗服务采购者不确定投标人是否能够遵守他们在投标期间作出的服务质量承诺,可能会将投标人的范围仅仅限定为非营利性医疗服务提供者。此时,非常重要的是,基于公共服务义务的紧急医疗服务与需要许可证才可进入市场的计划性医疗服务之间要有明确的会计区分。

第五,需要解决市场进入的障碍。扫清市场进入障碍能够提高医疗服务提供者的整体供给能力,进一步促进创新并吸纳更多的市场主体参与,减少患者等待时间,提升服务质量等。但是,在政府资助的医疗服务市场中还存在另一个问题,即政府医疗服务补贴是否太容易被企业获取,这可能会形成“权力寻租”。市场进入的许可证颁发给营利性企业,还是只颁发给非营利性组织,需要根据市场的具体情况进行判断。比如,考虑患者是否能获取足够的信息,能否根据自己所关心的因素做出合理的选择以及企业是否能够实际有效地提供所承诺的服务质量。

第六,从竞争的角度来看,还需要考虑设立一个科学的市场退出特别管理制度,使那些无法有效提供服务的提供者被允许退出市场。但是,需要确保患者正在享受的医疗服务不被中断,或者能够顺利过渡到新的医院。由于关闭医疗服务机构是一个政治上较为敏感的问题,相关决定应由医疗服务购买者基于透明的需求评估而做出,而不是直接因为医疗服务提供者的经营失败而直接做出。

(四)关于医疗服务市场的10个关键决定

1.患者应该选择他们的医疗服务提供者吗?

市场机制能够激励供应商在服务维度上开展竞争,因此,市场机制能够促进消费者主权。医疗服务如果能够更加以患者为中心,患者可以自主做出选择,这些选择也可以反映患者对医疗服务不同方面的重视程度。比如,在选择医疗服务时,有些患者可能只关心等待的时间,因此会选择那些尽快可以得到治疗的提供者。而有些患者可能认为为了获得更好的安全诊疗或更多的医疗人员、更好的医疗设备,值得等待更长的时间。不管怎样,患者能够自主选择医疗服务提供者具有重要的意义,其有助于构建以患者为中心的医疗服务体系,从而促进医疗服务的质量竞争。此外,相关研究也表明,引入病人的选择和竞争并没有增加医疗方面的不平等现象,反而有助于减轻这些不平等现象。

为了便于患者做出一个有意义的选择,患者必须能够得到易于理解的相关信息。比如,医疗服务的质量和价格、权衡不同选择的时间成本等。从现实来看,目前在实践中患者可用的信息往往仍然很薄弱,且难以评估。同时,患者还面临必须承担为获取医疗服务而产生的交通费用问题。在一些欧洲国家,患者对交通运输价格的反应被证明是极其敏感和显著的,因此,推动医疗服务质量竞争的有效方法还包括支付或补贴患者大部分的交通费用。

2. 应该为患者提供哪些工具以有效推动竞争?

如上所述,患者需要能够获得有助于做出理性选择的相关信息,以帮助自己做出选择。然而,如果患者自身的认识和看法不准确,仅仅能够获得这些信息是不够的。信息不对称是医疗服务市场中出现“市场失灵”的重要原因之一。因为患者在对这些商品做出选择时具体的服务质量并不完全明确,只有事后才能确定。普遍的解决方案为使用独立顾问,他们通常测试服务或汇总有关结果和经验的数据,以便准确地预测服务的可能的质量。在医疗保健方面,也可以采取同样的方法。但需要注意的是,医疗服务的质量维度是多种多样的。大多数国家都努力制定更好的指标来帮助患者做出选择。但是,在指标细节化和指标简单化之间如何取得适当的平衡仍然是一个挑战。比如,患者很可能需要关于特定医生手术结果质量的详细信息,同时也需要关于医院病房感染率、科室等待时间以及医院与其他服务提供者的合作程度等信息。OECD 正在通过《患者报告指标调查》制定具有国际标准化的患者诊疗结果和经验衡量标准。

在医院或医疗机构层面,对医疗机构的总体评分是一个容易理解的指标。但是也需要注意,对于那些需要特定部门进行特定治疗、检查的特殊患者而言,其没有太大用处(如法国的案例)。良好的数据和独立顾问对帮助患者行使权利和激励竞争至关重要。同时,为了避免落入止于表面的低效竞争,比如围绕那些虽然明显但对患者来说并不重要的因素的竞争,也需要保持顾问的独立性,避免将顾问整合到医疗服务提供者中。

此外,确保训练有素的医护人员以满足医疗需求也非常重要。如果缺乏训练有素的医护人员,会不可避免地增加医疗人员成本,同时由于医护人员缺乏创新服务的能力,也削弱了医疗服务提供者吸引患者选择服务的重要激励因素。

最后,本论坛还重点讨论了针对质量的措施。如前所述,服务的价格也包括患者应付的任何交通费用,这可以解释患者对当地服务的强烈偏好。因此,如果医疗费用支付者可以向选定的医疗服务提供者报销跨国医疗费用的话,将大大增强对医疗服务提供者的竞争性激励。

3. 价格应该是固定的吗?

在单一付款人医疗保障体系下,患者是用户,但国家或其委托的保险公司是付款人。如果付款人代替用户做出选择(如在采购中),在没有规定固定价格的情况下,提供者会专注于降低价格,而不是服务质量,除非规定了最低监管标准。这不仅是因为质量更难观察,还因为选择者(国家)本身并不使用该服务,无法做出与患者自己选择时相同的权衡考量。在这种模式下,提供者可能会通过提高效率的方式来降低价格,但是,还可能会通过牺牲质量降低价值的方式来降低价格。德国和英国的模式告诉我们,如果使用成本数据设定一个受管制的平均价格,允许提供者可以通过提升效率而获得额外利润,那么提供者更有可能会选择通过提高效率的方式以降低成本。因此,本论坛认为,在单一付款人医疗保障体系中,国家或一个独立机构应该设定一个固定的最低价格,以防止盲目的低价竞争带来的质量下滑。同时该价格也不能被设定得太低,以防止提供者减少市场份额,甚至退出市场。如果患者本身是选择者,如果没有最高价格规制约束,提供者几乎没有动力去降低价格,其最终仍可以得到国家付费。对其激励需要围绕患者所关心的服务内容开展竞争,因此,在有限的预算总额下,国家还应该设定一个最高价格。

在多付款人医疗保障体系中,患者是付款人、用户和选择者。因此,价格是提供者和保险公司向患者提供服务的重要信息内容。如果保险和供应市场具有竞争活力,则不需要对价格进行政府管制。但是,还需要考虑紧急治疗等医疗服务的供给,以解决基本医疗服务市场覆盖不足的问题。共同支付虽然可以帮助减少不必要的需求,但是,不可避免地与公共资助医疗服务系统的公平准入目标相矛盾。因此,此时通常需要设立一个基于经济状况调查的补贴制度,以确保低收入者也同样可以获得补贴的机会。

4.应选择怎样的支付方式?

如果价格受到管制,那么付款单位也必须加以设定。在公共资助的紧急医疗服务领域,患者几乎没有机会在不同的提供者之间进行选择,往往由国家(或保险人)代表他们做出选择。当患者迫切需要特定紧急治疗时,不可能在知情的情况下选择医疗机构。因此,需要对可能的需求做出最佳估计,在此基础上确定一个单一价格,该价格包括针对该类患者的紧急性初级医疗费用以及急诊医院护理费用等。此时,提供者有动力以最小化治疗成本来组织提供不同层次的服务。虽然目前很少有合适的激励措施来提高服务质量,但可以通过设定固定价格,并根据提供者的承诺(以及提供更好结果的记录),选择提供者的投标来增加一定的激励效果。

相比之下,在计划医疗服务领域,患者可以做出有意义的选择,因而可以为高质量、以病人为中心的医疗服务等提供更强有力的动力。这类服务是针对那些需要特定诊断的特定患者提供的“一揽子”服务,其支付方式也可以跟随患者的选择,转向患者委托其实施护理服务的提供者。大多数经合组织国家赞成实施此类支付方式。有些专家建议将患者可能需要的所有医疗服务一次性支付给保险公司或医疗服务提供者,将意外的医疗需求风险转移到保险组织身上。患者仍然具有选择空间,这种支付方式仍然需要通过提升服务质量和效率来吸引患者和保险公司,从而为医疗服务提供者竞争市场份额提供激励。同时,还需要注意交叉补贴问题,紧急服务领域和计划服务领域的会计核算必须具有透明度,以避免两者之间产生具有扭曲竞争的交叉补贴行为。

5.是否应该允许医疗服务提供者选择病人?

在制定固定统一医疗服务价格的国家,需要特别警惕的行为之一就是医疗服务领域的“撇奶油”行为。即私人保险公司或者私立医院把风险最小、收入最高、利润潜力巨大的患者挑选出来,只为他们提供服务,而把那些风险较大、收入较低、利润空间较少的患者留给公立体系。就会导致优质的专家、优质的医疗资源永远围绕着少数患者服务,大多数中低收入的患者无法受益或者受益质量下降,从而极大损坏了医疗作为一项公共服务所应具备的公平性,同时这些少数的私立医院还大幅拉高了整体的医疗费用水平。

这一问题本质上是由于信息不对称引起的。医疗服务提供商往往比制定固定医疗费用的政府更容易了解一项医疗服务的成本,更容易识别服务成本最低、利润收益最高的服务客户。由于年龄、健康状况、并发症状、既往病史和生活方式等方面存在的差异,对一项疾病的治疗成本在不同主体之间有时可能差别很大。医疗服务提供者具有积极寻找低成本客户的动机。对患者来说,这些投机性提供者并不是最有效的提供者,甚至还有可能阻碍了其他缺乏相关信息的提供者的市场进入,从而限制了市场竞争。

对此,可以考虑采取以下解决方式。第一,禁止提供者选择患者,并规定提供者具有向所有患者提供服务的义务;第二,在价格受到政府监管的情况下,可以规定更具体的支付单位,更好地评估治疗不同患者的成本。制定的价格可以区分费用较高和费用较低的患者群体,激励提供者在不同层次开展竞争以服务于每个患者。此外,在价格不固定的情形下,保险公司可以自由设定价格以确保其可以获得利润。然而,对一些高风险患者来说,其被设定的价格可能很高。为了保障其获得医疗服务的机会,政府可以制定价格限制举措,来防止保险公司的"撇奶油"行为。

6. 谁能够参与竞争?

在绝大多数经合组织国家中,医疗服务提供者的属性及其组合形式多种多样。营利性医疗服务提供者的比例在各国不尽相同,非营利性医疗服务提供者在所有国家几乎都是其医疗体系中不可或缺的关键主体。

第一,市场进入环节。引入竞争的一个重要举措通常是向新进提供者开放相关市场。新进提供者应该包括私人营利性公司和非营利性公司。非营利性公司等新市场主体的进入可以增加竞争激励、促进创新。同时,促进市场进入也可以采用取消对非营利性提供者服务能力限制的方式来实现。尤其在服务质量不可测的情况下,保持非营利性提供者的进入具有重要意义。非营利性提供者的存在会客观上激励营利性提供者提高服务质量。此外,也可以减少对非营利性企业规定一些特定许可限制。除了一些最低监管标准以及与其他提供者相同的必要标准之外,可以采取检查等事后规制,并不一定要设立过多的特别许可限制。当然,这并不意味着没有任何进入障碍。比如,医疗设备等固定成本费用应由提供者自身承担,需要提供者自己对投资收益进行理性判断。同时还需要注意保障新进入者和现有提供者之间的公平性,避免扭曲公平的市场竞争环境。

第二,扩大经营规模。除了市场进入层面的限制外,在扩大经营能力和经营规模方面也存在一些限制。因为支付者有时会认为增加规模会带来公共资助成本的增加,从而限制经营规模的扩大,防止"提供者引起的需求"风险的产生。但是,事实上,需求往往是服务质量的反映。扩大规模也不代表效率的低下,往往是构建一个成功医疗服务系统所不可避免的有益投资。当然也应避免"提供者引起的需求"这一风险的存在,尤其当提供者能够利用自身拥有的信息优势,意图欺诈性获取利润时。对此,可以制定灵活的监管手段,比如随机审核制度等。此外,经营规模的扩张也可以通过并购来实现。但是,并购究竟是竞争的自然结果还是其他原因,是有利于优胜劣汰还是会导致过度集中,从而减少患者可选择的范围?需要进一步分析。因此,有必要建立强有力的针对医院并购的审查制度。

7.竞争需要怎样的激励措施?

除了促进市场进入和扩大经营规模之外,制定有利于提供者进入和扩大经营的激励措施是极为重要。尤其在大多数服务由国有企业或非营利企业提供的情况下,这一点尤为重要。自国际金融危机以来,我们深刻地认识到短视主义对私营企业的影响。处于对医疗服务提供中断等风险的惧怕,不少政府往往也选择较为短期的措施来资助或者支持一个实际上已处于经营失败状态、效率低下的提供者。这种行为往往会削弱这些提供者积极应对失败的动力,因为他们知道无论何时都会得到政府的救助。因此,监管机构需要一个特别的管理制度,以克服短视主义下的各种错误行为。比如,建立基于长期业绩的问责制度、薪酬制度等。

作为国有企业提供者的公司往往缺乏经营自主权,可能面临薪酬限制从而限制他们吸引更多、更优质工作人员的能力,或者被限制了投资能力。而这些限制性因素都会削弱提供者进一步扩大投资、提高服务质量、提升效率的动力。

8. 医疗服务提供者之间如何进行合作？

对医疗服务选择和竞争机制持批判态度的人士认为，竞争妨碍了医疗服务提供商之间的合作动力，不利于提供顺畅、综合性的医疗服务。比如，会影响患者病例信息的共享，患者需要反复提供同样的信息或者接受相同的检测，以及转诊时产生的效率低下等问题。虽然医疗服务不同于组装汽车那样，但是，值得注意的是，市场竞争往往可以有效地激励企业之间共同努力，生产高效和高质量的产品。这些激励措施依赖于市场竞争，在医疗服务领域给予竞争法上的豁免最终往往损害的是消费者。当然，提供商之间的合作并不是从竞争机制中自然产生的。比如，在不合作的相关责任不是很明确的情况下，一家提供商并不会像消费者所希望的那样主动进行合作方面的投资。因此，问责制的缺失是医疗服务市场上的一个问题。在这种情况下，一个可以考虑的解决方案是引入适当的评价指标，为患者识别那些不合作的提供者提供判断信息。此时，关键点是确保具体行为能够反映到该质量指标中，提高指标信息的透明度，以激励提供者主动放弃怠慢延误等不合作行为。同时，解决方案也可以是监管与竞争激励的结合。比如，可以考虑规定合作的义务，若违反义务将会处以罚款等。

9. 成本应该如何控制？

相比固定预算，以实际活动为基础的支付虽然可以带来竞争激励，但是也带来意想不到的预算压力。比如，由于对医疗服务需求的错误估计使得实际支出超出预算范围。应避免实施那些由会计预算驱动的成本控制手段。当本年度医疗服务需求超出预算时，可以采取的解决方案是，通过诊疗的临床评估来明确下一年度的医疗服务配给。但是，最好不要采用平衡措施，即当实际医疗服务需求超过预估需求时，追溯性地扣除向服务提供者的支付款项。不论价格是否受到管制，这种措施都会带来一些问题。如果价格不受到管制，那么提供商会为了减少任何被扣减的可能性，去提高价格。如果价格是固定的，那么扣减的担忧将会导致提供者不去竞争更多的患者，甚至可能采取行动阻止患者选择他们的服务、增加患者等待时间等。对此，患者可以选择一个全科医生、一家医院或者一家保险公司来管理他们一年的医疗服务，如果患者是一个被允许做出自主选择的用户，那么扣减付款的风险将会转嫁到保险公司或者医疗服务提供者身上，但并不影响竞争激励机制本身。

10. 需要哪些机构来管理市场?

首先,公共资助的医疗服务市场需要一个质量监管机构,以确保医疗服务可以维持最基本的质量水平。无论该国是否采用了市场机制,任何医疗服务系统都首先需要这样一个质量监管机构。其次,如果存在国有企业属性的医疗服务提供者,还需要有一个专门的监督机构来监测这些企业的财务运行和稳定情况,并在它们遇到经营困难时,设立一个特别管理人,比如挪威和英国的案例。最后,鉴于规范医疗服务市场具有特殊性,需要有一个专业的市场监管机构(或联合竞争管理机构)来执行患者选择条款、医疗机构合并评估、反竞争行为和垄断协议调查等。该市场监管机构将会监管医疗服务提供者和保险市场,并可以进行价格监管。市场监管机构在组织结构上要与国有企业监管机构、质量监管机构以及政府部门等保持独立,以便提供值得信任的、中立性的监管决策,使人们相信它不会作出任何有利于支持国有企业或任何现有提供者的决定。此外,在没有保险市场的单一付款人医疗保障体系中,需要有机构来监督非竞争性保险人的采购活动。这也可以由政府采购委员会来负责,但是必须有相关的审计部门等以便可以随机抽查公共服务支出。

三、评价与启示

(一)医疗服务问题的根源在于社会形态的基本变化

OECD 各国对自身医疗服务体系的反思最直接的原因是应对日益严峻的人口老龄化问题。各国医疗福利保障支出剧增,财政预算面临着前所未有的挑战。根据联合国发布的《世界人口展望 2019》,当前整个世界都在“变老”,低生育率和人口长寿推动全球走向老龄化。2018 年,65 岁以上老人的数量在历史上首次超过了 5 岁以下儿童的数量。2019 年,OECD 国家主要所在地欧洲和北美、大洋洲的老龄化比率分别达到 18.0% 和 15.9%。数据告诉我们,81% 的老年人自述有慢性病问题,每位 65 岁以上的老年人每年平均就医 27.7 次、每年平均看 5.2 个科别。老龄化社会带来的直接问题就是对医疗资源的需求和消费。OECD 的统计显示,一国医疗费用支出将近 40% 花在 65 岁以上老人身上。这使得各国的医疗健康支出呈现长期上升趋势,平均增长速度甚至高于 GDP 增长。以美国、日本和德国为例,2010 年在医疗健康领域的支出分别占 GDP 的

16.3%、9.2%和11.1%，到2019年已增长为17%、11.1%和11.7%。2016年世界卫生组织（WHO）提出了以人为中心的整合型医疗服务框架（Framework on Integrated, People-Centered Health Services, IPCHS），希望在此框架下所有人都能接受到符合个人需求、尊重个人偏好、安全、有效、实时、可负担、质量良好的医疗服务，这成为各国政府必须落实的重要政策。面对日益老龄化的社会，一方面要保障国民就医的公平性，另一方面还要保障获得优质的医疗服务，政府无论是被动规范还是主动介入医疗服务市场，都不可避免地面临越来越重的经济负担。

（二）医疗服务问题的关键在于平衡政府与市场关系

世界卫生组织章程中明确提到，“健康是人类的一项基本权利”，人人应该享受到医疗服务，这也是世界各国共同的目标。1978年世界卫生组织与联合国儿童基金会在阿拉木图发表“Health for All 2000”宣言，号召全世界各国都应采取积极作为，以基层医疗保健为手段，保护并促进全世界人类健康。从经济学原理来看，医疗服务市场具有高度的不确定性和公共物品属性，完全的市场供给一方面无法实现效率目标，另一方面也会面临伦理的困境。一般来说，世界各国政府都会为全民医疗服务提供公共资金或公共服务，以解决医疗服务的市场失灵问题。“二战”之后，发达国家陆续建立国家医疗服务体制，时至今日，几乎所有的OECD国家都提供了全民医疗覆盖（Universal Health Coverage）服务。但完全依靠政府公共资金为国民提供的医疗保障，一方面无法保障每个国民都享受高质量的医疗服务，另一方面也可能带来更严重的医疗服务效率问题，如寻租、过度医疗等。2000年世界卫生组织提出了医疗服务制度发展的五大方向：（1）服务范围能惠及全民；（2）有成本效益的考虑；（3）财务上能达到公平负担；（4）费用负担能实现有效率的购买医疗服务；（5）能提供有质量的服务。可见，医疗服务必须要考虑公平性、效率、质量等多重因素，而这些目标是无法靠政府或市场机制单一作用可以实现的。“二战”结束后，福利国家普遍采用以公平为取向的全面医疗保障；20世纪70年代石油危机和经济滞胀引发的公共财政紧缩，导致各国政府加强对医疗服务机构的规制，以控制支出成本；20世纪90年代之后，OECD国家开始反思医疗服务系统的效率问题，因此而关注引入竞争激励，开启第三次医疗服务改革浪潮。在这样的一个过程中，关键之处在于医疗服务如何平衡开放市场、竞争激励和公共资助、政府监管。

(三)医疗服务问题的解决要靠科学进步和技术创新

医疗服务的市场失灵根源在于供需双方的信息不对称。患者无法确定医疗服务提供者的专业能力和服务质量,医疗保险面临着道德风险和逆向选择问题。WHO与OECD提出了评估医疗服务体系的三大绩效指标,分别是:健康水平、病人满意及可近性、财务负担/医疗支出。这些问题在大数据时代,在先进信息技术的支撑下,可能都会得到相当程度的改善。个性化的医疗方案会大大提升国民健康水平,医疗大数据的共享会给患者带来更多透明的、信息充分的服务选择,基于大数据的医学科技创新会缩小不同医疗服务机构的能力差距,个人数据的充分利用会实现医疗保险市场细分。大数据和信息技术同样有助于解决政府失灵的问题,区块链可保障信用、控制成本,人工智能和大数据可帮助公共部门更精准地预测某类疾病的发病率、有效治疗和平均预期支出。科技创新带来的技术进步,将有可能极大改善医疗服务市场的信息不对称问题,并从根本上解决当前医疗服务面临的困境。老龄化将带来新的医学挑战,建立老年医学专业,在专科内统一解决老年人面临的健康问题,通过信息网络等技术建立和整合老年人长期看护系统,通过行为跟踪来预防或推迟疾病的发生,达到世界卫生组织提出的活跃老化(Active Aging)、健康老化(Health Aging)及在地老化(Aging in Place)的目标,同时降低老龄化医疗服务的支出和相应的财政负担。

OECD“竞争与仿制药”论坛摘要

王　蕾　韩　伟[*]　译

2014 年 6 月，经济合作与发展组织(OECD)竞争委员会组织召开了一次圆桌论坛，就“竞争与仿制药”问题展开讨论。综合与会代表的书面意见、专家小组成员的现场陈述，本次会议涉及以下要点。

1. 原研药的存在以及原研药企业的创新，对于开发各种疾病的新疗法非常关键。原研药创新后，仿制药会促进竞争并降低药价，有助于降低公共医疗支出。这也是政府经常使用各种措施去促进仿制药竞争的原因。然而，特定措施可能导致限制性影响，为促进原研药与仿制药之间的竞争，应完善相关监管措施。

制药行业是一个创新密集、对知识产权高度敏感的高科技行业，对公共医疗保健至关重要。原研药企业通过创新以及开发新品种或更多品种的、有效的治疗方法，在制药行业扮演着重要的角色。原研药企业通常依靠专利保护来确保他们研发的投资有所回报。同时，大家普遍认可，仿制药企业的市场进入促进了医药市场的竞争，令药品价格降低，并造福于消费者和政府。

---

* 王蕾，中国社会科学院大学法学硕士；韩伟，中国社会科学院大学法学院副教授。本篇是对经合组织 2014 年召开的竞争政策圆桌论坛“竞争与仿制药”(Competition and Generic Pharmaceuticals)摘要[DAF/COMP/M(2014)2/ANN6/FINAL]的翻译。

在一些国家,处方药(包括原研药和仿制药)很大程度上是由公共卫生体系报销。因此,医药对很多国家的公共预算带来沉重负担,这也是政府介入竞争过程去促进价格更低廉的仿制药进入市场的原因。仿制药的市场占有率在不同国家差异很大,有的国家占有率很高,有的国家占有率仍旧很低。

本次论坛梳理了用以影响原研药与仿制药企业之间竞争的各类政府干预与管制措施:一些措施促进了仿制药企业的市场进入;一些措施则阻碍了竞争过程并导致更高比例的原研药消费量。

与会代表提及的政府用以促进原研药和仿制药之间竞争的措施包括:

(1)报销程序。很多国家已经放松了仿制药进入市场以及报销的行政程序。在一些国家,只有纳入特定药品目录的处方药,才可以报销。因此,促进仿制药竞争的一种措施就是让仿制药更容易进入药品目录。在某些国家,由于原研药列入目录以及报销的条件比仿制药更为严苛,这使得仿制药获得很高的市场占有率和消费量。

(2)基础成分替代品。仿制药可通过医嘱和/或配送层面的措施加以推广。一些国家的政府要求医生以“国际非专利药品名称”(INN,包含相同有效物质被认为属于替代品的药品总称)代替商标名称,开具处方。在需要严格依照处方用药的国家,这类措施就非常有效。在其他一些国家,药剂师被允许甚至被要求提供最便宜的处方药——除非医生的处方明确将替代药品排除在外。

(3)强制许可。大家普遍认识到政府应对公共卫生需求的重要性。面临严峻公共卫生情势的国家,如一些发展中国家,他们有时会考虑强迫原研药企业将其专利权许可给仿制药制造商。在某种原研药属于必需药品且价格无法承受的国家,强制许可较早地为消费者提供了可负担的药物。不过,较早地推动仿制药进入市场,会给原研药企业的创新带来不确定性以及抑制因素,采用这些方法应当特别的谨慎。

一些其他类型的政府措施则提高了仿制药制造商进入市场的壁垒,存在限制竞争的负面影响:

(1)注册程序。较之原研药,仿制药进入市场的许可注册程序,通常所需数据更少,相对更快、更容易。但在一些辖区,政府并不承认国外的临床试验,也不承认仿制药申请人援引的原研药临床试验数据。这些限制导致仿制药在注册程序和进入市场方面,耽搁了时间。

(2)替代品限制。在一些国家,被授权的仿制药目录有严格限制,这可能提高了市场进入壁垒。在药剂师被允许用仿制药代替原研药的国家,如果他们只能从一个严格限制的目录中选择(尽管其他仿制药也可能存在),则替代品的选择是非常有限的。这样的目录限制可能也会降低医生和消费者对可获得替代品的范围的认知。在一些国家,仿制药目录甚至不包含一些经常被使用的药物,如对乙酰氨基酚和以阿司匹林为主剂的药物。存在这类严格限制的国家,与那些授权的仿制药清单范围很宽的国家,形成了鲜明的对比。

展望未来,生物类似药(bio-similar medicines)也可能给制药业在生物制药方面带来很大的竞争压力。生物制药是一个快速发展的产业分支。生物类似药的分子结构比合成的小分子化学药更复杂,且通常更昂贵,这些分子构成了原研药及其仿制药的基础。竞争主管机构已经对一些可能限制生物类似药进入市场的管制措施表示了担忧。一些管制措施对生物类似药的可替代性与治疗等价性进行了限制,或者设置了过重的审批与注册条件。

各司法辖区的竞争主管机构应通过竞争倡导,让政府其他部门针对仿制药行业实施的特定管制措施可能产生的反竞争效果给予更多的关注。除增强竞争意识外,竞争主管机关应当竭力推进主张消除制药行业竞争壁垒与障碍的管制改革。一些司法辖区的经验揭示了竞争主管部门有时会面临卫生主管部门的阻力,尽管仿制药可能会带来实质性的公共福利。竞争主管部门和其他机构(如知识产权管理部门或者卫生主管部门)的合作,可以为制药行业的有效竞争执法和倡导提供有益的协同作用。

2. 在维持与促进制药市场的竞争,进而激励创新以及降低价格方面,竞争执法扮演着重要的角色。仿制药的市场进入不仅降低了既存药物的价格,还可以刺激原研药企业创新并开发新的药物。对制药企业的行为进行评估时,应充分考量制药行业的若干特点。

当评估制药企业的行为时,下列行业特点值得注意:

(1)针对仿制药进入市场带来的价格效应。实证研究表明,一个仿制药竞争者进入市场会引起药物价格的适度下降,多家仿制药企业进入市场,则会导致药价大幅下降。这为原研药企业限制仿制药进入市场以确保其利润最大化,提供了明显的动机。

(2)评估制药企业策略的定量效应也很重要。对于大多数消费品,伴随价格下降数量一般也会增多,但这并不适用于药品。药品是高度管制的产品,药品的主要买家是政府,且药物消耗水平很大程度上取决于医生基于医疗条件开具的处方。如此便产生了一个问题:竞争主管机构是否应该处理持续时间较长的高价问题,而高价可能对消费者福利并未产生明显的可量化影响。

(3)制药行业严重依赖专利,这保证了原研药企业的利润以及在研发阶段的投资回报。尽管专利持有人对其专利享有垄断性力量,但这并不必然意味着其拥有市场支配地位。在界定药品的相关市场时,竞争主管机构应当考虑药品制造者是在一个高度管制的环境中运营,且还要考虑一个事实,即从一种产品转向另一种产品主要是由医生和政府决定的,很少取决于消费者的选择。

(4)目前还缺乏统一的专利执法体系。在许多司法辖区,对侵犯其有效专利的仿制药企业带来的损失,原研药企业很难得到足够的赔偿。原研药企业采取的特定做法,让大家对知识产权执法机制的有效性以及竞争法执法的关联度提出了疑惑。

3. 单边行为的反垄断案例揭示了原研药企业可以采用不同的策略来延迟或阻止仿制药的市场进入。这类策略包括滥用专利体系(如专利常青或专利聚类)、散布误导信息、诱导产品跳转以及拒绝许可必要专利。虽然这些策略有时看似弥补了知识产权和管制体系的缺陷,但相关竞争执法仍是必要的。

与会的竞争主管机构和专家梳理了原研药企业采取的用来排除或者推迟仿制药企业竞争的各类策略,例如,产品跳转(Product switching)、专利策略、误导信息策略以及拒绝许可必要专利。

(1)产品跳转。产品跳转案件在过去几年里激增。乍一看,产品跳转似乎是有益的,因为其将一种新的、可能比既存药物更高级的或改良的版本带进了市场。如果原研药马上失去专利保护,但原研药新版本享受更强、持续时间更长的专利保护,这一做法则会引发竞争关注。这可以为原研药企业诱导医生和患者从旧药到新药的转换提供动机。这样的产品跳转可以被原研药企业通过下列行为诱导,如差异化推销新药,提高旧药的相对价格或者将旧药从市场中撤回。要在有益的创新以及有损消费者利益的产品跳转策略之间进行清晰区分,竞争执法部门面临着挑战。从近年相关案例的决定可以发现,在旧药从市场中撤回的情形下,产品跳转很可能违反反垄断法。不过,制药企业对此提出疑惑,即它们如何能在保持创新并改善其产品的同时,不会面临反垄断法执法的风险。

(2)专利策略。专利常青(Ever-greening)和专利聚类(patent clustering)是引起反垄断关注的两种专利策略。专利常青是指,原研药企业对其将要超过专利保护期的药物采取小幅改变(如引入一种轻微差异的成分)以获得额外的或者分案的专利保护,从而耽搁或阻止仿制药的市场进入。以往的滥用类案例已经表明,寻求额外的专利保护(如专利分案申请或补充保护申请)可能构成滥用行为,因为这类策略的目的可能仅在于延迟仿制药的市场进入,而没有将任何新产品或新发展带入市场。关于专利分案申请是否要求引入新产品或改进产品的问题,一直存在争议。专利聚类是指,原研药企业获得了覆盖同一产品不同方面的多个专利,这使得潜在仿制药竞争者很难知晓产品的哪些部分以及何时能够进入市场。根据专家的报告,在过去几十年间,每种药物所列的专利数量都显著增加,且绝大多数专利不是有效成分专利,而是次级专利。

当处理竞争法与知识产权的固有矛盾时,应当谨慎对待。在企业适用相关程序实施专利策略时,是否需要反垄断执法的介入存在质疑。有观点就主张修改专利法规,允许医药企业在这类环境下获得专利。

(3)误导信息策略。制药企业有时会故意向监管机构(如知识产权主管部门)、药品提供者(医院、医生、药剂师)或者消费者,提供错误或误导信息,以阻碍竞争或仿制药的市场进入。当一家制药企业就其不享有权利的专利向仿制药竞争者主张临时禁令时,提供虚假信息可能被证明是具有反竞争效果的。原研药企业也可以在质量、功效或者药品副作用方面,与仿制药对照以误导医生,影响医生的决定并且诱导他们否定仿制药。竞争主管机构已经确定,在医生对药物没有足够知识以至于无法独立作出决定的情况下,提供虚假信息可能具有反竞争效果。当医生拥有足够的知识,且虚假信息策略是否实际影响医生的决定并不清晰时,则不存在对竞争的损害。

(4)必要专利。仿制药企业针对原研药企业拒绝许可其专利提出的反垄断主张,引发了争论以及系列重要的问题:什么是"必要"专利? 原研药企业在何种情形下的拒绝构成滥用？谁有资格成为被许可人？当被定性为公共卫生事件时，拒绝行为是否应通过管制化干预措施进行处理？

消费者福利不仅要求价格更低的药物，也要求更新更好的药物。正是由于原研药的先存性，仿制药才能被开发出来。因此，最主要的目标和挑战是，在维持创新的高激励与促进仿制药竞争的效益之间寻求恰当的平衡。大多数滥用类案件涉及知识产权法执法、竞争法执法和/或管制干预之间的“界线”问题。竞争执法有时似乎是知识产权或管制体系缺陷的补充。因此，竞争主管机构应该与管制部门合作，在竞争案例表明管制改革势在必行时，竞争执法部门的竞争倡导值得鼓励。

4. 有偿延迟协议在全球日渐引发反垄断关注。针对原研药企业与仿制药竞争者签订的损害消费者利益、推迟仿制药进入市场的协议，各国已经采取了执法行动。在处理反向支付协议时，竞争执法部门在法律分析中面临的关键问题是，专利的性质（创新水平）以及利益支付的性质是否与竞争损害的评估相关。

有偿延迟协议（Pay-for-delay），亦被称为反向支付协议（reverse payment agreements），已引发越来越多的反垄断关注，大西洋两岸都对此展开了竞争执法行动。原研药制造者试图凭借有偿延迟协议，通过向仿制药企业给付利益，以推迟其仿制药的市场投放，从而避免仿制药早期进入带来的风险。

如果原研药制造者与仿制药制造者都能从仿制药迟延进入市场这一损害消费者利益的状态中获益，即原研药企业与仿制药竞争者分享专利收入的同时也阻止了消费者尽早得到价格更低的仿制药，就会引发竞争关注。

有偿延迟协议引发了若干争论性问题：

（1）何种损害理论与法律测试法适用于有偿延迟协议：如何将原研药企业与仿制药企业之间达成的限制竞争的协议，与那些可能合法的协议进行区分？有偿延迟协议是适用本身违法原则，或是基于效果进行合理分析，还是基于其他测试或假设进行分析？

（2）何种“支付”是有问题的：支付的性质是否相关？现金或者其他形式的利益或者价值的转移？与所付利益的规模是否相关？

（3）何种“迟延”是有问题的：是市场进入被延迟到超出专利有效期还是超

出专利诉讼的可能结束日期?

(4)有偿延迟只在涉及专利诉讼的情形下才值得关注吗?其与专利诉讼的结果有关吗?

(5)与原研药企业专利的性质或强度有关吗?针对有偿延迟协议的竞争执法是否会使一项专利无效?

有偿延迟协议发生在一家仿制药企业已经进入或存在进入市场的威胁,而原研药专利保护期尚未届满的情形下。这可能导致多种形式的诉讼:例如,原研药企业起诉仿制药企业侵犯其专利权(寻求禁令和损害赔偿),或者仿制药企业在法庭上质疑原研药专利的有效性(试图尽早进入市场)。为了避免早期的竞争风险、专利侵权或者昂贵及漫长的诉讼,原研药企业可能与仿制药竞争者达成协议。原研药企业支付多少利益,仿制药企业推迟多长时间进入市场,这取决于双方的议价能力以及他们试图避免的可能诉讼结果。统计数据表明,专利强度在诉讼结果中扮演着重要的角色:原研药企业在大部分包含强大专利(也就是关于有效成分的基本专利)的案件中都胜诉了。反之,仿制药挑战者更可能在一个涉及较弱的或者次级专利(如关于剂型或者制作过程)的案件中胜诉。数据进一步揭示,大部分有偿延迟协议与次级专利有关。如果原研药企业的支付推迟了仿制药进入市场的时间,则会产生竞争关注。

监管环境——特别是知识产权法与执法机制——在制药企业决定达成反向支付协议的过程中也扮演着重要的角色。欧盟和美国管制体系的主要区别是:在欧盟,知识产权诉讼和执法体系是高度分散的,且通常需要在不同司法辖区进行昂贵、复杂的专利诉讼。在欧盟,临时禁令不易获得,原研药企业几乎从未因仿制药非法的市场进入而获得足够的赔偿。此外,一旦拥有有效专利的原研药面临仿制药的市场进入(即使被宣告无效),原研药的价格很少会再回到初始水平,这一缺点也可能在不同司法辖区内产生溢出效应。这被业界和专家称作"不可挽回的损失"。大家普遍同意,为消除目前的缺陷,有必要建立统一的欧盟专利法院。然而,目前并不清楚在评估原研药企业与仿制药企业达成的协议时,反垄断执法是否以及如何考虑这些监管方面的因素。

有偿延迟协议已经被认定为横向限制竞争协议。此类协议能否纳入滥用市场支配地位规则或者经营者集中规则的规范范围,仍有待观察。如果通过合作或联合行动进行利益支付,则后者尤为相关。

原研药企业与仿制药企业之间的竞争,也可能被其他类型的限制竞争协议妨碍:竞争执法部门已经针对行业协会的决定,以及限制竞争且共同提高仿制药价格的仿制药制造商之间的横向协议进行了执法。

OECD“药品分销中的竞争问题”论坛摘要

简梦梅　韩　伟*　译

2014 年 2 月，经济合作与发展组织（OECD）竞争委员会组织召开了一次圆桌论坛，就“药品分销中的竞争问题”展开讨论。综合与会代表的书面意见、专家小组成员的现场陈述，本次会议涉及以下要点。

1. 药品分销市场的监管需求以及竞争关注，受到制药行业特有的、其他行业所不具备的经济特征的影响。政策制定者和实施者需要深入理解这些特征，才能有效地监管该行业。

处方药市场的特点，使得该市场与销售消费品的其他市场非常不同。

针对企业开发新药的高额研发投资，政府通过授予专利给予补偿，专利的存在使得制药行业的供应商往往拥有相当的市场势力。但是，针对专利保护而被赋予的市场势力，需要通过一些价格监管措施去确保专利主体的收入不会过高，并使消费者受到保护。此外，由于各种惯性的影响，在仿制药推出后，原研药仍然可能继续享有市场势力。

处方药是信任品（credence goods），消费者的购买决定是由专家（医生）而非

* 简梦梅，中国社会科学院大学法学硕士；韩伟，中国社会科学院大学法学院副教授。本篇是对经合组织 2014 年召开的竞争政策圆桌论坛“药品分销中的竞争问题”（Competition Issues in the Distribution of Pharmaceuticals）摘要[DAF/COMP/GF(2014)10/FINAL]的翻译。

消费者自己作出的,消费者与医生之间存在信息不对称。药品制造商和医生之间也存在信息不对称,后者很大程度上依赖前者获得药品效用信息。这为药品制造商创造了操作药品选择过程的可能性,如果医生与患者的激励不一致,则制造商可能实施滥用行为。

由于购买决定由第三方(医生)而非付费者(消费者或保险公司)作出,药品的需求价格弹性很低。医生通常对价格不敏感。在一些国家,消费者不会支付其购买药品的全部费用,因此对药品价格同样不太敏感。由于缺乏替代品以及对必须拥有的药品范围的监管要求,许多药物是必备药品,批发商与零售商对这些药物的需求也是刚性的。总体上缺乏需求弹性以及制造商所拥有的市场势力,解释了为何在许多国家,药品价格在供应链的各个层面都受到管制。

由于药品对于人类健康与生存至关重要,许多政府将药品视为优值品(merit goods),药品应是所有公民(无论其收入或居住地如何)都能负担且能获取的,而这是市场竞争无法保证的。一些药物如疫苗和传染病药物的消费具有很强的正外部性,只能通过政策干预予以内化,让这些药物能满足需求者的需要。

制药行业的这些特点意味着,其无法完全依靠无管制的市场竞争,去实现资源有效配置或实现公平。因此,解决这些市场失灵并实现这些政策目标的管制性干预,是必要的。尽管如此,竞争可以而且应该发挥作用,以确保该市场对消费者有利,从而消费者可以从更高的质量、更多的选择、更多的创新以及更低的价格中受益。

2. 发达国家与发展中国家之间,在药品分销中出现的竞争问题方面,存在重要差异。更好地进行管制以及实施竞争法,增加向消费者提供的信息,加强对制造商向医生提供的激励措施的控制,可以改善发展中国家的状况。

大多数文献关注高收入国家,而中低收入国家的情况往往截然不同。有限的政府资源以及缺乏广泛的公共或私人保险覆盖面,意味着这些国家的消费者通常不得不自费购买药品。私营医生经常既开处方又分发药物,因此存在潜在的利益冲突。消费者缺乏可靠和独立的信息,导致其对较便宜的仿制药不信任。在价格与利润监管方面,政府往往也执行不力。

因此,低收入国家药品的零售价格有时比高收入国家的零售价格要高得多。

由于在这些国家的消费总额中,消费者消费的药品所占比例非常大(例如,根据世界银行 2011 ~ 2012 年的研究,印度为 86%),而因药品的高价加剧了贫困。由于医生容易受到制造商的诱惑,这些国家的处方标准通常很差。

然而,采取一些措施至少可以在一定程度上缓解这些问题。通过改进测试与授权程序去支持公共宣传活动,有助于消费模式转向廉价的仿制药。对处方的审计或审计机制的威慑,可以遏制医生开具不当处方,解决制造商给医生的财务激励问题,也有助于确保更合理地使用药物,避免不必要和昂贵的处方。

3. 用来监管或约束药价的机制可能对竞争产生不同的影响。竞争主管机构对这些影响存在合法权力,且有能力对最优机制的选择提供指导。

要制约制造商和药店的市场势力,确保消费者以及公共(及私人)保险公司的药品支出可控,在各级药品分销链上约束价格以及鼓励竞争是必要的。

很多方法被用于调整原研药和仿制药的出厂价与零售价(或报销费)。在许多情况下,批发价格也是受到管制的,这或者是为了确保履行公共服务义务的批发商的收益,让其能输送各种类型的药品,或者是为了遏制供应链中市场势力带来的影响。

尽管有实际的优势,但最常用的出厂价管制形式仍面临许多困难。通常用来规范原研药的国际参考定价,可能扭曲制造商的药品发布决策,使得制造商有动机首先在那些价格监管不太严厉的国家推出药品,以便在其他地方建立较高的参考价格(从而达到破坏确立价格基准的目的)。在内部参考定价以及仿制药价格上限中,价格是参照相同治疗类别的药品或与仿制药相对应的原研药设定的,但其可能无法反映基本成本,并且可能为各个竞争对手提供价格聚点,从而阻碍进一步的价格竞争。

零售层面的利润管制往往以标价为基础,但实际支付的价格可能包括大幅折扣,因为仿制药制造商会争夺药房的货架空间。这个问题促使一些国家计算的基础是受管制的利润,而非标价。不过由于药房支付的价格透明度非常有限,这种类型的监管是难以执行的。其他一些国家则禁止折扣,即使折扣在某些情况下可能被认为是有利于竞争的。

圆桌会议提供的证据表明,被管制的出厂价格与可比药品的价格之间没有明确的关系,即使出厂价格相同,各国之间的最终价格也可能有很大差异。这表明制度细节很重要，同时也表明管制可能并不总是有效。竞争主管部门可以也应该为管制定价制度的设计做出贡献，以确保提供正确的激励措施并有效地约束价格。

4. 药品价格管制和有限的专利期限，不足以确保原研药与仿制药之间存在激烈竞争。通过促进仿制药的措施（包括需求方面的措施），可以进一步促进竞争、公共成本效益以及私人负担能力的提升。

原研药专利到期后，仿制药进入市场所带来的竞争会减少，但这并未消除保护消费者免受过高价格侵害的需要。一些研究发现，仿制药和原研药虽然具有生物等效性，但它们之间的价格竞争却微弱得令人惊讶。有多种原因可以解释这种“仿制药悖论”（generics paradox），包括对价格敏感和非价格敏感的消费者进行需求细分，对品牌药和非品牌药的不同认知以及医生和消费者可获的有关仿制药可用性与质量的信息非常有限。

因此，有必要实施监管以支持仿制药的流通。对仿制药更高的消费将有助于限制专利保护到期后原研药的价格，并会减少药物开支，因为仿制药比原研药便宜得多。

这种监管不仅包括价格管制，还包括打击价格僵化的需求方面的措施，使医生、药剂师和病人考虑他们的选择成本。这些措施包括：不选择仿制药或低成本同类药的消费者要支付更高的自付额；对医生的处方和预算进行限制；由药剂师自愿或强制性地用仿制药进行替代；由价格敏感的保险公司对药品进行批量购买（这种情形美国有很多实例）。

5. 传统的药品供应链涉及三个层面：制造商、批发商和零售商（药店）。制造商的前向整合以及连锁药房的后向整合正在改变这种结构，并引发新的竞争问题。

越来越多的制造商正在实施传统上由批发商开展的活动，其结果是在一些国家（如美国、加拿大、智利和越来越多的欧洲国家），制造商与药店以及批发商建立了直接的商业关系，批发商变成了分销商的角色。某些情况下，制造商也正在收购批发商。

制造商声称，这些安排可以提高效率，如节约成本、减少信息不对称和消除双重边际化，但尚不清楚消费者和保险公司能从这些收益中获益多少。另外，纵向整合也可能具有反竞争效果。制造商与批发商整合后的实体拒绝向其他批发商供应产品，可以减少品牌内竞争；而拒绝分销其他制造商的产品，则可能阻止竞争对手进入零售市场。

由于制药行业比传统批发行业集中度低，因此制造商直接与药店交易时处于更有利的交易地位。一些情况下，药店通过组团或（在允许的情况下）整合为零售连锁店以提高其与制造商的议价能力，但这并不能确保上游整合的效率传递给消费者和保险公司（支付药品费用的主体）。

批发商和零售商之间的纵向协议（包括没有所有权限制的合并）也正在被关注。供应链这个层面的纵向整合，可以降低交易成本、提高效率，但也可能引起竞争关注，因为它可能促进信息共享和共谋，并且减少零售竞争。匈牙利竞争管理机构2008年调查的一个案例涉及批发商与多家药店签订协议，承诺向他们购买其大部分产品，并遵守其推荐价格以换取折扣和其他利益。

6. 在没有所有权限制或解除限制的情况下，旨在利用规模经济以及获得更大买方力量的合并，会提升批发与零售层面的市场集中度。

在批发层面进行横向合并的动机，部分源于批发活动中的规模经济，由于承载大量固定成本的IT系统的重要性日益提升，横向合并可能会增加。在分析批发层面的合并时，还应该评估批发商与零售商之间的合同关系是否可能导致下游竞争的减少。

集中还可能提高企业组建卡特尔的能力。涉及德国四大批发商的卡特尔在2006年被发现，2012年智利竞争主管部门对三家连锁药房的合谋行为进行了罚款。在这两个案件中，卡特尔都是在价格战的余波中形成的。

在药房所有权很少限制或没有限制的国家，零售商合并可能会减少竞争。尽管药房并没有对处方药的价格进行竞争，但由于这些药品往往受到管制，药房仍然会在其他方面竞争，如营业时间、服务质量、店面布局和非处方药价格。如果特定区域的药房招牌数量减少，便可能会减少这些方面的竞争，使消费者处境更差。因此，正如本次论坛中两场演讲所示，药房合并对相关地域市场的影响需要仔细地评估。

即使在药房所有权分散的情况下，行业组织也可以为合谋提供便利，零售商协会阻碍了新批发商的进入，并为消费者设置最终价格。2008年，德国一家制造商协会因在药房协会举行会议而被罚款,这次会议表面上是为了讨论2004年设想的某些场外交易定价的放松管制问题,但这些讨论被认为促成了零售商之间的价格固定。2012年,希腊竞争管理局针对几家批发和零售行业协会限制婴幼儿奶分销的合谋行为,进行了罚款。

7. 许多国家针对零售药店丰富的监管经验应该被评估,并分析这些监管对消费者福利造成的影响。

世界上许多国家的药房都受到市场进入、所有权以及营业时间等方面的广泛管制。

有必要根据人口统计学标准或者销售点之间的最小距离,限制药房的数量和地点,以确保最佳人群覆盖面。然而,这样的限制看起来似乎不太可能为贫困和农村地区的药房提供正确的激励机制,且明显限制了具有更高利润领域的市场进入,从而限制了竞争,损害了消费者利益,并为在位企业创造了经济租金。圆桌会议上报告的欧洲药房密度的明显差异(从丹麦每18,000人有一个药房,到西班牙每2000人以及希腊每1000人有一个药房),似乎更多归因于历史遗留的差异,而不是各国最佳覆盖水平的差异。

迄今为止,各国在药房市场准入方面放松管制的情形很少。在英国,2003年公平交易办公室建议取消自1987年开始的针对市场准入的严格管制。但这一建议仅在2005年被部分实施,即允许新药房每周营业超过100小时。尽管药房数量增加,准入条件改善,这一改革在2012年却被取消了。类似地,2007年匈牙利针对药房市场部分放松了管制,但在2010年又恢复了。

对药房所有权(如果存在)的管制,限制了谁可以拥有药房,以及单个所有人可以拥有多少个销售点。放宽这些管制,可能导致集中度的大幅度提升,从而节约成本并增强买方力量。但是,必须权衡放松管制可能导致的竞争潜在减少,以及管制带来的效率可能无法传递给消费者和付款人的风险。是否维持这类限制,应基于对这些影响的可能权衡所进行的评估。